소음과
이명

소음과 이명

김규상 편저

한국학술정보

머리말

 이명(tinnitus)은 'tinnire'라는 라틴어에서 유래한 단어로 특정 질환이 아니라 귀에 들리는 소리에 대한 주관적 느낌을 말한다. 이명은 난청, 현기증과 더불어 중요한 청각 증상의 하나로서 외부의 음원으로부터 자극 없이 한쪽 귀 혹은 양쪽 귀에서 소리를 느끼는 상태, 혹은 신체 내부에서 들리는 원하지 않는 청각적 자극을 의미한다. 이명은 이과적으로 빈번한 증상임에도 불구하고 대부분 타각적 증상이 아닌 자각적 증상이며 정신적인 요소가 많고 내이, 청신경 등에 대한 직접적 접근 및 구체적인 검사가 어렵다. 산업의 발달로 인한 소음 증가, 노령화 추세, 복잡한 생활과 약물 남용 등 이명의 유발인자는 증가하는 추세에 있다. 이명의 원인에 대해서는 정립된 학설이 없을 뿐 아니라 만족할 만한 진단법이나 치료법 또한 없는 실정이다.

 이와 같이 이명은 난청과 동반되는 예가 많아 난청과 함께 신체적·정신적 장애를 유발할 수 있으며, 특히 소음 작업장 근로자에게서 향후 발생할 수 있는 신체장애의 경고증상이 될 수 있다. 소음 노출 근로자는 소음성 난청에는 주의를 갖고 있지만 이명에 대해서는 관심이 덜한 편이다. 이와 같이 소음 노출과 이명의 관련성이 큰 만큼 청력보존프로그램에서 이명 발생 가능성의 환기를 요한다고 볼 수 있다.

 특히, 소음은 일반 산업장에서보다 군 복무 시에 사격 및 포격 훈련에 의한 충격소음으로 급성 음향외상성 난청의 원인이 되고, 폭발로 인한 고막천공 등의 중이 및 내이의 손상, 그리고 이명 발생의 주요 원인이다. 그러나 군과 군인, 전역자의 소음, 난청 및 이명에 대한 전반적인 관리는 부실하다.

 저자는 오랜 기간 소음과 난청에 대한 실무 경험과 조사 연구를 수행하며, 최근 군 복무로 인한 이명 피해자의 보상대책 마련 문제에 관계하면서 이 책을 기획하게 되었다.

산업의학(직업환경의학)을 전공하고 초기에 산업현장에서 소음 특수건강진단을 수행하며 청력은 정상인데(중저음역의 평균청력은 정상이나 고음역에서는 어느 정도 청력손실이 동반되어 있는 경우가 많음) 이명을 호소하는 근로자를 종종 살펴볼 수 있었다. 근로자의 청력, 난청과 이명은 특히 군 경력과 밀접한 연관이 있었으며, 사업장에서의 소음 노출에 따른 부가적인 영향을 미치고 있다. 이는 「소음 노출 작업자의 이명의 특성과 이에 영향을 미치는 요인」(2002년)과 「특수병과의 과거 군 소음 노출이 소음 노출 작업자의 청력에 미치는 영향」(2003년)의 연구 결과로 보고하였으며, 2005년에 「소음과 이명」, 2008년에 「군에서 충격소음 노출과 청신경종」 등 군 소음과 관련한 청각학적 연구를 보고하였다.

그리고 2011년 초에 군이명피해자연대의 이광호 회장, 이민석 사무총장의 방문을 받고 전역 군인의 이명 실태를 접하게 되었다. 이에 2011년 4월 군 이명 피해자 대책마련 간담회(주체: 국회의원 이진복)에서 '소음과 이명－군 소음을 중심으로'를 주제발표 하고, 또 그해 직업환경의학회의 지원하에 동 저자들을 포함하여 이명연구회를 구성하여 학습하였다. 그때에 마침 2011년 7월 이 책의 바탕이 되는 국가보훈처 보훈심사위원회의 『주요 질병의 합리적 심사기준 정립 연구－난청/이명』의 연구용역을 대한직업환경의학회를 통해 2011년 8월부터 12월까지 수행하게 되었다. 이 기간 별도로 저자는 군이명피해자연대 회원을 대상으로 군 전역자의 이명에 대한 조사를 수행하였다. 이때의 연구 결과는 2012년의 「군 복무로 인한 이명자의 이명 특성과 이명장애의 우울증과의 관련성」, 「군 전역자의 이명장애에 영향을 미치는 요인」으로 보고하였다.

국가보훈처의 연구에 기초하여 2012년 3월 28일 국가인권위원회의 군 이명 피해자 대책 마련 전문가 간담회에서 「군 이명 피해자에 대한 보상 및 예방방안」을 발표하고, 2012년 4월에 국가인권위원회 상임위원회 결정으로 군복무로 인한 '이명' 피해자 대책 마련 권고와 동년 9월에 군 전역자들의 이명 피해에 대한 실태조사 권고를 이끌어내는 계기가 되었다.

국가인권위원회의 군 복무로 인한 이명 피해자 대책 마련과 관련하여, 국가보훈처는 군 병원 진료기록이 없는 피해자의 실효적인 치료보상을 위하여 입증책임 완화 등의 방법 마련에 대해 권리구제 및 치료 방안 시행 및 예정 이행계획을 갖고, 국가유공자등록 청력검사에서 고주파영역에서 청력이 떨어지는 이명 피해자의 특성에 부합하는 검사방법의 채택에 대해서는 '12.1.30 청력측정 방법 기준 개신으로 4,000Hz 청력역치를 추가하고,

역치 계산법을 4분법에서 6분법으로 개선하였으나, 상대적으로 높은 군 이명으로 인한 국가유공자 등록요건을 산업재해로 인한 보상기준과 같은 수준으로 유지하고 이명 검사 시 삶의 질 및 사회적 영향에 대한 평가를 포함시켜 피해구제의 실효성을 제고한 권고에 대해서는 이명만으로 상이등급 판정은 수용 곤란하다는 입장(현재 이명의 객관적인 측정검사가 없으며, 다른 상이와의 형평성도 맞지 않고, 상이 7급의 청력장애를 50dB→40dB로 하향 조정이 곤란하며, 장애평가 시 삶의 질과 사회적 영향평가 포함은 곤란)이다. 이와 관련하여 저자는 국내외의 난청·이명의 업무상 질병 인정기준, 장애 보상기준과 이명의 공무상 질병 심사기준을 고찰함으로써 군 복무 관련 이명의 공무상 질병 인정을 위한 제언을 하였다.

이 책은 3부로 구성하여 1부에 이명에 대한 전반적인 이론 부분으로 '이명의 역학', '이명의 원인과 발생기전', '이명의 진단과 평가', '이명의 재활훈련'을 2부에 '군 복무 관련 이명 실태', '군 복무 관련 이명 장애와 우울증', '난청·이명으로 인한 건강영향', '군 소음 노출로 인한 이명', '소음으로 인한 이명의 국내외 연구'로 군 소음을 중심으로 이명의 실태와 건강영향을 살펴보았다. 그리고 보론 성격의 '청력보호구'를 추가 기술하였다. 마지막으로 3부에서는 '이명의 업무상 질병 인정기준, 장애 보상기준', '이명의 공무상 질병 심사 고찰', '군 복무 관련 이명의 공무상 질병 인정을 위한 제언'으로 이명 장애 보상을 중점적으로 다루었다. 난청과 이명에 한하여 구체적인 제반 법과 제도를 부록으로 제시하였다.

이처럼 이명에 대한 전반적인 최근의 이론과 우리나라의 소음, 특히 군 소음과 관련하여 구체적인 자료에 기반한 이명과 이명 장애 실태, 이명으로 인한 건강영향, 특히 우울증 등을 고찰하고, 이의 장애 보상 관점에서 고려할 수 있는 여러 가지 문제를 고찰하였다.

이 책이 모쪼록 소음과 이명에 대한 전반적인 이해와 이명 장애의 예방과 이명 재활, 그리고 이명 장애의 보상에 널리 참고할 만한 도서로서 도움이 되기를 바란다.

2014년 1월
부천 범박동에서 대표 저자 김규상

:: 목차 ::

PART 02 이명의 실태와 건강영향

PART 03 이명 장애 보상

부록

1장 이명의 역학

최윤형

이명(tinnitus)이란 실제로는 소리가 나지 않는데 소리가 들리는 듯한 느낌을 받는, 일종의 귀울림(ringing)을 말한다. 이는 신체적 질환(disease)이라기보다는 뇌에서 느끼는 하나의 증상(symptom)이라고 볼 수 있다. 특별한 음향 자극이 없는데도 사람의 말소리, 매미 소리, 바람 소리, 귀뚜라미 소리, 물소리, 스팀 소리, 종소리 등의 잡음이 귀 속에서 들려 환자가 고통스러워하는 증상이다. 때로는 두 가지 이상의 소리로 들리는 경우도 있고, 이러한 귀울림 현상은 지속적이기도 하고, 간헐적이기도 하다. 이명이 심해지면 머리가 울리는 두명증이 발생하기도 하며, 수면장애를 일으키기도 한다. 이러한 증상은 곧 삶의 질 저하와 관련되며, 때로는 직무능력 저하로 인한 고용상실로, 심각한 경우는 자살에 이르는 경우도 있다.

일반적으로 질병의 예방과 그와 관련한 공중보건의 향상을 위해서는 무엇보다도 그 질병의 원인과 분포를 파악하는 연구가 우선되어야 한다. 즉, 이명의 발병률 및 유병률 등의 역학적 조사가 이루어져야 한다.

이명의 경우, 증상의 특성상 이명의 유무를 구분하는 객관적인 의학적 지표가 존재하기 힘들다. 이명과 같이, 질병의 특성상 증상을 정의하는 객관적 지표가 없는 질병의 경우, 역학조사에 있어서 환자의 실병 유무는 내체로 연구를 수행한 연구자가 인용한 정의방법에 의존한다. 따라서 비슷한 성격의 집단을 대상으로 한 이명에 대한 조사라 하더라고, 연구자에 따라 그리고 연구대상에 따라 그 발병률 등이 다르게 표현될 가능성을 배제할 수 없다.

객관적 이명률 조사의 어려움은 이명의 정의의 어려움 때문이다. 이명의 유무를 파악하기 위해서는 이명의 강도를 파악하여야 하고, 이명의 강도를 파악하기 위해서는 환자가 환자의 삶에 영향을 미치는 이명 관련 증상들을 어떻게 받아들이고 어느 수준의 고통을 겪고 있는지를 파악하여야 한다. 즉, 이명은 사람에 따라서 강도와 특성이 다르게 나타나며, 동일 강도와 동일 특성의 이명이라 할지라도 환자에 따라 체감이 다른 주관적인 강도의 증상이다. 이명은 또한 시간에 따라 변화되어 나타나기도 한다. 매일 다르게 나타날 수도 있고, 하루에도 시간에 따라 여러 가지 형태의 이명으로 나타날 수도 있다. 이렇게 증상 자체가 주관적이고 다양하다 보니, 증상을 정량화하여 나타내는 데에 어려움이 있고, 따라서 이명을 정의하는 데에도 여러 가지 이견이 존재한다(Aage, 2011).

또한 이명은 연령, 성별 등의 개인적 특성에 따라 그 영향이 다르게 발현된다. 따라서 역학적 연구에 있어서 발병자에 대한 단순한 수적 비교는 이명률을 나타내는 바람직한 접근방법이라 볼 수 없다. 바람직한 이명 연구를 위해서는 먼저 대상의 특성을 파악하는 것이 우선되어야 한다.

위에 기술한 바와 같이, 이명이란 질병의 특성상 이명률을 조사하는 데에는 필수불가결한 여러 가지 한계가 존재한다. 이러한 연구적 한계에도 불구하고, 몇몇 연구자들은 이명에 대한 역학적 조사들을 시도하였고 그 결과가 학계에 몇 차례 보고된 바 있다. 본 장에서는 이러한 이명률에 대한 기존의 역학 연구들을 전반적으로 요약하고, 기존 연구들이 공통적으로 제안한 사항들을 소개한다.

1. 이명에 대한 역학적 연구

이명의 역학적 연구를 위해서는 이명을 정의하는 데에서 시작하여야 한다. 이명을 정량화하여 이명의 유무와 강도를 나타내는 데에는 어려움이 있으나, 많은 연구자들은 이명의 분류를 시도해왔고, 이러한 분류에 따라 역학적 연구를 진행하였다.

다음 <표 1>은 영국, 스웨덴, 노르웨이, 미국 등 여러 나라의 이명에 대한 대표적 여러 연구들을 전반적으로 요약한 것이다(Aage, 2011). 한 연구를 제외하고는 일반인을 대상으로 한 연구들이며, 이명의 유무는 주로 설문지를 이용하였다. 각 연구가 사용한 이명의 정의는 약간의 차이가 있었다. 먼저, 연구 I(United Kingdom National Study of Hearing)은 영국에서 17세 이상 성인에 대해 행하여진 전반적인 난청 연구로 'prolonged spontaneous tinnitus'로 이명을 정의하여 연구 대상자들에게 이명의 유무를 설문하였다(Davis, 1995). 연구 II는 스웨덴의 Gothenburg 지역에서 이루어진 연구로, 'peep, chirping, roaring, with blowing in trees' 등의 소리가 'often or always'로 발생하는 것을 이명으로 정의하여 설문하였다(Axelsson과 Ringdahl, 1989). 연구 III은 미국의 NHIS(National Health Interview Survey)에서 대표성을 갖는 사람들로 무작위 추출한 후, 직접 방문하여 전반적 질병에 대해 개별적인 인터뷰를 통해 수집한 데이터이다. 이 조사에는 이명이 포함되어 있으며, 'having been bothered by ringing in the ears or other funny noises in the head in the past 12 months'라는 질문을 통해 이명의 유무를 정의하였다(Ries, 1994). 연구 IV는 미국의 NIHS disability supplement study에서 1994년부터 1995년까지 이루어진 연구이다. 설문지를 이용하였고, 'now having a ringing, roaring, or buzzing in the ears that has lasted for at least 3 months'라는 항목으로 이명을 정의하였다(Adams 등, 1995; Benson 등, 1998). 연구 V는 위스콘신 주 Beaver Dam 지역에서의 연구로 이명을 'buzzing, ringing, or noise in the ears in the past years of at least moderate severity and/or tinnitus that caused difficulty in falling asleep'로 정의하였다(Nondahl 등, 2002). 마지막으로 연구 VI은 노르웨이 Nord Trondelag의 난청 연구로 설문지를 통해 이명 정보를 수집하였으며, 'bothered by ringing in the ears'로 이명을 정의하였다. 연구 VI은 질문 대상이 이명 관련 치료를 필요로 하는 사람들이 주가 된 것으로 일반인에 적용하기에는 대표성이 부족하다(Tambs 등, 2003).

〈표 1〉 여러 역학 연구에서의 이명률(Hoffman과 Reed, 2004; Aage, 2011)

연령(세)	I(%)	II(%)	III(%)	IV(%)	V(%)	VI(%)
20~29	5.7	7.5	5.1	1.4		9.8
30~39	7.5	5.8	6.0	2.0		9.6
40~49	9.9	8.9	7.2	3.7		11.8
50~59	12.5	18.6	10.1	5.7	7.3	16.9
60~69	16.3	20.3	13.0	7.9	10.1	20.2
70~79	14.4	21.3	12.6	9.4	8.7	24.0
>80	13.6		14.1	8.3	5.5	22.9
<50	14.2	20.1	12.1	7.6	8.2	20.1
성인	10.2	14.2	8.4	4.4		15.1
조사 참가자	94,050	2,556	59,343	99,435	3,737	47,410

연구 I은 조사 대상자 중, 10.2%, 연구 II는 14.2%, 연구 III은 8.4%, 연구 IV는 4.4%, 연구 VI은 15.1%의 응답자가 이명을 가지고 있는 것으로 조사되었다. 즉, 이명의 정의와 지역에 따라 차이는 있지만 일반인을 대상으로 한 연구에서, 성인에 있어서의 이명률은 4.4%에서 14.2% 사이로 볼 수 있겠다.

2. 연령에 따른 이명률

이명에 가장 큰 영향을 미치는 요인 중 하나는 연령이다. <표 1>의 연구들 또한 연령에 따라 이명의 분포가 다르다고 보고하고 있다. 위의 모든 연구들은 연구에 따라 정도의 차이는 있지만 약 65세까지는 연령과 함께 이명의 위험도가 높아진다는 동일한 조사 결과를 보고하였으며, 65세 이후에는 연령의 증가에 따라 이명자의 수가 다소 줄어드는 분포를 보이거나 혹은 65세 이후의 이명의 위험도는 연령과 독립적일 수 있다고 보고하고 있다.

<표 1>에 나타난 연구의 결과들은 각 연구방법이 다르게 되어 있기 때문에 결과를 단순히 비교하기에는 한계가 있다. 그러나 각각의 연구들은 전반적 이명률에 있어서는 차이를 보였음에도 불구하고, 연령의 증가와 함께 이명률이 높아지는 경향에 대한 견해는 동일하게 보고되고 있다. 즉, 연령이 높아짐에 따라 이명률은 높은 위험을 갖게 된다.

반면, 우리나라를 포함한 전 세계적으로, 평균연령이 점차 높아지고 있는 추세이다. 이명은 위의 연구들이 보고한 바와 같이 연령이 높아짐에 따라 발병률이 높은 노인성 질환의 일환이다. 따라서 사회의 노령화에 따라 사회 전반적인 이명률도 점차 높아질 것이라 예상되며 이에 따른 보건정책도 변화하여야겠다.

3. 성별과 연령에 따른 이명률

<그림 1>은 연구 IV 미국 NIHS disability supplement study에 의해 보고된 자료로서, 연령과 성별에 따른 이명률 분포를 나타낸다. 이 연구에서는 'now having a ringing, roaring, or buzzing in the ears that has lasted for at least 3 months'라는 항목으로 이명을 정의하였다 (Adams 등, 1995; Benson 등, 1998). 연구 IV의 조사 결과는 연령별 이명률의 분포를 세분화하여 나타내고 있으며, 이와 함께 성별에 따른 분포도 제시하고 있다.

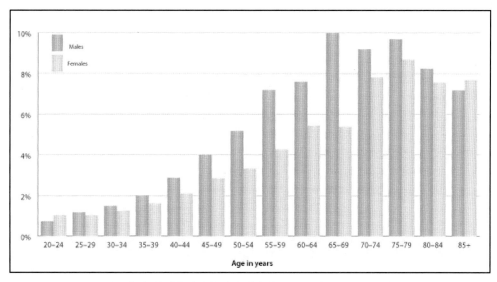

<그림 1> 연령과 성별에 따른 이명률(Hoffman과 Reed, 2004)

전체적으로 이명률은 성별에 관계없이 연령에 따라 전체적으로 증가하는 경향을 보인다. 특히, 40세를 전후로 시작하여 꾸준히 이명률이 증가하는 경향을 보이고, 65세에서 79세에서 이명률은 최고치를 나타낸다. 그리고 80세 이후에는 다시 감소하는 경향을 보인다. 이러한 경향은 남녀 모두에서 나타나며, 남자는 65~69세에 여자는 75~79세에 이명률이 가장 높게 나타났다.

전반적인 이명률은 남자가 여자보다 높은 발병률을 보인다. 호주의 1996년 센서스 자료(Sindhusake 등, 2003)에서도 비슷한 결과를 보인다(<표 2>). 연령별로 살펴보면, 남자의 이명률은 40세에서 79세 사이에서는 모든 연령대에 있어서 여자보다 높게 나타났으며, 특히 50세에서 69세 사이에 남녀 차가 가장 두드러지게 나타나는 것으로 보인다. 이러한 차이의 원인은 남자가 여자보다 직업 및 여가 등으로부터 소음에 더 많이 노출되었을 가능성에 기인할 수 있다.

<표 2> 성과 연령에 따른 이명 유병률(1996, Australian census data)

연령(세)	여자	남자	전체
< 60	23.6	32.3	28.0
60~69	30.5	35.1	32.7
70~79	28.7	32.7	30.5
80+	27.7	21.5	25.4
전체	28.6	32.2	30.3

4. 이명률에 영향을 미치는 기타 요소

연령과 성별 이외에 이명에 영향을 미치는 기타 요인들은 아래와 같다. 먼저, 소음 노출 혹은 소음성 난청은 이명을 가져오는 하나의 인자이다. 소음 노출은 이명의 위험을 높인다고 보고되고 있으며, 동시에 난청을 일으킨다(Ries, 1994). Hoffman과 Reed(2004)의 역학 연구에 따르면, 직업 환경 소음과 이명은 높은 연관성이 있다고 보고되었다. 특히, 소음성 난청과 관련이 있는 연령대인 60세 이전의 성인들에 있어서, 연령에 따른 난청률과 이명률은 매우 비슷한 패턴을 나타내고 있다(그림 2).

소음성 난청과 관련된 이명은 특히 의사소통에는 큰 장애가 없다고 알려져 있는 고음역대의 청력손실과 관련된 초기 난청에서 이명이 나타난다는 특성이 있다. 또한, 이명의 빈도는 고음역의 청력손실의 크기에 비례하여 증가한다. <그림 3>은 고음역대인 4kHz 청력역치에 따른 이명 호소의 비차비(기준: 10dB 미만)을 나타내는 것으로, 청력역치 증가에 따른 이명 비차비 증가를 제시하고 있다(Coles, 2000).

그밖에 중이염 등의 전음성 난청과 돌발성 난청, 청신경종, 노인성 난청, 이독성, 소음성 난청, 음향외상, 메니에르병(Meniere's disease) 등의 내이 질환으로서의 감각신경성 난청에서

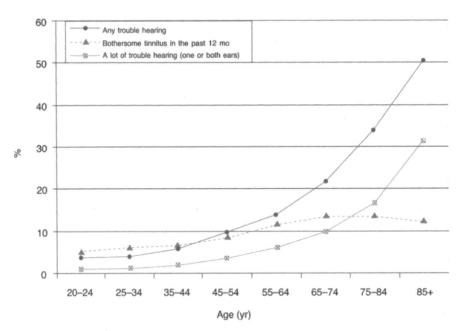

〈그림 2〉 연령별 난청과 이명(Hoffmann과 Reed, 2004)

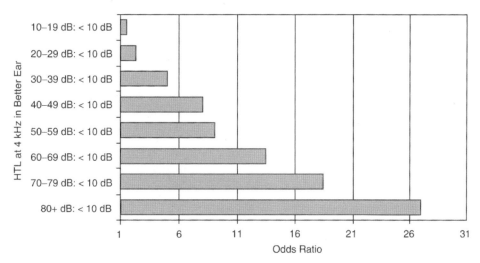

〈그림 3〉 4kHz 청력역치에 따른 이명 발생 비차비(Coles, 2000)

〈표 3〉 내이 병리 원인으로서 이명의 발생 빈도와 이명의 강도(Spoendlin, 1987)

구분	이명 발생 빈도	이명의 강도
돌발성 난청	50%	+
청신경종	70%	+
노인성 난청	70%	+/-
이독성	30~90%	+/- … ++
(만성) 소음성 난청	50~90%	+/- … ++
급성 음향외상	100%	+++
메니에르병	100%	++ … +++
(정상 청력)	15~35%	+/- … +++ (1%)

이명의 발병률이 높게 나타난다(Spoendlin, 1987). 특히, 음향외상과 메니에르병에서 이명의 강도는 크다(<표 3>).

5. 일상생활에서의 이명

이명은 소음·스트레스·약물·흡연·음주(알코올) 등에 의해 영향을 받는 것으로 알려져 있다. 특히, 주변 환경의 소음은 이명의 체감정도와 관련이 높다고 한다(그림 4, 5). 그러나 사람에 따라 소음이 이명을 크게 느끼게 하기도 하며, 이명을 적게 느끼게 하기도 한다. 또한 충분한 수면은 이명 저하에 도움을 준다고 보고된다(Stouffer 등, 1991).

이명이 있는 사람은 삶의 질이 현저히 떨어진다. 집중력 저하, 초조함, 우울증, 불면증 등의 정신질환과도 연계되며 극단적인 경우는 자살에 이를 수도 있다. 이명으로 인해 불면증이 유발되어 수면부족이 생기게 되면, 수면부족이 다시 이명을 심하게 느끼도록 영향을 미치기도 한다(Stouffer 등, 1991). 난청을 갖고 있는 사람은 이명으로 인하여 난청을 더 심하게 느끼기도 한다.

그러나 이명으로 인한 삶의 질 저하에 대한 사항은 간과되어 온 것이 사실이다. 한 연구는 이명자의 0.5~1%는 일상생활을 하는 데에 심각한 지장을 받는다고 보고한 바 있다(Erlandsson 등, 2000).

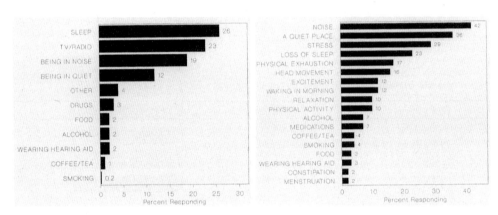

〈그림 4〉 이명의 심각도를 저감하는 조건
(Stouffer 등, 1991)

〈그림 5〉 이명의 심각도를 증가시키는 조건
(Stouffer 등, 1991)

〈표 4〉 성인 인구집단의 이명과 주요 건강영향(Coles, 1981)

	Cardiff	Glasgow	Nottingham	Southampton
조사 대상(명)	1,035	2,787	1,028	1,954
응답자(명, %)	730(71%)	2,033(75%)	726(71%)	1,511(77%)
이명(%)	17.9	18.6	18.1	15.5
불쾌감(Annoyance)				
중등도(%)	4.1	4.1	4.4	3.8
심도(%)	0.7	2.8	0.4	0.7
수면 방해(%)	3.8	7.3	5.4	4.4
삶의 질 저하(%)	0.4	0.5	0.4	0.5

6. 이명의 역학적 연구의 한계

앞서 말했듯, 이명의 역학적 연구는 이명이란 질병의 성격상 일관적 연구에 한계가 있다. 간단히 몇 가지 요인들을 살펴보면, 먼저 첫 번째로, 연구자마다 다른 이명의 정의를 사용한다는 것이다. 객관적 정의의 부족은 연구자에 따른 연구의 편차를 이끈다. 두 번째로, 이명의 고통 정도는 이명의 특성이나 강도와 독립적으로 나타난다. 이명의 고통 정도는 매우 다양한 인자에 의한 것이며, 사람에 따라 다르게 발현되고, 자각 또한 외부환경의 영향을 받는다. 이러한 영향들은 이명률을 정확하게 추정하기 어렵게 한다. 세 번째로, 대부분 역학 연구들은 이명의 원인을 구별하지 않는다는 것이다. 이명은 다양한 원인으로 인해 나타나는 현상이나, 이명 연구들이 이들을 구분하여 연구하는 데에는 실질적으로 어려움이 있다. 네 번째로, 개별연구자에 의하여 고안된 이명관련 질문지가 연구편차를 이끈다. 객관화된 질문 사항의 부족과, 답변 시 편견 등이 역학적 연구의 왜곡을 이끌게 된다. 마지막으로, 연구의 편차가 큰 또 다른 원인은 일반인에 대한 대표성을 갖기 힘든 연구가 많이 있기 때문이다. 이명을 토로하거나, 귀 질환이 있는 사람 등을 대상으로 한 연구가 대부분으로 일반인을 대상으로 한 연구는 아직까지는 많이 부족하다.

이처럼 이명의 역학적 연구는 다각도의 특성을 갖고 있으며, 많은 제약이 있기 때문에, 단지 이명자 수와 비율을 보고하는 것은 연구에 따라 차이가 큰 편차를 이끌어, 이명률에 대해 바르게 접근하는 데에 한계가 있다. 따라서 바람직한 역학적 연구를 위해서는 개인의 연령 및 성별 등의 특성에 따른 이명률의 분포를 파악하는 접근이 이명의 역학을 연구하는 바람직한 방향이겠다.

2장 이명의 원인과 발생 기전

오성수 · 김규상

이명을 일으킬 수 있는 원인은 무수히 많다. 그리고 많은 경우 이명의 원인을 찾지 못하는 경우도 많다. 심각한 이명의 가장 흔한 원인은 중추신경계로 가는 신호전달이 막혀 발생하는 것이다. 즉, 이명이 난청과 동반될 때 이명의 원인은 처음의 귀의 병변(<표 5>)으로 인하여 소리 신호가 중추신경계로 가는 일련의 과정에 혼란을 줘 발생하는 것이다. 이것은 전음성 난청에 의한 경우일 수도 있고, 감각신경성 난청에 의한 것일 수도 있다. 난청과 이명과의 관련성이 가장 흔하고 크다. 따라서 이 장에서는 이명을 일으킬 수 있는 난청에 대하여 설명할 것이다. 그러나 이명 환자들을 조사해보면, 이명이 항상 난청과 동반되지 않고 정상 청력을 가진 사람들이 있다.

이와 관련하여 이명과 연관된 난청의 원인들에 대해서 먼저 설명하고, 현재까지 제시된 발생 기전에 대해서 정리하고자 한다.

1. 이명과 관련된 난청 발생 원인

가. 전음성, 감각신경성 난청에 의한 이명

실제적으로 많은 경우 이명은 난청을 동반하는 경우가 많다. 외이와 중이에 병변이 있는 경우 전음성 난청을 일으키며, 달팽이관에 병변이 있는 경우 감각신경성 난청을 일으킨다. 많은 경우에 이명은 이러한 병변들의 직접적인 영향으로 생기는 것이 아니며, 이러한 병변들로 인해 생긴 난청이 소리의 입력 신호가 중추청각경로(central auditory pathway)로 가는 과정을 차단함으로써 신경가소성(neural plasticity)을 활성화시키기 때문이다. 난청과 동반되어 나타나는 이명은 대부분 주관적인 이명(subjective tinnitus)이다. 극히 일부의 전음성 난청이 혈관의 난류(turbulance)로 인한 객관적인 이명(objective tinnitus)·박동성 이명(pulsatile tinnitus)이다.

전음성 난청의 이명은 귀마개(earplug)로 인한 효과와 같다. 즉, 외부의 소리가 감소됨으로써 사람 몸 안의 소리가 강화되어 느끼게 되는 것이다.

난청이 감소되거나 회복되면, 이명은 함께 소실되곤 한다. 특히 전음성 난청의 경우 수술적 치료로 청력이 회복되면서 이명도 함께 사라짐으로써 이명도 성공적으로 치료가 될 수 있다. 만약 난청이 지속된다면 이명도 지속된다.

1) 전음성 난청

가) 외이도의 변화

전음성 난청을 일으키는 병적상태는 기계적인(물리적인) 경우, 염증, 종양 등이 있을 수 있다. 외이와 중이에 병변이 있는 경우이며, 유전적인 경우와 일부 독성 물질(thalidomide 등)은 청력기관의 기형(anomaly)을 일으킴으로써 전음성 난청을 일으킨다(Takemori 등, 1976). 귀지(ear wax)에 의한 외이도의 폐쇄는 갑작스런 난청과 이명 발생의 가장 일상적인 현상이다.

외이도의 염증은 매우 심한 통증과 부종, 발적 그리고 세균(Pseudomonas aeruginosa, Staphylococcus aureus 또는 fungal infection)에 의한 고름 등의 증상을 일으킨다. 이러한 염증 현상으로 인하여 외이도가 막히게 되면, 난청과 함께 이명이 발생하곤 한다(Ostowski와 Wiet, 1996).

<표 5> 이명의 부위별 원인

이명 병리 부위	원인 질환
병리: 외이(external ear)	외이도 폐색(occlusion of ear canal)
	외이도염(external otitis)
병리: 중이(middle ear)	급성중이염(acute otitis media)
	삼출성중이염(otitis media with effusion)
	만성중이염(chronic otitis media)
	화농성중이염(suppurative otitis media)
	진주종(cholesteatoma)
	이경화증(otosclerosis)
병리: 내이(internal ear)	이독성 난청(ototoxic drugs induced hearing loss)
	소음성 난청(noise induced hearing loss)
	노인성 난청(presbycusis)
	메니에르병(Meniere's disease)
	혈액순환장애(alteration in blood flow)
	압력외상(barotrauma)
	두부외상(head trauma)

경화와 외이도의 폐쇄를 일으키는 종양은 양성 종양일 수도 악성 종양일 수도 있다. 외이도의 양성 종양인 외골증(exostoses)은 3～6%의 발생률을 갖는 양성 골형성이다(Adams, 1951). 이 병변은 빈번한 외이도의 염증을 일으키고, 전음성 난청과 함께 일시적인 이명을 발생시킨다. 찬물의 반복적인 접촉에 의한 반복적인 자극은 염증을 일으키는 선행요인으로 알려져 있다. 외이도의 악성 종양은 매우 드문 경우이다. 이들은 피부 세포에서 발생하거나(basal cell carcinoma, squamous cell carcinoma, malignant melanoma), 샘(gland)에서 발생한다(adenocarcinoma, adenoid cystic carcinoma)(Breau 등, 2002).

선천적으로 부분적인 폐쇄를 일으키는 기형 또는 외이도의 무형성(atresia)은 난청을 일으키고 이명을 발생시킬 수 있다. 외이도 무형성과 함께 귓바퀴의 기형이 동반되면 가장 심한 상태가 된다. 얼굴 형성 이상(mid-facial dysplasia)과 Treacher-Collins 증후군처럼 외이도의 기형을 갖게 하는 복합적인 증후군의 형태도 있으며, 이들 증후군은 중이에도 기형이 있으며, 이는 고해상도 전산화단층촬영(high resolution computerized tomography, HRCT)을 통하여 확인될 수 있다(Horbelt, 2008).

나) 중이 질환

이관(Eustachian tube)의 기능 부전은 중이의 기능에 문제를 일으킨다. 이관의 입구와 출구의 장애는 많은 중이 병변의 중요한 요인이 된다. 왜냐하면 중이의 환기와 배출이 적절히 되지 않기 때문이다. 이러한 병적 상태를 만드는 주요 질환으로 만성 점액성 중이염, 반복적인 급성중이염 또는 만성중이염 등이 있다. 이렇게 이관의 입구와 출구의 장애를 일으키는 것으로 이관의 입구와 출구의 아데노이드(adenoids), 종양(tumor)에 의한 기계적인 폐쇄, 이관 점막의 염증성 부종 그리고 구개파열(cleft palate)이 있는 사람에게 동반되어 있는 이관 근육부전에 의해 생길 수 있다(Timmermans 등, 2006; Phua 등, 2009). 이렇게 이명을 동반하는 전음성 난청은 이관의 문제로 인하여 발생할 수 있다.

이관개방증(patulous Eustachian tube)은 이관과 비인두강이 항상 열린 상태로 연결되어 있는 병적 상태인데, 이러한 경우 자성강청(autophony: 자신이 말한 목소리가 자신의 귀에 이상하게 크게 느껴지는 상태), 귓속 충만감, 자신의 호흡음이 불쾌하게 느껴지는 등 다양한 증상을 발생시킨다. 근육 긴장도가 감소한다거나 체중 감소는 이러한 이관개방증을 발생시키는 주요한 선행요인이 된다.

급성중이염은 종종 비염이나 인두염 후에 이차적으로 발생한다. 가장 흔한 세균은 Streptococci, Hemophilus influenzae 그리고 Staphylococci이다. 주요 증상은 이통과 난청이다. 많은 경우 이명이 부가적으로 발생하곤 한다. 이명은 혈관성 기원을 갖는 객관적인 소리이다. 급성기의 혈관 확장에 의한 혈류로 인하여 맥박성의 쿵쿵거리는 소리, 윙윙거리는 소리가 감지된다.

만성중이염은 몇 가지 중이 병변을 아우르는 진단명인데, 중이의 병적 상태가 수년간 지속되면 중이의 조직이 비가역적으로 파괴가 일어나게 된다. 고막의 천공과 더불어 이소골 연결(ossicular chain)에 문제가 생기고, 진주종(cholesteatoma)과 연관된 효소 분해과정이 일어나면서 두개골의 하부(cranial base)를 이루는 중이의 골벽(bony wall)의 침식파괴가 일어나게 된다. 결국 반복적인 점액성, 화농성 분비물로 인한 전음성 난청이 발생하게 된다. 진주종이 미로기관(labyrinth)의 골 구조에 영향을 주는 상태가 되면 감각신경성 난청도 발생되며, 이러한 병리적 현상이 달팽이관까지 파급되면서 농(deafness)까지 이르게 된다.

외상성 고막천공은 세 가지 다른 원인이 있다. 그것은 직접적으로 기계적 또는 열로 인한 외상, 외이도에 압력 파동에 의한 외상, 뼈 골절이다. 고막천공에 의한 난청의 정도에 따라서 이소골의 연결과 달팽이관의 외상 등도 염두에 두어야 한다.

이경화증(otosclerosis)은 등골 유착증(stapedial ankylosis)을 일으키는데, 이는 전음성 난청의 원인이 된다. 이경화증은 미로(labyrinth)에도 영향을 준다. 이경화증은 난청의 5~9%를 차지하고, 전음성 난청의 18~22%를 차지한다(Chole과 McKenna, 2001). 이경화증은 거의 대부분 백인에서 발생하며, 아시아인에서는 매우 드물며, 흑인에서는 절대 발생하지 않는다(Altmann 등, 1967). 여성과 남성의 비율은 대략 2:1 정도이다. 정확한 원인은 모른다(Markou와 Goudakos, 2009). 성별과 나이에 상관없이, 이경화증을 가진 사람의 65~91%에서 이명 증상이 있다(Gristwood와 Venables, 2003; Sobrinho 등, 2004). 이경화증을 가진 사람의 이명은 감지할 수 있는 난청이 생기기 전에 발현된다. 이러한 이경화증에 의한 이명은 수술적 치료로 인하여 난청이 회복됨에도 불구하고 이명이 지속된다. 또한 이경화증의 병적 과정은 달팽이관까지 파급되기도 하며, 이는 지속적인 이명의 원인이 되기도 한다. 이 상태를 두고 많은 저자들이 '달팽이관 이경화증'이라 하는데 감각신경성 난청의 징후가 된다(Sellari-Franceschini 등, 1998; Shinkawa 등, 1998; Linthicum, 2009). 또한 이것은 조직병리학적 연구와 영상의학적 연구에서 보이듯 혈관조(stria vascularis), 코티기(organ of Corti), 나선인대(spiral ligament)의 변화와도 연관되어 있다(Hinojosa와 Marion, 1987; Ramsden 등, 2007; Mafee, 1985).

중이에 영향을 주는 종양은 매우 드물다. Glomus 종양(paraganglioma, chemodectoma)은 중이에 발생하는 양성 종양 중에 하나인데 파괴적인 성장을 나타낸다. Glomus 종양은 두 가지 위치에서 발생하는데 하나는 중이에 국한된 Glomus tympanicum 종양이며, 두 번째는 중이와 경정맥동(bulb of jugular vein)에 발생하는 Glomus jugulare 종양이다. 조직학적으로 이 종양은 9번, 10번 뇌신경을 따라서 분포하는 부신경절(paraganglionic) 세포로 구성되어 있다. 이 종양의 대부분은 성인에 발생하며 여성과 남성의 비율은 6:1 정도가 된다(Gulya, 1993). 진단은 전음성 난청, 박동성 이명, 그리고 이경을 통해서 고막을 통해 보이는 붉은 색의 중이 종양 등 세 가지 증상 및 진찰로 진단된다. 일부 환자에서는 박동성의 객관적인 이명이 청진기 또는 외이도의 이어폰으로 객관적으로 감지되기도 한다. 이 이명은 종양 내에 미세혈관 단락(shunt)이 형성되면서 발생하는 소리이다. 안면신경의 Schwannoma는 중이에 영향을 주는 또 다른 매우 드문 양성 종양이다. 이 종양은 전음성 난청과 서서히 진행하는 안면 마비를 특징으로 한다.

베게너 육아종증(Wegener's granulomatosis), 랑게르한스 세포조직구증(Langerhan cell histiocytosis) 그리고 유육종증(sarcoidosis)은 중이의 병변이 있을 수 있는 종양과 같은 질환들이다. 또한 동시에 이명을 일으킬 수 있고, 전음성 난청을 일으킬 수 있다(Wackym과 Friedman, 2000).

중이에 발생하는 악성 종양으로는 편평상피암(squamous cell carcinoma)과 선모낭포암(adenoid cystic carcinoma)이 있다.

2) 감각신경성 난청

감각신경성 난청을 일으킬 수 있는 원인은 무수히 많고 다양하다. 선천적인 원인 외에 감염성 질환, 자가면역질환, 독성물질에 의한 영향, 소음에 의한 영향, 외상성 영향 그리고 노인성 변화 등이 있다. 더군다나 변동이 있는 감각신경성 난청은 메니에르병(Meniere's disease)의 세 가지 징후 중 하나이며, 돌발성 난청의 한 증상일 수 있다. 원인에 따라서 감각신경성 난청은 다양한 심각성이 있을 수 있으며, 난청의 모든 형태는 서로 다른 심각한 이명을 동반할 수도 있다.

가) 유전적 원인

난청은 사람에게 가장 많은 영향을 주는 감각신경성 병변이다. 말을 하기 전 난청이 생기는 모든 원인 중에서 절반이 유전적 원인이 된다(Birkenhager, 2007; Kitamura 등, 2000; Bayazit와 Yilmaz, 2006). 독특한 점이 특정 유전적 증후군과 동반된 난청과 유전적 질환이나 기형이 없는 상태에서 발생하는 난청 사이에서 발견된다(Smith 등, 2005). 즉, 증후군에 동반된 난청은 상염생체 우성(autosomal dominant), 상염색체 열성(autosomal recessive) 또는 X-염색체(X-linked)로 유전된다. Mondini 또는 Scheibe 이형성과 같은 측두골의 추체부(petrous) 부분이나 내이의 기형과 연관될 수 있다. 또한 빈번하게 다른 질환들과 연결되어 있을 수 있는데, 갑상선 질환(Pendred syndrome), 콩팥 기능부전(Alport syndrome) 또는 눈 질환(Usher syndrome)이 있다(Bayazit와 Yilmaz, 2006). 다운 증후군을 가진 아이들은 일반 인구보다 내이의 선천성 난청을 더 자주 보인다(약 1,000명 중 한 명). 10대 나이로부터 다운 증후군 아이들은 달팽이관의 퇴행성 변화를 겪게 되고, 대부분 40세 정도가 되면 심각한 난청 소견을 보이게 된다. 비증후군적 난청은 80%가 상염색체 열성 유전으로, 18%가 상염색체 우성 유전으로, 2%가 X-염색체 유전 또는 미토콘드리아 유전 빙식으로 유전된디(Birkenhager 등, 2007). 단독유전자 결함(single gene defect)이 난청 발생에 영향을 주는 것으로 보이며, 인생의 후반기까지 시작되지 않을 수 있다. 다양한 난청과 연관된 많은 유전자 위치와 변이(mutation)가 기술되었다. 예를 들면, connexin-26을 코딩하는 GJB2 유진자의 변이 또는 connexin-30을 코딩하는 GJB6의 변이가 대표적인 예이다(Batissoco 등, 2009).

나) 감염

달팽이관의 감염은 세균이 정원창(round window) 또는 난원창(oval window)을 통하여 달팽이관에 파급되면, 급성 또는 만성중이염과 함께 생길 수 있다. 또는 뇌염을 일으킨 세균이 내측 외이도(internal auditory canal), 달팽이관의 관(cochlear aqueduct) 또는 전정의 관(vestibular aqueduct)을 통하여 달팽이관이나 전정기관(vestibular apparatus)으로 침투될 수 있다. 결과적으로 이러한 감염으로 인하여 감각신경성 난청이 발생하며, 이명이 동반될 수 있다. 전정기관(vestibular apparatus)을 침범하기 때문에 구역과 구토가 동반된 회전성의 어지러움증이 주 증상으로 올 수가 있다.

뇌염은 종종 달팽이관을 뼈로 채워지게 하여(labyrinthitis ossificans 또는 'white cochlear') 막 미로(membranous labyrinth)의 완전 폐쇄를 일으킨다. Borreliosis 또는 매독(syphilis)의 세균이 혈액을 타고 내이에 전파될 수 있다. 많은 종류의 감염이 달팽이관 또는 내이를 감염시킬 수 있다. 특별히 심각한 것은 선천성 풍진 또는 거대세포바이러스(cytomegalovirus) 감염인데 이는 심각한 감각신경성 난청을 일으키거나 농까지 생기게 한다. 주산기(postnatal)에 내이의 바이러스성 감염 중 유행성 이하선염인 볼거리(epidemic parotitis-mumps)는 전형적으로 전정기관의 침범 없이 일측성으로 온다(Hviid 등, 2008). 헤르페스(herpes zoster oticus)에 의한 경우는 외이도와 귓바퀴에 물집이 잡히면서, 감각신경성 난청, 이명, 전정기관의 증상, 안면신경마비 등의 증상이 생긴다. 안면신경마비 등의 증상이 생기는 경우 Ramsey Hunt sundrome이라고 한다(Sweeney와 Gilden, 2001).

다) 면역학적 원인

감각신경성 난청은 자가면역질환이라고 일컬어지는 다양한 형태의 면역학적 질환과 함께 발생하기도 한다(McCabe, 1979). 항체의 공격 목표 구조는 Corti 기관에 있는 혈관조(stria vascularis)와 내이를 공급하는 혈관이다(Ruckenstein, 2004). 자가면역질환은 여성에서 흔하고 지속적이며, 양측성의 감각신경성 난청을 일으키며, 이명과 어지러움증을 동반하는 것을 특징으로 한다. 진행속도는 노인성 변화라 하기에는 너무 빠르고, 갑작스런 난청이라 하기에는 너무 느리다. 자가면역질환 환자들은 면역억제제인 스테로이드 약에 잘 반응한다. 일부 자가면역질환 환자들은 Wegener's granulomatosis, Cogan syndrome, relapsing polychondritis 같은 전신적인 자가면역질환을 가진다(Broughton 등, 2004). 이러한 자가면역질환의 존재를 확인할 수 있는 특이적인 검사들은 없다. 다만, 전신적인 징후를 보이는 자가면역질환을 선별(screening)하기 위하여 antinuclear antibodies, antineutrophil cytoplasmatic antibodies 등의 일반적인 임상병리검사를 활용할 수 있다(Bovo 등, 2009).

라) 노인성 난청

연령과 관련된 난청은 모든 난청 중에서 가장 흔한 형태이다. 65세 이상 노인들의 40%에서 발견된다(Cruickshanks 등, 1998). 생리적인 노화 과정 외에 산소결핍, 소음에 대한 노출, 고혈압, 고지혈증 또는 당뇨병 등과 같은 내적, 외적 요인에 의하여 노인들에서 난청이 발생하게 된다. 결과적으로 과도한 소음의 노출과 동맥경화증은 산업화된 나라에서 노인성 난청 발생에 주요한 기여 요인이 된다(Mazurek 등, 2008). 노인성 난청과 관련된 이명의 존재는 8%에서 72%로 다양하게 보고되고 있다(Rosenhall과 Karlsson, 1991; Nondahl 등, 2002; do Carmo 등, 2008). 나이가 증가함에 따라서 그리고 소음 노출이 증가함에 따라서 이명 발생의 위험이 증가한다(Ahmad와 Seidman, 2004).

마) 소음성 난청

소음성 난청과 이명 간의 강한 관련성은 의심의 여지가 없다. 군인들에서 소음과 이명에 대한 임상적, 실험적 결과들을 보고한 문서에 의하면 "……소음에 의한 난청은 이명과 관련이 있는 것 같다." 그러나 소음성 난청과 이명에 대한 특이적인 관련성이 있지는 않다. 이명을 가진 사람들이 몇 %로 난청이 있는지, 난청과 이명의 규모가 어느 정도인지 아직 명확하지 않다. 이명이 있는 사람들은 지속적인 소음에의 노출보다 변화가 심한 소음이 더 관련이 많은 것 같다고 이야기한다. 최근에 이라크, 아프가니스탄 전쟁에서 폭파음에 노출되었던 군인들을 평가한 연구를 보면 49%에서 이명이 발생하였다. 더구나 이명이 가장 주요한 음향학적 불만 중에 1위를 차지하였다. 이러한 사실은 과도한 소음에의 노출이 이명을 일으킨다는 직접적인 증거를 제시해주고 있다.

바) 외상성 영향

이명은 머리, 특히 귀 부위의 손상과 연관되어 발생한다(<표 6>). 머리와 목의 상해는 이명의 흔한 원인이다. 외상성 뇌 손상을 겪은 사람의 53%는 이명을 호소한다. 머리 손상과 관련된 비 박동성의 이명은 귀 또는 뇌의 손상 때문이다. 외상성 귀의 손상으로 추체골(petrous bone)의 골절, 이소골 연쇄부전(ossicular chain disruption), 그리고 외림프 누공(perilymphatic fistula) 등을 들 수 있다. 청각 신경과 뇌 손상을 일으키는 외상도 이명을 일으킬 수 있다. 편타성 손상(whiplash)의 약 10~15%는 두통, 어지러움, 불안정성, 구역, 난청 등의 일련의 증상과 함께 지속적인 이명이 발생된다.

〈표 6〉 외상 후 이명의 원인

비박동성 이명(non-pulsatile tinnitus)
1. 귀(ear)
1) 측두골 골절(temporal bone fracture)
2) 미로 폐색(labyrinthine concussion)
3) 이소골 연쇄부전(ossicular chain disruption)
4) 외림프 누공(perilymphatic fistula)
5) 압력외상(barotrauma)
6) 음향외상(noise trauma)
2. 신경계(nervous System)
3. 청신경(auditory nerve)
4. 뇌손상(brain injury)
5. 외상 후 스트레스 장애(posttraumatic stress disorder)
6. 경부
1) 경부 외상(neck trauma)
박동성 이명(pulsatile tinnitus)
1. Carotid dissection
2. 동정맥루(AV fistula)
3. 경동맥정루(caroticocavernous fistula)

3) 의학적 치료 과정의 합병증에 의한 이명

많은 의학적 치료가 환자들의 이명 발생에 영향을 주는 것으로 생각되고 있다. 확실히 이러한 이명을 일으키는 기전과 과정은 다양하다. 의학적 치료를 하는 과정에서 청각, 체성감각, 전정기능(평형기능), 그리고 다른 감각 경로에 영향을 주어, 자극을 감소시키거나 비정상적인 자극을 만들게 된다. 중추신경계 경로의 활성으로 인하여 직접적인 영향을 받기도 한다. 이러한 의학적 치료의 영향은 원치 않게 발생하며, 일시적일 수 있으나, 그와 동반되어 발생한 이명은 한번 시작되면 지속될 수 있다. 거의 대부분의 의학적 치료에 의해 이명이 발생하게 되면 환자들은 강한 감정적인 불만과 심한 통증을 호소한다. 때로는 예외가 있어서 치료 과정 중 이명이 발생할 수 있다는 것이 예측되기도 한다. 이러한 경우는 명확히 설명이 되고, 환자들은 자신의 병을 치료하고 생명을 구하는 것으로, 이명에 대해서 받아들이게 된다.

가) 이명을 발생시키는 의학적 처치

귀 속에 귀지 등 이물질을 제거하는 처치를 하게 되면, 동반된 이명이 감소하거나 사라지게 되는데, 이러한 귀에 대한 처치가 오히려 이명을 발생시키기도 한다. 예를 들면, 귀의 세척과 흡입(ear syringing, ear suctioning) 과정에서 이명이 발생할 수 있으므로 주의해야 한다. 외이도의 피부를 세척하는 과정에서 기구에 의한 피부 궤양, 열상 등이 발생할 수 있다. 이로 인하여 외이도의 상해 및 감염은 만성적인 외이도 피부의 변화를 가져와 이명 발생에 영향을 줄 수 있다. 중이나 내이에 영향을 주는 외상, 수술 치료를 하기 위해서 외이도에 국소마취제를 주사하는 경우(Bingham 등, 1991), 중이의 삼출물을 감소시키고, 이관의 기능을 회복시키기 위하여 Grommet를 삽입하는 경우가 있는데 이로 인하여 이명이 발생하기도 한다. 치과적 치료는 이명 환자들에게 반드시 질문하는 것 중에 하나인데, 치과 치료가 이명 악화에 영향을 주고, 치과 치료를 받은 쪽의 귀의 이명이 더 심하게 나타난다(Langguth 등, 2007). 치료 과정에서 고압산소가스를 사용하게 되는 경우 이명이 발생하기도 한다(Farri 등, 2002). 고막 천공이 있거나, grommet가 있는 경우 ear drop은 감각신경성 난청을 일으키는 원인이 될 수 있다(Abello 등, 1998).

Stapectomy, labyrinthectomy, tympanoplasty, simple myringoplassty, mastoid surgery, 전정신경(vestibular nerve) 등의 수술, 그리고 전정신경초종(vestibular Schwannoma) 수술은 이명을 발생시킬 수 있다. 이러한 이명은 감각신경성 난청을 동반한다.

미처 예상치 못한 상황으로 이명이 발생하는 경우가 있는데 방사선 치료(radiation therapy) 후에 세포 독성이 있는 항암제 치료를 하게 되면, 이명을 포함하여 이독성의 발생이 높아진다(Marshall 등, 2006). 그런데 이러한 경우 환자들은 자신의 치명적인 병을 치료하는 과정에서 발생하는 것으로 이해를 하곤 한다. 또 환자들 중 자기공명영상(magnetic resonance imaging, MRI)에서 발생하는 소음에 의하여 이명이 발생하기도 한다. 이 경우에는 난청이 동반되지 않는데 아마도 환자들은 검사를 받을 때의 걱정, 두려움 등의 환경에 의하여 이명이 발생하는 것 같다(Vernon 등, 1996). MRI 검사실의 소음 수준은 93dB를 초과한다. 이과적 수술을 받을 때 이과적 드릴(drill)에 의해 발생하는 소음은 82~106dB 정도로 측정되고, 흡입기 사용(suction) 시에는 71~84dB 수준으로 측성된다.

환자들이 경추부 안마(neck manupulation)를 받을 때 이명이 발생하곤 한다. 자기수용기 (proprioceptor)의 혼란을 일으키는 목의 움직임에 의하여 심한 어지러움과 이명이 발생할 수 있다. 이러한 증상이 발생하는 경우에는 치료자는 즉시 중지해야 한다.

150여 가지 이상의 약물과 화학물질들이 말초성과 중심성 음향 구조에 영향을 끼침으로 난청 및 이명을 유발할 수 있는 것으로 보고되었다(Arslan 등, 1999; Gianfrone 등, 2005; Yorgason 등, 2006). 약물에 의한 이독성은 약물의 일시적 사용이냐 장기간의 사용이냐에 따라서 가역적이기도 하고 비가역적이기도 하다. 이독성 약물의 종류로서 aminoglycosides 계통을 포함한 항생제(antimicrobial agents), 항암제(antineoplastic drug), 항염증제(anti-inflammatory drugs), 이뇨제(loop diuretics), 항말라리아제(antimalarial drug) 등이 있다(<표 7>). 이독성 물질들은 다양한 부위에 작용하게 되는데 많은 연구자들이 원인 기전에 대한 연구를 많이 하였으나, 아직까지 그 기전이 명확히 확립되지 못하였다. 따라서 새로운 약물들의 이독성을 예측하기가 매우 어렵다. 소음이 노출될 때 이독성 약물에 의해 난청은 더욱 가속화된다.

〈표 7〉 난청과 이명 유발 이독성 약물(Enrico와 Goodey, 2011)

	이독성(난청)	이명
Drugs acting at synaptic and neuroeffector junctional sites		
b2-selective adrenergic receptor agonists		
Procaterol		+
Nonselective b adrenergic receptor antagonists		
Timolol		+
Serotonin receptor agonists		
Almotriptan		+
Eletriptan		+
Ergonovine		+
Methyl ergonovine		+
Drugs acting on the central nervous system		
Anticonvulsants		
Valproic acid	+	
Flecainide		+
Antidepressants -Tricyclic		
Desipramine		+
Amitriptyline		+
Antidepressants -SSRI		
Fluoxetine		+
Citalopram		+

	이독성(난청)	이명
Autacoids: drug therapy of inflammation		
NSAIDs		
Acetyl salicylic acid	+	+
Meclofenamic acid		+
Diclofenac		+
Ketoprofene		+
Indomethacin		+
Diflunisal		+
Acemetacine		+
Oxaprozin		
Corticosteroids		
Methylprednisolone		+
Antihistamine agents		
Chlorphenamine		+
Hydroxyzine		+
Doxylamine		+
Prometazine		+
Drugs affecting renal and cardiovascular function		
Loop diuretics		
Furosemide	+	+
Ethacrinic acid	+	+
Torasemide	+	+
Bumetanide	+	+
Inhibitors of carbonic anhydrase		
Diclofenamide		+
Antiarrhythmics		
Flecainide		+
Dihydrochinidine	+	
ACE inhibitors		
Enalapril		+
Imidapril		+
Benazepril		+
Moexipril		+
Calcium channel blockers		
Nicardipine		+
Angiotensin II receptor antagonis		
Irbesartan		+
Drugs affecting gastrointestinal function		
Sulphasalazine		+
Chemotherapy of parasitic infections		
Chloroquine	+	
Hydroxychloroquine	+	+

	이독성(난청)	이명
Mefloquine		+
Quinine		+
Sulfadoxine-pyrimethamine		+
Chemotherapy of microbial diseases		
Aminoglycosides	+	+
Macrolides		
Eritromycin	+	
Azithromycin		+
Clarithromycin		+
Quinolones		
Lomefloxacin	+	+
Moxifloxacin	+	+
Rufloxacin		+
Cinoxacin		+
Cephalosporins		
Ceftibuten		+
Cefepime		+
Lincosamides		
Lincomycin		+
Tetracyclines		
Minocycline		+
Sulfonamides		
Cotrimoxazole		+
Sulfadiazine		+
Glycopeptides		
Teicoplanin	+	+
Vancomycin	+	+
Antivirals		
Ganciclovir	+	
Lopinavir		+
Ritonavir		+
Antifungal		
Amphotericin B	+	
Griseofulvine	+	
Chemotherapy of neoplastic diseases		
Platinum compounds		
Cisplatin	+	+
Carboplatin	+	+
Oxaliplatin	+	
mmunomodulators		
Muromonab CD3	+	+
Hormones and hormone antagonists		
Bisphosphonates		
Risedronate		+

2. 이명의 발생기전

이명은 소리로서 나타나기 때문에 귀의 문제로 여겨져 왔다. 즉, 수십 년 동안 귀가 이명을 일으키는 병리학적 위치일 것이라고 생각했다. 귀의 병변부터 청각신경, 청력과 관련된 다양한 중추신경계의 병변까지 많은 요인들이 이명을 일으킬 수 있다. 수술적 손상, 전리방사선을 포함한 다양한 손상으로 인한 청각신경의 상해는 이명의 흔한 원인들이다. 물론 바이러스 감염도 청각신경의 손상을 일으킨다. 그러나 이러한 청각신경의 손상이 어떻게 이명을 일으키는지에 대해서 정확히 알려져 있지는 않다.

이명의 모든 기전을 설명할 수는 없으나, 이명의 동물 모델이 확립되면서 이명의 기전에 대한 이해에는 많은 진전이 있었으며, 최근에는 하부 청각계의 손상이 상부로 이어지며 변화를 유도하여 이명이 발생한다는 의견이 널리 받아들여지고 있다. 이명 동물모델에서 이명의 유발기전으로 소음이나 이독성 약물, 특히 살리실산염에 의한 이명 유발 모델이 대표적으로 사용되고 있다.

이러한 모델들을 통하여 1) 유모세포에서의 변화, 2) 유모세포와 청신경 사이의 시냅스에서의 변화, 3) 나선신경절세포에서의 변화, 4) 와우핵에서의 변화, 5) 하구와 내측 슬상체의 변화, 6) 청각피질에서의 변화, 7) 원심성 경로의 변화, 8) 비고전적인 청각경로의 영향을 이명 유발기전으로 보고하고 있다.

소음이나 이독성 약물 등에 의해 와우가 손상되면 그 손상은 와우뿐만 아니라 청각계 전 단계에 걸쳐 구조적·신경화학적·생리학적 변화를 일으키는 것으로 알려져 있다. 청력 저하에 의한 구심성 정보의 박탈은 청각계에 크게 두 가지 변화를 일으킬 수 있는데, 첫째, 와우의 특정 부위로부터 유발되는 억제성 정보의 손실로 인한 흥분과 억제의 불균형, 둘째, 신경가소성의 활성화이다.

이명은 귀와 관련된 거의 모든 형태의 이상과 연관될 수 있으며 대부분 와우 기능의 이상과 연관되어 있다. 말초 청각 신호의 소실, 소음과 같이 비정상적으로 과도한 자극, 약물, 감염에 의한 손상 등은 말초 단계에서 이명을 유발시키는 원인이 되며 이런 원인들은 중추 청각계로 향하는 구심성 정보에 변화를 일으킨다. 구심성 정보의 변화에 적응하거나 이를 보상하기 위해 중추신경계가 변화하기 시작하며 이러한 비정상적인 신경활성도에 의하여 결국 중추단계에서의 이명을 발생시킨다.

이명의 발생 기전으로서 한 가지 가설은 외상 후 박피(denuded) 청각신경 다빌 사이의 전기연접전달(ephaptic transmission)(혼선가설, 연접전달(synaptic transmission) 없는 축색돌기
(axon)와 신경세포 사이의 전달) 때문이라는 것인데, 최근에 이러한 전달과정이 신경세포
사이에서 일어난다는 것이 증명되고 있다. 또 한 가지 가설은 청각신경 시스템으로 가는
신호의 과도한 자극(overstimulation)과 박탈(deprivation) 때문이라는 것이다. 이명이 중추신
경계를 포함하는 신경생리학적 변화 때문이라는 이론이 제기되면서 많은 연구가 되어 왔
고, 현재는 이명이 뇌의 신경 회로(neural circuit)의 비정상적인 형태로 받아들여지고 있다
(Tonndorf, 1987; Jastreboff, 1990).

이 글은 신경가소성과 그 관련 가능성이 큰 비고전적 청각경로, 말초 정보의 입력 박탈에
의한 중추신경계의 변화(흥분과 억제의 불균형)로서 말초 청각기로부터 입력되어야 할 청
각 정보의 소실(이성이명)과 체성감각계(somatosensory system)의 병리에서 기인한 체성감각

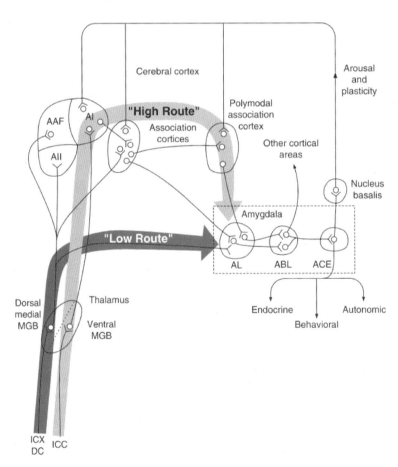

〈그림 6〉 고전적 · 비고전적 청각경로의 연결(Moller, 2007)

정보(체성이명)가 공통적으로 배측와우핵을 탈억제하여 그 자발적 흥분도를 증가시킴으로써 이명이 발생하는 기전을 살펴보고자 한다. 더불어 비고전적인 청각경로와 신경가소성과 연계하여 Jastreboff의 신경생리학 모델, 소음에 의한 이명의 발생기전을 기술하고자 한다.

가. 비고전적 청각 경로

청각신경계는 청각 정보에 국한된 경로로서 주파수 대역에 따라 일정하게 조율되어 와우로부터 오는 청각정보를 복측와우핵, 하구(inferior colliculus)의 중심부, 시상(thalamus)의 복측핵을 거쳐 일차 청각피질로 전달하는 고전적 청각경로(classical auditory pathway)와 하구 부위에서 갈라져 나와 시상의 내측, 배측 부분과 이와 연관된 피질 영역으로 투사된 신호가 대뇌변연계(limbic system)의 편도체(amygdala)와 연결되어 있는 비고전적 청각경로(non classical auditory pathway)가 있다.

청각 경로를 구성하는 각 부위의 수용영역에 있는 뉴런들은 글루타민성의 흥분성 신호와 GABA성 억제성 신호를 함께 받아 조절되며 소리 자극은 흥분성과 억제성 반응을 모두 일으킬 수 있는데, 어떤 원인에 의해 흥분과 억제의 균형이 깨지면 이명이 발생할 수 있다. 비고전적 청각경로는 주파수 특이성이 떨어지고, 좀 더 분산되어 있으며 가소성이 일어날 가능성이 크다고 알려져 있다. 대뇌변연계는 기억, 감정조절, 스트레스 대처 등에 관여하는 곳으로, 스트레스가 이명을 악화시킨다는 점이나, 이명 환자에서 우울증과 같은 정동장애가 흔히 동반된다는 사실이 알려지면서, 이러한 고전적인 청각신경로 외의 연결과 이명의 관련성이 주목받고 있다(<그림 6>).

나. 신경가소성(Neural Plasticity)

신경가소성이란 신경계가 새로운 경험을 기반으로 신경 네트워크를 재조직화하는 뇌의 능력으로, 중추신경계에서 신경가소성의 일반적인 역할은 말초로부터의 변화된 입력 정보에 적응하고 손상이나 질병에 의해 발생된 변화를 보상하는 것이다(Moller, 2006). 신경가소성은 말초로부터의 정보의 박탈, 비정상적 정보의 전달, 적응, 행동훈련에 의해 중추신경계 어디서나 일어날 수 있는 정상적인 반응이다. 신경가소성은 주로 신경접합부의 변화(synaptic efficacy) 때문에 생긴다(Wall, 1977). 즉, 신경세포에서 단백질 합성의 변화 같은 신경세포의 기능적 변화를 포함한다. 이것은 다소 신경전달을 늦게 하는데 일반적인 임상적 검사방법으로 찾아낼 수 없는 정도이다. 새로운 신경접합(synapse)이 생성되기도 하고, 다른 신경접합은 제거되기도 하는데, 이렇게 신경가소성이란 축색돌기(axon)가 새로 생성되거나, 예정세포사멸(programmed cell death) 등으로 인하여 생기는 것이다.

신경가소성의 활성화는 목적지향적이며 이로운 측면이 있지만 때로는 해로운 점도 있다. 신경가소성의 활성화는 뇌 또는 척수가 손상을 받은 후에 적응이 가능하도록 한다. 즉, 뇌와 척수의 다치지 않은 부위로 정보를 우회시켜 전달하여 손상된 신경계의 기능을 회복시키거나, 감각계의 손상된 기능을 보상하거나 적응할 수 있도록 한다. 그런데 이것은 해로운 증상 및 징후로서 이명, 중추신경병증성 통증, 근육연축 등의 형태로 나타날 수 있어서 이러한 경우를 '가소성 질환(plasticity diseases)'이라고 한다(Moller, 2008). 대표적인 신경가소성 질환으로 안면신경마비(hemifacial spasm)가 있다. 안면신경마비는 안면신경의 뿌리 부분이 옆으로 지나가는 혈관이 자극함으로 발생하기도 하는데 이런 경우 혈관을 신경으로부터 떼어주면 효과적으로 치료가 된다. 그런데 다른 원인으로 발생하기도 한다. 즉, 안면신경 자체의 병리현상으로 발생하기도 하는데, 바로 안면신경 자체의 병리현상은 신경가소성 때문에 생기는 것으로 안면신경마비도 신경가소성 질환에 속한다. 이명도 바로 이러한 안면신경마비와 같이 어떤 자극에 의하여 청각 신경에 신경가소성이 발생하면서 나타나는 신경가소성 질환이다. 이명의 발생과 지각에는 어느 정도 뇌의 일부분이 포함될 수밖에 없어 청각계 일부의 장애는 중추 청각계의 다른 부분의 기능적 변화를 반영한다.

다. 배측 와우핵의 탈억제 가설: 이성 및 체성이명

신경계에서 이명이란 '청각계 내부의 자발적 신경활동의 빈도 혹은 그 동조성(synchrony)의 증가'이다. 난청과 연관된 이성 이명(optic tinnitus)의 경우, 와우 유모세포의 손상 후 청신경 섬유의 자발적 활동은 거의 소멸하여 없어진다는 사실과 청신경 절제술 후에도 이명이 감소하지 않는 증례들이 많고, 인공와우 이식후 이명이 호전된다는 사실들은 유모세포나 청신경 모두 이명 신호(자발적 신경활동) 발생의 근원지가 아니라는 점을 시사한다. 와우 손상 후 청신경과 복측와우핵에서 자발전위는 사라져 측정되지 않으나, 유일하게 자발적 활동이 증가되는 부위는 배측와우핵이다.

이명의 원인 중 체성감각계의 연관성은 정상인에서 두부나 목의 근육을 움직이는 등

물리적인 힘을 가함으로써 이명이 생긴다는 연구 결과에서 유추할 수 있다. 최근에는 이러한 이명을 비고전적인 청각경로를 포함하기 때문에 생기는 현상으로 생각하여 배측와우핵(dorsal cochlear nucleus, DCN)의 탈억제 때문에 생기는 몸감각-청각의 상호작용(somatosensory-auditory interaction)으로 설명하는 시도가 늘어나고 있다. 즉, 5, 7, 9, 10번 뇌신경의 정보는 연수체성감각핵(medullary somatosensory nucleus, MSN)에 모이게 되고 MSN과 DCN은 서로 해부학적으로 연결되어 있어 말초에서의 다양한 자극들이 DCN으로 와 탈억제를 일으킨다는 것이다. 안면, 이개, 외이도 및 중이의 체성감각은 삼차신경, 안면신경, 미주신경, 설인두신경 및 C_2척수신경이, 상부경부의 감각은 $C_{2,3}$ 신경이 담당한다. 이들의 분지는 모두 하부연수의 체성감각핵(MSN)에 수렴되며, 이 체성감각핵과 동측의 배측와우핵은 해부생리학적으로 연결되어 있다. 이 연결로가 활성화되면, (정상에서는) 배측와우핵의 과립세포(granule cell)와 바퀴형세포(cartwheel cell) 등으로부터의 억제성 접합을 통해 청각의 주요 전달세포인 방추형세포의 활동이 전반적으로 억제된다. 결론적으로 배측와우핵-탈억제 가설은 배측와우핵에 원래 존재하는 이러한 체성조절 경로(somatic pathway)에 이상이 발생하여 청각활동에 대한 체성 억제성 조절이 소실되는 것이다. 이성이명에서는, 와우·청신경으로부터의 정상적인 청각정보 입력이 사라질 때 배측와우핵만 탈억제되어 그 자발적 흥분이 증가하게 되는 것이다(<그림 7>).

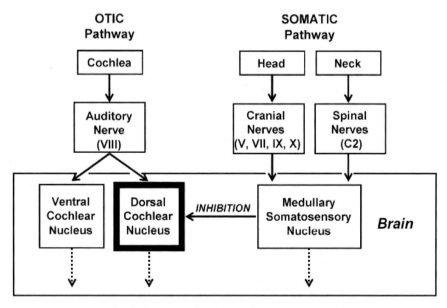

〈그림 7〉 이명의 체성감각 경로(Levine 등, 2007)

라. 이명의 신경생리학적 모델

Jastreboff의 신경생리학 모델에 의하면 말초청각기의 병변이 청신경계의 과도한 보상 활동을 유도해 신경활성도가 증가함으로써 이명이 발생하는데, 이것은 변연계(limbic system)의 활성을 증가시키고 자율신경계 반응을 유발하는 조건반사의 경로를 형성하여 환자에게 괴로움을 준다. 즉, 보통은 이명을 잠시만 느끼고 습관화 과정을 통해 의식화되지 않는 데 비해 두려움, 불안감 같은 부정적인 감정이 연관되면 변연계 및 자율신경계가 활성화되어 이명을 계속 인식하게 된다. 비고전적 청각경로 중 시상핵으로부터 편도체와 해마, 변연계의 다른 부위로의 직접적인 연결은 이명에 동반되는 정서적인 부분을 설명하여 준다. 공포반응, 소리공포증, 청각과민, 우울증 등은 이명에 따른 정서적인 반응의 예로서, 편도체는 내분비계와 자율신경계와 연결되어 관련 증상을 일으킬 수 있다.

이 모델은 이명을 실제 청각계의 복잡성과 관련하여 전부 설명하지 못하지만 환자의 이명의 기원을 쉽게 이해할 수 있고 의사도 적절한 치료 방침을 세우기 좋아 현재 광범위하게 사용되고 있다(<그림 8>).

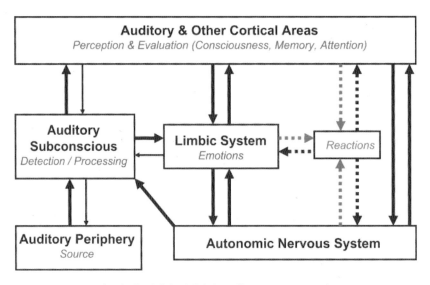

〈그림 8〉 이명의 신경생리 모델(Jastreboff, 2011)

이 모델은 또한 이명에 의한 부정적 반응을 극복하는 데 전략을 제공한다. 즉, 이명의 신경생리학적 연관관계에 따라 발생 원인에 접근할 수 있다. 첫 번째 단계는 이명의 기원이 전형적으로 말초청각계에 있으며(A), 둘째 단계는 이명의 원인이 청각 경로(말초-중추 청각로) 상의 비정상적인 신경활성(abnormal neural activity)에(B), 셋째는 대부분의 이명에서 이명 발생이 무의식적으로 습관화(spontaneous habituation)된 경우의 자극(neutral stimulus)이 변연계와 자율신경계의 활성을 방해하여 나타나는 이명의 원인으로서 비정상적인 신경활성에(C), 넷째로 이명의 신경생리 모델로서 자율신경계와 변연계가 활성화되어 나타나는 이명에 따른 부정적인 반응을 보여준다(<그림 9>).

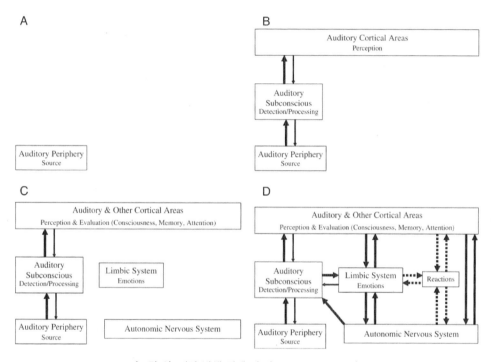

〈그림 9〉 이명 발생 관계 경로(Jastreboff, 2007)

이명 환자들이 느끼는 불편함의 대부분은 이명으로 인한 감정계 및 신체반응계의 활동과 반응이다. 이명을 야기하는 자극과 반응에서 이명을 야기하는 원인을 근본적으로 제거하기는 어렵지만 환자가 이명을 느끼지 않을 수는 있다. 이명의 신경생리학적 모델을 활용한 이명 재훈련 치료(Tinnitus Retraining Therapy, TRT)[1]는 이미 형성된 이명 회로를 더 이상 사용하지 않도록 유도하는 과정이다. 이명에 대한 인식과 반응을 습관화시키는 과정으로 우선 청각계와 시상변연부 및 자율신경계 사이의 기능적 연결고리를 변화시키는 과

---

1) 이명 재훈련 치료의 자세한 내용은 4장, 이명 재활 훈련의 내용을 참조.

정이고 이를 통해 이명관련 신경신호와 감정 및 반응계 사이에 형성된 조건반사를 차단시키는 과정이다(<그림 10>).

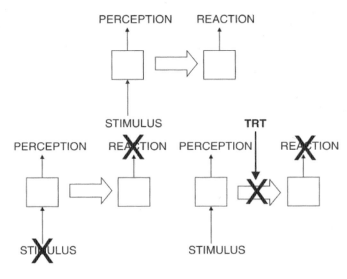

〈그림 10〉 TRT의 이명에 대한 치료 기전(Jastreboff, 2007)

마. 소음의 이명 발생 기전

소음의 이명 발생기전에 대해서는 아직도 완전하지 않다. 어떻게 소음에 의한 와우의 손상이 뇌에서 비정상적인 신경 활성을 일으키고, 이명이라는 잘못된 소리를 듣게 하는지 모른다. 이명의 동물 모델이 확립되면서 소음에 의한 이명의 발생과 관련하여 몇 가지 기전을 유추할 수 있다.

이명 동물 모델은 와우의 손상을 통해 이명을 유발하며, 유모세포의 손상이 이명 발생의 중요한 기전으로 보고 있다. 그러나 소음을 이용한 동물 모델에서 배측 와우핵의 과활성화가 나타나 와우의 손상과 함께 이명이 만성적으로 유지되는데 배측 와우핵의 과활성이 중요한 기여를 할 것으로 생각된다. 또한 소음으로 인한 청각기관의 손상은 순차적으로 청각기관 전 영역으로 확장되어 신경가소성의 결과로 뇌의 청각피질의 변화(음위상 지도의 재조직화, 비정상적인 신경 동조화 현상)와 이로 인해 다시 말초신경계에 영향을 미치는 일련의 변화를 이명의 발생 기전으로 제시하고 있다.

두 가지의 가능한 가설이 있는데, 첫째는 중추신경계(CNS)에서 와우의 손상에 이은 이차적인 신경 퇴행성 변화가 생긴다는 것이고, 두 번째는 청각 경로에서 활성과 억제의 균형(balance of activation and inhibition)에 있어서 변화가 생긴다는 것이다. Morest 등(1998)은 소음에 의해 생긴 와우의 퇴행성 변화에 따른 이차적인 현상으로 청각시스템의 신경성 퇴행성 변화를 보고하였다. 두 번째 가설인 균형의 변화에 대해서는 Salvi 등(2000)이 소음성 난청 이후에 뇌에 청각피질(auditory cortex)과 하구(inferior colliculus)에 빠른 변화를 보인다는 것을 보고하였다. 외상성 소음 노출 이후에 8번 신경(Ⅷ신경)의 자발성 활성(spontaneous activation)은 정상적으로 있으나, 전정기관의 자발성 활성은 신경성 반응에 대한 'burst'로 증가할 수 있다(Kaltenbach와 Afman, 2000). 급성적인 소음 노출 후에 하구, 청각 피질 부위의 유발전위(evoked potential)를 보면 진폭(amplitude)의 증강과 역치의 상승을 보인다. 이러한 발견은 난청이 뇌의 억제기전을 누그러뜨리는 것으로 보인다(Salvi 등, 2000; Sun 등, 2008).

충격음의 노출로 인한 배측 와우핵의 자발 신경활성도를 증가시키는 세 가지 가능한 기전으로 첫째, 와우 손상에 의한 이차적 신경 퇴행성과 신경가소성, 그리고 이로 인한 시냅스의 활성과 억제의 균형 변화(흥분도 증가와 탈억제)에 따른 이명, 둘째 청각신경의 과활성화로 인한 흥분성 독성손상(excitotoxic injury)의 결과로 나타나는 신경가소성과 시냅스의 탈억제에 따른 이명, 셋째로 와우 손상과 청각신경의 과활성화로 나타나는 신경가소성에 따른 막 전도의 변화에 기인한 이명을 제시하고 있다(<그림 11>).

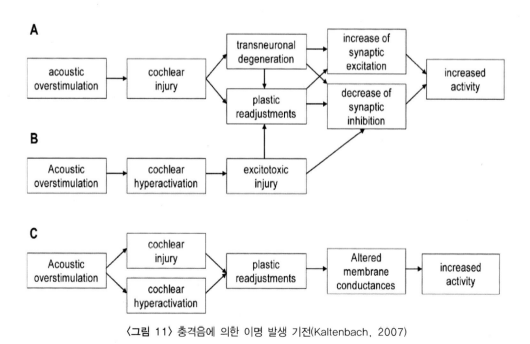

〈그림 11〉 충격음에 의한 이명 발생 기전(Kaltenbach, 2007)

3장 이명의 진단과 평가

김규상·김진숙

1. 직업성 난청과 소음성 난청

귀의 질환(이질환, ear diseases)으로 환자가 호소할 수 있는 주 증상은 청력장애(난청), 이명, 현훈, 이루, 이통, 안면신경마비이며 그 외 두통, 이폐쇄감, 이소양증 등이 있을 수 있다. 난청은 청기기능의 주요한 장애이며, 청력장애의 병변부위에 따라 기질성 난청은 전음성 난청(conductive hearing loss)과 감각신경성 난청(sensori-neural hearing loss)으로 구분할 수 있으며, 감각신경성 난청은 미로성 난청(cochlear hearing loss)과 후미로성 난청(retrocochlear hearing loss)으로 나누며, 후미로성 난청 중 청각 중추신경로상의 장애와 이상으로 나타난 난청인 중추성 난청(central auditory processing disorder: CAPD)을 구별하기도 한다. 혼합성 난청(mixed hearing loss)은 전음성 난청과 감각신경성 난청이 병합된 것이다. 기질적 장애 없이 청력장애가 나타나는 비기질적 난청으로 기능성 난청이 있다. 소음성 난청은 미로성(와우) 난청이다.

직업성 난청은 근로자가 종사한 업무로 인해서 난청이 발생한 것으로 그 양상은 부분적 또는 완전한 난청이 발생할 수 있고, 난청의 형태에 따라서는 전음성, 감각신경성 그리고 혼합성 난청의 모든 형태가 가능하다. 직업성 전음성 난청으로 외이도의 이물질, 두부의 외상, 폭발 또는 불꽃(metal spark)으로 인한 고막천공을 들 수 있으며, 감각신경성 난청으로 지속적인 소음 노출로 인한 소음성 난청, 외상 또는 압력손상 등으로 인한 내이, 정원창막의 파열 및 외림프누공, 음향외상, 이독성 물질로 인한 난청을 들 수 있다.

청력손실에 관해 업무상재해로 현재 인정되고 있는 것은 ① 외상에 의해 발생하는 급성 재해성 난청, ② 갑자기 큰 소음에 노출되어 발생되는 급성 음향외상성 난청과 ③ 장기간 소음에 노출되는 소음성 난청이 있다. 귀의 외상성 손상은 음압이 120dB 이상의 소음에서는 청각기관에 고통을 느끼게 하며 물리적 외상을 줄 수 있다. 귀의 외상성 재해는 폭발음이나 두부외상으로 인한 청력손실을 말하며, 미국의 경우 모든 주에서 산재보험법에 의해 보상되고 있다. 또한 일본에서는 장기간 소음에 노출되다가 갑자기 청력손실이 오는 소음성 돌발성 난청을 인정하고 있기도 한다.

소음에 의한 청력의 영향으로 나타나는 청력손실 유형은 ① 일시적인 청력손실(temporary threshold shift: TTS), ② 영구적인 청력손실(permanent threshold shift), ③ 음향성 외상(acoustic trauma)의 3가지가 있다.

일시적인 청력손실은 강력한 소음에 노출되어 생기는 난청으로 4,000~6,000Hz에서 가장 많이 생기며, 소음에 노출된 지 2시간부터 발생하며 하루 작업이 끝날 때에는 20~30dB의 청력손실을 초래한다. 일시적인 청력손실은 청신경세포의 피로현상으로 이것이 회복되려면 그 정도에 따라서 12~24시간을 요하는 가역적인 청력저하이나 영구적 소음성 난청의 경고신호로 볼 수 있다. 영구적인 청력손실은 하루 작업에서 일어나는 충분하게 회복이 되지 않은 상태에서 계속 소음에 노출됨으로써 발생하며 회복과 치료가 불가능하다. 일시적인 청력손실과 영구적인 청력손실과의 사이에 직접적인 생리적 관계가 확인된 것은 아니나 일시적인 청력손실이 반복되고 불안전한 회복상태가 계속되면 축적효과 때문에 영구적인 청력손실이 발생한다.

소음성 난청의 주요 특성인 고음음역의 청력손실 특히 4,000Hz을 중심으로 나타나는 C_5-dip의 병인으로 ① 독특한 혈관의 해부학적 구조로 인해 와우의 4kHz 지역의 혈액 공급 부족과 ② traveling wave의 전달속도가 충분히 빨라서 와우 내에 변위 강도가 4kHz 지역에서 나타나고, ③ 와우의 해부학적 구조상 가운데 첫 번째 회전, 즉 4kHz 지역에 유동을 일으키게 되며, ④ 4kHz notch를 산출하는 이도의 공명상의 특성에 의존하여 위와 같은 소음원의 주파수 범위에 상관없이 청각도(audiogram)상 전형적인 특성을 나타내는 것으로 보고 있다.

소음성 난청의 특성에 대하여 미국산업의학회(American College of Occupational Medicine, ACOM)에서 기술한 것을 보면 첫째, 내이의 모세포에 영향을 미치는 감각신경성 난청이다. 둘째, 청력검사상 소견이 거의 항상 비슷하게 양측성이다. 셋째, 농(profound hearing loss)을 일으키지 않는다. 일반적으로 저음역에서는 40dB, 고음역에서는 75dB 이상의 청력손실을 보이지 않는다. 넷째, 소음 노출이 중단되었을 때 소음 노출로 인한 청력손실은 더 이상 진행하지 않는다. 다섯째, 과거의 소음성 난청으로 인해 소음 노출에 더 민감하게 반응하지 않는다. 청력 역치가 증가할수록 청력손실률(the rate of hearing loss)은 감소한다. 여섯째, 저음역(500, 1,000 및 2,000Hz)에서보다 고음역(3,000, 4,000 및 6,000Hz, 특히 4,000Hz)에서 초기 청력손실이 현저히 심하게 나타난다(초기에는 8,000Hz의 청력손실이 없어 노인성 난청과 감별할 수 있다). 일곱째, 지속적인 소음 노출 시 고음역에서의 청력손실이 보통 10~15년에 최고치에 이른다. 여덟째, 지속적인 소음(continuous noise) 노출이 단속적인 소음(interrupted noise) 노출보다 더 큰 장해를 초래하는데, 단속적인 소음 노출은 휴식 기간 동안 회복되기 때문이다.

2. 난청의 진단과 평가

귀 질환에서 가장 중요하면서 흔한 증상인 난청(청력장애)의 진단은 외이, 중이, 내이, 청신경의 각 청각 경로에서의 병변을 밝혀내고 그 원인을 찾는 데 있다. 최근 측두골 단층촬영과 자기공명영상촬영의 개발로 여러 가지 청력장애를 일으키는 질환이 밝혀지고 있지만 우선 문진, 진찰 및 시행 가능한 청력 임상검사를 통해 진단에 유용한 정보를 수집하는 것이 중요하다.

청각학적 임상검사를 시행하기 전에 임상증상, 작업경력 및 작업조건, 과거병력, 작업 이외의 소음 노출력을 알아본다. 그리고 난청의 발병 시기 및 형태, 선천성 여부, 유전적 성향, 난청의 변동 또는 진행 여부, 난청과 동반되는 증상 및 징후, 기타 질환 및 일반적 생활환경을 자세히 물어본다. 또한 충분한 문진으로 비직업성 원인을 감별해야 한다(<표 8>). 이러한 비직업성 원인으로는 군 복무 시 발생한 재해성 난청, 헤드폰을 이용한 음악 감상, 약물에 의한 이독성 등이 있다.

청각 임상검사로는 ① 이경검사, ② 음차검사, ③ Bekesy 청력검사, ④ 순음청력검사, ⑤ 어음청력검사, ⑥ 중이검사(impedance audiometry), ⑦ 청각유발반응검사, ⑧ 이음향방사가 있다. 청력검사는 주관적인 방법과 객관적인 방법으로도 나눌 수 있다(<표 9>).

주관적인 청력검사는 방음실 또는 조용한 방에서 여러 가지 종류의 소리, 즉 저·고음 언어, 환경음 및 소음 등을 이용하여 환자가 직접 반응하도록 하거나 환자의 반응을 관찰하는 방법을 말하며, 환자의 우호적이고 적극적인 협조가 필수적이다.

<표 8> 청력장애의 감별진단을 위해 필요한 문진

1. 당신은 현재 귀가 잘 안 들린다고 생각하십니까?
2. 안 들린 지는 얼마나 되었습니까?
3. 만약 당신이 두부손상과 관련한 청력손실을 알아차렸다면, 정확히 언제 인지하였습니까?
4. 당신의 청력손실을 누가(자신, 가족, 동료 등) 알았습니까?
5. 청력손실이 천천히, 빠르게, 또는 갑작스럽게 진행되었습니까?
6. 현재의 청력은 안정되어 있습니까?
7. 또는 청력이 끊임없이 변동하고 있습니까?
8. 음의 고저가 찌그러져 있지 않습니까?
9. 고음의 찌그러짐은 없습니까?
10. 양귀로 전화 통화를 하실 수 있습니까?
11. 당신 귀가 꽉 차 있음을 느낍니까?
12. 당신의 청력이 호전 또는 악화와 관련한 어떤 것(음식, 날씨, 소리)을 의식할 수 있습니까?
13. 긴장할 때, 허리를 굽혔을 때, 코를 풀 때, 또는 들어 올릴 때에 청력의 변화가 있습니까?
14. 어렸을 때 귀에 문제가 없었습니까?
15. 귀의 농 배액을 한 적이 있습니까?
16. 귀가 최근에 또는 자주 감염된 적은 없었습니까?
17. 귀 수술 하신 적은 없었습니까?
18. 귀 수술을 수행하지 않았다면, 귀 수술을 권유받은 적은 없었습니까?
19. 당신 귀가 직접적인 손상을 받은 적은 없었습니까?
20. 금번 손상 이전에 현재의 질병(증상)과 비슷한 문제가 있었던 적은 없었습니까?
21. 이통은 없습니까?
22. 최근에 치아 치료를 받은 적이 있습니까?
23. 어떤 질병(당뇨, 고혈압 등)은 없습니까?
24. 성병(임질, 매독) 또는 AIDS는 없습니까?
25. 당신 가족 중에 청력장애가 있는 분은 없습니까?
26. 당신 가족 중에 청력 문제 때문에 수술을 받은 분은 없습니까?
27. 매독을 가진 부모형제 또는 자매가 있습니까?
28. 상대방 말을 듣기 위하여 큰소리로 말해야 할 만큼 소음이 심한 작업에 종사하십니까?
29. 귀걸이를 합니까?
30. 시끄러운 작업환경을 벗어났을 때 일시적인 청력손실이 있습니까?
31. 예를 들면, 라이플총 사격, 록큰롤 음악청취, 스노모빌, 모터사이클링 등 소음이 심한 환경에서 여가활동을 하십니까?
32. 소음 노출 시 귀마개 등 보호구를 착용하십니까?
33. 자주 스쿠버다이빙을 하십니까?
34. 개인 비행기를 타거나 스카이다이빙을 하십니까?
35. 귀에서 소리가 나거나 어지러움증을 느끼십니까?

객관적인 청력검사는 안정된 자세를 취하고 있는 환자에게 소리를 들려주고 고막, 이소골, 와우, 뇌간 등의 생리적인 변화를 측정하여 청각장애를 진단하는 방법으로 난청의 유형과 정도를 파악하여 정확한 진단, 예방, 치료 및 재활의 근본적인 자료를 제공하는 목적이 있다. 그리고 이질환에 따른 임상화학검사, 방사선학적 검사(측두골단층촬영, 자기공명영상촬영 등)가 있으며, 청력장애 이외의 이명, 현훈, 안면신경마비 등 기타 이과적 증상에 따른 진단 도구를 사용하여 진단할 수 있다. 이와 같은 청력검사를 통하여 청력장애의 정도, 유형 및 병변 부위를 알 수 있다.

〈표 9〉 청각검사의 분류

청각검사	주관적인 검사	객관적인 검사
선별검사	순음청력검사(pure tone audiometry): 기도검사(air) 음차검사(tuning fork)	이미턴스검사(Immittance): 고막운동성검사(tympanometry) 음향반사역치검사(ART)
진단검사	순음청력검사(pure tone audiometry): 기도검사(air) & 골도검사(bone) 말청취역치검사(speech reception threshold) 낱말분별력검사(word recognition score)	이미턴스검사(Immittance): 고막운동성검사(tympanometry) 음향반사역치검사(ART)
특수검사	유소아 청력검사(BOA, VRA, PA)	이음향방사(OAE) 뇌간유발반응검사(AEP)/전기안진도(ENG)

순음청력검사에서 전음성 난청은 정상 골도청력을 가지며, 기도-골도 청력차이 (Air-Bone Gap: A-B Gap)가 10dB 이상이며, 감각신경성 난청은 비정상적인 기도 및 골도청력을 가지며 A-B Gap이 없다. 반면에 혼합성 난청은 비정상적인 기도 및 골도청력을 가지나 A-B Gap이 15dB 이상이다. 난청의 유형에 따른 기도 및 골전도역치와 A-B Gap의 관련성은 다음 표와 같다(<표 10>, <표 11>). 감각신경성 난청으로서 소음성 난청은 순음청력검사에서 기도에서 고음역의 역치손실(high-tone dip), 기도와 골도 청력의 차이가 없는 (no gap) 동일한 역치손실(BC=AC)을 보인다.

〈표 10〉 난청의 유형과 기도/골전도역치

골전도 역치		공기전도역치	
		정상	비정상
	정상	정상	전음성 난청
	비정상	불가능	감각신경성 난청 혼합성 난청

〈표 11〉 난청의 유형과 골전도역치/A-B Gap

골전도 역치		A-B Gap	
		있다	없다
	정상	전음성 난청	정상
	비정상	혼합성 난청	감각신경성 난청

어음청력검사는 크게 두 가지로 분류될 수 있는데, 어음청취역치검사와 어음명료도검사이다. 어음청취역치검사는 Speech Reception Threshold(SRT)라고 흔히 불리며 보편적인 어음을 이해하기 위하여 필요한 가장 작은 소리의 정도를 검사한다. 어음명료도검사는 Speech Discrimination Test(SDT), Speech Recognition 혹은 Word Recognition Test(WRT)라고도 표기하며, 어음에 대한 이해능력을 측정한다. 그 결과는 백분율(%)로 표시하며, 어음명료도치라고 한다(Speech Discrimination Score; SDS, Speech Reception Score; SRS, Word Recognition Score; WRS). 어음이해는 어음역치보다 적어도 8~9dB만 높아도 가능하며, 정상 청력인의 경우 어음명료도는 어음청취역치상 40dBSL(40dB Sensation Level)에서 최대치를 구할 수 있는 것으로 알려져 있다. 어음청력검사(특히 어음명료도검사)의 목적은 병변의 부위 진단, 유효한 대화소통의 타당성 분석, 수술 후보자의 결정, 난청재활의 평가와 계획, 보청기 보조기의 선택, 평가 및 착용에 활용되고 있다. 감각신경성 난청의 경우 병변이 와우에 있느냐 후미로냐의 감별진단에는 어음청력검사가 도움이 되는데, 즉 후미로성 난청은 예컨대 청신경종 같은 것은 순음청력검사 성적은 비교적 양호하나 어음명료도는 30~40% 정도밖에 되지 않는 수가 많다. 일반적으로 감각신경성 난청에서는 어음명료도가 70~80%를 넘지 못하는 수가 많다. Rollover[2]라고 불리는 검사가 있는데 이는 최대와 최소의 어음명료치의 차이를 분석하여 미로성(cochlear)과 후미로성(retrocochlear)을 변별한다. Rollover가 0.4 이하라면 미로성, 0.45 이상이면 후미로성 병변으로 구분한다(<그림 12>).

---

2) Rollover=(최대어음명료도치 − 최소어음명료도치)/최대어음명료도치.

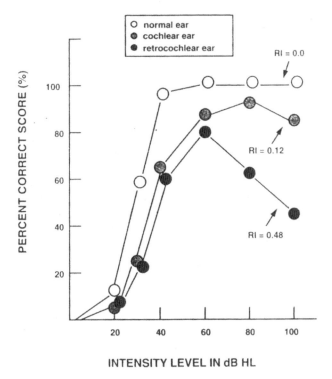

ROLLOVER INDEX (RI) IN PERFORMANCE INTENSITY (PI)
FUNCTION FOR PHONETICALLY BALANCED (PB) WORDS
(PI - PB FUNCTIONS)

〈그림 12〉 Rollover

임피던스 청각검사로는 고막운동성 계측(tympanometry), 등골근 수축반응검사(stapedial reflex test), 수축반응 시 진폭의 축소를 검사(stapedial reflex decay)하는 방법이 있다. 고막운동성 계측은 고막운동도의 양상을 통해서 중이강 내 압력, 고막의 운동성, 이소골 연쇄상태, 외이도와 중이강의 최대 음향 전달 공명점 및 이관상태를 확인할 수 있다. 등골근의 수축은 stapes footplate 움직임에 변화를 주게 되어 중이에서 내이로의 에너지 전달을 조절할 수 있는데, 이 반사궁은 강한 음자극으로부터 내이를 보호하는 역할을 하며, 이러한 기전을 이용하면 소리가 전달되는 경로, 즉 이소골연쇄(ossicular chain)의 상태 및 반사궁(reflex arc)과 관련된 청신경, 안면신경 및 뇌간하부의 이상유무를 진단할 수 있다.

유발반응검사는 그 잠복시간에 따라 초기반응(early response; 0~10ms), 중간반응(middle response; 10~50ms) 그리고 후기반응(late response; 50~3,000ms)으로 분류하는데, 초기반응

검사로 전기와우반응(Electrocochleography; ECoG), 뇌간유발반응(Auditory Brainstem Response; ABR), 중간반응검사로 청성중간반응(Auditory Middle Latency Response; AMLR)과 40Hz 반응 (40-Hz Response), 후기반응검사로 청성후기반응(Auditory Late Latency Response; ALLR)과 P-300 등이 있다. 뇌간유발반응의 임상적 적용으로는 청각평가, 이신경과학적 진단, 신생아 선별청력검사, 중환자 감시 등에 활용할 수 있다. 청각평가는 V파의 역치[3]를 통해 청력역치를 평가할 수 있어 유소아, 협조가 곤란한 피검자, 위난청자의 청력검사에 널리 이용되고 있으며 난청의 유형감별에 도움이 된다. 뇌간유발반응의 역치(V파의 역치)는 청력역치보다 성인에서는 5~10dB 높게 나타난다. 난청의 유형에 따라 각기 다른 파형을 보이며, 자극강도에 따른 잠복시간의 변화, 즉 latency-intencity function을 통해 보다 정확한 정보를 얻을 수 있다. 전음성 난청의 경우 내이로의 음전도 장애로 인해 뇌간유발반응에서 자극음 강도의 감소와 같은 영향을 미쳐 모든 파의 진폭이 작아지고 잠복시간은 연장되나 파간 잠복시간은 정상범위를 벗어나지 않으며, 이러한 영향은 자극강도를 충분히 높여줌으로써 상쇄된다. 감음성 난청은 유모세포 손상으로 인해 역치상 강자극시 I파의 잠복시간은 연장되나 V파의 잠복시간은 미세한 변화를 보여 I-V파 간 잠복시간이 단축된다. 반면 역치 근처에서는 누가현상으로 인해 자극강도의 감소에 비해 V파의 잠복시간이 현저하게 연장되어 latency-intencity function curve에서 L-shape의 특징적인 모양을 보인다. 후미로성 난청은 파형이 다양하게 나타나며, 각 파를 분간하기 어려운 경우가 많고 파간 잠복시간의 변화가 크다.

이음향방사(otoacoustic emission; OAEs)는 주어진 음자극에 대한 음향반응이 와우에서 생성되어 이소골, 고막을 통하여 외이도에 전파되어 나타나는 것을 이른다. 이음향방사는 크게 자발이음향방사와 유발이음향방사로 나누며, 유발이음향방사는 자극 후 일정한 잠복기 후에 나타나는 일과성 음에 의한 이음향방사(transient evoked otoacoustic emissions)와 주파수반응 이음향방사(stimulus frequency otoacoustic emissions), 변조이음향방사(distortion product otoacoustic emissions)로 분류된다. 자발이음향방사는 외부 음자극이 없는 상황에서 와우에서 생성, 외이도로 방사되어 감지되는 소리이며, 유발이음향방사는 귀에 가해진 음자극에 대하여 발생되는 이음향방사이다. 이음향방사의 임상적 적용으로는 선별청력검사, 이독성의 감시, 기타 난청에서의 사용[4]과 수술 중의 청력손실 추적에 활용될 수 있다.

---

3) V파를 뚜렷하게 관찰할 수 있는 최소 자극강도.

4) 소음성 난청에서 순음청력검사에서와 같이 일시적 난청(TTS)을 반영할 수 있고 환자의 위난청(malingering) 여부를 알 수 있는 것이 장점이다.

<표 12> 청력장애 분류에 따른 청각학적 소견(Sataloff와 Sataloff, 1993)

	Air Conduction Pattern	Bone Conduction Pattern[b]	Air-Bone Gap	Lateralization of 500-Hz Fork	Recruitment	Abnormal Tone Decay
Conductive	Greater low-tone loss, except when fluid is in the ear. Maximum loss is 60~70dB ANSI	Normal or almost	At least 15dB	To worse ear	Absent	Absent
Sensory	Greater low-tone loss or high-tone dip	BC=AC	No gap	To better ear with low intensity To worse ear with high intensity	May be marked and continuous	Absent
Neural	Greater high-tone loss	BC=AC, or BC worse than AC	No gap	To better ear	Absent	Marked tone decay in acoustic neuroma and nerve injuries
Sensorineural	Greter high-tone loss or flat loss	BC=AC	No gap	To better ear	Absent or slight	Absent
Functional	Flat	Usually no BC	No gap	Vague	Absent	Variable
Central	Variable or even normal threshold	BC=AC, or absent BC	No gap	None	None	Undetermined

[a]These criteria are the usual ones, but many variations and exceptions are encountered.

[b]BC, bone conduction; AC, air conduction

[c]These are common findings, but there are many exceptions.

	Discrimin-ation	Audiometric Responses[c]	Tinnitus	Békésy Tracings	Impedance Audiometry	Patient's Voice[c]	Other Findings
Conductive	Good	Vague and slow	Absent or low	Overlap of pulsed and continuous tracings	Often abnomal and diagnostic tympanogram	Soft or normal	No diplacusis Hears better in noisy environment
Sensory	Poor	Sharp	Low roar or seashell	Pulsed tracings slightly wider at higher fre-quencies Little or no separation	Normal typanogram Metz recruitment (stapedius ref-lex at low intensity)	Normal	Diplacusis Hears worse in noisy environment Lowered threshold of discomfont
Neural	Reduced	Sharp	Hissing or ringing	Ssparation of tracings in acousic neuroma	Normal tympanogram Stapedius reflex absent or decayed	Louder	No diplacus Hears worse in noisy environment
Sensori-neural	Reduced	Sharp	Hissing or ringing	Slight separa-tion of tracing	Normal tympanogram Other test variable	Louder	No diplacusis Hears worse in noisy environment
Functional	Usually good or no response	Inconsistent	Absent	Separation of tracing with poorer threshold for pulsed tone	Normal	Normal	No diplcusis Hears worse in noisy environment
Central	Reduced	Slow	None	Undetermined	Nomal tympanogram Difference between ipsi-lateral and contralateral stapedius reflex responses	Normal	No diplacusis Hears poorly in noise Poor integration of complex stimulus

<표 13> 청력장애 부위에 따른 청각검사 결과(Hall과 Mueller, 1996)

정상 ○ 부분 비정상 ◎ 비정상 ● TEST PROCEDURE	진단학적 청각검사 결과					
	병변부위					
	중이	미로(와우)	청신경	뇌간		대뇌
				미측(꼬리)	문측(입쪽)	
중이검사						
고막운동성 계측	●	○	○	○	○	○
등골근 반사	●	◎	●	◎	○	○
순음청력검사	◎	●	◎	○	○	○
어음재인도검사	○	◎	◎	○	○	○
이음향방사	●	●	○	○	○	○
진단학적 어음청력검사	○	○	●	●	●	●
유발반응청력검사						
전기와우도(ECochG)	◎	◎	○	○	○	○
청성뇌간반응(ABR)	●	◎	●	●	●	○
청성중간반응(AMLR)	○	○	○	○	○	●
P300/MMN	○	○	○	○	○	●

선별검사로 유발이음향방사의 장점은 ① 외이나 중이의 이상이 없는 모든 사람에서 발현되며, ② 주파수 특이성이 있고 언어의 이해에 중요한 넓은 주파수 범위에 대한 평가를 할 수 있고, ③ 40~50dB 이상의 청력손실이 있으면 유발이음향방사는 발현되지 않고, ④ 청신경의 기능 정도에 영향을 받지 않으며, ⑤ 검사시간이 짧고, ⑥ 선별검사 시 진정제 투여가 필요 없고, ⑦ 검사의 재현성이 좋다는 것으로 요약될 수 있다.

이와 같은 청력검사를 통하여 청력장애의 정도, 유형 및 병변부위를 알 수 있다. <표 12>와 <표 13>은 청력장애 분류에 따른 청각학적 소견과 청력장애 부위에 따른 청각검사 결과이다. 감각신경성 난청으로서 소음성 난청은 순음청력검사와 이음향방사에서는 이상 소견을 보이고, 등골근반사검사, 어음인지, ECochG, ABR에서는 이상을 보일 수 있으나, 고막운동성검사, 반사피로검사, AMLR, P300/MMN 검사에서는 정상 소견을 나타낸다. 순음청력검사에서는 기도전도에서 고음역의 역치손실(high-tone dip), 기도전도와 골도전도의 차이가 없는(no gap) 동일한 역치손실(BC=AC)을 보인다.

3. 순음청력검사

순음청력검사(pure-tone audiometry)를 통하여 청력장애의 정도, 유형 및 병변부위를 알수
있다. 순음청력검사는 주관적인 검사로서, 음차(tuning fork)에서 발생되는 것과 같은 순음
(pure-tone)을 전기적으로 발생시켜 각 주파수에 따라 청력역치를 측정하여 청력도(오디

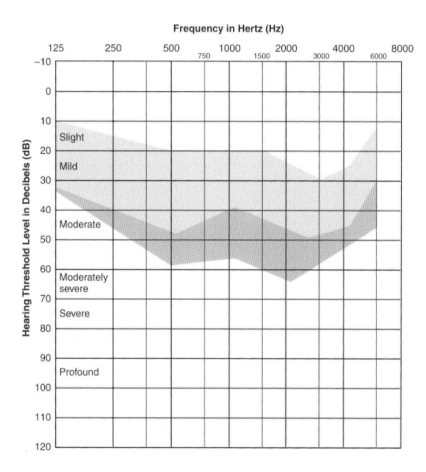

〈그림 13〉 표준 청각도와 표기 기호(ASHA, 1990)

오그램: audiogram)로 나타낸다. 청력도는 가로축에 소리의 고저를 표시하며 단위가 헤르츠(hertz, Hz)인 주파수, 세로축에 소리의 강약을 구분하며 단위가 데시벨(deciBel, dB)인 강도로 구성되어 있다(<그림 13>).

각 검사의 결과는 국제적으로 통용되는 기호로 청력도의 적절한 공간에 표기하며, 빨간색은 오른쪽 역치를, 파란색은 왼쪽 역치를 나타낸다. 그 외의 기록은 검정색으로 표기하는 것이 원칙이다. 여기서 청력역치(hearing threshold)는 같은 강도의 음을 주었을 때 피검자가 약 50% 정도 반응하는 가장 약한 소리를 말하며 통상 3번 중 2회 들린다고 하였을 때의 음의 강도를 그 역치로 한다. 순음청력검사는 기도청력검사(air conduction audiometry)와 골도청력검사(bone conduction audiometry)로 나뉜다.

기도청력검사는 헤드폰이나 인서트폰(insertphone)을 이개 주위나 외이도에 착용시킨 후 검사한다. 기도청력검사는 검사자와 피검자가 서로 눈이 마주치지 않게 피검자를 90도 비틀어 의자에 앉게 하고, 신호에 대해 단추를 누르거나 손가락을 들거나 또는 대답을 하게 한다. 역치에 대해서는 '들을 수 있는 가장 약한 소리'임을 고지시킨다. 검사는 좋은 쪽 귀부터 실시하며, 두 귀에 청력에 차이가 없다면 오른쪽 귀부터 실시한다. 주파수는 1,000Hz의 순음부터 시작하여 2,000, 3,000, 4,000, 6,000, 8,000Hz 순의 고음역 검사 후 1,000Hz를 다시 검사하고 500, 250, 125Hz 순으로 저음역을 검사한다. 소리는 2초 간격으로 1~2초간 준다. 난청이 심한 쪽을 검사할 때 자극음이 반대쪽 귀로 양이감쇄(interaural attenuation: 한쪽에 청력손실이 심한 경우에 정상 측의 자극음이 골전도를 통하여 반대 측으로 교차하는 경우)되어 음영청취(cross or shadow hearing)가 나타나므로 양쪽 청력 차이가 40dB 이상 되면 청력이 좋은 쪽 귀에 대역잡음(narrow band noise)으로 차폐(masking)를 해야 한다. 자극음의 강도 조절방법으로 상승법, 하강법 및 혼합법이 있다. ① 상승법은 0dB부터 시작하여 5dB씩 상승하며 들을 때까지 시행하며, ② 하강법은 충분히 들을 수 있는 음강도부터 시작하여 5dB씩 낮추면서 시행한다. ③ 혼합법(수정상승법)은 처음에 못 들으면 30dB부터 20dB씩 상승시키고 듣게 되면 하강 10dB, 상승 5dB 간격으로 시행하여 역치를 결정하는 방법이다.

기도청력검사는 청각의 모든 경로인 외이, 중이, 내이 및 중추청신경의 청각능력을 총괄적으로 검사하여 역치를 결정하므로, 전체 경로 중 한곳에 이상이 있어도 비정상 청력으로 나타난다. 기도청력검사의 결과는 청력손실의 정도를 평가하는데, 일반적으로 여러 가지 주파수 중 0.5, 1, 2kHz를 중심으로 평균순음역치(puretone threshold average, PTA)를 산출하여 평가한다.

골도청력검사(bone conduction audiometry)는 골 진동자(bone vibrator)를 유양돌기 부위에 밀

착시킨 후 두개골을 진동시켜 두개골에 내재한 내이의 반응을 보는 것이다. 골도검사는 외이나 중이를 우회하여 내이의 반응을 직접 검사하여 역치를 결정하므로 외이나 중이가 비정상이라도 내이에 이상이 없으면 정상으로 나타난다. 그러므로 기도·골도역치차(air-bone gap, ABG)의 존재 유무가 외이나 중이의 이상 유무를 판정하는 결정적인 단서가 된다. 기도·골도 역치차가 10dB을 초과하면 정상범위를 벗어나므로 외이나 중이에 이상이 있는 것으로 판정한다. 두개골은 진동자에 의해 오른쪽이나 왼쪽이 분리 진동되지 않으므로 진동자의 부착 위치가 두개골의 어느 부위든 상관없이 양측 내이가 동시에 반응한다. 만일 양측 내이의 청력역치에 차이가 있을 경우, 진동자를 나쁜 쪽 귀에 부착시켜도 양 내이가 동시에 반응하므로 좋은 쪽 귀의 역치가 기록되므로 주의하여야 한다. 이처럼 골도검사 시에는 어느 부위거나 자극음이 거의 차이 없이 양쪽 귀에 전해지기 때문에 반드시 차폐를 하여야 한다.

차폐는 다음의 원칙에 따라 시행한다. 기도 청력검사 시 차폐는 검사 측 귀의 기도역치가 반대 측 귀의 음감쇄 수준보다 높으면 반대 측 귀를 차폐해야 된다. 일반적으로 기도청력은 40~50dB 차이 시, 골도청력은 10dB(0~15dB) 이상 시 차폐를 시행한다. 차폐음의 종류로는 순음청력검사 시 협대역의 음(narrow-band noise), 어음청력검사 시 백색잡음(white noise)을 사용한다. 양귀 사이의 음감쇄는 순음청력검사에 사용하는 헤드폰(supraural earphones)으로 기도검사 시에 각 주파수별로 조사한 결과, 연구자(Coles와 Priede, 1968; Liden 등, 1959; Chaiklin, 1967)마다 약간의 편차가 있으나 Coles와 Priede(1968)의 연구를 토대로 Martin(1972)이 제안한 기준을 적용한다(<표 14>, <표 15>). 양귀 사이의 음감쇄 현상(interaural attnuation: IA)은 전도검사 시 검사 측 귀에 강한 음자극을 주면 두개골(skull)을 통해서 반대 측 달팽이관에서도 듣게 되는데 이러한 전달과정에서 음이 약해지는 현상을 의미한다. 음차폐는 실시 대상자의 정확한 역치와 난청의 유형을 판별하는 데 중요한 검사방법이다. 즉, 시행하여야 할 기도 음차폐 검사를 시행하지 않을 경우에는 역치가 과소평가될 가능성이 있으며, 한쪽 귀가 정상 또는 전음성 난청일 경우에 골도 음차폐 검사를 실시하지 않는다면 다른 일측은 동일한 골도 역치를 보여 난청의 유형을 감별하지 못한다.

〈표 14〉 기도 청력검사 시의 주파수별 음감쇄 범위(Range of interaural attenution values for air-conducted signals under supraural earphones)

Study	Frequency(Hz)						
	125	250	500	1,000	2,000	4,000	8,000
Coles와 Priede(1968)		50~80	45~80	40~80	45~75	50~85	
Liden 등(1959)	40~75	45~75	50~70	45~70	45~75	45~75	45~80
Chaiklin(1967)	32~45	44~58	54~65	57~66	55~72	61~85	51~69

〈표 15〉 기도 청력검사 시의 권고 음감쇄 기준

	Frequency(Hz)						
	125	250	500	1,000	2,000	4,000	8,000
양이 사이의 음감쇄(dB)	35	40	40	40	45	50	50

4. 청각도의 평가

기도청력의 주파수별 손실 정도를 통해 청력손실 양상이 결정되는데 청각학적 진단과 재활에 대한 정보를 제공한다. 일반적으로 옥타브별 5dB 이하의 차이 또는 모든 주파수의 청력손실 정도가 20dB 이내로 비슷한 수평형(flat type), 옥타브별 청력이 점진적으로 6~10dB이 증가하며 점차로 나빠지는 형(gradually sloping type), 옥타브별 11~15dB이 증가하는 형(sharply sloping), 16dB 이상 급격히 증가하는 형(precipitously sloping: ski slope), 고음역으로 갈수록 청력이 점차 좋아지는 상승형(rising type), 250Hz 또는 8,000Hz보다 중간 음역에서 20dB 청력손실이 심한 접시형(trough or saucer type), 특정 주파수에서 급격히 낮아졌다가 다시 회복되는 notch type이 있다(<그림 14>).

청력손실 정도는 이와 같이 기도역치를 기준으로 하며, 청력손실의 유형은 기도·골도역치차 관계로 판단할 수 있다. 정상적인 청각기관의 청력도는 모두 20dB 미만에 청력검사 결과가 표기되는 경우이다. 청력손실이 있을 경우 소리의 전도기관인 외이나 중이에 이상으로 나타나는 전음성 난청(conductive hearing loss), 소리의 감음기관인 내이나 그 이후 중추경로에 이상으로 나타나는 감각신경성 난청(sensorineural hearing loss: SNHL), 전도와 감음기관에 복합적인 이상으로 나타나는 혼합성 난청(mixed hearing loss)으로 분류할 수 있다(<그림 15>).

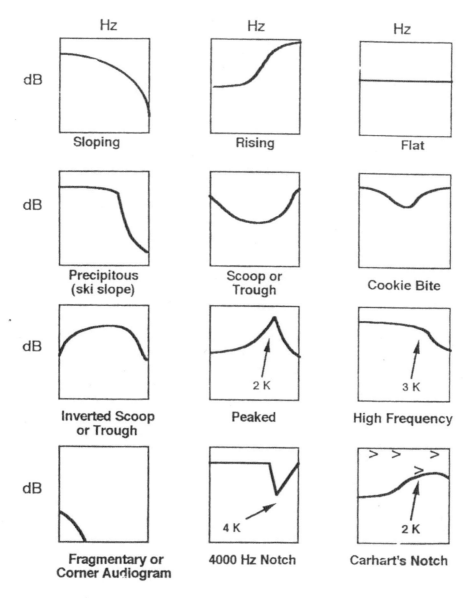

〈그림 14〉 난청의 청각도 유형(Hall과 Mueller, 1996)

전음성 난청으로 분류되는 가장 흔한 질병은 중이염이며, 보통 10dB보다 큰 기도·골도 역치치를 보인다. 감각신경성 난청은 선천성, 노인성, 소음성 난청 등이 대표적이며 보통 기도·골도 역치차가 10dB 미만이다. 혼합성 난청은 전음성 난청과 감각신경성 난청의 요소를 모두 포함하고 있으며 10dB보다 큰 기도·골도 역치차를 보인다.

청각도상 전음성 난청은 대부분 상승형을 보이며, 감각신경성 난청은 하강형, 혼합성 난청의 경우 수평형, 하강형을 많이 보인다. 노인성 난청(presbyacusis)은 양측성의 좌우 비슷한 기도-골도 차이(air-bone gap)가 없는 기도와 골도가 동일한 감각신경성의 점차적으로 고음역의 청력이 나빠지는 형태(gradually sloping high frequency loss)를 보이며, 소음성 난청(noise induced hearing loss)의 경우 3~6kHz의 주파수 중 어느 한 주파수의 청력역치가 떨어지는 dip 또는 notched type을 주로 보이며, 내이장애로 인한 메니에르병(Meniere's disorder)은 감각신경성 난청이나 특징적으로 상승형을 보인다(<그림 16>).

청력손실 정도에 따라서는 16~25dB HL은 주로 단순한 고막 천공, 삼출성 중이염, 고실경화증 등에 의해 발생하며, 미세 감각신경성 난청도 있으며, 이 정도의 난청에 의해서는 모음은 비교적 명확하게 청취할 수 있으나 무성 자음을 놓치기 쉽다. 26~40dB은 고막천공, 삼출성 중이염, 고실경화증 등에 의해 발생할 수 있고, 경도의 감각신경성 난청도 있으며, 크게 말하는 소리의 일부만 청취한다. 41~65dB은 만성 중이염, 기형 등에 의해 난청이 생길 수 있으며, 감각신경성 난청도 있다. 이때는 일반적인 대화음 크기는 대부분 들을 수 없어서 의사소통에 장애를 일으킨다. 66~95dB은 혼합성 및 감각신경성 난청에서 볼 수 있으며, 일반적인 대화음 크기는 물론 큰 소리의 일부도 들을 수 없다. 96dB 이상은 감각신경성 난청이 대부분이다. 청취 거리에 따른 청력손실을 예측하면 다음 <표 16>과 같다.

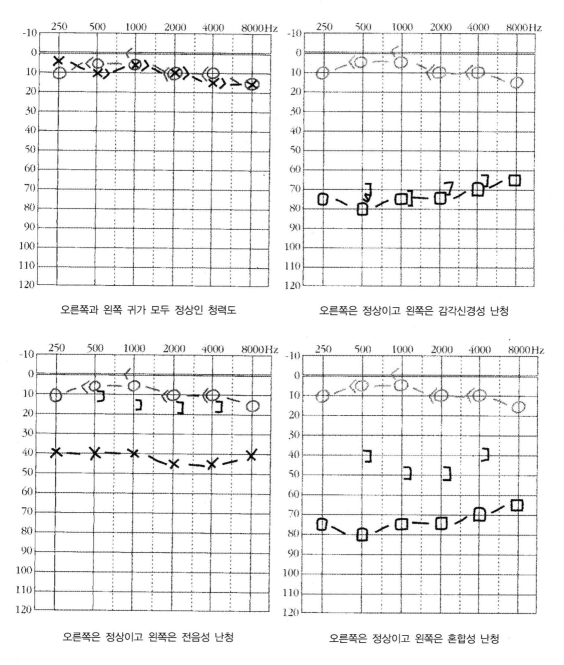

오른쪽과 왼쪽 귀가 모두 정상인 청력도

오른쪽은 정상이고 왼쪽은 감각신경성 난청

오른쪽은 정상이고 왼쪽은 전음성 난청

오른쪽은 정상이고 왼쪽은 혼합성 난청

〈그림 15〉 청력도의 형태로 보는 청력손실의 유형

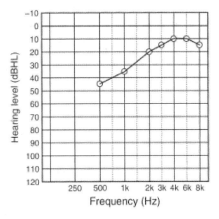

(a) Ménière's disorder or conductive loss

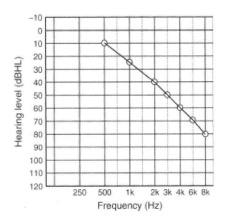

(b) Ototoxicity

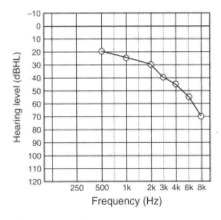

(c) Presbyacusis

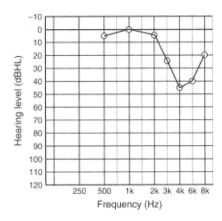

(d) Noise induced hearing loss

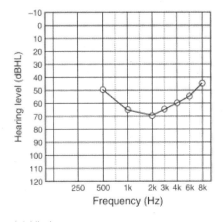

(e) Viral cause

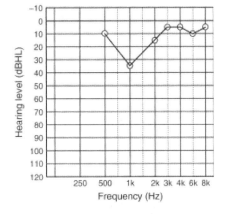

(f) Hereditary or genetic

〈그림 16〉 청력손실(난청)의 원인에 따른 청각도 유형

<표 16> 청취거리에 따른 청력손실 정도

청취거리(feet)	난청 정도(dB HL)
20	10～26
20～10	27～40
5～10	41～55
3～5	56～70
2	71～90
1	90 이상

순음청력검사 결과 ① 0.5, 1, 2kHz의 평균청력역치, ② 0.5, 1, 2, 3kHz의 평균청력역치, ③ 0.5, 1, 2, 4kKz의 평균청력역치, ④ 1, 2, 3kHz의 평균청력역치, ⑤ 1, 2, 3, 4kHz의 평균청력역치, ⑥ 2, 4kHz의 평균청력역치, ⑦ (2×0.5kHz, 4×1kHz, 3×2kHz, 1×4kHz의 청력역치)×1/10, ⑧ 2, 3kHz의 청력역치, ⑨ 2, 3, 4kHz의 평균청력역치를 구하여 청력손실 정도를 평가하나 회화음역에 속하는 500, 1,000, 2,000Hz의 기도청력 역치의 평균치(pure tone averages: PTAs)를 많이 사용한다. 최근에는 3,000Hz의 청력손실이 있으며 전화를 받는 데 장애를 느끼거나 대화 중 상대방의 말을 정확히 알아듣는 데 어려움이 있다는 것이 알려진 후에 이 주파수를 장애 판정에 포함하여 사용하고 있다.

청력평가에 따른 청력장애의 구분과 그에 따른 사회적 핸디캡은 <표 17>, <그림 17>과 같다.

<표 17> 청력장애의 정도

난청의 정도	장애정도(dB)	사회적 핸디캡
정상	～25	
경도 난청 (Mild)	26～40	자신은 잘 모를 수도 있으며 가는귀가 먹어 속삭이는 소리 못 들음(최저요구 청력)
중등도 난청 (Moderate)	41～55	가까운 곳(1～1.5m)에서 회화 가능하나 먼 곳의 말소리 못 들음
중등고도 난청 (Moderately severe)	56～70	가까운 곳에서도 큰소리로 해야만 들을 수 있고 군중이나 강의실에서 청취곤란
고도 난청 (Severe)	71～90	아주 가까이서(30cm 이내) 매우 큰소리를 쳐야 듣고 말의 분별이 곤란
농 (Profound)	91 이상	언어, 정취가 불가능하며, 농아 교육이 필요

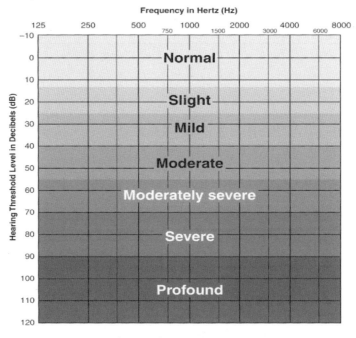

〈그림 17〉 청력장애의 정도

5. 이명의 진단과 평가

이명의 정확한 진단과 평가는 적절하고 성공적인 치료나 재활에 필수적이다. 이명의 발생 원인과 지각에 영향을 주는 요인은 다양하므로 이명의 진단과 평가는 단지 청력도나 이명의 특성을 진단하기보다는 피검자의 전체적인 상황을 고려하여야 한다. 이명의 정확한 진단과 평가가 이루어져야 하는 이유는 다음과 같다.

① 이명을 듣고 있는지 확인한다.
② 이명의 특성을 확인하고 가장 유사한 소리를 찾아낸다.
③ 이명의 발생기전을 확인한다.
④ 이명의 종류를 구분한다.
⑤ 이명의 특성이 자발적으로 변화하는지 확인한다.
⑥ 이명의 치료나 재활에 가이드라인을 제시한다.
⑦ 이명의 치료나 재활이 효과적인지 확인한다.
⑧ 장애진단이나 법률적 자문에 근거자료를 제시한다.

기본적인 이명의 진단과 평가는 크게 다음 네 가지로 구분하여 기술하고자 한다.
① 배경정보 수집
② 청력평가
③ 이명검사 — 피치매칭과 라우드니스 매칭
④ 그 외 의학적 평가와 심리 평가

가. 배경정보 수집

이명의 정확한 진단과 평가를 위하여 개인의 인적 사항 외에 다음 16가지의 배경정보를 수집하여야 한다.
① 이명의 발생 시기
② 피검자가 생각하는 이명의 원인: 감기, 두개손상, 음향외상 등
③ 이명의 지속기간
④ 이명의 변화
⑤ 피검자가 묘사할 수 있는 이명의 종류: 예를 들어 표현하도록 한다. 예) 바람소리, 휘파람소리, 귀뚜라미 소리, 심장 뛰는(혹은 두근거리는) 소리, 벨소리, 쉬쉬하는 소리 등
⑥ 이명의 평가 및 치료 이력·효과
⑦ 청력손실의 유무와 연관성
⑧ 이명의 방향: 오른쪽 귀, 왼쪽 귀, 양쪽 귀, 머리, 그 외 신체의 다른 부위, 신체 외부의 환경
⑨ 이명의 크기
⑩ 이명의 빈도
⑪ 이명의 정도: 일상생활에 영향을 주는 심각성, 수면 및 작업기능에 미치는 영향<그림 21>
⑫ 이명을 악화시키는 요인: 알코올, 담배, 커피, 소금 등의 음식, 스트레스, 수면부족, 소음, 온도·습도나 계절 등
⑬ 소음 노출 빛 약물의 투약 이력
⑭ 이명과 청력손실의 가족력
⑮ 동반 증상: 이충만감, 어지럼증, 이통, 청력손실 등
⑯ 기저질환: 당뇨, 고혈압·저혈압, 빈혈 등

나. 청력평가

- *'2. 난청의 진단과 평가; 3. 순음청력검사; 4. 청각도의 평가'* 참조

이명과 관련된 여러 인자 중 가장 많은 연관성을 보이는 것이 난청이므로 기본적인 청력검사를 실시해야 한다. 먼저 고막검사는 외이도염이나 중이염과 같은 염증성 질환이나 고막천공과 같은 증상이 있을 때도 이명이 발생할 수 있으므로 육안으로 확인 가능한 원인을 발견하고 증상을 개선하기 위해 실시한다. 또한 원인불명의 감각신경성 난청, 소음성 난청, 두경부 외상 후 난청, 돌발성 난청, 메니에르병과 관련된 난청, 전음성 난청 등이 이명과 관련이 있는 것으로 밝혀졌다. 특히 돌발성 난청의 경우 이명과 연관성이 가장 높은 것으로 알려져 있으며 대부분의 중고도 이상의 난청은 이명이 동반될 가능성이 높은 것으로 알려져 있다. 이러한 난청의 정도와 종류를 평가하는 데 가장 효과적인 방법은 순음청력검사를 실시하는 것이다. 이명과 관련된 검사는 특히 고주파수를 포함하는데 8kHz 외에 12kHz, 16kHz, 18kHz 등을 포함할 수 있다.

다. 이명검사

- 피치매칭과 라우드니스 매칭

이명을 객관적 수치로 표현할 수 있는 정량적 검사이다. 피검자가 듣는 이명을 이해하기 위해 두 가지 방법으로 분석할 수 있다. 이명의 주파수를 찾는 피치 매칭(pitch matching)과 크기를 확인하는 라우드니스 매칭(loudness matching)이 있다. 다양한 검사법이 사용될 수 있으며 검사에 따라 결과도 달라질 수 있다.

1) 피치 매칭(Pitch matching)

대부분 이명은 고주파수 영역의 소리인 것으로 보고되고 있다. 주로 난청이 있는 주파수에서 이명이 나타나는 것으로 여러 연구자들이 보고하고 있으나, 일부 연구자들은 난청이 있는 주파수와 이명의 주파수가 상관이 없다고도 하여 의견이 일치하는 것은 아니지만 일반적으로 난청의 주파수와 이명의 주파수가 유사할 것으로 생각한다.

이명이 들리는 귀에서 검사하는 것이 가장 좋은 방법이다. 특히 양쪽 귀에서 이명이 들릴 경우는 반드시 이명이 들리는 쪽(ipsilateral)의 귀에서 검사를 실시한다. 그러나 한쪽에서만

이명이 들리는 경우 이명이 들리지 않는 쪽(contralateral)의 귀에서도 검사를 실시할 수 있다.

또한 이명은 대부분의 환자들이 다양한 종류의 소리로 묘사하지만 순음으로 이명의 주파수 범위를 결정할 수 있다. 드물게 순음소리와는 소리의 종류가 많이 다르다고 할 경우 협대역 잡음(narrow band noise)나 어음 잡음(speech noise)이나 백색잡음(white noise) 등을 들려주어 비슷하다고 하는 소리를 사용할 수도 있으나 대체적으로 순음을 이용한다.

순음으로 피검자가 설명하는 이명의 특성에 가장 가까운 주파수 범위를 선택하고 그 주파수 범위의 청력역치보다 약 5 내지 10dB 큰소리로 검사하여야 한다. 검사음은 일반적인 순음 청력검사보다 조금 길게 약 3초 정도 제시한다. 피치 매칭 검사 결과는 검사의 시기나 종류에 따라 변화할 수 있다. 특히 동일한 검사에서도 검사 결과가 달라질 수 있으므로 적어도 7번의 검사로 결과를 종합하여 평균 자료를 사용한다.

검사법이 어려울 수 있으므로 피검자에게 상세한 설명으로 검사법을 이해시키고 연습을 한 후 실질적 검사를 시작하여 검사 결과의 신뢰도를 높여야 한다.

검사는 다음과 같은 여러 가지 방법 중 선택할 수 있다.

가) Method of limits

피검자의 반응을 토대로 이명의 주파수를 찾는 방법으로 일반적인 청력검사기를 활용할 수 있다. 두 가지 방법이 있는데 첫 번째는 피검자가 듣는 이명의 주파수 범위를 선정한 후 가장 비슷한 주파수를 선정하여 순음을 들려주고 그 소리가 들리는 이명보다 높은지 낮은지를 물어 피검자가 듣는 이명의 주파수를 찾아내는 방법이다. 상승법과 하강법을 사용하여 여러 번 비슷한 소리를 듣게 한 후 피검자가 이명 주파수라고 응답한 결과를 평균 내어 최종 이명 주파수를 결정한다.

두 번째는 피검자가 듣는 이명의 주파수 범위에서 조금 더 낮은 주파수(f1)와 높은 주파수(f2)의 두 개의 순음을 들려주고 어느 쪽이 피검자가 듣는 이명 주파수와 비슷한지 물어보는 방법이다. 예를 들어 피검자가 f2와 더 비슷하다고 응답하면 그다음 검사 순음은 f2와 그보다 조금 더 높은 주파수(f3)를 제시하고 더 비슷한 주파수를 고르도록 한다. 이러한 방법으로 여러 번 검사를 시행하여 이명 주파수를 결정한다.

나) Method of adjustment

특별한 검사기가 필요한 이 방법은 피검사가 직접 검사기를 이용하여 이명 주파수를 찾아내는 방법이다. 검사는 피검자가 듣는 이명의 주파수 범위보다 조금 더 낮고 높은 주파수 사이의 여러 주파수 중 선택하여 피검자가 듣는 이명 주파수와 동일한 주파수를 찾을 때까지 주파수 소리를 높고 낮게 조작할 수 있도록 되어 있다.

다) Adaptive method

주로 컴퓨터를 이용하여 매우 다양한 소리제시 간격을 조절하며 검사한다. 일반적인 5dB이나 2dB보다도 더 적은 간격으로 검사하여 이명의 주파수를 찾아낸다. 검사의 시작은 피검자의 이명 범위 주파수의 한 옥타브 범위에서 낮은 주파수와 높은 주파수 순음을 각각 제시하면서 낮은 주파수를 제시할 때는 상승법으로 높은 주파수를 제시할 때는 하강법으로 이명 주파수를 찾는 방법이다. 각각 실시된 상승법과 하강법에서 결정되는 이명 주파수 범위는 한곳에서 만나게 되므로 가장 근접한 이명 주파수 범위가 결정된다. 4주나 8주 후 같은 방법으로 검사를 한 번 더 실시하여 신뢰도를 확인할 수 있다.

라) 기타

그 외 일반적으로 사용되지는 않지만 일부 연구자들이 보고한 독특한 몇 가지 피치 매칭 방법이 있다. Penner(1980)는 들리는 일정 소리 강도에서 이명이 차폐되는 high pass noise의 저주파수 절단점을 찾고 low pass noise의 고주파수 절단점을 찾아 두 개 절단점 사이를 'masking interval'이라 명명하고 이 부위가 이명과 가장 관련이 있는 주파수 범위이며 해부적 위치와 관련이 있다고 하였다. 음악관련 종사자나 애호가들을 위하여 좀 더 정확하고 신뢰도 있게 이명을 찾는 방법으로 음악의 음계를 이용하여 이명을 찾는 방법이 예비연구로 제시되기도 하였다(Ohaski 등, 1990). 또한 피검자가 다양한 음파를 조합하여 본인이 듣는 이명과 가장 근접한 소리를 합성하도록 한 연구에서 일반 청력검사기에서 제시되는 순음보다 더 이명에 근접한 소리를 합성하는 데 성공하기도 하였다(Penner, 1993).

정확한 상관관계를 정립할 수는 없으나 일반적으로 이명의 주파수는 난청의 특성이나 귀질환의 종류와 관련이 있는 것으로 생각되며 현재까지 밝혀진 추정관계는 다음과 같다.

① 메니에르질환: 125~250Hz
② 중이관련 질환: 250~2,000Hz
③ 소음성 난청: 2,000~8,000Hz
④ 노인성 난청: 2,000~8,000Hz

피검자가 묘사하는 이명의 특성별로 피치 매칭을 할 수 있는 소리의 종류와 추정 주파수 및 병변 부위를 살펴보면 다음 <표 18>과 같다.

<표 18> 이명의 특성별 피치매칭

피검자가 묘사하는 이명의 특성	피치매칭 소리의 종류	추정주파수 범위	추정 병변부위
모기소리 혹은 윙윙소리 (Ringing sound)	순음	1,500~8,000Hz	와우 및 외유모세포
웅웅소리 (Buzzing sound)	Narrow-band noise	500~3,000Hz	와우 및 외유모세포
맥박소리 (Pulsating sound)	Wide-band noise	적용할 수 없음	중이 및 혈관계질환
귀뚜라미소리 (Cricket sound)	Narrow-band noise	1,000~4,000Hz	중이 및 와우
기차 혹은 바람소리 (Multi-band sound)	Wide-band 혹은 White noise	적용할 수 없음	중이, 와우, 혈관계 질환 등

2) 라우드니스 매칭(Loudness matching)

매우 복잡한 종류의 소리를 포함하여 대부분의 이명은 순음으로 이명의 소리 크기 정도를 판단할 수 있으므로 피치 매칭에서 사용한 다양한 방법을 라우드니스 매칭에도 적용할 수 있다. 그러나 라우드니스 매칭은 피치 매칭보다 검사 재검사 신뢰도가 떨어지고 피검자도 이명의 크기가 때때로 변한다고 하여 검사 시기에 따라 결과가 변하므로 검사에 어려움이 있다. 라우드니스 매칭도 이명이 들리는 귀에서 검사하는 것이 가장 좋은 방법이다. 특히 양쪽 귀에서 이명이 들릴 경우는 반드시 이명이 들리는 쪽(ipsilateral)의 귀에서 검사를 실시한다. 그러나 한쪽에서만 이명이 들리는 경우 이명이 들리지 않는 쪽(contralateral)의 귀에서도 검사를 실시할 수 있다. 라우드니스 매칭은 피치 매칭에서 밝혀진 주파수로 청력역치를 평가한 후 1 혹은 2dB 간격으로 크기를 증가시키면서 이명과 가장 가까운 소리의 크기 정도를 찾아내는 것이다. 청력역치와 라우드니스 매칭 소리 크기 사이의 범위가 tinnitus sensation level(TSL)이다.

일반적으로 이명의 크기는 청력역치보나 10dB 내외인 것으로 알려져 있다. 즉, TSL이 10dB 내외인 것이다. 혹시 이명이 '큰'소리라고 한 경우도 청력역치보다 10dB 정도 큰소리인 것으로 연구자들은 보고하고 있다(Fowler, 1940; Vernon, 1977; Matsuhira와 Yamashita, 1996). 더욱이 이녕 때문에 느끼는 불편함은 이명의 크기보다는 이명의 지속시간, 간격,

소리의 특성, 심리적 요인인 것으로 알려져 있고 오랫동안 이명을 크게 들어왔어도 불편을 극복하고 적응한 예도 적지 않은 것으로 보고되고 있다(Tyler, 2000).

라우드니스 매칭 평가와 함께 협대역 잡음(narrow band noise)이나 백색잡음(white noise)을 이용하여 이명을 차폐할 수 있는 최소의 음향 에너지를 구할 수 있다. 이를 최소차폐강도(minimum masking level, MML)라 하며 이명이 들리는 쪽(ipsilateral)의 귀나 이명이 들리지 않는 쪽(contralateral)의 귀에서도 검사할 수 있다. 검사음은 TSL에서 시작하여 1~2dB 간격으로 이명이 들리지 않을 때까지 소리의 크기를 증가시킨다. 이러한 MML이 클수록 우울증 점수가 증가한다는 보고가 있어(Andersson과 McKenna, 1998) MML이 이명 때문에 불편한 정도를 확인하고 이명의 재활방법을 결정하는 데 효율적으로 사용될 수 있다. 예를 들어 차폐음을 듣고 이명이 잠시 사라지는 현상을 Residual inhibition(RI)이라고 하는데 이는 이명의 재활방법을 결정하는 지표가 될 수 있다. 검사법은 MML을 찾은 후 MML에서 10dB 큰소리를 30~60초 동안 제시한 후 이명이 사라지는지 확인하는 것이다. 이렇게 차폐음에 의해 RI가 생겨 이명이 사라지거나 적게 들리면 이명 차폐기나 보청기로 이명을 감소시키는 효과가 있을 것으로 생각할 수 있다. 그러나 RI가 발생하지 않으면 이명 재활훈련을 하는 것이 바람직하며 차폐음으로 인해 이명소리가 더 커질 경우는 더 자세한 의학적 평가가 필요하다.

라. 의학적 평가와 심리 평가

Dauman과 Tyler(1992)는 이명을 몇 가지 범주로 구분할 것을 제안하고 있다. 첫째, 정상 이명과 병리적(pathological) 이명으로 정상 이명은 대부분의 사람이 경험하는 바와 같이 청력손실이 없이 1주일 1회 이하, 5분 이하의 이명을 말하고, 병리적 이명은 보통 청력손실이 있으며 1주일 1회 이상, 5분 이상의 지속적인 이명을 말한다. 둘째, 중증도에 따른 이명의 분류방법으로 임상적·비임상적(clinical/nonclinical; acceptable/unacceptable) 이명으로 육체적, 정신적 영향의 수용가능성에 달려 있다. 셋째, 이명의 기간과 지속성에 따른 일시적·영구적 이명으로 일시적 이명은 작업 중 또는 취미 활동 중의 소음이나 약물에 의한 단기간 이명을 말하며, 영구적 이명은 지속적이거나 또는 반복되는 이명을 말한다. 넷째로 이명의 발생 부위와 관련하여 중이, 말초신경(peripheral neural), 중추신경성(central neural) 이명으로 구분한다. 다섯째로 이명의 원인과 관련한 소음성 난청, 메니에르병, 이독성, 노인성 난청, 기타 원인불명 등으로 구분하는 분류 방법이 있다. 이 분류방법 이외에 이명이 생활상의 능력과 삶의 질에 미치는 영향에 초점을 맞추어 구분하기도 한다.

일반적으로 이명은 소리를 자기만 감지하느냐 또는 이 소리를 나 아닌 남도 들을 수 있느냐에 따라 이명의 종류로 객관적 이명(objective tinnitus)과 주관적 이명(subjective tinnitus)으로 크게 구분한다. 다른 사람이 듣고 감지가 가능한 객관적 이명은 청진기나 다른 듣기 도구를 사용하여 검사자가 들을 수 있으므로 비교적 감지가 쉽다. 원인으로 혈관의 이상, 구개근육경련, 악관절 질환, 이소골근이나 인두근의 경련으로 인해 지속적으로 이관이 개방된 경우이다. 주관적 이명은 이명에서 더 일반적이다. 환자 자신만이 들을 수 있다는 점에서 객관적인 방법으로 측정이 어렵다. 주관적 이명 관련 질환으로 약물에 의한 이명, 돌발성 난청, 메니에르병, 청신경종양, 이경화증, 소음성 난청, 유전성 내이질환, 노인성 난청, 두개손상, 중추신경계 및 대사성 질환이 있다. 약물에 의한 이명으로 아스피린의 과다복용, 키니네, 항생제, 항암제, 이뇨제 등이 있다.

이러한 이명의 종류에 따라 주관적 이명의 동반 난청 유형과 신경학적 증상, 그리고 객관적 이명의 관련 동시 발생 증상 등에 따라 원인질환과 질환의 신체부위를 파악할 수 있다(<그림 18>).

이명 환자일 경우 질병과 관련성을 평가하기 위하여 총체적 의학적 평가는 필수적이다. 이명의 종류(주관적·객관적)와 특성, 그리고 동반 증상에 따라 컴퓨터단층촬영(computerized tomography, CT)과 자기공명영상(magnetic resonance imaging, MRI) 등의 검사로 원인질환의 진단(<그림 19>)과 이명의 발생 특성에 따른 다양한 의학적 검사 결과 이명의 진단과 그에 따른 근인적 치료가 가능하지 않고 또 대증적인 치료가 성공적인 못한 경우의 기술적인 방법과 정신심리적인 방법의 재활(청각자극, 인지행동치료, 약물요법, 바이오피드백, Neuromodulation)을 고려한다(<그림 20>, 4장 이명재활 훈련 참고).

CT는 귀 주변에 인접한 혈관성 병변이나 혈관주행 이상을 확인할 수 있다. 한쪽에서만 들리는 '맥박소리'라고 표현되는 박동성 이명의 경우 다른 의학 기본 검사상 이상이 없다면 CT를 시행하는 것이 진단에 도움이 된다. MRI는 내이도 내의 청신경이나 소뇌교각에 종양이 발생한 경우 이명이 발생할 수 있으므로 필수적이다. CT에서 확인되지 않는 동정맥 기형의 경우 MRI를 이용한 혈관 촬영술로도 확인할 수 있다. MRI를 이용한 혈관 촬영술로 동정맥 기형 등의 혈관 이상을 확인할 수 있지만 혈관과 관련된 이명일 경우 가장 확실한 방법은 혈관 조영술이다. 특히 다른 사람이 들을 수 있는 이명이 있는데도 CT나 MRI에서 이상 소견이 없는 경우 혈관 조영술을 시행하여야 한다. 닝칭 외에 이명과 관련이 많은 질환은 내림프 수종(endolymphatic hydrops), 소뇌교각부 종양(cerebellopontine angle tumors), 측두하악관절장애(temporomandibular joint disorder), 간대성근경련증(myoclonus), 동정맥 기형(arteriorvenous malformation, AVM), 동정맥루(arteriorvenous fistula), 경동맥 이상 (carotid abnormalities), 두개저 종양(skull base neoplasms), 양성 두개내 고혈압(benign intracranial hypertension), 전신질환(systematic disease) 등이다. 이러한 질병들은 해당 임상과의 검사와 진단으로 평가하고 치료되어야 할 것이다.

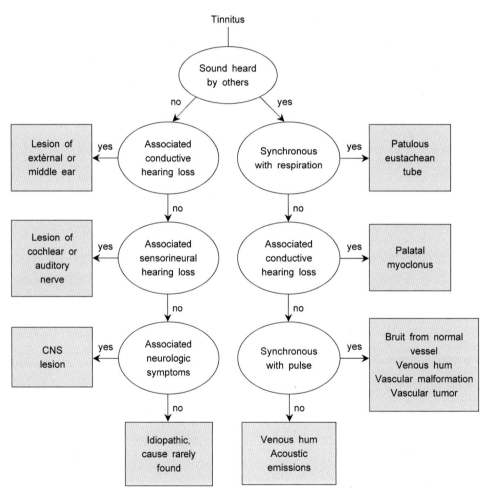

〈그림 18〉 Logic for distinguishing between different causes of tinnitus(Baloh, Dizziness, Hearing Loss, and Tinnitus, 1998)

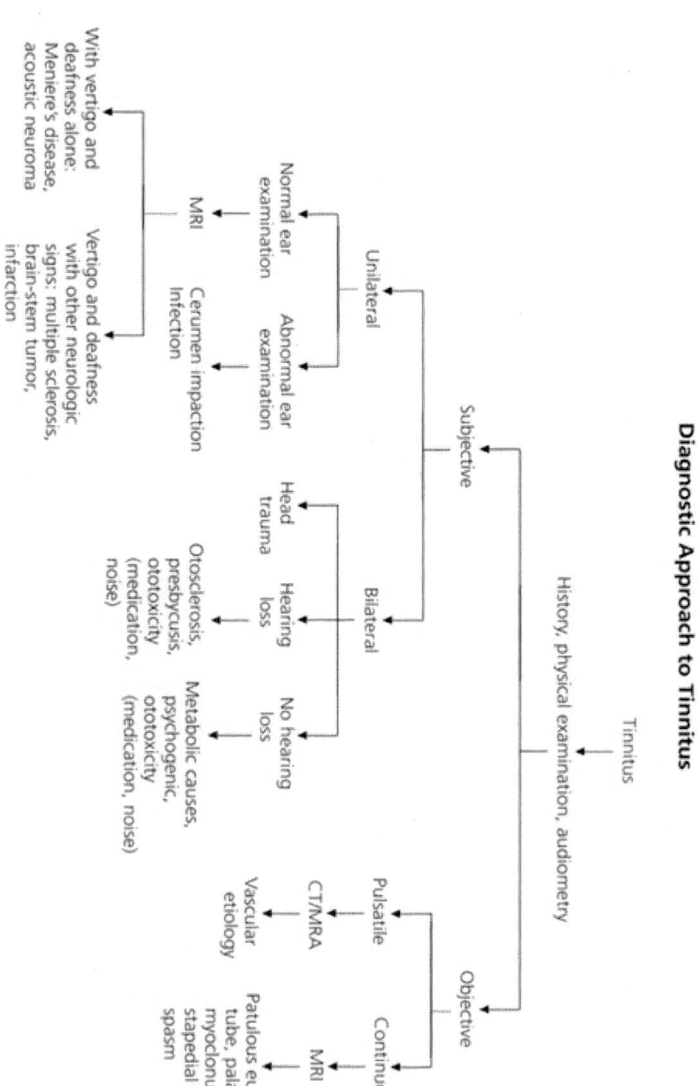

Diagnostic Approach to Tinnitus

Tinnitus

History, physical examination, audiometry

Subjective

Objective

Unilateral

Normal ear examination → MRI

Abnormal ear examination → Cerumen impaction Infection

MRI:
- With vertigo and deafness alone: Meniere's disease, acoustic neuroma
- Vertigo and deafness with other neurologic signs: multiple sclerosis, brain-stem tumor, infarction

Bilateral

Head trauma

Hearing loss → Otosclerosis, presbycusis, ototoxicity (medication, noise)

No hearing loss → Metabolic causes, psychogenic, ototoxicity (medication, noise)

Pulsatile → CT/MRA → Vascular etiology

Continuous → MRI → Patulous eustachian tube, palatal myoclonus, stapedial muscle spasm

〈그림 19〉 이명의 특성과 원인(Crummer와 Hassan, 2004)

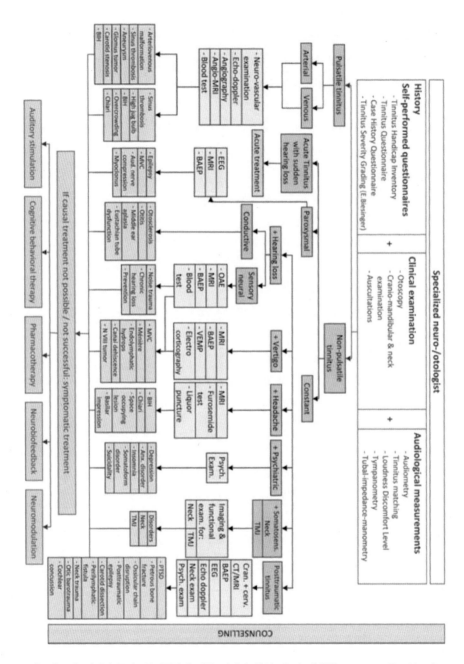

〈그림 20〉 이명의 특성, 동반증상에 따른 진단과 원인 및 치료/재활(Langguth 등, 2011)

또한 이명의 발생과 불편 정도는 심리적 혹은 사회적 요인과 상관이 있으므로 심리평가로 이명의 원인과 영향을 확인할 수 있다. 우선 인터뷰 형식으로 피검자가 이명을 어떻게 생각하는지 문제가 무엇인지를 확인할 수 있다.

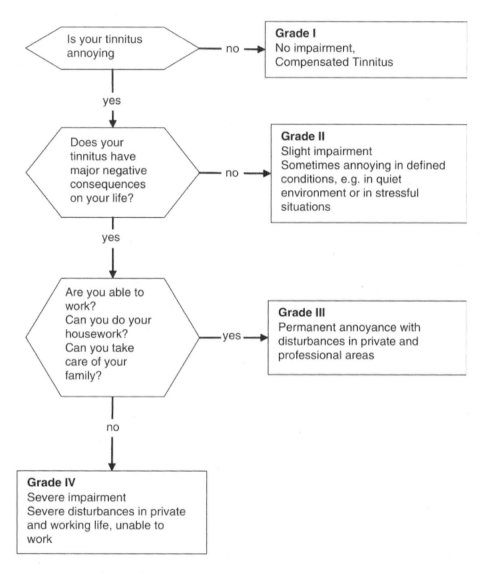

〈그림 21〉 이명의 장애정도에 따른 구분(Langguth 등, 2011)

이명의 장애 정도는 개인의 일상생활과 작업, 그리고 가족의 돌봄에 영향을 주는 심각성의 정도에 따라 이명장애가 없는 I, 이명의 장애가 사소하지만 때때로 조용한 환경이나 스트레스가 많은 조건에서 나타나나 삶에 주요한 부정적인 영향을 끼치지는 않는 II, 작업과 가사 등의 업무는 가능하나 이명으로 인한 성가심(annoyance)이 개인적이고 전문적인 영역에서 영향을 미치는 III, 그리고 가사, 직업 수행과 일이 불가능할 정도의 심각한 장애로서 IV로 구분할 수 있다(<그림 21>).

심리평가를 위한 인터뷰는 언급한 배경정보 수집 내용 이외에 다음과 같은 내용을 심층적으로 질문하여 피검자의 상태를 확인한다.
① 이명 외 두통이나 안면의 통증과 같은 다른 문제
② 수면에 미치는 이명의 영향
③ 근무능력, 취미활동, 가족이나 친지의 관계에 미치는 이명의 영향
④ 이명이 가장 악화되는 환경이나 경우
⑤ 이명 때문에 피하게 되는 상황이나 환경
⑥ 이명의 크기나 증상이 증가하거나 감소하는 요인
⑦ 개인적으로 스트레스를 받는 원인
⑧ 이명에 미치는 스트레스의 영향
⑨ 현재 우울증 상태
⑩ 자살과 관련된 유혹이나 견해, 시도경험, 중압감과 조절능력 등

그 외 이명과 관련되어 발표된 심리평가 자료를 소개하면 다음 <표 19>와 같다. 그리고 2006년 Tinnitus Research Initiative(TRI) Workshop(Langguth 등, 2007)에서 이명 환자에 대한 진단·평가 목록(<표 20>)과 반드시 필요한 문진과 권장할 만한 문진 목록을 제시하였다(<표 21>).

〈표 19〉 이명 관련 심리평가 자료

제목	저자(연도)	구성
Tinnitus Handicap Questionnaire	Kuk 등(1990)	- 27 문항 - 3개의 하위척도 ► emotional, social, and physical effects ► effects on hearing communication ► appraisal of the tinnitus
Tinnitus Reacction Questionnaire	Wilson 등(1991)	- 26 문항 - 이명 관련 일반적인 불편사항 평가 - 전체점수 사용
Tinnitus Severity Scale	Halford와 Anderson(1991)	- 16 문항 - 이명 관련 일반적인 불편사항 평가 - 전체점수 사용
Tinnitus Handcap/Support Scale	Erlandsson 등(1992)	- 3개의 하위척도 ► perceived attitudes ► social support ► disability/handcap
Tinnitus Effects Questionnaire	Hallam 등(1988) Hallam(1996)	- 52 문항 - 5개의 하위척도 ► sleep disturbance ► emotional distress ► auditory-perceptual difficulties ► intrusiveness ► somatic complaints - 하위척도별 점수 사용
Tinnitus Coping Style Questionnaire	Budd와 Pugh(1996)	- 40 문항 - 2개의 하위 척도 ► effective coping ► maladaptive coping
Tinnitus Handicap Inventory	Newman 등(1996)	- 25 문항(5점 척도) - 3개의 하위 척도 ► functional, emotional, and catastrophic - 점수에 따라 이명장애 정도 구분
Tinnitus Cognition Questionnaire	Wilson과 Henry(1998)	- 26 문항(13 긍정적 문항, 13 부정적 문항) - 이명에 대한 견해 측정 - 3개 분야의 점수 산출: 긍정적 점수, 부정적 점수, 전체 점수

〈표 20〉 이명 환자에 대한 진단·평가 목록(TRI workshop 2006)

In each category recommendations are ordered according to their level of significance

A: Essential   B: Highly recommended   C: Might be of interest

Patient Assessment

    Physical examination

        A: Otologic examination by a specialist

        A: Examination of the neck (range of motion, tenderness, muscle tensiony)

        B: Examination of the temporomandibular function

    Audiologic asessment

        A: Audiometry (pure tone threshold; up to 8kHz)

        B: Immitance audiometry

        B: High-frequency audiometry (at least up to 12kHz)

        B: Otoacoustic emissions

        B: Loudness discomfort level

        C: Auditory evoked potentials

    Psychophysic measures of tinnitus

        B: Loudness match

        B: Pitch match

        B: Maskability (MML)

        B: Residual inhibition

    Case history

        A majority of participants preferred a questionnaire to be ?lled in by the patient (with access to someone for clari?cation) rather than at a structured interview. This was not a consensus. It was agreed that as a ?rst step towards consensus a list of those items common to most existing questionnaires should be made. A ?rst attempt to extract such a list is attached.

    Questionnaires

        A: Validated questionnaire for the assessment of tinnitus severity, which at present can be THI, THQ, TRQ or TQ (it was agreed that in the future a better and more widely validated questionnaire was required)

        B: Assessment of tinnitus severity by additional questionnaires, and especially by the THI because it is believed that THI is validated in most languages

        C: Assessment of depressive symptoms (e.g. BDI)

        C: Assessment of anxiety (e.g. STAI)

        C: Assessment of quality of life (e.g. WHODAS II)

        C: Assessment of insomnia (e.g. PSQI)

Outcome Measurements

    A: Validated questionnaire for the assessment of tinnitus severity, which at present can be THI, THQ, TRQ or TQ (it was agreed that in the future a better and more widely validated questionnaire was required)

    B: Assessment of tinnitus severity by additional questionnaires, and especially by the THI because it is believed that THI is validated in most languages

    C: Assessment of depressive symptoms (e.g. BDI)

    C: Assessment of anxiety (e.g. STAI)

    C: Assessment of quality of life (e.g. WHODAS II)

    C: Assessment of insomnia (e.g. PSQI)

    C: Tinnitus loudness match

    C: Maskability (MML)

    C: Objective measurement of brain function (functional imaging, electrophysiology)

Abbreviations

THI	Tinnitus Handicap Inventory (Newman et al., 1998)
THQ	Tinnitus Handicap Questionnaire (Kuk et al., 1990)
TRQ	Tinnitus Reaction Questionnaire (Wilson et al., 1991)
TQ	Tinnitus Questionnaire (Hallam et al., 1988)
BDI	Beck Depression Inventory (Beck and Steer, 1984)
STAI	State Trait Anxiety Inventory (Spielberger et al., 1970)
WHODAS	WHO Disability Assessment Schedule (McArdle et al., 2005)
PSQI	Pittsburgh Sleep Quality Index (Buysse et al., 1989)

〈표 21〉 이명 사례 조사 시 포함하여야 할 조사 항목(TRI workshop 2006)

이명 사례 조사 시 포함되어야 할 내용
(Category A: 필수조사 항목 1, 2, 4, 5, 6, 8, 9, 12, 16, 19, 21, 26, 27, 28; Category B: 1-35)

기초

    1. 연령

    2. 성

    3. 손잡이(우/좌)

    4. 이명의 가족력

이명력(특성)

    5. 이명 발생 (최초)시점

    6. 이명 발생 양상(점진적/급작스럽게)

    7. 이명 발생 관련 사건(청력변화, 음향외상, 중이염, 두경부외상, 치과치료, 스트레스 등)

    8. 이명의 형태(고정된/박동성)

    9. 이명 부위(좌/우/양이 귀 또는 머릿속)

    10. 이명의 지속성(간헐적/지속적)

    11. 이명의 변화(변동이 있는/없는)

    12. 이명의 강도(loudness; scale 1-100)

    13. 이명의 음질(제시된 리스트에서 선택)

    14. 이명의 음조(순음 또는 소음, 불명확함, 다음(polyphonic))

    15. 이명의 고저(pitch; 조/중/저음)

    16. 이명 인지 각성시간 비율

    17. 이명 불쾌감에 의한 각성시간 비율

    18. 과거의 이명 치료력

이명의 영향 요인

    19. 자연적인 차폐효과(음악, 기타 다른 소리 음향)

    20. 큰 소음에 의한 악화 여부

    21. 상지/머리 부위의 접촉 또는 두경부의 운동에 따른 이명의 변화

    22. 낮잠의 효과

    23. 주간 이명에 대한 야간 수면 효과

    24. 스트레스의 영향

    25. 약물 효과

동반 증상이나 관련 건강 상태

    26. 난청 여부

    27. 청력보조도구(보청기) 사용 여부(사용 귀와 이명에 대한 효과)

    28. 소음에 대한 annoyance 또는 intolerance

    29. 소음 유발 통증

    30. 두통

    31. 어지러움(Vertigo/dizziness)

    32. 하악관절 질병(Temporomandibular disorder)

    33. 경부 통증

    34. 기타 통증 증후군

    35. 정신과적 지료 여부

<표 22> 한국어판 Tinnitus Handicap Inventory(김지혜 등, 2002)

다음 질문사항에 대하여 '그렇다'(4점), '가끔 그렇다'(2점), '아니다'(0점)에 표시하시오.

1) F 이명 때문에 집중하기가 어렵습니까?
2) F 이명의 크기로 인해 다른 사람이 말하는 것을 듣기가 어렵습니까?
3) E 이명으로 인해 화가 날 때가 있습니까?
4) F 이명으로 인해 난처한 경우가 있습니까?
5) C 이명이 절망적인 문제라고 생각하십니까?
6) E 이명에 대해 많이 불평하는 편이십니까?
7) F 이명 때문에 밤에 잠을 자기가 어려우십니까?
8) C 이명에서 벗어날 수 없다고 생각하십니까?
9) F 이명으로 인해 사회적 활동에 방해를 받습니까? (예: 외식, 영화감상)
10) E 이명 때문에 좌절감을 느끼는 경우가 있습니까?
11) C 이명이 심각한 질병이라고 생각하십니까?
12) F 이명으로 인해 삶의 즐거움이 감소됩니까?
13) F 이명으로 인해 업무나 가사 일을 하는 데 방해를 받습니까?
14) E 이명 때문에 종종 짜증나는 경우가 있습니까?
15) F 이명 때문에 책을 읽는 것이 어렵습니까?
16) E 이명으로 인해 기분이 몹시 상하는 경우가 있습니까?
17) E 이명이 가족이나 친구 관계에 스트레스를 준다고 느끼십니까?
18) F 이명에서 벗어나 다른 일들에 주의를 집중하기가 어렵습니까?
19) C 이명을 자신이 통제할 수 없다고 생각하십니까?
20) F 이명 때문에 종종 피곤감을 느끼십니까?
21) E 이명 때문에 우울감을 느끼십니까?
22) E 이명으로 인해 불안감을 느끼십니까?
23) C 이명에 더 이상 대처할 수 없다고 생각하십니까?
24) F 스트레스를 받으면 이명이 더 심해집니까?
25) E 이명으로 인해 불안정한 기분을 느끼십니까?

F: Functional subscale, E: Emotional subscale, C: Catastrophic subscale

4장 이명 재활 훈련

방정화

이명은 어떠한 외부의 청각적 자극이 없는 상태에서 귀 혹은 머리에서 들리는 소리를 감지하는 현상이다. 이명의 소리는 '삐' 하는 순음의 소리, 벌레우는 소리, 바람소리, 쉿 소리 혹은 맥박 뛰는 소리 등 다양하게 나타난다. 이명은 몇 초 혹은 몇 분간 지속되는 경우가 있기도 하나 심각한 경우 이명으로 인하여 일상생활을 수행할 수 없는 경우도 있다(Castagno 등, 1985).

미국이명학회(American Tinnitus Association)에 따르면 이명을 가지고 있는 인구는 미국에 약 50만 정도 있으며 전 세계적으로 250만 명의 인구가 이명으로 인하여 삶의 질이 저하된 것으로 추정한다고 발표하였다(ATA, 2011). 이명은 객관적으로 측정을 할 수 없으므로 환자가 보고하는 바에 의하여 심각도를 예측하여야 한다. 이명의 심각도는 주관적 설문지 등을 통하여 개인 각각이 겪는 고통의 정도를 예측하기도 하지만 그 결과와 실생활에 느끼는 불편의 정도는 개개인마다 다양하다(Rue, 2010).

이명을 해결하기 위하여 약물치료, 전기자극치료 등 이명이 발생하는 원인을 해결하기 위한 노력을 기울이나(Shea와 Emmett, 1981; Steven, 1997), 이명의 근본적인 원인을 밝혀내는 것이 어려운 이유로 모든 환자의 이명을 치료하는 것은 기대하기 어렵다. 최근의 연구에 의하면 이명 발생기전이 말초적인 문제보다는 중추신경 시스템의 문제로 인히여 발생한다는 연구(Eggermont와 Roberts, 2004) 또한 이명의 기전을 명확히 알고 근본적인 치료가 어렵다는 것을 말해주고 있다.

이명이 나타나는 현상으로 인하여 영향을 끼치는 데에는 이명 자체의 소리로 인한 것도 있지만 무엇보다 이명으로 인하여 더 큰 신체적 문제, 즉 청신경 종양, 난청의 악화 등이 발생할지도 모른다는 불안감이 더 크다(Lee, 2002). 그러나 이명은 메니에르병, 전정 신경초종 등의 질병의 증상으로는 나타날 수는 있으나 병을 악화하거나 이명으로 인하여 병이 발생하는 원인이 되지는 않는다(Nodal과 Graham, 1965; Stangerup 등, 2006).

이명의 치료를 위해서는 이명의 발생 원인을 파악하고 정확한 이명의 진단과 이명의 동반 증상이나 질환, 이명으로 인한 장애에 대한 여러 전문 분야(청각학, 이비인후과학, 물리치료, 신경학, 치과, 심리상담, 심리학, 정신의학 등)의 다각적인 접근이 요구된다(<그림 22>).

〈그림 22〉 이명의 진단과 치료를 위한 전문분야
(Searchfield와 Baguley, 2011)

일단 이명이 발생하면 환자는 스트레스가 증가하고 그 스트레스로 인하여 일상생활을 하는 데 있어서 방해가 된다. 이러한 스트레스의 요인은 이명 자체가 아닌 이명의 소리에 집중하기 때문에 발생하게 된다. 즉, 자신이 이명으로 인하여 받는 스트레스를 조절할 수 있다면 이명은 더 이상 생활하는 데 방해요인이 되지 않을 것이다.

이명에 대한 치료(재활)는 전문가의 이명 평가와 이명자 개인의 선호에 따라 기술적인 방법(MP3 player, sound generator, 보청기, 인공와우 등)과 정신심리적인 방법(심리상담, 정신과적 치료 등)으로 접근할 수 있다. 환자 일지를 통한 문제 파악과 치료방법에 따른 반응을 통해 적절한 재활방법을 모색하고, 정서적인 요구는 심층상담을 통해 지원하고 이과적 손상이 병합된 경우에는 그에 따른 복합적인 기술적 해결을 요한다(<그림 23>).

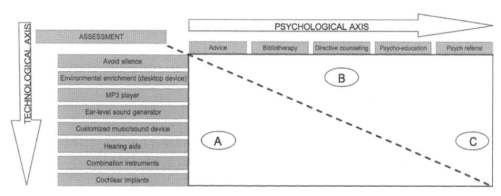

〈그림 23〉 이명의 청각 재활의 두 축(Searchfield와 Baguley, 2011)

이 글에서는 이명의 근본적인 치료보다는 이명을 극복하기 위한 대표적인 재활 훈련 방법을 소개하고자 한다.

1. 바이오피드백 훈련(biofeedback training)

바이오피드백 치료는 스트레스로 야기되는 반응, 즉 혈압, 피부의 온도, 근육의 긴장감, 호흡의 속도, 뇌파의 움직임 등을 청각 혹은 시각적인 신호를 통하여 모니터링을 함으로써 이루어진다. 일단 환자는 장비를 통해서 외부의 자극을 조정하는 법을 배우게 된다. 외부의 자극을 조절하는 법이 익숙하게 되면, 외부의 자극에 대하여 자신이 편안하게 느끼는 자세, 호흡, 생각 등을 찾아야 한다. 이는 특정한 장비가 없어도 스스로 조절할 수 있게 될 때까지 훈련이 필요하다(Landis와 Landis, 1992). Schwartz와 Olsen(1995)은 바이오피드백 훈련법을 이용하여 이명으로 인한 스트레스를 줄이는 방법에 대하여 연구하였다. 이러한 바이오피드백 훈련법을 이명에 응용하여 이명으로 인한 스트레스를 환자 스스로 조정하는 방법을 훈련하게 된다. 일단 환자는 이명이 있을 때 이명이 들리는 것에 최대한 집중

하지 않도록 노력하면서 자신의 호흡, 생각 혹은 다른 내부 자극에 대하여 집중을 하도록 한다. 이때 장비를 이용하여 이명으로 야기되는 스트레스로 인한 자신의 신체적 변화를 조정하는 훈련을 통하여 이명이 더 이상 스트레스, 긴장 혹은 화의 원인이 되지 않을 때까지 훈련하도록 한다. 바이오피드백을 통하여 자신이 신체반응을 조절할 수 있다는 자신감을 통하여 이명으로부터 벗어날 수 있다는 희망은 불면증 해소, 정상적인 일상생활의 영위 등으로 이어져 훈련의 효과를 증대할 수 있다.

가. 이명 환자를 위한 바이오피드백 훈련 프로토콜(Young, 2000)

1) 초기 준비 단계 – 바이오피드백의 이해

이명 치료를 위한 바이오피드백의 훈련에 참가하기 위해서는 이명 이외의 다른 신체적인 문제가 있어서는 안 된다. 일단 환자의 이명에 관한 배경정보를 살펴보고 훈련에 적당한 바이오피드백의 자극을 설정한다. 이때 환자가 흥미로워하는 자극의 종류에 대해서 알아보는 것도 중요하다.

환자는 자신이 이명으로 인하여 영향을 받는 요소, 예를 들어 일, 가족과의 관계, 미래에 대한 불안 혹은 전반적인 건강문제 등을 살펴보도록 한다. 이때 환자에게 이명의 문제가 개선되었을 때 얻게 되는 여러 가지 요인들에 대하여 이야기하며 용기를 주는 것이 중요하다.

환자의 배경정보가 파악되었다면 바이오피드백의 소개, 기기, 그리고 치료사의 역할에 대하여 설명한다. 이때 스트레스와 건강과의 관계, 스트레스에 반응했을 때 일어나는 감정, 그리고 스트레스와 만성적 질환과의 관계에 대하여 설명을 한다. 이 설명 이후에 기기 사용 설명이 필요하다. 이때 예를 들어 설명하는 것이 효과적이다. 예를 들어 체중감소를 원하는 사람이 있다면 처음에 자신이 얼마만큼의 체중이 나가는지 알기 위해 저울에 올라간다. 자신의 체중을 파악한 다음 식사조절, 혹은 운동을 통하여 체중을 감소하기 위해 노력한다. 어느 정도의 노력의 시간이 지나면 다시 체중계에 올라가 얼마만큼의 체중감소가 되었나 확인해 보게 된다. 확인 후 자신이 더 이상 식사조절이나 운동을 할 것인가 그만둘 것인가를 결정하게 된다. 바로 바이오피드백이 이러한 원리를 이용한 것이다. 바이오피드백은 체중계의 역할이다. 그러므로 체중을 감소시키는 것 자체에는 아무런 도움을 주지 않는다. 단지 노력을 더해야 할 것인가 아니면 자신이 목표한 지점에 도달했는가 측정을 해주는 것뿐이라는 개념에 대한 이해가 필요하다.

간혹 환자들은 너무나도 비현실적인 목표를 설정해 놓고 바이오피드백 기기에 의지를 하는 경우가 있다. 그러나 앞에서도 설명하였듯이 바이오피드백 기기는 환자를 편안하게 만들어주는 역할을 하지는 않는다는 것에 대한 설명이 강조되어야 한다. 또한 환자에게 규칙적으로 바이오피드백 훈련에 임하여야 원하는 결과를 얻을 수 있다는 사실을 알려주어야 한다. 기기나 치료사가 절대적으로 중요한 역할을 하는 것이 아닌 환자 자신의 의지가 훈련의 결과에 절대적인 영향임을 이해하고 동기를 부여하여야 한다. 이때 환자와 치료사와의 관계 형성이 환자가 훈련에 대한 동기를 가질 수 있는 중요한 열쇠가 된다.

2) 훈련단계

초기 상담 시간은 약 60~90분 정도로 하며 본격적인 훈련은 30~60분 정도로 실시한다. 초기 훈련은 일주일에 한 번 내지 두 번 방문하는 것이 적당하다.

바이오피드백의 종류 중에 이명적응 훈련에는 근전도(electro-myography)가 가장 흔하게 쓰이는 방법이다. 전극을 초기에는 목과 어깨 그리고 이마에 부착하도록 한다. 전극을 환자에게 부착하는 동안 환자가 긴장하지 않고 편안할 수 있도록 과정에 대하여 자세히 설명을 하는 것이 필요하다. 근전도 이외에는 사용되는 바이오피드백의 종류는 피부 온도(skin temperature)를 측정하는 방법이 있다. 피부 온도를 측정하기 위해서 온도 센서를 손가락 끝부분에 위치시키도록 한다. 이때 방의 온도, 환자가 담요를 덥고 있는지 여부 등 온도에 영향을 줄 수 있는 부분에 대해서도 주위를 기울여야 한다.

초기의 훈련시간에 가장 주력하여야 할 부분은 바이오피드백의 기기에 관하여 친숙함을 가질 수 있도록 노력하고 환자에게 계속 좀 더 편안한 상태를 지속시킬 수 있도록 용기를 주는 일이 필요하다. 또한 처음의 기준점(baseline)을 찾아야 한다. 환자가 편안한 상태에서 어느 정도의 결과가 나오는지 긴장 상태 혹은 스트레스를 받은 상태에서 반응하는 신체변화가 어떠한지 파악하고 난 후에 환자가 자신이 노력하여 얻은 정도를 알 수 있다. 바이오피드백 훈련 시간 동안은 편안한 상태를 유지하며 명상, 상상하기, 자발요법(autogenic) 훈련을 한다. 또한 잔잔한 음악 혹은 부드리운 소리 등을 듣는 것도 환자가 긴장을 푸는데 유리하다. 또한 이때에 숨을 깊게 들이마시고 내쉬는 복식호흡을 하는 것이 좋다.

훈련시간 후에는 훈련시간 동안 기록된 바이오피드백의 결과를 분석하도록 한다. 결과 분석을 하고 환사가 외부의 자극, 즉 이명을 내부에서 이떻게 반응을 하고 있는지 이해하고 좀 더 이명에 대해 반응하지 않도록 스스로 노력하는 전략을 세우게 하고 치료사는 그것을 격려하도록 한다. 또한 훈련시간에 치료사를 찾아오는 것으로 그치지 않고 집에 돌아가서도 하루에 최소한 10~15분씩 스스로 훈련할 수 있도록 한다. 치료사는 집에서 실시한 훈련 동안 이명의 소리 크기를 기록하게 한다. 훈련시간 내에 이명이 들리지 않았다면 0점을, 아주 크게 들렸다면 9점을 주는 등 환자 스스로가 자신의 변화를 관찰하게 한다(Svihovec과 Carmen, 1984).

3) 바이오피드백의 훈련 목표

훈련의 궁극적인 목표는 앞에서 설명한 바와 같이 이명이 더 이상 스트레스 요인이 되지 않아 환자의 신체 반응이 이명으로 인하여 변하지 않는 정도가 되는 것이다. 근전도를 바이오피드백으로 사용하는 경우는 2microvolt의 반응이 10분 동안 지속되는 정도를 목표를 삼는다. 피부 온도를 바이오피드백으로 사용할 경우 충분히 편안한 상태에서 섭씨 35.2도 정도 유지하는 것을 목표로 한다.

나. 이명 개선에 있어서 바이오피드백 훈련법의 효과

바이오피드백 훈련이 이명 환자에게 주는 연구를 보면 바이오피드백 훈련이 환자 개인이 느끼는 이명의 개선에 관해서는 상반되는 연구 결과를 나타내고 있다(Landis와 Landis, 1992). Lindberg 등(1987)의 연구에 의하면 연구 참여자의 72%는 이명 자체의 크기 개선에는 변화가 없었지만 65%는 바이오피드백 훈련에 의하여 이명으로 인한 불편함이 개선되었다고 보고하였다. 반면에 Ireland 등(1985)과 Haralambous 등(1987)은 바이오피드백의 훈련이 이명 크기 혹은 이명으로 인한 불편함 개선에는 효과가 없다고 하였다.

바이오피드백이 이명의 개선에 도움이 되는 가에 대한 상반된 연구 결과가 있는 가운데 바이오피드백이 이명의 개선 효과에 끼치는 연구의 살펴보면 청각적인 평가를 제대로 실시하지 않았고, 참가자들이 훈련에 꾸준히 참여하지 않았거나 오래 지속하지 않은 점, 바이오피드백 훈련의 경험이 적은 대학원생 혹은 치료사가 훈련을 담당했기 때문이라고 Landis와 Landis(1992)는 지적하고 이러한 단점을 보완한 연구를 실시하였다. 총 7명의 피검자가 참가한 이 연구는 16주 동안 주 1회씩 훈련을 진행하였으며 한 번의 훈련 시간은 90분으로 하였다. 또한 센터 방문 이외에도 꾸준히 집에서 훈련을 진행하게 하였다. 그 결과 이명도 검사(tinnitogram)에서 객관적으로 이명 자체의 크기의 변화가 있었던 참가자는 단한 사람뿐이었지만, 모든 세션이 끝난 후 인터뷰를 통하여 참가자들 모두 이명으로 인한 스트레스는 감소하였다고 보고하였다.

앞의 연구를 종합해 보면 바이오피드백 훈련을 체계적으로 실시할 경우 이명을 포함한 만성적인 질환으로 인한 스트레스의 감소에 있어서는 효과적일 수 있다는 가능성을 제시하였다. 이러한 효과를 위해서는 일단 무엇보다 환자 자신이 적극적인 훈련의 동기부여가 되어야 할 것이다. 또한 바이오피드백 훈련뿐 아니라 다른 재활훈련과 병행하는 것도 효과에 도움을 줄 것이다.

2. 이명 재훈련 치료(Tinnitus Retraining Therapy, TRT)

앞서 소개한 바이오피드백 훈련법은 이명을 위하여 행하는 훈련이 아닌 만성적 질환으로 인하여 고통을 받는 사람에게 모두 적용할 수 있는 훈련법이다. Jastreboff(Jastreboff, 2011; Jastreboff, 2007; Jastreboff와 Jastreboff, 2006)는 이명만을 위하여 이명 재훈련 치료(Tinnitus Retraining Therapy, TRT) 모델을 소개하였다. 이 치료법 또한 이명 자체의 원인을 치료하는 것이 아닌 이명의 습관화를 위한 치료법으로 상담(counseling)과 소리치료(sound therapy)로 이루어져 있다. 이명의 습관화란 이명이 들리지만 습관화가 되어 더 이상 방해가 되지 않는 소리로 인식하는 것이다. 예를 들어 부엌의 냉장고 소리가 대표적인 습관화된 소리로 생각할 수 있다. 냉장고에서 발생하는 소리는 꽤 큰 강도의 소리임에도 불구하고 냉장고 소리로 인하여 화, 불안, 우울증을 호소하는 사람은 많지 않을 것이다. 이는 냉장고 소리는 들리지만 이미 우리의 머릿속에서 그 소리를 무시하고 반응하지 않도록 습관화되어 있다는 뜻이다. 이러한 소리의 습관화를 이해하기 위해서는 우리가 외부의 소리를 듣고 반응하는 신경학적인 경로의 이해가 필요하다.

가. 이명의 신경생리학적 모델의 이해

Jastreboff는 이명의 신경생리학적인 모델과 이를 이명 재훈련 치료법에 응용 방법을 제시하였다(Jastreboff, 2000, 2011). 신경생리학적 모델에 따르면 이명은 청각경로(auditory pathway)의 피질하부(subcortical)에 의하여 감지되며 청각경로의 상위수준에서 해석된다. 그 다음 소리에 대하여 대뇌 변연계(limic system)와 자율신경계(autonomic nerve system)를 통하여 감지된 자극에 대하여 특별한 반응을 하지 않거나 긍정적 혹은 부정적 반응을 하게 된다. 변연계는 감정을 조절하는 역할을 하며 후각, 시각, 청각과 같은 감각기관의 정보를 받아들인다. 자율신경계는 모든 신체의 역할을 통제하는 역할을 한다. 예를 들어, 심장 박동, 호르몬 조절, 대장 운동 등이 자율신경계로 조절된다(<그림 24>).

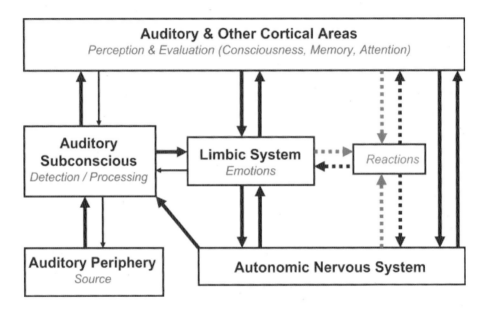

〈그림 24〉 이명의 신경생리 모델(Jastreboff, 2011)

우리의 청각경로는 의식의 고리(conscious loop)와 무의식의 고리(subconsious loop)로 이루어져 있다(Henry 등, 2007)(<그림 25>). 이명에 관한 의식의 고리는 변연계와 청각 대뇌피질(auditory cortex)의 상호작용으로 이루어진다. 이명이 발생하면 일단 청각적인 무의식의 단계에서 이명을 감지하고 인식한다. 그 다음 이로 인하여 대뇌피질에서의 의식적 사고로 변연계에서 이명이 발생했을 때마다 자신이 뇌종양, 청력의 심각한 손실, 정신질환 등에 걸린 것이 아닐까 하는 두려움을 느끼게 된다. 무의식의 고리에서는 이명으로 인하여 변연계에서 느끼는 두려움은 자율신경계로 영향을 끼치게 되어 무의식적으로 만성화된 짜증, 화, 수면장애 등의 스트레스를 받게 된다. 그러므로 의식적, 무의식적인 고리에 의하여 이명 환자의 경우 이명을 들을 때마다 두려움을 느끼고 이로 인한 스트레스를 받게 되며, 이러한 고리가 반복되고 조건화된 반응(conditioned reflex)으로 이명을 들을 때마다 반복적으로 스트레스를 받게 되는 것이다. 그러나 훈련 등 어떠한 노력을 통해 계속적으로 부정적 반응을 하지 않을 경우 뇌의 가소성(neural plasticity)에 따라 더 이상 이명을 들은 경우에도 아무런 반응을 하지 않을 수 있게 된다.

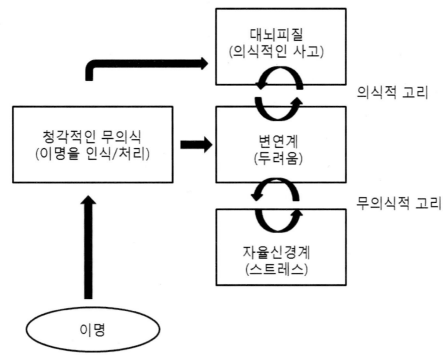

〈그림 25〉 이명으로 인한 의식적 고리와 무의식적 고리의 순환관계

결국 TRT는 지시적 상담과정을 통해 반응의 습관화(habituation of reaction: HR)를, 소리 치료를 통해서 인식의 습관화(habituation of perception: HP)를 유도하여 환자들로 하여금 이명으로 인한 괴로움이나 불편함과 같은 반응을 극복할 수 있게 할 뿐만 아니라 나아가 이명의 인식 자체를 차단할 수 있게 한다(<그림 26>). 이 같은 TRT의 치료 기간은 청신경로, 자율 신경계 및 시상 변연부 간에 연결되어 비정상적으로 강화된 신경 연접이 차단되기 위한 충분한 시간을 요하는데 대개 6개월에서 2년 정도를 필요로 한다.

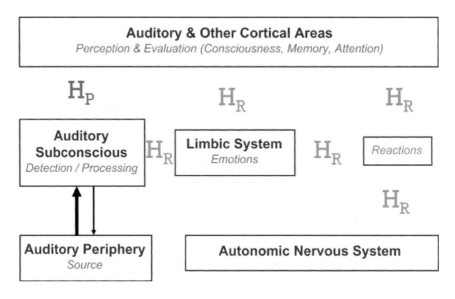

〈그림 26〉 TRT에 의한 이명 치료(Jastreboff, 2011)

나. TRT 과정의 이해

1) 평가

이명 환자의 평가는 처음 이명 소리에 관한 인터뷰로 시작을 한다. 이때 이명장애 지수 (Tinnitus handicap Interview, THI) 등의 특정한 설문지를 통하여 얼마만큼 이명이 심하게 영향을 끼치는가를 평가하도록 한다. 청각적인 평가는 순음검사(12,000Hz까지 검사하도록 함), 순음을 이용한 불쾌수준(Loudness Discomfort Level, LDL), 단어인지도검사(Word Recognition Score, WRS), 자발 이음향방사(Spontaneous Otoacoustic Emission, SOAE) 검사를 실시한다. 순음청력검사와 단어인지도검사는 환자의 청력의 손실정도를, LDL은 소리의 민감도, SOAE는 환자와의 상담에 이용한다. 환자의 상담 시 귀의 구조, 듣는 원리 그리고 이명이 발생하는 요인에 관한 설명 시 앞의 검사 결과를 이용하도록 한다.

2) Categories 1~5단계(Jastreboff, 2000, 2011)

이명 재훈련의 특징은 이명 환자를 5개의 카테고리를 나누어 실시한다는 점이다. 각각의 카테고리 분류를 위한 특징은 다음 <표 23>에 정리하였다.

그러나 모든 환자가 5개의 카테고리 안에 들어맞는 특징을 가지고 있지 않는다. 이러한 경우 환자의 경우 두 개의 카테고리에 모두 속하도록 한다. 예를 들어, 청력손실(카테고리 2에 해당)도 있고 청각과민증(hyperacusis)(카테고리 3에 해당)이 있다면 C2/3 혹은 C3/2로 표시를 한다. C2/3인 경우는 청력손실이 청각과민증보다 더 주요한 문제인 경우이고 C3/2라 함은 그 반대의 경우를 뜻한다. 기본적으로 모든 카테고리의 환자에게 조용한 상황에서의 활동은 피하는 것을 권고한다.

〈표 23〉 이명환자의 TRT를 위한 카테고리

카테고리	난청	청각과민증	치료 방법
0	없음	없음	상담
1	없음	없음	소리발생기-혼합점의 수준
2	있음	없음	보청기의 사용
3	관계없음	있음	소리발생기-청력역치보다 큰 소리 수준
4	관계없음	있음	소리발생기-청력역치 수준으로 맞추되 점차적으로 크기를 상향조절

카테고리 0

이 카테고리에 속한 환자의 경우 이명 혹은 청각과민증이 짧은 시간 동안만 지속되거나 이명 혹은 청각과민증이 큰 심각하지 않은 경우이다. 청각과민증은 감각신경성 난청의 누가현상(recruitment)과는 그 양상이 다르다. 누가현상은 큰소리가 너무 크다고 느끼며 청각적인 역동범위(dynamic range)가 정상 청력의 그것보다 좁아진 경우임에 반하여 청각과민증은 주변의 모든 소리가 크다고 느끼는 증상이 나타나며 역시 정상적인 역동범위를 가지지 못한다. 청각과민증은 이명과 주로 함께 나타나는 것이 특징이다.

상담 시에는 이명에 관한 이해에 관하여 기본적인 정보를 제공하되 이명에 관하여 부정적인 시각에 관한 이야기는 제외하도록 한다. 카테고리 0에 속하는 경우 보청기와 같은 형태의 소리발생기는 꼭 필요하지는 않다. 처음 방문 이후 1, 3, 6개월의 간격으로 짧은 방문 혹은 전화로 환자의 상태를 점검하도록 한다. 시간이 지날수록 소리발생기(sound generator)가 필요하다고 생각이 되는 경우 환자에게 고려해보도록 권할 수는 있다.

카테고리 1

카테고리 1은 이명의 문제는 심각하나 난청과 청각과민증은 없는 경우이다. 이때 소리기피증(misophonia)이 있는 환자의 경우 카테고리 1에 속하도록 한다. 카테고리 1에 속하는 이명 환자에게는 소리발생기를 권하기도 하며 소리의 수준은 거슬릴 정도의 소리 크기로 결정한다. 환자는 외부의 소리와 이명을 구분할 수 있되 외부의 소리와 이명의 소리가 혼합하기 시작하는 혼합점(mixing point)을 찾아야 한다. 이 혼합점은 사실 치료의 좋은 결과를 도달하기 위한 중요한 요소는 아니다. 오히려 너무 소리 크기가 커지게 되면 불편함을 초래하게 되어 치료의 역효과를 낼 수 있으니 주의해야 한다. 그러나 너무 작은 소리도 좋지 않다. 이 경우 확률공명(stochastic resonance)으로 인하여 이명이 더 크게 증가할 위험이 있다.

카테고리 2

카테고리 2에 속하는 환자는 청각과민증은 없으나 이명과 난청이 있는 경우이다. 카테고리 1의 환자와 마찬가지로 이명에 대한 상담을 진행한다. 이때 난청과 관련된 상담이 포함되어야 한다. 소리치료에서는 보청기와 소리발생기가 함께 있는 제품을 사용하는 것을 권한다. 만약 재정상 혹은 기술적인 문제로 이러한 기계를 착용하지 못할 시에는 일단 보청기를 사용하고 소리발생기는 따로 사용하도록 한다. 이 카테고리에 속하는 환자는 소리발생기 단독 사용하는 권장하지 않는다. 난청으로 인하여 소리발생기만 사용할 경우 어음의 분별력이 떨어지게 되고 이로 인한 압박으로 인하여 이명이 더 악화될 수 있다.

카테고리 3

이 카테고리에 속하는 경우는 이명과 청각과민증을 같이 가지고 있는 경우이며 청각과민증이 주된 문제에 속하는 경우이다. 난청이 없고 청각과민증만 있는 경우 소리발생기의 사용을 적극적으로 권장한다. 환자가 난청이 있다면 카테고리 2에 속하는 환자와 마찬가지로 보청기와 소리발생기가 한 기계로 되어 있는 것을 권한다. 소리발생기의 수준은 청력보다 약간 크게 조정하도록 한다. 난청이 있는 환자의 경우 보청기 적합 시 초기에는 보청기 이득을 많이 주지 않고 적응 후에 이득을 올리도록 한다. 만약 보청기와 소리발생기가 합체되어 있는 기기를 사용하지 못할 시에는 처음 단계에서는 소리발생기만 사용하도록 하며 어느 정도 적응 후에는 보청기만 사용하도록 한다. 소리발생기만 사용하고 있는 단계에서는 어음의 분별력이 많이 낮아질 수 있다는 설명이 환자에게 충분히 이루어져야 한다. 그리고 대화를 할 시에는 소리발생기를 사용하지 않도록 권고한다. 혹은 소리발생기의 사용 대신 주변소음을 크게 하여 소리발생기의 역할을 대신하도록 한다. 청각과민증은 이명에 비하여 치료가 쉽고 빠르다.

<u>카테고리 4</u>

카테고리 4는 큰소리의 폭발음의 노출 혹은 뇌수술 등으로 인하여 발생한 이명이 환자에게 심각하게 영향을 끼치는 경우이다. 청각과민증은 있을 수도 있고 없을 수도 있다. 이 카테고리 4에 속하는 환자의 치료효과는 50% 이하로 좋은 편이 아니다. 소리발생기를 착용하며 소리의 수준은 청력의 정도부터 천천히 상향 조정하도록 한다. 이명 환자의 계속적인 지속관찰이 요한다.

다. 결론

TRT의 목적은 이명의 습관화이다. 의학적인 치료보다는 이명을 무시할 수 있도록 상담과 소리치료를 기본으로 한다. 이러한 습관화 과정을 이해하기 위해서 이명, 난청, 그리고 청각민감증의 유무를 통해 환자를 5개의 카테고리를 나누고 각각에 맞는 상담과 소리치료를 실시한다. 이때 가장 기본이 되는 원리는 조용한 환경을 피하는 것이다. 청각시스템에 영향을 끼칠 정도의 큰소리가 아닌 주변 환경음은 이명으로 인하여 발생하는 부정적인 감정을 줄일 수 있다. 또한 이명 환자와의 상담 시 치료사는 환자로 하여금 이명에 관한 부정적 시각을 갖지 않게 노력하는 것이 필요하다. 너무나 이상적인 목표를 가지게 하는 상담도 피해야 하겠지만 이명과 청각과민증 그리고 난청에 관하여 잘못된 정보를 바로잡고 기본적인 지식을 갖도록 설명하는 것이 TRT 상담에서 강조된다.

3. 이명 주파수 청능훈련

이명은 소음, 이독성 약물 혹은 노화 등으로 인한 난청과 함께 발생하는 경우가 많다. 이명이 난청과 함께 발생한다는 의미는 다시 난청이 하나의 이명의 원인으로 설명될 수 있다는 것을 뜻한다. 난청은 외유모세포의 손상뿐 아니나 청각 신경의 비정상적인 활성화, 청각피질(auditory cortex)의 비정상적인 음조체계(tonotopic organization)로 이어진다. 이때 난청의 조기 발견과 적절한 보장구의 조기 착용, 더불어 보장구 착용 후 청능재활 훈련은 신경가소성(neural plasticity)에 의하여 청각피질의 변화를 일으켜 청각적인 수행력을 발달시킬 수 있는 가능성이 높다(Roberts, 2011). 이러한 청각적인 능력의 재활 훈련법을 이명을 적응하기 위한 훈련에 적용한 방법이 이명주파수 청능훈련이다(Roberts와 Bosnyak, 2011). 훈련법의 기초를 이해하기 위해서는 이명의 신경의 동시발생 모델을 이해하고 있어야 한다.

가. 이명의 신경동조 모델(neural synchrony model of tinnitus)

앞서 이야기하였듯이 대부분의 경우 난청과 이명은 함께 발생한다. 대표적인 청각손실의 원인으로는 소음으로 인한 와우의 외유모 세포의 손상이다. Eggermont와 Roberts(2004)에 따르면 소음으로 인하여 손상된 주파수 혹은 넓은 주파수 에너지를 가지고 있는 영역이 이명으로 인식된다고 하였다.

소음으로 인한 초기의 와우 외유모세포의 손상은 청각 신경의 활성화에 즉각적인 영향을 미치지는 않지만 신경으로 전달되는 정보의 양이 줄어듦에 따라 점차적으로 영향을 주게 되며 이는 중추신경계의 활동의 저하의 결과를 야기한다. 이를 이명과 연관시켜 보면 이명은 단순히 와우의 손상으로 인하여 발생하는 결과물이 아닌 뇌가 귀로부터 받는 정보량의 부족으로 인하여 발생하는 어떠한 변화의 산물로 추측할 수 있을 것이다. 이명이 중추신경계의 이상으로 발생이라는 증거로는 전정신경계의 초종(vestibular nerve schwannoma)으로 인하여 수술 받은 사람이 수술 전에는 발생하지 않았던 이명이 수술 후에 발생하는 경우 혹은 수술 전 전정신경계 초종으로 인하여 이명이 있던 환자가 청각신경의 부분적인 절단에도 이명이 계속적으로 발생하는 예들은 이명이 중추청각신경 경로의 이상으로 발생하는 이론을 뒷받침해 준다(Roberts, 2011).

동물실험의 결과(Rajan과 Irvine, 1998)를 살펴보면 소음으로 인하여 손상된 와우의 경우, 중추신경계의 뉴런의 활성화 속도는 청신경이나 하구(inferior colliculus)의 경우 줄어드는 경향을 보이나 등쪽달팽이핵(dorsal cochlear nucleus)과 일차청각피질(primary auditory cortex)에서는 비정상적으로 뉴런의 활성화 속도가 증가하는 것을 발견하였다. 또한 와우의 손상으로 인하여 사상피질(thalamocortical) 부분의 음조체계(tonotopic organization)가 정상적인 조직과는 다르게 재조직되는 것을 발견하였다. 이러한 사실을 종합해 볼 때 중추신경계의 비정상적으로 증가하는 뉴런의 활성화와 음조체계의 재조직은 주파수의 인식에도 변화를 가져오게 되고 주파수와 주파수의 경계부분의 뉴런의 비정상적인 활성화가 이명으로 인식될 수도 있다는 추측을 할 수 있다. 다시 말하면, 와우의 외유모세포의 손상으로 정보의 입력이 제한된 주파수의 영역의 뉴런이 음조체계의 재조직으로 인하여 반응해야 할 주파수가 아닌 이웃 영역의 주파수 정보가 입력되었을 때 비정상적으로 증가된 뉴런 활성화

속도로 반응을 하여 이것이 이명으로 되울림(feedback)되는 현상으로 나타난다는 것이다. 이러한 가설을 바탕으로 하여 청능훈련을 통하여 재조직된 음조체계를 다시 정상과 비슷한 음조체계로 변환시켜 이명을 줄이고자 하는 것이 이명의 청능 훈련의 목적이다.

나. 이명의 청능훈련법의 효과에 관한 연구 결과

청능훈련을 통한 이명 재활의 연구는 환지증(phantom limb pain)의 재활을 기본으로 하였다(Roberts와 Bosnyak, 2011). 환지증은 팔과 다리를 관장하는 뇌의 신경세포가 팔이나 다리를 절단한 후에도 절단 전에 활동하는 것과 같이 활동을 한다. 없어진 팔과 다리 대신에 사지와 가장 가까운 신체부분에 가해진 자극에 반응을 한다. 이러한 환지증은 사지절단 환자의 약 80%가 겪으며 1개월이 지난 후에는 사라진다. 사지의 절단이 손상된 외유모세포, 관장하는 뇌의 신경을 청각의 중추신경이라고 대입을 한다면 손상된 영역이 관장하였던 근처의 주파수 영역의 중추 신경 세포의 뉴런들이 더 이상 반응하지 않고 자신의 영역의 주파수에서만 반응하도록 하는 것이 청능훈련의 목적이다.

청능훈련법을 사용하여 이명의 재활훈련에 관한 연구를 살펴보면, 이명이 발생하는 주파수, 혹은 발생하는 부위와 비슷한 소리를 변별하는 방법과 이명이 발생하지 않는 이명과는 아주 다른 소리를 듣고 변별하는 방법으로 나눌 수 있다. 이명이 발생하는 주파수를 사용하는 훈련법의 경우 외부의 소리의 입력을 통하여 뉴런이 이명과 외부의 소리를 변별하여 분리하여 활성화할 수 있도록 훈련하는 것이다. 또한 이명이 발생하지 않는 부분의 소리를 사용하여 훈련하는 방법은 부수적인 소리를 이명이 발생하는 곳에 자극하여 이명 부위의 뉴런의 활성화를 방해하고자 하는 데 목적이 있다.

먼저 이명이 발생하는 영역 내에서의 듣기 훈련법을 사용하는 연구를 보면, Flor 등(2004)의 연구에서는 이명 환자를 두 군으로 나누어 청능훈련을 실시하였다. 7명의 이명 환자에게는 자신의 가지고 있는 이명과 비슷한 주파수의 소리를 변별하는(proximal frequency group) 훈련을, 다른 7명의 환자는 이명과 완전히 다른 주파수의 소리를 변별하는(distal frequency group) 훈련을 실시하였다. 훈련은 매일 2시간씩 4주간 실시하였다. 이 중 distal frequency group의 2명은 훈련 중 이명이 심해지는 결과로 인하여 훈련을 끝까지 받지 않았다. 결과적으로 이명의 객관적인 평가에서 유의한 변화는 나타나지 않았으며, 두 군의 이명의 주파수 매지 결과가 신뢰성이 떨어지고 침여자들이 훈련을 동등하게 받지 않아 분석 시에는 훈련을 집중적으로 받은 군(n=7)과 그렇지 않은 군(n=5)으로 나누었다. 결과는 훈련을 집중적으로 받은 군은 주관적인 이명의 심각도에서 훈련 전후에 이명의 심각도가 유의하게 줄어든 반면 그렇지 않은 군(n=5)의 주관적인 이명의 심각도는 유의하게 증가하는 것으로 나타났다. 이 결과를 종합해 보면 중추 신경계의 음조체계의 재조직 혹은 변화는 관찰되지 않았지만 주관적인 이명의 심각도의 감소로 볼 때 훈련에서 이명이 아닌 다른 소리에 집중하는 것이 잠재적인 이명 감소의 요소가 될 수 있다는 것을 밝혀냈다. 또한 Herriaz 등(2006)도 29명의 이명 환자를 대상으로 변별하기 음을 사용하여 청능훈련을 실시하였다. 실험은 앞의 Flor 등과는 달리 비교적 짧은 시간(10분씩 하루 2번)을 휴대기기(MP3 player)를 통하여 소리 변별 훈련을 한 달간 실시하였다. VAS(Visual Analog Scale)와 THI(Tinnitus Handicap Inventory)를 통해 훈련 전후를 분석한 결과 이명의 소리의 크기가 유의하게 훈련 후 줄어들었다고 보고하였다. 그러나 객관적인 검사를 실시하지 않았다.

반면, 이명 주파수 범위가 아닌 소리를 사용하여 훈련을 한 Searchfield 등(2007)의 연구에서는 일상적인 소리, 예를 들어 말소리, 부엉이 울음소리, 기침소리, 개가 짖는 소리 등을 사용하여 소리의 변별과 함께 소리가 발생하는 위치(오른쪽, 왼쪽, 중앙)를 찾는 훈련을 실시하였다. 훈련은 매일 30분씩 15일 동안 실시하였다. 훈련 후에 이명도 검사를 실시한 결과 이명의 소리 크기가 객관적으로 감소한 것으로 나타났다. 그러나 이 연구에서는 주관적인 이명 설문지는 실시하지 않았다.

위의 연구를 종합해 볼 때 훈련의 결과 주관적 혹은 객관적으로 이명에 대하여 훈련 참가자들의 이명 심각도의 감소 혹은 이명의 소리 크기 감소라는 효과를 볼 수 있었다. 이는 앞서 언급한 바와 같이 난청으로 인하여 망가진 청각피질 내 음조체계가 다시 정상적으로 돌아온 결과라고는 말하기 어렵지만 이명 주파수 훈련을 통한 이명의 심각도의 감소라는 측면에서 긍정적인 면이라고 볼 수 있을 것이다. 그러나 아직은 연구에 참여했던 참여자의 수가 부족하며 각 연구마다 충분한 검사가 이루어지지 않은 점 등 앞으로의 후속 연구가 많이 필요하다.

4. Neuromonics Tinnitus Treatment(NTT)

Neuromonics Tinnitus Treatment(NTT)는 이명 재활법 중에서는 비교적 새로운 방법이다 (<그림 27>)(Davis 등, 2007). NTT는 계획적으로 잘 설계된 재활 훈련프로그램과 함께 상담, 그리고 개개인에 맞춘 소리듣기 훈련을 통하여 이명에 대한 스트레스 감소는 물론 이명에 대한 인지를 감소시키고자 함에 목적이 있다.

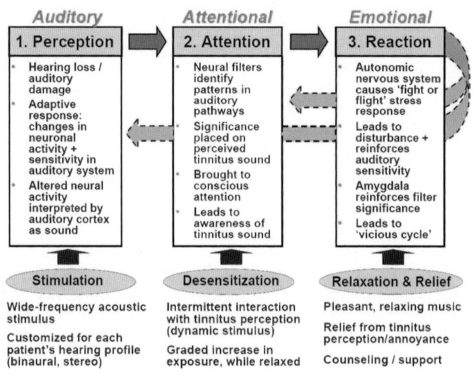

〈그림 27〉 NTT 모델(Tavora-Vieira와 Davis, 2011)

가. 이론적 배경

NTT는 앞의 neural synchrony model에서 살펴보았던 이명의 발생과 연관이 있는 비정상적인 신경활성화를 훈련을 통하여 변화시키고자 한다. 이때 이명의 발생으로 인하여 영향을 받는 감정, 이명의 발생의 집중 등 이 방법이 다른 훈련법과는 다르게 구분되는 점은 소리 듣기 훈련에서 사용하는 소리의 종류를 음악으로 결정하였다는 점이다. 앞에서 살펴본 TRT에서 사용하였던 소음은 오랫동안 듣기에 편안하지 않기 때문에 몇몇 환자들이 TRT를 거부했던 하나의 요인이 되었다(Hiller와 Haekötter, 2005; Hatanaka 등, 2008). 그러나 음악의 경우 이명을 집중하지 않게 해줄 뿐더러 즐겁고 긴장을 풀 수 있다는 점이 소리듣기 훈련에서 음악을 사용하는 장점이라고 할 수 있다. 그러므로 NTT에서는 소음과 병합한 음악을 듣기 훈련의 소리로 이용하며 이명 환자로 하여금 소리 듣기 훈련을 좀 더 효과적으로 참여할 수 있게 하였다.

나. NTT 프로토콜(Távora-Vieira와 Davis, 2011)

1) 참여대상자 선정

(1) 최소한 한귀의 청력은 4개의 주파수에서 평균 역치가 50dBHL 이하여야 한다.

(2) 이명관련 설문지(Tinnitus Reaction Questionnaire, TRQ)에서 점수가 17점 이상이어야 한다.

(3) 청각과민증이 있어서는 안 된다.

(4) 이명의 종류가 박동성(pulsatile) 혹은 여러 개의 소리가 복합적이어서는 안 된다.

(5) 음향적인 소리에 의해서 악화되는 이명이어서는 안 된다.

(6) 현재 메니에르병 혹은 변동적인 청력 상태를 보이는 경우 제외되어야 한다.

(7) 소음 환경에 노출되어서는 안 된다.

2) 평가

이명에 관한 설문지와 함께 이명도를 측정하도록 한다. 설문지는 Tinnitus History Questionnaire(THQ)(Kuk 등, 1990)를 사용하도록 한다. THQ는 이명의 성격, 이명력, 건강 등의 질문이 포함되며 NTT에 적당한 환자인지 체크하는 데 이용한다. 또한 상담, 재활 훈련 계획의 작성, 그리고 재활 훈련과정을 모니터 하기 위하여 Tinnitus Reaction Questionnaire (TRQ)(Wilson 등, 1991)를 작성하도록 한다. TRQ는 매 훈련 때 전 훈련시간에 관한 내용을 기반으로 하여 작성하도록 한다.

이명과 청력의 객관적 측정을 위하여 중이검사, 등골근 반사검사와 최소 12.5kHz까지 의 순음 검사, 이명도 검사(tinnitogram)을 실시한다.

3) NTT 훈련방법

일단 이명 환자는 NTT에 대한 이해가 있어야 한다. 이명 환자는 본격적인 훈련에 들어 가지 전에 NTT에 관한 책자를 읽고 충분한 이해를 하도록 한다. 초기 훈련 기간에는 최 소한 하루 2~4시간씩 소리가 발생하는 기기를 착용하도록 한다. 이때 시간은 이명이 가 장 생활을 방해하는 시간으로 하도록 하고 듣기의 수준은 이명의 크기 수준을 고려하여 크지만 편안한 소리의 수준으로 하도록 한다. 이때 소리의 종류는 음악을 사용하도록 한다. 이명 환자는 되도록 이명에 신경을 집중하지 않도록 노력하고 음악을 들으면서 조용한 상황에서 수행하는 작업을 시도하도록 한다. 이러한 훈련은 약 4~6개월간 지속한다. 훈련 중 4, 6개월 시 Minimum Masking Level(MML), Loudness Discomfort Level(LDL)과 TRQ를 작성하여 객관적으로 혹은 주관적으로 이명이 줄어들었으며 이로 인해 방해받는 시간이 줄어들게 되면 음악을 듣는 시간을 점점 줄이도록 한다. 더 이상 이명으로 인해 방해를 받지 않을 정도가 되면 1주일에 한 번 정도만 기기를 사용하도록 한다. 그러나 이명이 강하게 발생하게 되는 주변요소가 있을 경우, 예를 들어 소음 속에 노출되었거나, 중이병변, 혹은 과도한 스트레스를 받는 경우 기기를 다시 사용하도록 한다.

상담은 훈련 기간 내에 꾸준히 이루어지도록 한다. 일단 초기의 상담은 듣기와 이명에 관한 이해를 하도록 하며 이명을 발생시킬 수 있는 요인 등에 관하여 상담이 이루어지도록 한다. 상담에서는 훈련 참여의 동기부여와 현실적인 기대감을 갖게 하는 것이 중요한다.

다. NTT 사용한 연구 결과

NTT는 비교적 최근에 시작된 훈련방법으로 이명재활 훈련에서 소음을 사용하지 않고 음악을 사용했다는 점이 이명 환자가 훈련을 지속적으로 참여하게 하는 하나의 요인이 될 수 있다. 또한 훈련만이 아닌 지속적인 상담이 병행될 때 NTT 훈련 후 결과는 더욱 높아진다(Távora-Vieira와 Davis, 2011).

Davis 등(2007)의 연구에서는 중고도 수준의 이명을 가진 35명의 참가자의 NTT 훈련 전후의 TRQ의 점수 변화와 MML의 측정으로 이명의 변화를 본 가운데 치료 후 6개월에 클리닉에서 제시한 치료 성공 기준을 91%의 환자가 달성하였고, TRQ와 MML 또한 통계적으로 훈련 전후의 유의한 차이가 있었다. 약 80% 참여자가 이명으로 인하여 더 이상 방해받지 않는다고 보고하였다. 또한 초기의 훈련의 효과는 매일 기기를 사용한 시간과 관련이 있는 것으로 나타났으며, 매일 약 45분에서 4시간 30분 정도를 기기를 사용하여 음악을 들었을 때 효과가 나타난다고 하였다. 이러한 결과를 종합해 볼 때 환자의 성실한 훈련의 참여가 재활의 효과를 니티낸 것으로 분석할 수 있다.

5. 그 외 재활방법

가. 보장구의 사용

앞에서도 살펴보았듯이 이명은 난청과 함께 동반하는 경우가 많다. 이때 보장구의 사용만으로 이명의 감소 효과를 볼 수 있다. 특별한 조치 없이 보청기만의 사용으로 신경계에 소리의 보상효과를 제공하게 되고, 보청기로 인하여 증폭된 소리가 이명을 차폐하는 효과로 인하여 이명 감소의 효과를 볼 수 있다. Trotter와 Donaldson(2008)의 25년간의 연구를 살펴보면, 일측 보청기를 사용한 이명 환자의 67%, 양측 보청기를 사용한 이명 환자의 69%에서 이명의 감소 효과가 있다고 보고하였다.

그러나 보청기로 충분한 이득을 얻을 수 없는 경우가 있다. 고심도 난청인 경우는 이명뿐 아니라 난청도 일반 보청기의 사용으로는 큰 도움을 받을 수 없다. 이 경우 인공와우 수술을 고려해 볼 수 있다. 인공와우는 음향적 자극이 아닌 와우에 직접적으로 전기적 자극으로 변화하여 들을 수 있게 하는 장치로 와우에 전극을 삽입하고 외부 기기를 착용하도록 해야 한다. 많은 연구(Soulier 등, 1992; Ito, 1997)에서 인공와우가 이명을 억제하는 데 효과가 있다고 발표하였고, Van de Heyning 등(2008)의 연구에서는 21명의 일측 인공와우 환자를 대상으로 인공와우 수술 전과 수술 후 6개월 단위로 2년간 실시한 VAS(Visual Analog Scale)에서 이명으로 인한 불편함이 유의하게 감소한 결과를 보였다. 이러한 연구의 결과로 볼 때 인공와우의 전기적 자극 방식이 이명의 억제에 효과가 있다고 말할 수 있겠다.

나. 심리치료, 음악치료 외

이명 환자들은 이명으로 인하여 심한 스트레스, 집중력 저하, 불면증, 우울증 등을 겪고 이로 인하여 정상적인 사회생활과 일상생활을 할 수 없는 경우도 있다(Erlandsson, 2000). 이명의 치료는 명확한 치료방법의 부재, 오랜 시간의 재활과정 등 이명 환자들은 고통을 겪게 된다. 이러한 고통의 경감과 이명으로 인한 스트레스의 감소를 목적으로 인지치료, 심리치료, 음악치료, 상담 등이 이용되며 이는 앞에서 살펴본 여러 이명 재활과정에서 함께 병행해 가기도 한다.

결론

　앞에서 살펴보았던 여러 가지 이명의 재활훈련법의 공통적인 목표는 이명으로 인한 스트레스 감소, 즉 이명 자체를 사라지게 하는 것이 아닌 이명으로 인하여 부수적으로 발생하는 여러 부정적인 요소를 제거하는 데에 있다. 이를 위해서는 첫째, 이명에 대한 올바른 이해, 둘째, 이명훈련법에 대한 비현실적 기대감을 갖지 않도록 하며, 마지막으로 상담을 통한 환자의 적극적 훈련 참여의 세 가지의 요소가 충족되어야 할 것이다.

PART 02

이명의 실태와 건강영향

5장 군 복무 관련 이명 실태

김규상

1. 군 전역자의 난청과 이명

현재 파악할 수 있는 자료로서 군내의 연도별 이명 및 소음성 난청 환자의 입원·외래 현황을 보면, 꾸준히 증가하고 있음을 알 수 있다. 특히 소음성 난청보다 이명이 훨씬 그 수가 많다. 그러나 외래 환자에 비해 입원 환자는 소수이었다(<표 24>). 그리고 보훈처의 전역 군인의 난청·이명으로 인한 국가 유공자 인원은 아주 소수로만 파악되고 있는 실정이다.

〈표 24〉 연도별 군내 이명 및 소음성 난청 환자 입원·외래 현황(국방부)

(단위: 명)

구 분	이 명			소음성 난청		
	계	입원	외래	계	입원	외래
'05년	1,927	2	1,925	58	-	58
'06년	1,899	9	1,890	204	3	201
'07년	1,982	8	1,974	225	9	216
'08년	2,214	7	2,207	569	11	558
'09년	2,856	4	2,852	765	17	748
'10년 7월	1,642	3	1,639	326	13	313

군 복무 중 이명 및 난청으로 인해 고통받는 군 전역자들이 국가보훈처에 유공신청을

하는 경우가 급증하는 추세이다. 이명 및 난청 피해로 국가보훈처에 유공신청을 한 건수
가 '04년 86건에서 지난 '09년에는 779건에 달하고 있다. 그러나 이명 난청 피해의 급증하
는 신청에 비해 공상(요건심사) 인정률은 36.0%, 전체 신청자 중 신체검사에서 국가유공
자로서 등급판정을 받는 경우는 17.4%에 불과하다. 특히 공상 및 유공 인정비율이 '04년
97.7%, 81.4%에서 '09년 12.8%, 8.1%로 급격히 떨어지고 있다(<표 25>). 2010년 8월 '군
이명 피해자연대'에서 실시한 설문조사에 의하면, 설문에 응답한 회원 431명 중 국군병원
이나 사단의무대 등 군병원 진료기록이 있는 사람은 148명이었고, 148명 중 보훈처에서
공상 군경 해당자는 36명, 공상 해당자 중 신체검사에서 유공자로 인정받은 경우는 0명으
로 나타났다.

<표 25> 연도별 전역자의 군 복무 중 이명·난청의 등록 결정 현황(국가보훈처)

(단위: 건)

구 분	신청인원	요건심사		신체검사	
		불인정	인정	등급판정	등외판정
'04년	86	2(2.3)	94(97.7)	70(81.4)	14(16.3)
'05년	159	33(20.8)	126(79.2)	68(42.8)	58(36.5)
'06년	253	70(27.7)	183(72.3)	91(36.0)	92(36.4)
'07년	412	257(62.4)	155(37.6)	60(14.6)	95(23.1)
'08년	504	363(72.0)	141(28.0)	55(10.9)	86(17.1)
'09년	779	679(87.2)	100(12.8)	37(4.7)	63(8.1)

군에서 국방부훈령을 통한 특수건강진단의 실시를 규정하고 있으나 별도의 소음성 난
청 관리와 요관찰자 및 유소견자 통계 등은 보고되고 있지 못하다. 이는 산업안전보건법
에 의한 소음 노출 근로자에 대한 특수건강진단 결과 소음성 난청 요관찰자(C_1)와 유소견
자(D_1), 그리고 산업재해보상보험법에 의한 업무상질병으로서 소음성 난청(장해보상) 집
계 결과의 비교를 통해 파악할 수 있다(<표 26>).

<표 26> 소음성 난청과 이명 관리 실태 비교

		00	01	02	03	04	05	06	07	08	09
고용 노동부	취업자 수	2000~2009년까지 10년간 평균 취업자 수는 매년 전국 2천만 명이 넘음 (통계청 취업자 수 근거)									
	소음 유해인자 사업장 수	16,045	13,635	18,720	19,524	20,909	21,178	23,981	25,310	26,517	집
	소음특수건강진단 대상자수	320,700	265,159	336,800	318,895	380,478	400,517	460,660	488,891	525,803	계
	소음성 난청 요관찰자 C1	44,595	41,535	53,912	48,474	55,889	61,436	88,025	95,741	104,282	중
	소음성 난청 유소견자 D1	1,196	1,153	1,720	2,108	1.994	2,007	3,382	4,229	3,641	
	소음성 난청 산재승인	261	289	219	314	266	302	272	237	220	205
	이명 (근로복지공단)	① '이명' 장애 12급 받은 사람 통계 추출 어려움 -> 2010년 7월 30일 근로복지공단 문서로 공식 답변(민원) ② '이명' 장애 12급으로 서울, 경기 담당자 10년 근무 동안 접수 받은 기억 없고 주위 동료 에게 물어보아도 같은 대답 ->장애접수 담당자 개인의견(공단 공식의견 아님)									
국방부	전역자 수	248,839	277,904	258,198	280,047	279,,446	272,869	267,428	261,186	263,097	254,181
	이명	통계 기록 없음					1,927	1,899	1,982	2,214	2,856
	난청						58	204	225	569	765
보훈처	이명 난청	이명·난청 접수자 및 공상 해당자와 최종 이명관련 국가유공자 인원 통계 기록 없음									

우리나라의 군 복무 중 발생하는 다빈도 질환은 2010년 기준으로 1) 요추 및 골반의 관절인대의 탈구, 염좌 및 긴장, 2) 발목 및 발부위에서의 관절 및 인대의 탈구, 염좌 및 긴장, 3) 기타 추간판장애, 4) 손목 및 손부위에서의 관절 및 인대의 탈구, 염좌 및 긴장, 5) 달리 분류되지 않은 기타 연부조직 장애 등 근골격계 질환이 다수를 점하고 있다(<표 27>). 그러나 미국의 2009년 보상을 받기 시작한 전역군인의 일반적인 복무 관련 장애에서 이명과 난청이 15% 이상의 점유비를 보이고 있으며(<표 28>), 호주의 전역 군인 권리 보장법에 따른 장애신청의 상위 15개 질환에서도 감각신경성 난청과 이명이 2, 3위를 점하고(<표 29>), 캐나다의 지급 승인된 장애인 연금 상위 10개 질환에서도 이명과 난청이 1, 2위로 상위 빈도를 보이고 있었다(<표 30>).

〈표 27〉 군 복무 중 발생하는 다빈도 10대 질환

순서	2005	2006	2007	2008	2009	2010
1	요추 및 골반의 관절인대의 탈구, 염좌 및 긴장	요추 및 골반의 관절인대의 탈구, 염좌 및 긴장	요추 및 골반의 관절인대의 탈구, 염좌 및 긴장	요추 및 골반의 관절인대의 탈구, 염좌 및 긴장	요추 및 골반의 관절인대의 탈구, 염좌 및 긴장	요추 및 골반의 관절인대의 탈구, 염좌 및 긴장
2	의심되는 질병 및 병태를 위한 의학적 관찰 및 평가	의심되는 질병 및 병태를 위한 의학적 관찰 및 평가	의심되는 질병 및 병태를 위한 의학적 관찰 및 평가	발목 및 발부위에서의 관절 및 인대의 탈구, 염좌 및 긴장	발목 및 발부위에서의 관절 및 인대의 탈구, 염좌 및 긴장	발목 및 발부위에서의 관절 및 인대의 탈구, 염좌 및 긴장
3	치아우식증	기타 추간판 장애	발목 및 발부위에서의 관절 및 인대의 탈구, 염좌 및 긴장	의심되는 질병 및 병태를 위한 의학적 관찰 및 평가	의심되는 질병 및 병태를 위한 의학적 관찰 및 평가	의심되는 질병 및 병태를 위한 의학적 관찰 및 평가
4	급성 비인두염	치아우식증	기타 추간판 장애	달리 분류되지 않은 기타 연부조직 장애	기타 추간판 장애	기타 추간판 장애
5	기타 추간판 장애	발목 및 발부위에서의 관절 및 인대의 탈구, 염좌 및 긴장	달리 분류되지 않은 기타 연부조직 장애	기타 추간판 장애	급성 비인두염	달리 분류되지 않은 동통
6	발목 및 발부위에서의 관절 및 인대의 탈구, 염좌 및 긴장	급성 비인두염	치아우식증	급성 비인두염	손목 및 손부위에서의 관절 및 인대의 탈구, 염좌 및 긴장	치아우식증
7	달리 분류되지 않은 기타 연부조직 장애	달리 분류되지 않은 기타 연부조직 장애	무릎의 내 이상	무릎의 내 이상	달리 분류되지 않은 기타 연부조직 장애	손목 및 손부위에서의 관절 및 인대의 탈구, 염좌 및 긴장
8	한방	달리 분류되지 않은 동통	급성 비인두염	치아우식증	치아우식증	급성 비인두염
9	치은염 및 치주질환	무릎의 내 이상	손목 및 손부위에서의 관절 및 인대의 탈구, 염좌 및 긴장	손목 및 손부위에서의 관절 및 인대의 탈구, 염좌 및 긴장	무릎의 내 이상	증상 호소 또는 보고된 진단명이 없는 사람의 기타 특수 검사 및 조사
10	본태성 고혈압	본태성 고혈압	달리 분류되지 않은 동통	배통	배통	달리 분류되지 않은 기타 연부조직 장애

* 자료: 국방의료정보시스템(DEMIS)에서 해당기간 동안 현역군인의 외래 진료한 상병소분류코드상으로 등록된 환자

〈표 28〉 미국의 2009년 보상을 받기 시작한 전역 군인의 일반적인 복무 관련 장애

장애	전역 군인수	점유비
1. 이명	77,486	9.5%
2. 난청	54,450	6.6%
3. 외상 후 스트레스 장애	33,129	4.0%
4. 요(천추)부혹은경부염좌	30,086	3.7%
5. 건초염	29,079	3.6%
6. 무릎 굴곡 장애	27,578	3.4%
7. 퇴행성 척추 관절염	25,682	3.1%
8. 당뇨병	23,508	2.9%
9. 일반 외상	20,089	2.5%
10. 외상성 관절염	18,334	2.2%
합계－가장 일반적인 장애	339,421	41.5%
총합－모든 장애	818,954	100.0%

출처: 미국 보훈부(FY 2009): http://www.vba.va.gov/REPORTS/abr/index.asp

〈표 29〉 호주의 전역 군인 권리보장법에 따른 장애신청의 상위 15개 장애(2009~2010년)

장애	통과	통과비율(%)	기준미달 건수	합계
1. 변형성관절증	2,069	74	741	2,810
2. 감각신경성난청	2,118	99	29	2,147
3. 이명	1,933	96	77	2,010
4. 요추증	1,423	83	298	1,721
5. 일광성 각화증	967	99	14	981
6. 비흑색성 피부 악성종양	868	99	10	878
7. 외상 후 스트레스 장애	624	78	179	803
8. 후천성 백내장	707	100	2	709
9. 허혈성 심장질환	442	65	233	675
10. 고혈압	208	32	446	654
11. 우울장애	305	56	244	549
12. 알코올 의존증	302	56	241	543
13. 만성기관지염 및 폐기종	428	81	100	528
14. 경부척추증	86	24	269	355
15. 뇌졸중	241	75	82	323
합 계	12,721	81	2,965	15,686

출처: 호주 보훈부

〈표 30〉 캐나다의 지급 승인된 장애인 연금 상위 10개 질환

질병명
1. Tinnitus(이명)
2. Hearing loss(난청)
3. Internal derangement knee(슬내장애)
4. Post-traumatic stress disorder(외상 후 스트레스장애)
5. Lumbar disc disease(요추 추간판장애)
6. Chronic mechanical lumbar pain/strain(만성 요통/염좌)
7. Anxiety disorders, including panic disorder(공황장애를 포함한 불안장애)
8. Pes planus(fallen arches)(평발)
9. Cervical disc disease(경추 추간판장애)
10. Chronic shoulder impingement(만성 견관절충돌증후군)

출처: http://www.veteranvoice.info/db/general_info_more.asp?search_fd0=474←캐나다 참전용사의 목소리

〈표 31〉 전역 군인의 난청과 이명 보상 현황

	질병 명		통과율	2010 지급 개시된 제대군인 수	점유비 (%)	전체질병 수급인원 (2010)	출처
	순위	병명					
호주	1	변형성 관절증	74	2,069			09-10호주보훈부연보
	2	감각신경성 난청	99	2,118			
	3	이명	96	1,933			
	4	요추증	83	1,423			
	5	일광성각화증	99	967			
	전체		81	12,721			
캐나다	1	이명					veteranvoice.info
	2	난청					
	3	슬내장애					
	4	외상 후 스트레스장애					
	5	요추 추간판장애					
미국	1	이명		92,260	10.7	744,871	FY2010제대군인보상처연보
	2	난청		63,583	7.3	672,410	* Compensation(보상금)만 해당
	3	일반외상		37,263	4.3	418,310	
	4	외상 후 스트레스장애		34,456	4	437,310	
	5	당뇨		31,881	3.7	332,065	
	합계			865,766	100	12,208,882	
한국	정보 구할 수 없음 (질병별 자료 없음)					50,732	국가보훈처 홈페이지 (경찰포함 3/31 현재)

2. 군 전역자의 난청·이명 피해 사례

가. 신문 등의 보도자료

1년 전인 2010년 8월 30일 한국일보에서 이명·난청 신청자 등록결정 현황과 함께 다음과 같은 기사를 실었다(<그림 28>).

연도별	신청	요건심사(공상)		신체검사(유공)	
		불인정	인정	등급판정	등외판정
합계	2,193	1,404(64.0)	789(36.0)	381(17.4)	408(18.6)
2004	86	2(2.3)	84(97.7)	70(81.4)	14(16.3)
2005	159	33(20.8)	126(79.2)	68(42.8)	58(36.5)
2006	253	70(27.7)	183(72.3)	91(36.0)	92(36.4)
2007	412	257(62.4)	155(37.6)	60(14.6)	95(23.1)
2008	504	363(72.0)	141(28.0)	55(10.9)	86(17.1)
2009	779	679(87.2)	100(12.8)	37(4.7)	63(8.1)

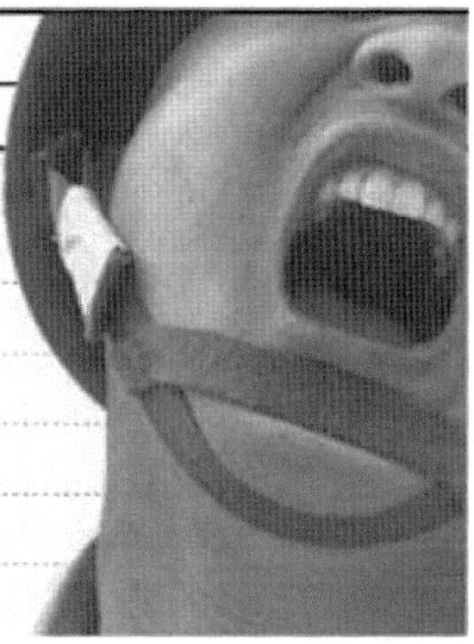

이명·난청 신청자 등록결정 현황 (단위:건수, 괄호안은 %)   자료: 국가보훈처

〈그림 28〉 이명·난청 신청자 등록결정 현황

한OO(43) 씨는 1987년 입대 후 훈련병 시절 선임의 구타와 야간사격 소음 등으로 이명(耳鳴·귀 울림) 증상이 생겨 20년 넘게 고통에 시달리고 있다. 깊이 잠이 들 때까지 귀에서 '윙~' 하는 소리가 끊이질 않고 다른 사람의 말을 잘 알아듣질 못해 두세 번 되묻기 일쑤다. 수면 부족과 신경과민으로 번듯한 직장생활을 할 수 없던 그는 가스배달로 생계를 유지하고 있다.

한 씨는 대법원까지 가는 6년간의 소송 끝에 이달 중순 창원보훈지청으로부터 '공상(公傷·공무수행 중 상이)' 인정을 받았지만 달라진 건 없다. 그는 "이명은 사실상 완치가 어려워 대부분 치료를 포기하고 병원에도 가지 않는데, 보훈청은 병원 진료기록을 제시해야 겨우 치료비만 지원한다"며 "변호사 비용 등 1,000여만 원의 빚만 남았다"고 울분을 터트렸다. 연금을 받을 수 있는 국가유공자로 인정받기 위해 여러 번 신청했으나 번번이 떨어졌다.

군 복무 중 생긴 이명 및 난청 피해로 선역 후 고통 받는 전역자들의 국가유공지 신청이 해마다 늘고 있지만 인정비율은 지극히 낮아 현실적인 지원대책이 요구되고 있다. 29일 국가보훈처 등에 따르면 이명 및 난청 피해로 유공자 신청을 한 건수는 2004년 86건에서 2009년 779건으로 증가했다. 그러나 2009년 현재 누적 신청자(총 2,193명) 가운데 공상인정은 789건(36.0%), 유공자 등급 판정은 381건(17.4%)에 불과하다.

피해자들은 보훈처의 판정 기준이 지나치게 까다롭고 현실과 동떨어져 있다고 입을 모은다. 이명 피해자들의 청력은 대체로 3,000~6,000헤르츠(Hz)의 높은 음역대에서 떨어지는데, 보훈처는 500, 1,000, 2,000Hz에서 각각 청력을 측정해 장애등급(1~7급) 판정을 한다는 것이다. 한씨는 "기준도 까다롭지만 군 생활로 이명이 생겼다는 사실을 본인이 증명해야 해 군 이명 피해자 중 7급을 인정받은 경우도 극소수"라고 했다.

군이명피해자연대(cafe.daum.net/promoteearplugs) 이광호(44) 대표는 "보훈처는 저음역대(500~2,000Hz) 판정기준을 적용, 피해자들을 고의로 배제하고 있다"며 "장애등급 판정 기준을 수정해야 한다"고 주장했다. 아울러 "당시 군 진료기록이 없다 해도 이명에 대한 인식이 낮았던 과거 군 현실을 감안, 보훈처가 복무 중 이명 피해의 공상 여부를 입증할 수 있는 대안을 강구해야 한다"고 덧붙였다.

보훈처 관계자는 "억울한 심정은 이해되지만 기준이 바뀌지 않는 한 상의등급구분심사위원회 판정에서 7급 이상이 나와야만 유공자로 인정될 수 있다. 어쩔 수 없다"고 말했다.

국회 정무위원회 소속 이진복 한나라당 의원은 "10월 국정감사에서 정당한 보훈수혜가 이뤄지도록 심사제도 개선 및 정책마련을 촉구할 것"이라며 "통원치료비 지원보다 보훈연금 지급 등 현실적 혜택 방안을 마련해야 한다"고 지적했다.

나. 군이명피해자연대의 설문조사 결과

군이명피해자연대는 2011.02.23. 20:23 아래와 같은 간단한 설문 조사 내용을 게시판에 올려서 메일을 2번 발송(회원 4,175명)하여 답한 결과와 댓글 내용을 간단하게나마 소개하면, 답한 107명에서 2명 중 한 명은 이명 없이 소음성 난청만 있고, 한 명은 이명이 1주일에 1~2회 온다고 되어 있었다. 나머지 105명은 모두 24시간 울려대는 만성 이명이었다. 작년에 300명의 군이명피해자연대 회원의 통계를 보니 299명이 이명과 난청이 같이 동반되었고 이명은 24시간 쉬지 않은 만성 이명으로 확인되었다.

이명 특성(A: 이명 소리가 가끔 멈춘다, B: 이명 소리가 들렸다 안 들렸다 한다, C: 이명

소리가 가끔 들린다, D: 이명 소리가 거의 안 들린다, E: 이명 소리는 없고 소음성 난청만 있다, F: 이명 소리가 쉬지 않고 계속 들린다)과 댓글 내용을 아래에 소개한다.

저는 박격포를 쏘아 소음성 난청으로 제대 후 30년이 지난 2008년 보훈청에 신청하였으나 인정해주지 않아 동료가 증언을 하는 행정소송까지 하였으나 군에서 다쳤다는 증거가 없다는 이유로 패소하고 말았는데 희망이 있겠는지요? (노력일진, 이명 없이 난청만 있음)

저는 의경(기동대) 출신으로 대모 진압 중 몸싸움, 구타 등으로 이명 현상이 한 1주일 정도 오고, 구토도 하였었는데, 지금은 이명은 일주일에 1~2회 정도 오고 청력은 신경을 다쳐서 양측 65dB 정도 못 듣습니다. 저 또한 소송했으나 정확한 증거가 없어 패소하였습니다. 억울한데 증명할 길이 막막하네요. 동기들의 증언만으로는 안 되나 봅니다(쥐똘이, 이명이 일주일에 1~2회 온다고 되어 있음).

이하 나머지 105명은 모두 만성 이명입니다(이명만 조사하였고 난청은 모두 기본입니다).

23년간 24시간 단 1초도 쉬지 않고 이명은 계속 들립니다(F; 이○호, 경북 영주).

양쪽이 18년째 삐~, 잠자러 가는 것도 스트레스입니다. 잠은 잘 오지 않고, 삐~소리는 스테레오로 들리지(F; 이○헌, 안동).

14년간 1초도 멈추지 않고 들리고 있으며 컨디션이 안 좋을 땐 더 크게 들립니다. 손비비는 소리가 한쪽은 거의 들리지가 않네요. 삐~소리와 청력저하로 상대방 말을 알아듣지 못할 때가 많습니다(F; 이○훈, 대구).

지난 2005년에 발병 후 이명이 계속 있음. 피로하면 더 심했지 덜하진 않네요(F; 이○일, 용인).

24시간 삐~~~. 공상 인정 2003년, 훈련소 부사수(탄피받이) 후 양쪽 이명발생 오른쪽이 더 심함(F; 엄○용, 서울).

저는 24시간 계속 이명이 들립니다. 약간만 소란스런 곳만 가도 상대방의 입모양을 봐야 하는 처지입니다. 군 제대 후 연세세브란스병원에서 진료를 받았었는데(1999년) 세포가 죽어서 살릴 수 없다더군요(F; 으악-새).

잠잘 때 빼고는 항상 들리네요. 매미소리 벌써 십년이 넘어가네요(F; 손○락).

항상 들립니다. 요즘 들어 1주일에 1번(5~6시간 정도 지속) 정도 심해집니다. 힘듦(F; 미니제비).

14년째 계속 들리네요. 한의원 병원 다 치료해 보았지만 힘들다고 하네요. 포기하고 살고 있습니다. 저음역대 소리를 잘 못 듣습니다. 피곤하거나 스트레스 받으면 소리가 더 꺼집니다(F; 테스키).

전 병원 검사 결과 소음성 난청이라고 합니다. 24시간 쭉~삐~소리가 납니다. 잠잘 땐 저역시 못 듣습니다. 대화에 지장이 많으며 몸이 안 좋으면 정도는 심해집니다(F; 수양버들).

항상 들리는데 2006년 전역 후 학교 다닐 때는 나름 바빠서 그리 신경 안 쓰다가 건강 안 좋고 백수 되니 더 크게 들려서 2009년 후반기는 좀 힘들었습니다. 너무 조용한 곳에 있으면 이 소리가 거슬리고, 피곤하면 좀 더 크게 들리죠. 이것 때문에 건강검진 청력 왼쪽 귀가 c+ 등급 나왔고 조선소 현장에서도 굉음이 울리는 동안은 소리 듣고 위치파악이 잘 안되었습니다(F; nameless).

피곤할 때 이명이 더 크게 들립니다. 2002년도 군 제대 후부터 지금까지……(F; 김O영).

지장이 많음. 양귀 보청기 착용해도 지장(발병이 1976년 12월이니까) 발병 후 지속적으로 나빠지다 한 15년 지나면 보청기 착용해야 생활이 가능할 겁니다. 한국에선 양의에서 1995년 1월1일자로 병명 인정(보건복지부 확인)(창원50).

항상 이명이 들림. 피곤할 땐 더 크게 들림(F; 강O장).

2001년 이후로 매년 들리는데 그냥 그러려니 살고 있습니다. 그냥 이명 소리를 일반 소음이라 생각하고 사니 그냥 그럭저럭 살 만하네요~~(F; 옹달샘, 서울).

26년간 잠잘 때 빼고 1초도 쉬지 않고 들립니다. 일상생활에 지장이 매우 큽니다(F; 이O석, 화성).

일상, 사회생활에 지장 많음. 핸드폰 벨 소리도 잘 안 들립니다. 자면서도 들립니다. 사람과 대화할 때는 들리기는 하지만 알아듣지 못합니다. 96년 입대(F; 단무지반쪽).

2001년 군 복무 중부터 지금까지 이명을 매일 듣고 있습니다. 잠잘 때는 더 크게 들리고요. 피곤할 때 술을 마시고 난 다음 날에 이명이 있고 상대편이 말을 할 때 귀를 귀울이면서 들어야 할 때도 있습니다(F; 이O엽, 대구).

항상 귀에서 울고 있습니다. 당연히 다른 소리 잘 못 알아듣고요. 근데 무언가 집중하면 이명이 울리는 것을 인식하지 못할 만큼 익숙해졌는데, 다시 귀에 신경 쓰면 들리고 있다는 걸 깨닫게 되고요(F; 김O길, 서울).

머리 뒤쪽에선가 항상 들립니다. 제대한 지 12년 정도 되어 가는데 항상 들립니다(F; 희망새).

누구나 다 이명 증상이 있는 줄 알았음. 주특기 105(박격포 반장). 월남전 참전. 쉴 사이

없이 울려 잠잘 땐 술에 의지함(F; 이O덕, 수원).

저는 항상 들립니다. 근데 보훈청에 물어보니 제대한 지 오래되서 안 된다네요? 진료기록도 없고요. 저보고 증명하라는데, 방법이 없네요. 그래도 군에서 만발로 휴가도 나오고 했었는데 참 씁쓸합니다. 다른 형님들도 마찬가지 심정이시리라 생각됩니다(96년 6월 제대)(F; busuk74).

7년째 24시간 내내 들립니다. 일상생활에 지장이 많습니다(F; 김O균, 경남).

24시간 계속적인 소리 그리고 조용한 시간이면 미친듯이 들리니, 참으로 답답하군요(F; 고O호).

왼쪽 귀 이명. 2008년 7월부터 언제나 이명이 지속돼 일상생활에 지장이 많다. 친구와 길을 걸을 때 친구가 왼쪽에 서서 이야기하면 목욕탕에서 이야기하는 듯 울려서 제대로 들을 수가 없다(F; 쥬요).

이명이 계속됩니다. 상태에 따라 때로 잊기도 하나 계속 나긴 나고 피로하면 더 심해지고 그렇습니다. 귀 속에 매미 키운다고 생각하시면 될 듯(F; 모스).

항상 지속되고 가끔 가다가 참을 수 없을 만큼 커지기도 합니다(F; 주O훈, 전북).

09년 박격포 훈련 도중 불발이 생겨 불발탄 제거 도중 폭발하여 오른손에 파편에 맞아 관통상을 입고 폭발음에 의한 이명. 상관의 지시 때문에 이어플러그는 낄 수도 없었던 상황. 굉장히 소리가 컸음. 당시 포구가 오른쪽 귀에 가까이 있어서 귀에서 삐 소리가 계속 남. 의병전역(공상처리 됨). 이후에도 지속적으로 치료를 받았지만 세포가 죽은 거라 살릴 수 없다는 말만 듣고 보훈청에 오른쪽 손과 오른쪽 귀에 대해 국가유공자를 신청했지만, 인정 안 해줌. 잠자기도 정말 힘들고 시끄러운 곳에 가면 오른쪽 귀가 잘 안 들려서 자꾸 되묻게 됨. 국가에서는 나 몰라라식 행동 실망감만 생김. 5년 동안 죽어라 돈 벌어서 다른 나라로 이민 갈 생각임(F; flow).

컨디션에 따라 소리의 강도가 작을 때도, 또는 클 때도 있습니다. 저는 98년 10월 소총 사격 부사수 역할을 하다가 당시 탄 소모로 인하여 100여 발의 탄을 아무런 보호장치 없이 받다가 오른쪽 귀에 이명 현상이 시작되었습니다. 현재 2년여 간의 법정 소송을 통하여 천여만 원 이상의 비용을 투자하여 간신히 공상만을 인정받은 상대이나 법원에서는 보훈처리 기준에도 미치지 못한다 하며 명예 회복의 길만 열렸을 뿐 아무런 혜택도 받지 못하고 있는 상태입니다(F; 이O원).

98년 이후 매미 소리가 계속 나네요. 24시간 세속 됩니다(F; 임O식, 경기).

37년간 매미소리가 지속적으로 계속되고 있고, 난청까지 겹쳐 고통스럽기가 한이 없습니다(F; 하마).

만성 두통과 집중력 부족으로 취업준비가 더욱 힘들어지네요(F; 김O윤, 부산).

1969년 106밀리 무반동 사격에 이명이 시작하여 오늘날까지 하루도 쉬지 않고 계속 매미소리가 사람 미칠 지경으로 계속되며 사회생활에 장애도 많지만 군병원에 입원할 수 없었기에 기록이 없어 하소연할 때가 없습니다(F; 박O근, 대구).

2002년 훈련소 사격훈련 이후부터 지금까지 10년 동안 계속 24시간 이명 현상에 의해 피해받고 있습니다(F; 권O필, 서울).

저도 사격 연습 때 소음으로 오른쪽 귀가 손상을 입었습니다. 군 휴가 때 병원에도 다녀왔고요. 벌써 10여 년 이상 항상 이명에 시달리고 있습니다. 죽겠네요. 치료를 통해 회복하신 분은 없으신가요?(F; 피모스)

저도 2002년 훈련소 사격훈련 후 계속 이명이 있습니다. 군 병원(아마도 청평) 진료기록 사본도 있고요. 왼쪽 귀만 특정 영역 이상은 못 들어요. 병원에서 신청해봤자 아무 소용없을 거라기에 그냥 서류만 준비하고 포기했습니다(F; 유O훈, 충남).

저는 들렸다 안 들렸다 하는 편이지만 일상생활하면서 조금이라도 큰소리를 들으면 바로 이명을 동반하며 일상생활에 지장은 많습니다. 이명을 동반한 난청 증상으로 청각장애 5급입니다. 군 복무 시부터 시작된 이명이 이제는 너무 오래 들리고 또 습관화되어서 이명이 들리는 데도 아무 소리도 안 들리는 것처럼 느끼는 것일지도 모르겠습니다(손O훈, 대전).

2007년 2월 사격 후 이명이 처음 시작되어 만 4년 동안 1초도 쉬지 않고 계속해서 울리고 있습니다(F; 정O식, 부산).

1999년 사격하고 나서부터 지금까지 무한대로 이명이 울립니다(F; guimuga).

1994년 이후 지금까지 24시간 쉬지 않고 울리고 있습니다. 특히 아날로그 라디오 채널을 바꾸는 것처럼 이명소리가 변형되어 들리는 경우도 있습니다(F; 박O호, 경기).

24시간, 365일 쉬지 않고 들립니다(F; 벤야민).

365일. 2005년부터 쭈욱(F; 김O수, 인천).

부산에서 복무할 때 야간 사격 훈련 후 이명이 생겼는데 당시 인사장교 분이 병원에를 안 보내줘서 방치되는 바람에 더 심해졌고, 그리고 한참 지나고 나서 2002년인가 2003년 초에 제가 말을 제대로 못 알아듣자 그제야 진짜 못 알아듣는 거냐며 부산통합병원으로 보내더군요. 당시 소음성 난청을 진단받았고, 군의관 말로는 고쳐지지 않는 거니 불편하지 않으면 이 소리에 적응하면서 평생 이렇게 사는 수밖에 없다더군요. 그 뒤로 예전에 들렸던 창 밖 빗소리(비가 오고 있는지 여부 판단)와 고음 청취가 불가한 상태입니다(F; 윤O원, 서울).

24시간 왼쪽 귀에서 이명 현상이 있고 난청이 있습니다(F; 꿈돌이).

저도 1년 365일 잠시도 쉬지 않고 계속 소리가 나네요. 난청이라서 다른 소리는 들리지도 않는데 이명 소리는 왜 그리 큰지(F; 윤O기).

저도 05년부터 지금까지 한순간도 끊이지 않고 이명이 있습니다. 단, 어떤 일에 집중하고 있을 때는 가끔 못 느끼고 있을 뿐이죠(F; 이O휘, 서울).

99년도 군 복무 중 돌발성 난청 판정받고부터 양 귀에 이명 있음(F; HotelAfrica).

군 제대 이후 오늘날까지 끊임없이 울리는 총소리(F; 스매싱).

18년이 지나니 소리에 패턴 변화가 생기고 크기도 커지고 있음(F; 정O철, 경기).

크게 지장은 없는데 작은 소리나 속삭이는 말, 시끄러운 곳에서는 혼자 못 알아들음(F; 김O길, 서울).

1995년 훈련소 사건 이후로 24시간 365일 쉬지 않고 들립니다(F; 황O찬, 서울).

1972년 여름부터 훈련소 조교를 했으니 그때부터 대략 38년 동안 매일 24시간 양쪽 귀에서 매미소리가 울리고 있으며, 난청도 점점 심해져서 현재 장애등급 4등급인데 계속 나빠지고 있습니다. 나는 군 생활 시 병원도 가지 않았고 인우보증 받기도 어려워 포기했습니다만 후배 여러분은 기필코 국가로부터 정당한 보상을 받으셔야 합니다. 인생이 너무 힘들었습니다. 그러니 국가라도 인정해줘야 합니다(F; 능소화, 서울).

귀 속에 매미가 살아요. 애써 몰두하면 잊을 수는 있고요. 일상생활에 지장을 받지 않도록 노력하고 있습니다. 벌써 40년째임(F; 사처포).

양쪽 귀에서 냉장고 모터가 종일 돌아가요(F; 고제트).

오른쪽 귀에서 종일 소리가 납니다(F; 유O익, 서울).

05년부터 왼쪽이 오른쪽보다 더 심하죠. 삐이(F; 여O혁, 경기).

1년 365일 24시간 86,400초 언제나 소리가 납니다. 소리도 여러 가지로, 정말 심신이 피곤하고 괴롭습니다(F; 박오피스).

온종일 양쪽 귀에서 소리가 나고 가끔 소리가 바뀔 때도 있어요. 그랬다가 다시 원래 이명 소리로 돌아오고요(F; Reversal).

선 1994년부터 왼쪽 귀에서 계속 소리. 요새는 오른쪽도 생긴 기 같고요. 소리가 더 커지고 있어요. 공공장소에서 대화가 힘들 정도입니다(F; 류O승, 대전).

1990년 군에서 사격 후부터 소리가 났고, 그때는 쫄다구라서 병원도 못 가고 91년 제대 후에 병원 가니 못 고친다고 하고. 10여 년 전부터는 잘 안 들려서 무지하게 불편합니다. 이제 치료는 포기한 상태고요(F; 너는 내 운전수).

쉬지 않고 들립니다. 가끔 너무 몰두한 상태에서 이명 소리를 무시할 때 빼고는 24시간 365일 내내 삐~~합니다(F; 종환).

저도 1975년 논산훈련소에서 사격 훈련 때부터 현재까지 36년간 좌측 귀 이명 있습니다(F; 조O복).

저는 양쪽에 이명과 난청, 18년째입니다(F; 이O헌, 안동).

다. 이명 피해사례의 기간, 부위 및 경과

1948년 건군에서부터 현재 2010년까지 63년간 일반병에서 대장까지 전역자는 약 16,778,160명으로 추정하고 있다.

많은 군 전역자의 이명 피해 사례에서 이명으로 인한 건강영향과 후유증으로 고통을 호소하고 있으나 입증 자료의 부족과 마땅한 대책이 없어 보상을 받지 못하고 있다. 아래 피해 사례는 인터넷 카페 회원 중 60명 피해 사례의 이명의 기간, 부위 및 경과를 정리한 자료이다(<표 32>).

<표 32> 군 전역자의 이명의 기간, 부위 및 경과

연번	연령	기간	부위	경과(의견 등)
1. 김OO	60세	36년	양측	저의 군 생활 당시에는 이명에 대한 관심이 전혀 없었음
2. 김OO	50세	25년	양측	수색대대 의무대에서 시간이 지나면 낫는다고 보내주지 않음
3. 최OO	50세	25년	양측	군의관이 별것 아니라고 하였음
4. 서OO	67세	47년	양측	60년대의 군에서는 감히 의무대 및 병원은 갈 생각을 못하였음
5. 홍OO	46세	26년	양측	1회 군병원 방문하였으나 치료불가라고 함
6. 이OO	48세	25년	양측	저는 이명 난청으로 다행히 몇 회 국군청평병원에 다녔고 조용한 곳에 근무하라고 군의관에게 말을 들었지만 보직변경을 해야 하고 일병시절에 감히 말하지 못하였습니다. 전역 후 보훈처에 공상군경등록 신청할 수 있음을 알고 25년 전 군병원 진료기록을 찾으려 하니 보관기간 10년이 지나 폐기되었음
7. 배OO	55세	31년	양측	저는 1978~1979년 사이에 제가 해안부대 소대장으로 근무하는 동안 인근 대대 지역으로 간첩 침투가 있어 그것의 영향으로 소총, 무반동총, 박격포 사격훈련을 많이 시켰습니다. 그래서 귀가 이명이 생겼는데 당시 해안 부대 소대장이 근무지를 이탈하는 것은 도저히 생각할 수 없는 상황이었던 지라, 군 병원 후송을 생각지도 못했고, 대수롭지 않게 생각했던 것 같음

연번	연령	기간	부위	경과(의견 등)
8. 김OO	27세	5년	좌측	사격 후 왼쪽 귀에서 이명이 발생했습니다. 금방 없어질 줄 알았는데 1주일, 2주일 지나도 없어지지 않더군요. 중대 의무실에 가서 군의관에게 말했더니 조금만 기다리면 없어질 거라는 말만 하더군요. 부대 분위기상 군병원 가는 것은 힘들었음
9. 이OO	29세	7년	좌측	2004년쯤 여단장이 바뀌고 사격 시 총소리에 익숙해야 한다며, 사격 시 귀마개 착용금지 명령 하달 그때 당시에는 별것 아니라고 생각하고 군병원 사설병원에는 가지 않았음
10. 어OO	48세	26년	양측	군 복무 당시 이명이란 말도 생소하였고 이로 인해 의무대에 가는 걸 본 적이 없으며, 분위기상 갈 수도 없음. 전역 직후 처음으로 민간병원에서 진찰을 받았고, 이명 및 소음성 난청 판정을 받았으나 관련기록이 폐기되었음
11. 이OO	38세	17년	양측	1993년 10월 일병 때 야간사격 하다가 양쪽 귀에 이명을 얻었고 귀에 무엇인가를 막고 사격한다는 것은 꿈도 못 꿨습니다. 용기를 내어 소대장, 중대장님께 말씀 드려 2번의 외진을 받았고, 그것도 치료시기를 놓쳐 치료불가 판정을 받았습니다. 치료가 불가능하다고 하여 포기하며 살았고 그것 때문에 병원진료도 많이 받지 못하였음
12. 홍OO	47세	26년	양측	저는 총 사격에 의한 이명으로 일산 국군병원 방문하여 군의관에게 진료를 받았으나 이명을 고칠 수 없다는 말을 들었으며, 군 제대 후 이명에 의한 고통이 지속되어 이비인후과를 방문하여 진료를 받았으나 의사 역시 고칠 수 없다고 하였으며 전역 후 24년이 지나 보훈처에 신청할 수 있음을 알고 군병원 진료기록을 요청하니 보관기간 10년이 지나 폐기
13. 이OO	54세	25년	좌측	저의 경우는 당시에 이명이라는 병명도 몰랐고 신체외상에 아픈 것도 아니고 그냥 귀에서 소리만 날뿐 당장 근무하는데 지장이 크게 제한받지 않았고 자대 군의관도 안정되고 쉬면 괜찮되 필요하면 군병원에 외진 가보라고 했으나 당시에 막중한 임무수행과 군 분위기는 갈 수 없는 상황이어서 못 갔고 이후에 상당한 기간이 흘러 13년 만에 이명과 난청이 동반하여 군 진료기록이 있음에도 불구하고 비해당 판정임
14. 허OO	53세	29년	양측	81년 고참의 구타 중 고막파열과 이명이 발생하여 현재까지 계속됨. 수도통합 병원 3~4차례 외진과 개인병원에도 외출하여 2차례 치료받음. 수도통합병원 조회 결과 진료자료 폐기되었다 함
15. 김OO	47세	25년	양측	1984~1987년 복무 군 복무 중 대대 사격선수 생활 시 귀울림 발생. 당시 귀마개 같은 것은 없었으며 이명 현상으로 병원(당시 사단의무실)에 1번 방문하였으나 고막에는 이상이 없다는 말만 들었음. 제대 후 조용한 곳이나 취침 시 심한 이명으로 병원 방문하였으나 별다른 치료방법이 없고 약을 계속 먹으면 좋아질 수 있다고 해 약을 복용하였으나 별다른 변화가 없어 중단함
16. 심OO	63세	40년	양측	군 생활 당시에는 이명 난청하는 소리도 듣지 못했지만 상관 선임 모두 귀에 소리가 난다하니 미친 놈 꾸중만 들음(월남전쟁터)
17. 김OO	50세	25년	양측	눈치 보며 의무대에 갔으나 시간이 지나면 괜찮다고 돌아가라고 하면서 부대 여건상 외진은 갈 수가 없다고 하였음
18. 유OO	54세	27년	좌측	1983년 특전사 교육단 유격과 대테러 사격교관 임무 수행 시 이명 발생. 특전사 의무대 1회, 부천 이비인후과 등에서 청력검사 등을 받았으나 청신경이 죽어 치료가 어렵다는 말을 들은 이후로는 약방에서 수입산 이명약(호주산)을 사서 몇 개월 치료 후 별 효과 없어 이후로는 포기하고 살고 있음
19. 손OO	41세	20년	우측	1990년 7월 사격 훈련 중 이명 발생, 국군 병원과 외부 이비인후과 진료 받았는데 보관기간이 지나 기록이 모두 없고, 그 당시 병원은 사라지고 없음. 아주대 등 다녔는데 치료 방법이 없다는 얘기만 들었음
20. 박OO	31세	10년	양측	2000년 첫 사격 후 이명 발생(신교대에서 처음엔 다 그렇다는 말 듣고 진료하지 않음). 일병 때 사격 후 3일 이상 먹먹했으나 사단 의무대에서 며칠 지나면 괜찮아진다고 하고 돌려보냄. 전역 후 예비군 사격에서 진료기록 없으면 사격 다 하라고 해서 사격한 후 증상이 악화되서 2008년 이후 여러 병원에서 진료 및 치료(의사들 소견으론 사격 등의 큰소리로 인한 이명과 소음성 난청이 같이 온 경우라고 함)

연번	연령	기간	부위	경과(의견 등)
21. 아웃 　사이더	44세	20년	양측	1989년부터 27개월 육군 104(M60) 주특기로 근무. 이등병 말인가 일병 초인가 무렵에 지붕이 있는 사격장에서 M60의 영점 사격보조(탄피받기)와 사격을 하던 중 고막이 충격을 받아 양쪽 모두 윙하는 이명 들리기 시작했고 하루 이틀 만에 가라앉으리라 생각했지만 한 달이 지나도 계속되어 당시 선임이나 소대장에게 사실을 고지하고 선처해줄 것을 요구했고, 소원수리도 작성하여 제출한 바 있으나 번번히 묵살당했고 이비인후과 진료 결과 소음성 난청과 청신경 중 고주파에 대한 감응이 거의 제로에 해당한다는 소견을 들었음
22. 이OO	42세	20년	양측	군에서 엠지오공(MG50)사격 후 귀에서 소리가 나기 시작하였고(일병 무렵), 지금은 24시간 양쪽에서 소리가 나고 있습니다. 특히 왼쪽 부분이 심하게 나고 있으며 제대 후 대학병원 등 다녀봤지만 치료가 불가능하다고 해서 현재까지 이르렀습니다. 군 복무 시절에는 병원에 갈 분위기도 아니었음
23. 김OO	50세	27년	양측	엄한 군기와 살벌한 내무반 분위기로 83년 하반기에 제병협동 훈련 5주차 소총 사격부터 공용화기 사격을 하면서 귀에서 윙하는 소리와 함께 한참동안 이상한 소리만 나고 주변에서 이야기하는 소리가 들리지 않아 중대장님께 보고드렸더니 군 의무 차량에 군의관을 불러 확인하도록 하였고 군의관은 의무대 차량에서 쉬도록 하면서 잠시 그럴 수도 있고 이명인 경우 고칠 수 없으니 약이나 좀 먹고 죽을 때까지 안고 가야 한다는 이야기뿐 그 이후에도 자주 사격에 참여할 수밖에 없는 현실에서 점점 나빠져 갔고 외상이 아니라고 참모들에게 말조차 꺼낼 수 없는 상황이었으며 한 번씩 애로사항 듣는 중대장과의 대화도 있었지만 형식적으로 하는 의례적인 것이라 잘못 말했다가 찍혀서 전역할 때까지 표적 관리될 수 있어 이상 없다는 이야기만 했을 뿐 어찌할 수 없는 현실로 전역할 때에는 오른쪽 귀가 특별히 들리지 않았음
24. 김OO	66세	36년	양측	당시 이명에 대해서 장교나 하사관 사병들까지 무지했으며 시간이 흐르면 낫겠지 생각하였으며 제대 후 종로에 있는 이비인후과에 몇 차례 다녔지만 당시 검사장비도 빈약했고 치료를 포기한 것이 지금에 이르렀습니다. 60이 넘어 나이가 들수록 더욱 심합니다. 난청이 동반되어 길거리에서는 핸드폰 사용이 불가능할 정도임
25. 임OO	40세	19년	양측	1991년 10월 논산훈련소에서 사격훈련 후 이명발생. 귀마개 지급이나 이명에 관한 설명이 전혀 없었음. 자대배치 후 1992년 초 사격훈련 시 화장지로 귀를 막아보았으나 소대장이 빼라고 했고 사격 후 더욱 심해졌음. 1994년 군 제대 후 곧바로 이비인후과에 가서 검사 해보았으나 외부충격에 의한 이명은 평생고칠 수 없다고 했고, 다른 병원에 가보았으나 마찬가지 대답이여서 지금까지 참고 살아오고 있으나 매시간 끊이지 않는 양쪽 귀에서 들리는 이명으로 항상 신경이 날카롭고 미치겠음. 5형제 중 4명이 현역병으로 근무했고 4명중 3명이 이명으로 고통받고 있음
26. 백OO	42세	20년	양측	1990년 논산훈련소 사격훈련 시 양쪽 귀에 소리 나기에 물어보니 좀 지나면 없어진다고 하기에 기다렸는데 자대에서 사격 조교로 배치 받고나서도 안 없어지기에 자대 의무실에 갔더니만 신경성일거라 하고 정확한 진단이 없었습니다. 아마도 의무실에서 얘기했는지 사격소대에서 공수유격통신소대로 옮겨 조교 생활을 해왔는데 휴가 때 이비인후과에서 소음성 난청이라 특별한 치료 없다고 하여 군 생활 그냥 참고 했습니다. 벌써 20년 지났네요. 24시간 하루도 쉬지 않고 소리가 나니 미칠 것 같음
27. 서OO	33세	12년	양측	1998년 신병 때 90mm 축사기 사격 후 이명 및 소음성 난청 발생. 자대배치 후 벽제병원, 창동병원, 수도통합병원까지 갔다가 다시 자대로 돌아갔습니다. 제대 후 보훈처에 바로 신청하여 공상인정은 받았으나 등급 외 판정으로 나왔습니다. 그 후 회사에서 일을 하면서 이명을 견디면서 살고 있습니다. 공상인정을 받으면 나중에 시간이 지난 후에 증상이 악화가 되면 다시 보훈처에 신청할 예정입니다. 아직 보훈처의 기준으로는 등급 외 판정이라고 함
28. 남OO	30세	8년	우측	2001~2003년 복무 2002년 사격연습 도중에 이명이 생겼습니다. 그래서 수도통합병원까지 갔습니다. 그러나 거기서는 확인을 할 수 없다고 하여 휴가까지 내가면서 인하대병원에 갔습니다. 그때 인하대 병원 담당의사가 소리가 들리는 게 평생 갈 수도 있고 내일 당장 없어질 수 있다고 했습니다. 그게 8년째 오른쪽 귀에 이명이 계속되고 난청까지 동반됐네요. 2009년에 보훈처에 국가유공자 신청을 했는데 자료가 없다고 판정을 못 받았음

연번	연령	기간	부위	경과(의견 등)
29. 손OO	25세	5년	좌측	2005년 후반기 사격 중 이명이 발생하였습니다. 그날따라 귀울림(이명)이 심해 선임들의 말소리조차 들리지 않았습니다. 시간이 지나 조금은 나아졌지만 일주일째 이명이 계속되었습니다. 부대 내 군의관에서 진료를 받았지만 시간이 지나면 나아질 것이라는 말만 돌아왔습니다. 이후 치료 받을 생각도 하지 못하고 지내고 있습니다.
30. 이OO	51세	25년	좌측	8년 6개월간의 전차장과 포술교관을 하면서 포사격으로 왼쪽 귀에 이명이 생겼습니다. 1987년 전역하였으나 지금까지 이명에 시달리고 있습니다. 복잡한 서류와 인우보증 등이 필요하다하여 공상신청을 포기하였습니다. 하루 24시간 매미소리에 시달리고 있음
31. 소OO	28세	5년	양측	2005년 5~6월 사격 중에 이명과 난청 발생. 총포음과 지휘 말소리를 듣지 못했으나 어찌어찌 막사로 돌아와서 의무대에 갔습니다. 시간이 지나면 없어질 수도 계속 안 없어질 수도 있고 어쩔 수 없다는 얘길 들은 게 전부였습니다. 당시 분위기가 포병대라 그런지 귀의 문제는 병사부터 대대장까지 너무나 대수롭지 않게 여기는 분위기였고 저도 이 정도 장애야 다들 하나쯤 달고 사는 것 아닐까 하고 넘어갔습니다. 하지만 종일 양쪽 귓속에서 울려대는 이명은 복학하고 공부를 계속하면서 점점 견디기 힘든 고통이 됨
32. 김OO	47세	25년	양측	군 복무기간 1985~1986(14개월) 1985년 방위병 3주 소집훈련 중 영점사격 후 이명 발생한 후 없어질 거라 생각하고 병원에도 가지 않다가 자대 배치(예비군 관리부대) 후 탄약 소비 사격으로 귀가 찢어질 듯 아프면서 더 악화되었지만 어쩔 수 없이 견디다가 제대하여 참을 수 없는 이명의 고통에 일반 병원에 가니 허약체질 운운하며 영양제 먹으며 적외선 물리치료 받았으나, 별 효과 없어 포기하다가 근래에 와서 비싼 한약제도 먹어 보았지만 별 효과 없었음. 오래 방치하면 사회생활도 어렵고 정신적으로도 위험합니다. 이 나라에 빨리 의무 군 복무가 없어졌으면 하는 바램을 가져보며 우리 후배들은 군 복무로 인한 이명의 고통이 절대 없기를 바람
33. 디기기기	50세	28년	좌측	벌써 나이 50이 되어 버렸네요. 저는 1982년 광주보병학교 기술사관 후보생 시절 권총사격을 한 후 귀울림이 시작되어 현재까지 계속 왼쪽 귀에서 삐 하는 소리가 나고 있습니다. 그 당시 귀마개를 착용하고 사격을 한 사람도 있고 아마 대부분은 귀마개 없이 사로에 들어가 처음 총을 쏴 봤을 것입니다. 지금은 안 그렇겠지만 그 당시에는 교관들이 좀 무관심 했던 것 같습니다. 저는 성격이 그리 예민하지 않은 편이라 그냥 무심코 지내는데 어떤 때는 귀울림에 짜증이 들기도 합니다. 최근에 와서는 귀울림으로 인한 스트레스도 증가하는 것 같고요. 일전에 평촌 한림대병원에서 귀울림 환자들 대상으로 무료 실험을 한다고 하여 참가를 하였으나 저는 별 효과가 없었습니다. 저는 우리나라를 별로 신뢰를 안 합니다. 이 동네는 먼저 보고 먼저 먹는 놈이 자랑하고 표창받고 하는 동네니까요
34. 초개	53세	29년	양측	1980년 사격훈련 후에 양쪽 귀에서 소리가 들리기 시작하였습니다. 자대에 배치되어 생활에 어려움이 생겨 군의관에게 상태를 말하고 치료를 받기를 원했지만(1981년) 사격이나 포사격 시 있을 수 있는 일이라 하여 상태가 좋아지기를 원했지만 나아지지 않았습니다. 전방 근무라 군의관에게 치료를 할 수 없었고, 제대 후 이비인후과에서 치료를 받았으나 결과는 나아지지 않았고 침으로 해결하고, 한약으로 치료하려고 했지만 낫지 않아, 서울에 있는 두 곳의 종합병원에서 청각검사와 이에 따른 치료를 위한 약물 치료를 했지만 결과는 진전이 없었습니다. 비싼 약과 많은 양의 약 복용으로 위장병이 생겨 결국 약을 먹지 않았지요. 약물로 인한 후유증으로 3년을 고생했습니다. 1997년부터 영국에서 4년간 유학생활을 했는데 영국은 이미 2차 세계대전 시에 이명으로 고생하는 분들의 모임이 있었고 불치의 병이라는 사실을 그때에 알았습니다. 귀국 후 장애자등급 신청하러 갔다가 복잡하여 포기하여 지금에 이르렀습니다. 그리고 겉으로 들어나는 병이 아니라 혼자 29년 동안 하루도 소리가 들리지 않은 날이 없어 불편함이 있어도 그냥 견디고 있음
35. 박OO	41세	19년	좌측	방위병으로 1991년 사격훈련(대공화기) 수차례 하다가 귀에서 찡 울리는 소리 나서 먹먹한 상태가 며칠 계속되다 좀 나아지는 상태 반복하였으나 크게 인지하지 못하다가 소집 해제 후 왼쪽 귀에서 계속 소리나 인근 이비인후과 진단 결과 이명이며 치료가 어렵다고 함. 오른쪽 정상 귀에 비해 약간의 청력저하도 있으며, 팔자려니 생각하고 만성이 됨

연번	연령	기간	부위	경과(의견 등)
36. kukhanru	33세	10년	양측	1998~2000년을 탄약대대 경비 중대에서 근무를 했는데요. 병장 때 전투력 측정 병장 사격 대표로 선발돼서 단기간에 총을 많이 쐈는데 그때만 해도 이명 현상이란 건 일시적으로 큰 소음 후 나오는 증상인줄 알았는데 이상하게 이명이 지속 되서 대대 의무실에 가본 결과 며칠 지나면 괜찮을 거란 말만 듣고 복귀했는데 사실 제가 군을 비판하는 건 아니지만 여건상 수도통합병원은 가기가 쉽지가 않습니다. 그렇게 그냥 미루다 결국 제대를 하고 경찰공무원 시험을 보게 되었는데. 전 이명이 귀에서 소리만 나는 줄 알았는데 청력장애로 이어지더군요. 그래서 결국 경찰공무원 시험 신체검사에서 떨어지고 말았음
37. 조○○	57세	33년	좌측	훈련병 때 좌측에 이명이 발병하여 의무대에 갔더니 비타민을 주면서 며칠 지나면 괜찮아질 거라고 하였고 쉬라고 하였으며 지금까지 쉬지 않고 소리가 나서 최근 보훈처에 신청하려 군 의무기록을 확인하니 86년 이전 자료는 폐기됨
38. 김○○	49세	25년	양측	군 전역을 얼마 남기지 않아 소총 사격 후 이명이 발병하였고 대수롭지 않게 생각하고 제대하였습니다. 이명이 수십 년 없어지지 않아 부산보훈청에 신청했는데 이명과 군 복무에 연관성을 입증할 수 없다는 비해당 통보를 받았음
39. 김○○	35세	11년	좌측	병장 때 소총사격하다 좌측 귀에 이명이 생겼는데 기간이 지나서인지 의무대 진료기록은 폐기되었고 해당 보훈지청에서는 사격하다가 어떻게 이명, 난청이 나타나느냐고 하면서 억울하면 소송하라고 함
40. 이○○	48세	24년	양측	총을 잘 쏜다고 하여 사격 선수로 뽑혀 각종 대회에 출전하느라 엄청난 사격연습으로 인해 이명을 얻게 됨. 당시 이명이란 단어조차 몰랐고 시간이 자나면 나아지겠지 하는 생각으로 지내오다 전역 후 처음으로 병원 진찰해보니 의사가 현재 의학으론 고칠 수 없다고 얘기해주어 알았음. 회사 입사 후 노동법이 강화되어 건강검진 때 청력검사에서 매번 소음성 난청 대상자로 분류되어 노동부명으로 2번의 부서 이동을 하였고 나 때문에 회사를 한 달간 영업정지 시킨다고 경고도 받은 적이 있음
41. 이○○	29세	8년	좌측	군 병원 방문하였으나 치료불가라고 하였고 차츰 좋아질 것이라고 하였음
42. 임○○	29세	7년	우측	최전방 근무 시 사격 훈련으로 인해 중대 복귀 후 사격 훈련 중 K2소총의 소음으로 오른쪽 귀에 울림현상이 일어났습니다. 처음엔 큰소리나면 다들 띵 이런 현상이 나서 그러려니 했으나 일주일이 지나구 한 달이 지나도 소리가 들리기에 저희 기지 간부님께 말씀 드렸습니다. 그때 당시 하신 말씀은 "조금 있으면 괜찮아진다고 했습니다." 그리고서 저는 최정방GP 근무지로 다시 복귀하였습니다. 복귀한 후에도 계속 들리자 분대장에게 말했고 그 후 기지 간부님께서 GP방문 하셨습니다. 그 후 다시 말씀 드렸는데 조금만 지나면 괜찮아진다고 하시고 다시 철수하셨습니다. 그 후로 무슨 병인지도 모르게 지내다가 인터넷으로 찾은 결과 이명이란 걸 알았음
43. 김○○	30세	8년	좌측	2002년 훈련병 때 사격 시 고막이 터지는 느낌이 나면서 잠깐 기절을 했는데 그 후로 3일간은 거의 소리가 들리지 않고 개구리 소리가 매우 크게 들려서 잠도 못잘 정도였다가 시간이 지나면서 나아지긴 했는데 지금까지도 시도때도없이 소리가 나고 매우 불편합니다. 그렇게 병원 보내달라고 요청해도 묵살 당했고, 어쩌다 간신히 군의관에게 갈 기회가 생겨도 대충 한번 보더니 "고막에 출혈이 있네"라면서 아무 조치도 없었습니다. 그래서 꾹꾹 참다가 100일 휴가를 나오자마자 밥도 안 먹고 집 앞에 병원부터 찾아갔었어요. 그때 소음성 난청이라고 하면서 바로 치료받으면 괜찮았는데 이미 늦었다고 했었음
44. 안○○	35세	12년	우측	의무경찰로 복무 중 사격장에서 사격하다 12년간 오른쪽 귀에서 하루 종일 이명 발생 너무 고통스럽네요. 병원 가보아야 되지도 않고
45. 김○○	55세	32년	우측	1978년 군병원 다녀오면 고참들로부터 빠따 맞던 시절. 경기도 파주 광탄 소총 실탄사격 부사수하다 5일 동안 귀가 멍하고 안 들리다 그 후 매미소리와 소음성 난청으로 고생하고 있습니다. 수일 후 야전병원 진료 갔으나 군의관 왈 포병 근무 말고 다른데서 근무하라 하여 소총수입니다. 하니 그럼 총 안 쏘는 부대 근무하라 하면서 아무런 약도 주지 않고 그냥 가라 하더군요. 휴가 중 개인병원 몇 곳 다녔지만 소용없어 지금도 고통받고 있음

연번	연령	기간	부위	경과(의견 등)
46. 윤○○	34세	15년	양측	ROTC 학군사관후보생 시절에 처음으로 이명 발생(후보생 교육 중 전장소음 체험이라는 명목하에 귀마개 착용 후보생들을 구대장이 얼차려 함). 이후 해병대 지원하여 장교로 복무하던 중 저격병 양성이라는 프로그램을 각 소대별로 진행하였습니다(해병2사단 1999년 시행). 일주일에 1~2차례 소대원 중 몇명 선발하여 사격지도를 귀마개 없이 몇 개월 실시하여 이명이 심해진 것 같습니다. (당시 분위기는 해병장교는 절대 귀마개 착용 안 하였고 저는 이미 발병했으나 후임 장교, 부사관, 병사들이 저와 같은 돌이킬 수 없는 불편으로 부터 예방되기를 바라는 마음에 몇 자 적음
47. 김○○	39세	14년	양측	정말 보이지 않는 고통의 나날입니다. 참는 만큼 얻는다고 했지만 정말 죽어야만 편안해질 거 같음
48. 오○○	41세	19년	양측	군 복무시절에는 이명에 대해서 자세히 알지도 못했고 의무대에 간다는 것은 생각도 못했습니다. 제대 후 이명에 대해서 관심을 갖고 한의원 및 이비인후과에서 치료도 받아보았으나 별효과도 없어 거의 포기상태에 있습니다. 혹시나 하는 마음에 가끔 이비인후과에 가보기도 하지만 혈액순환계통의 알약만 처방하는 것 같아 신뢰가 가지 않았음
49. 전○○	46세	24년	양측	1984~1987년까지 홍천 81mm 박격포 사병 및 일반하사로 근무하였습니다. 1986년 하순경 81mm 박격포 고폭탄 사격훈련 중 이명 현상이 발생하였으나, 곧 이명이 사라지겠지 하는 생각과 병도 아닌 것으로 생각되어 의무대에 진료를 하지 않았으며, 다음해 3월에 제대를 하게 되었습니다. 대학 복학 후 졸업하여 사회진출 후 계속되는 이명으로 고통을 받는 중 개인 이비후과에 방문하여 문의한 결과 소음성 이명 및 난청은 치료 방법도 없다 하여 치료를 포기하였음
50. 김○○	33세	8년	좌측	전역을 얼마 남겨두지 않았을 때 마지막 ATT를 갔을 때 사격 중에 생겼습니다. 나름 몇 년 전부터 이명에 대해서 알아봤는데 고칠 수는 없고 차라리 의식을 하지 않는 연습을 배워서 그렇게 노력하고 있습니다. 군대있을 때 이명에 대해 전혀 몰라서 군병원을 가지 않았습니다. 요즘은 증상이 더 심해져서 스트레스를 많이 받고 있음
51. 김○○	30세	8년	양측	결정적으로 군에서 그냥 시간 지나면 나아지겠지 하는 안이한 생각으로 평생 병으로 안고 살게 됐습니다. 전역 후에야 이명이라는 병명을 알게 됐고, 난청도 더욱 심해지고 낫기도 어려운 병인 것을 알게 됐습니다. 군에서 병원 진료 기록도 없어 저 같은 사람은 더욱 힘들고 어려운 것도 알고 있음
52. 고○○	34세	12년	좌측	전 의무병이라 진료기록이 없습니다. 원래 의무병도 자체 진료를 받을 수 있지만, 저희 부대에서는 진료기록 그런 거 안 만들고 군의관이 직접 봐주고 말았거든요. 물론 그 당시 저의 진료를 보았던 군의관을 인우보증을 세울 수는 있습니다. 이명을 인정해주고 안 해주고의 문제는 객관적인 증거의 문제가 아니고, 국가 의지 문제입니다. 이명은 꾀병도 아니고, 정신병도 아닙니다. 보훈처가 군대에서 이명을 갖고 평생 살아가게 된 이들을 외면한다면, 누가 이 나라에 충성하겠습니까? 국가가 나서서 속히 이 문제를 해결하길 바람
53. 박○○	50세	27년	좌측	일병 때 소총 사격 시 이명이 발생하였지만 별 생각 없이 병원에는 가지 않았습니다. 이비인후과에 가서 정밀진단 받았는데 의사가 혹시 사격 많이 했냐고 물어 군대서 조교로 있으면서 많이 쏘았다고 했더니 청신경이 많이 죽었다고 하면서 사는데 큰 불편은 없냐고 하길래 이명만 없으면 좋겠다고 했더니 고칠 수 없다고 하여 포기하고 살고 있음
54. 이○○	27세	3년	양측	소대장 생활하면서 사격도 많이 하고, 또 내 사격만 하는 게 아니라 종일 사격훈련 지원하는 날도 많다 보니 이명이 생겼습니다. 하루하루 바쁜 생활에 떠밀려서 이명에 신경도 많이 못썼고, 초급 간부이다 보니 병원 갈 생각도 못 했고요. 전역을 하고 나서야 이명이 힘든 것인 줄 깨닫고, 병원도 다니게 되었는데 몇 개월간 한 달에 수십만 원씩 들어서 한약도 먹고 일반병원도 다녀도 안 낫네요. 국가 지원보다도 빨리 치료받고 싶은 마음이 더 간절함
55. 하○○	31세	10년	좌측	이명은 엄청나게 힘든 질병입니다. 2000년 공군 훈련소 사격장에서 귀마개나 휴지 사용을 못하게 하였고, 이로 인하여 10년째 이명으로 커다란 고생과 고통 속에 살아오고 있습니다. 이렇게 많은 사람들이 제대로 국가의 처우를 받지 못한다는 것은 국가가 국방의 의무 과정에서 국가가 잘못한 부분을 제대로 인정하지 않는다는 걸 말함

연번	연령	기간	부위	경과(의견 등)
56. 김OO	57세	31년	양측	민통선 이북 전방부대에서 근무 중 탄약고가 침수되어 불량이 의심되는 M16 탄피를 회수 목적으로 M16을 자동으로 장시간 사격한 후에 이명이 발생하였으나 당시 근무부대 의무실 군의관이 일시적인 현상이라고 병원 치료가 필요 없다고 함. 사격당시 총렬의 과열로 M16 5정으로 교환하며 사격하였음
57. 박OO	31세	10년	양측	훈련병 때는 의무대는 갈 생각도 못했고 일병 때는 의무대 진료 갔었는데, 군의관이 그냥 며칠 지나면 돌아온다고 해서 휴가 나와서 민간병원에서 진료받은 적이 있는데 그때는 사격하면 다들 그런가보다 하고, 별생각 없이 넘어가서 진료 기록이 없습니다. 전역 후 예비군 사격 때 이명 있다고 했는데 진료기록 없으면 다 사격하라고 해서 소총 사격 후 이명이 악화되어서 그 후로 심각성을 느끼고, 종합병원부터 각종 전문병원까지 진료를 받으러 다니고, 이명 판정을 받고 이명 심각성을 알았습니다. 군 일병 휴가 때 진료 받았을 때는 소음성 난청과 오른쪽 귀 이명만 있었던 걸로 기억하는데 최근에는 양쪽 다 이명 증세만 악화되어 있는 상태임
58. 정OO	35세	16년	양측	강릉공군 전투 비행단 헌병특기 483기로 군 복무 중 482기의 장OO 선임으로부터의 구타로 좌측 고막이 파손되었으니, 그 심각성을 모르고 생활하던 중 이명이 발생하였음. 후에 항의전대에서 고막 손실과 이명에 관해서 판명을 해주었으나 군 전역 10년이 넘었다 하여 자료가 없다고 함. 또한 공군 참모총장배 사격대회에 소대 우수 사격자로 뽑혀 매일 사격 훈련을 하였으며, 그때 우수한 성적을 거두어 특박 휴가를 받아 휴가를 나간 전력이 있음. 이 훈련 또한 양족의 이명 발생의 원인이 되었음. 지금 현재는 이명이 양쪽으로 다 있으며, 전역 후 캐나다 유학을 준비하던 중 신체 결격사유가 발생하였던 바, 그 원인이 이명과 난청이었음을 알게 되었음
59. 장OO	25세	3년	좌측	군대에서 사격 시 얻은 이명. 당시 의무관은 별 탈 없다는 말로 그냥 약만 처분해주어 저 역시 조금 지나면 울리는 소리가 없어지겠지 하고 두었지만, 제대하고 점차 이명, 난청이 심해지어 현재 지금 365일 내내 하루도 빠짐없이 24시간 귀에서 울리는 소리로 인해 스트레스와 신경성까지 생기게 된 것 같네요. 일상에서도 힘들지만 특히나 잠들려 할 때 조용한 방에서 더 심하게 울리고 하는 것은 너무나 힘들고 지침
60. 오OO	34세	12년	양측	대전차유도미사일을 발사하는 훈련을 받는 병과였습니다. 실제로는 미사일이 제 어깨 위 발사관에서 발사되는데 훈련 때는 발사관 뒤에다 장약이라는 화약을 연결하여 터트렸습니다. 97~99년 당시에는 귀속에서 소리가 난다던가 소리가 잘 안 들리고 하는 것은 훈련받는 병사들에게는 당연시 되었거니와 그런 것으로 의무대에 간다는 것은 엄청 눈치가 보이는 일이었습니다. 제대 후에도 상태는 호전되지 않고 더 악화되어 항상 사오정이란 얘기를 들으며 지냈습니다. 제대 후에야 병원에 가서 검사를 받아보니 이명과 소음성 난청이라고 하였습니다. 지금 현재 상태는 이명과 소음성 난청으로 직장 생활에서도 많은 어려움을 겪고 있음

6장 군 복무 관련 이명장애와 우울증[5]

김규상

1. 서론

우리나라는 의무 군 복무제를 시행하고 있는 국가로써 군 복무 중 노출되는 충격 소음은 주로 총·포, 탱크와 같은 무기와 중장비에 의한 것으로, 소음의 종류 및 거리에 따라 수치화하기는 어렵다. 7.5m 거리에서 단발 사격 음압은 M16의 경우 150dBSPL이며, 야포의 경우 180dBSPL이다(Ylikoski, 1994). 이는 140dBSPL을 초과하는 것으로 단 한 발의 사격으로도 와우의 손상에 크게 영향을 미친다(Odess, 1972; Axelsson & Hamernik, 1987; Ylikoski, 1989). 또한 군대에서 복무하는 기간 중 18년 된 직업 군인의 경우 218,000회의 사격소음에 노출되었을 때, 61년 동안 85dBA의 소리에 주 40시간 동안 노출된 것과 동일하다고 보고하였다(Ylikoski, 1994). 군 복무 시 노출되는 충격 소음은 내이에 기계적인 손상이나 대사 장애에 영향을 주게 되며 급성 음향외상이 발생할 수 있다. 소음성 난청 중에서도 음향외상성 난청은 강대음에 단시간 또는 순간적으로 노출되어 유발되는 청력장애를 말하며 난청, 이루, 이통, 이명, 현훈의 증상을 보인다. 이러한 급성 음향외상은 영구적인 청력의 손상과 이명의 발생을 야기시키는 원인이 될 수 있다(김헌 등, 1991; 정명현 등, 1985; 김규상과 정호근, 2003; Ylikoski, 1989; Savolainen과 Lehtomaki, 1997; Temmel 등, 1999). 군 복무 시 사격으로 인해 급성 음향외상을 경험한 361명의 핀란드 신병에 대한 연구

---

5) 이 장은 저자가 군이명피해자연대 회원을 대상으로 조사하여 보고한 「군 전역자의 이명장애에 영향을 미치는 요인」과 「군 복무로 인한 이명자의 이명 특성과 이명장애의 우울증과의 관련성」 논문을 재편집한 것이다.

(Ylikoski, 1989)에서 50%는 개인화기로 사격 시 발생하고, 25%가 대전차화기, 12%가 대포, 10%는 폭발에 의하여 발생한다고 보고하였다. 또한 급성 음향외상으로 32%에서 이명을 경험하고, 17%는 계속 이명이 있다고 보고하였다(Ylikoski, 1994).

산업의 발달로 인한 소음 증가와 노령화 추세와 같이 이명 유발 인자들은 증가하고 있으며, 소음 노출 근로자의 6.6%에서 이명을 호소(Chung 등, 1984)하고, 소음성 난청으로 보상을 청구한 자 중 49.8%(Mcshane 등, 1988), 소음성 난청 장해 보상자 중 58%에서 이명을 호소하고, 19%에서는 이명이 주요 증상이다(Alberti, 1987). 이명에 대한 역학 연구 결과도 소음이 이명의 주요한 원인으로 보고하고 있으며, 연구자에 따라 대략 20~40%로 추정 보고하고 있다(Sulkowski 등, 1999). 일반적으로 군인에서 청력손실과 함께 이명을 많이 경험함을 보고하였으며(김헌 등, 1991; Ylikoski, 1994), 사격음 등의 강력한 소음에 의하여 난청 이외에도 전정기능의 장해도 유발될 수 있다고 보고하였다(Ylikoski 등, 1988; Ylikoski 와 Ylikoski, 1994). 군인은 일측 방향의 소음 노출 때문에 청력손실은 양이가 불균형하나, 이명은 대체로 양측성을 보인다. 급성 음향외상의 결과로 대부분 청력손실과 함께 이명을 동반하였으며, 6.2%만이 이명만을 호소하였다. 이명은 청력손실과 더불어 급성 음향외상의 중요한 증상으로서 보고하고 있다(Temmel 등, 1999). Ylikoski와 Ylikoski(1994)도 청력손실과 함께 이명을 거론하고 있는데, 32%에서 이명을 경험하고, 17%는 계속 이명이 있으며, 이명은 청력손실이 심한 자에서 특히 대부분 나타났다. 군인 집단에서 이명의 빈도와 지속성은 특히 경도 난청에서보다 중도, 심도 난청에서 더 비차비가 크게 나타났다(Collee 등, 2011).

이명은 심한 경우 청력장해를 유발하여 사람들과의 대화, 집중 곤란 등 일상생활에서도 많은 어려움을 초래할 수 있으며, 이와 동시에 정서적으로도 불편함을 겪을 가능성이 높다. 이러한 이명의 정신 심리적 영향으로는 흥분, 우울감, 성남, 긴장, 불안, 수면 장애, 인지기능 장애(cognitive function difficulties)와 같은 정서적인 변화가 있고(Hallberg 등, 1993), 이명의 괴로움은 집중력 장애, 청력 장애, 기억력 저하, 불안감, 수면 장애, 전반적인 정신적인 안녕의 면과 같은 지각적인 측면과 개인적인 정신 사회학적인 결과들에서 나타난다(Vesterager, 1997). 이명이 있는 사람들이 청력 장애와 같은 물리적 장애 외에도 정서적 불편함을 호소하고 있으며, 전체 이명 환자들 중 70% 이상이 우울증을 호소하고 있다고 보고하였다(Halford와 Anderson, 1991; Tyler와 Baker, 1983).

이 연구는 군 복무 시 충격소음으로 인해 이명이 발생하였다고 보고한 군 전역자를 대상으로 첫째로, 군 복무로 인한 이명 유소견자의 이명 특성, 이명 장애와 그로 인한 건강 영향을 살펴보고, 둘째로, 이명의 특성과 이명장애의 관계를 확인하고 이명장애에 영향을 미치는 요인을 살펴보고, 셋째로, 이명 장애와 우울증 간의 관련성과 우울증에 미치는 영향을 보고자 하였다.

2. 연구방법

가. 연구대상

2011년 6월부터 8월까지 군이명피해자연대의 회원(현재 4,307명)을 대상으로 홈페이지에 링크된 구조화된 설문지를 이용하여 자기 기입 방식에 의해 자료를 수집하였다. 이 중 388명이 설문에 응답하였고 설문완성도가 높은 295명을 최종 연구대상으로 하였다.

나. 연구방법

1) 설문조사

설문지는 연령·결혼·학력·음주·흡연 등의 사회 인구학적 특성과 이명의 기간·발생양상·지속시간·부위·이명소리 종류·이명 강도·이명 크기의 변화·이명 유발요인 등의 이명 특성, 수면 방해·불편감·직업전환·삶의 방식 변화·의학적 치료 등의 이명으로 인한 건강 영향과 그리고 과거 질병력(고혈압·동맥경화증·뇌졸중·폐기종/천식·류머티스질환·당뇨병·신장병·암)과 이과적 질환력(메니에르병·이경화증·유양돌기염·미로염·진주종), 난청(소음 환경하에서의 듣기의 어려움, 약한 소리·높은 음 및 다른 사람의 말을 알아듣기가 어려움)과 기타 이과적 증상 여부(어지러움증, 이통, 이충만감) 등의 증상·질병력을 조사하였다. 또 제조업·건설업·광업·운송업·소방 등의 소음 노출 직업력, 소음·스트레스·약물·머리/목의 부상 등의 유발요인에 의해 이명이 더 크게 악화되었는지 여부를 조사하였다.

군대에서 이명이 발생한 전역자들의 이명의 특성과 이명장애에 영향을 미치는 요인을 파악하고자 이용된 변수는 다음과 같이 정의 구분하였다. 흡연은 현재 흡연 여부, 음주는 안 마시는 군과 월 1회 이하군을 비음주군으로 월 2~3회 이상군을 음주군으로, 운동은 일주일 1회 미만을 비운동군, 일주일 1~3회 이상군을 운동군으로 구분하였다. 이명 유발 요인, 과거 질병력, 과거 이과적 질병력 및 기타 이과적 증상력은 각각 당해 요인의 하나라도 있는 경우와 하나도 있지 않은 경우로 구분하였다. 이명으로 인한 수면방해 정도는 '전혀 그렇지 않다/가끔 그렇다'와 '종종 그렇다/자주 그렇다'로, 불편도는 '불편하지 않다/약간/보통 불편하다'와 '심하게 불편하다'로, 이명 치료는 '치료받은 적 없음'군과 '약물치료와 입원치료'군으로 분류 구분하였다. 이명의 소리 크기는 10점 척도로 조사하여 1~4(경도 이명강도), 5~7(중도 이명강도), 8~10점(고도 이명강도)으로 구분하였다. 난청은 항상/거의 언제나 듣는데 어려움이 있는 군과 종종/간혹/전혀 그렇지 않은 군으로, 기타 이증상은 항상/대부분 있는 군과 가끔/거의 없거나/전혀 없는 군으로 구분하였다. 중회귀 로짓분석에서 연령은 만40세를 기준으로 저/고 연령군으로 구분하였다.

2) 이명장애지수(Tinnitus Handicap Inventory, THI)

이명으로 인한 사회적, 심리적 불편감을 평가하기 위하여 이명장애지수를 사용하였다. Newman(1996) 등이 개발하고 Newman(1998)에 의해 후속 연구로 타당성을 입증한 THI를 김지혜 등(2002)이 한국어로 번역한 이명장애지수는 이명으로 인한 불편감을 간편하게 평가하고 일상생활에서 이명의 영향을 넓게 평가할 수 있는 장점이 있다. 또한 이명으로 인한 불편함을 치료 전후로 측정함으로써 치료 효과를 평가할 수 있다.

이명장애지수는 5점 척도 형식의 25문항으로 구성되어 있으며, 각 문항은 "전혀 그렇지 않다"(0점), "거의 그렇지 않다"(1점), "종종 그렇다"(2점), "보통 그렇다"(3점), "항상 그렇다"(4점)로 표기하도록 하였다. 기능적 측면(functional subscale), 정서적 측면(emotional subscale), 재앙화의 측면(catastrophic subscale)의 하위영역으로 구성되어 있으며, 각 하위영역은 기능적 측면 11문항(0~44점), 정서적 측면 9문항(0~36점), 재앙화 측면 5문항(0~20점)이다. 전체 점수는 0~100점의 범위이며, 점수에 따라 단계 1(정상; 0~16), 2(경도; 18~36), 3(중도; 38~56), 4(고도; 58~76), 5(심도; 78~100)의 다섯 단계의 척도(<표 33>)로 구분되는 이명장애의 정도를 배경소음이 있는 상황에서도 인지될 수 있는 저(低) 이명장애군(단계 1~3군)을 기준으로 일상생활에도 지장을 받거나 모든 활동이 어려운 고(高) 이명장애군(단계 4~5군)을 비교하였다.

〈표 33〉 이명장애지수의 점수에 따른 척도

단계	점수범위	이명 정도
1(미도)	0~16점	조용한 환경에서만 이명이 들리는 정도
2(경도)	18~36점	환경음에 의해서 이명이 차폐되고 활동하고 있으면 쉽게 잊히는 정도
3(중도)	38~56점	이명이 일상생활에서 지속적으로 나타나고 있고 배경소음이 있는 상황에서도 인지될 수 있는 정도
4(고도)	58~76점	이명의 거의 항상 들리며, 잠자는 것을 방해하고 일상생활에도 지장을 받는 정도
5(심도)	78~100점	이명이 24시간 내내 들린다고 하며, 수면을 방해받고, 이명으로 인해 모든 활동이 어려운 경우

3) 우울증(Center for epidemiological studies-Depression scale, CES-D)

우울증은 우울상태를 평가하는 구조화된 설문지인 CES-D의 한국어판을 사용하였다(조맹제와 김계희, 1993). 설문 내용은 지난 1주일 동안 문항과 같은 상태가 얼마나 자주 있었는지를 체크하여, "거의 없었음"(1일 이하)은 0점, "때때로"(1~2일)는 1점, "자주"(3~4일)는 2점, "대부분"(5~7일)은 3점으로 계산하되 질문 5, 질문 10, 질문 15는 역으로 점수를 부여하여 전체 합을 구한다. 한국어판 CES-D를 활용한 우울증은 임상환자군에서 정신과 의사에 의한 DSM-Ⅲ-R 기준의 주요 우울증 진단을 표준기준으로 하여 Kappa치가 가장 높고, 예민도가 90% 이상이면서 특이도를 가장 적게 희생시키는 25점을 절단점으로 취하여 우울증 양성으로 판단하였다.

4) 분석방법

THI 점수에 의한 저/고 이명장애군에 따라 연구 대상자의 일반적 특성, 귀와 다른 신체 증상과 질병의 현병력 및 과거 병력, 이명 특성, 이명으로 인한 건강영향의 차이를 카이제곱 검정을 이용하여 확인하였다. 그리고 연구 대상자의 인구학적 특성으로 연령, 과거병력, 이과적 질환력 및 이과적 증상력과 통계적으로 유의한 이명 특성인 이명의 부위, 종류와 크기를 보정한 상태에서 배경소음이 있는 상황에서도 인지될 수 있는 저 이명장애군(중도 이명장애 이하군)을 기준으로 일상생활에도 지장을 받거나 모든 활동이 어려운 고 이명장애군(고도 이명장애 이상군)에 미치는 영향을 보기 위하여 중회귀 로짓분석을 실시하였다.

그리고 CES-D 점수에 의한 우울증의 유무에 따라 연구 대상자의 일반적 특성, 이명 특성, 이명으로 인한 건강영향, 이명장애지수에 따른 이명장애 정도의 차이를 카이제곱 검정을 이용하여 확인하였다.

연구 대상자의 사회 인구학적 변인과 우울증의 혼란변수로서 연령, 결혼, 학력, 과거병력과 우울증과 관련하여 유의한 과거 이과적 질병력, 난청, 이명 크기를 보정한 상태에서 배경소음이 있는 상황에서도 인지될 수 있는 저 이명장애군(중도 이명장애 이하군)을 기준으로 일상생활에도 지장을 받거나 모든 활동이 어려운 고 이명장애군(고도 이명장애 이상군)의 우울증과의 관련성을 보기 위하여 중회귀 로짓분석을 실시하였다.

신뢰수준은 95%, 통계적 유의수준은 0.05로 하였다. 통계 분석은 Version 18.0 SPSS 통계 프로그램(SPSS Inc., USA)을 이용하였다.

3. 연구결과

가. 이명장애

일상생활에도 지장을 받거나 모든 활동이 어려운 고 이명장애군(단계 4~5군)은 226명(77.6%)이었다. 군에서 이명이 발생하였다고 호소하는 군 전역자들의 인구사회학적 요인과 이명장애와의 관련을 살펴본 결과 이명장애지수에 따른 저/고 이명장애군에 따른 연령, 결혼, 학력, 흡연, 음주, 운동, 직업 소음 노출은 통계적으로 유의한 차이를 보이지 않았다(<표 34>).

군 전역 이명자의 과거 질병력과 이과적 질환력, 난청과 기타 이과적 증상을 보면, 과거 질병력을 갖는 자는 52명(17.6%), 이과적 질병력을 갖는 자는 24명(8.1%), 난청(1. 소음 환경하에서의 듣기의 어려움, 2. 약한 소리 듣기의 어려움, 3. 높은 음 듣기의 어려움, 4. 다른 사람의 말을 알아듣기 어려움)은 각각 229명(77.6%), 216명(73.2%), 164명(55.6%), 125명(42.4%), 기타 이과적 증상은 어지러움증 31명(10.5%), 이통 43명(14.6%), 이충만감 60명(20.3%)이었다. 난청 유형 중 다른 사람의 말을 알아듣기 어려운 회화음에 대한 난청에서 비난청군은 170명(57.6%), 이 중 110명(64.7%)이 고 이명장애군인 반면, 난청군은 125명(42.4%)으로 이 중 116명(92.8%)이 고 이명장애군에 포함되었다. 과거 질병력과 이과적 질병력은 저/고 이명장애군에 따른 유의한 차이를 보여주지 않았지만, 난청(소음 환경하에서의 듣기의 어려움, 약한 소리·높은 음 및 다른 사람의 말을 알아듣기가 어려움)과 기타 이과적 증상(어지러움증, 이통, 이충만감)은 저/고 이명장애군에 따라 통계적으로 유의한 차이를 보이

<表 34> 연구 대상자의 일반적 특성에 따른 이명 장애

| 변수 | 구분 | 수(%) | 이명 장애 | | p-value |
			저 수(%)	고 수(%)	
연령	≤29	70(23.7)	17(24.3)	53(75.7)	0.232
	30~39	118(40.0)	33(28.0)	85(72.0)	
	40~49	67(22.7)	14(20.9)	53(79.1)	
	≥50	40(13.6)	5(12.5)	35(87.5)	
결혼	미혼	129(43.7)	31(24.0)	98(76.0)	0.890
	기혼	166(56.3)	38(22.9)	128(77.1)	
학력	고졸 이하	73(24.7)	13(17.8)	60(82.2)	0.207
	대졸 이상	222(75.3)	56(25.2)	166(74.8)	
흡연	아니오	210(71.7)	53(25.2)	157(74.8)	0.359
	예	83(28.3)	16(19.3)	67(80.7)	
음주	아니오	114(38.6)	20(17.5)	94(82.5)	0.067
	예	181(61.4)	49(27.1)	132(72.9)	
운동	아니오	169(57.7)	39(23.1)	130(76.9)	0.889
	예	124(42.3)	30(24.2)	94(75.8)	
직업 소음 노출	아니오	188(63.7)	41(21.8)	147(78.2)	0.395
	예	107(36.3)	28(26.2)	79(73.8)	

고 있었다. 즉, 난청군과 이과적 증상군에서 높은 고 이명장애를 보였다(<표 35>).

이명기간은 5년 미만 55명(18.6%), 5~9년 58명(19.7%), 10~19년 106명(35.9%), 20년 이상 76명(25.8%)으로 전역 후 오랜 기간 동안 이명이 지속되고 있으며, 이명의 발생 양상은 조사 대상의 약 3/4 정도인 208명(70.5%)이 갑자기 발생하였다. 이명 지속시간은 거의 대부분인 275명(93.2%)이 항상 이명이 들린다고 하였으며, 이명 부위로 양측 귀에서 이명을 느끼는 자는 179명(60.7%)이었다. 이명 소리의 종류가 한 가지인 자는 163명(55.8%), 두 가지 이상인 자는 129명(44.2%)로 비슷한 분포를 보였다. 주관적으로 느끼는 이명 크기는 중등도와 고도 이명강도로 느끼는 응답자가 각각 133명(45.5%), 이명의 크기 변화는 이명이 처음 들리기 시작한 후보다 더 커진 경우가 122명(41.4%), 소음·스트레스·약물·머리/

<표 35> 연구 대상자의 이과적 질환과 증상력에 따른 이명 장애

| 변수 | 구분 | 수(%) | 이명 장애 | | p-value |
			저 수(%)	고 수(%)	
과거 질병력[a]	아니오	243(82.4)	58(23.9)	185(76.1)	0.857
	예	52(17.6)	11(21.2)	41(78.8)	
이과적 질병력[b]	아니오	271(91.9)	66(24.4)	205(75.6)	0.220
	예	24(8.1)	3(12.5)	21(87.5)	
난청[1]	아니오	66(22.4)	29(43.9)	37(56.1)	<.001
	예	229(77.6)	40(17.5)	189(82.5)	
난청[2]	아니오	79(26.8)	38(48.1)	41(51.9)	<.001
	예	216(73.2)	31(14.4)	185(85.6)	
난청[3]	아니오	131(44.4)	49(37.4)	82(62.6)	<.001
	예	164(55.6)	20(12.2)	144(87.8)	
난청[4]	아니오	170(57.6)	60(35.3)	110(64.7)	<.001
	예	125(42.4)	9(7.2)	116(92.8)	
어지러움증	아니오	264(89.5)	67(25.4)	197(74.6)	0.023
	예	31(10.5)	2(6.5)	29(93.5)	
이통	아니오	252(85.4)	67(26.6)	185(73.4)	0.001
	예	43(14.6)	2(4.7)	41(95.3)	
이충만감	아니오	235(79.7)	65(27.7)	170(72.3)	<0.001
	예	60(20.3)	4(6.7)	56(93.3)	

a; 고혈압, 동맥경화증, 뇌졸중, 폐기종/천식, 류머티스 질환, 당뇨병, 신장질환, 암
b; 메니에르병, 이경화증, 유양돌기염, 미로염, 진주종
1; 소음 환경하에서의 듣기의 어려움, 2; 약한 소리 듣기의 어려움, 3; 높은 음 듣기의 어려움, 4; 다른 사람 말을 알아듣기가 어려움

목의 부상 등의 유발요인에 의해 이명이 더 크게 악화되는 경우가 269명(91.2%)으로 거의 대부분이 다른 요인에 의해 이명 소리가 더 커짐을 알 수 있다. 이명의 특성으로 이명 기간, 발생 양상, 지속 시간, 크기 변화, 이명의 악화 유발요인 등은 저/고 이명장애군 간의 유의한 차이를 보이지 않았지만 이명 부위, 이명 소리의 종류, 이명의 크기는 저/고 이명 장애군 간에 통계적으로 유의한 차이를 보였다. 즉, 이명의 부위가 양측 귀이며, 이명의 소리 종류가 2가지 이상이고, 이명의 소리 크기가 큰 경우 높은 고 이명장애를 보였다 (<표 36>).

<표 36> 연구 대상자의 이명 특성에 따른 이명 장애

변수	구분	수(%)	이명 장애		p-value
			저 수(%)	고 수(%)	
이명 기간 (년)	≤4	55(18.6)	15(27.3)	40(72.7)	0.096
	5~9	58(19.7)	14(24.1)	44(75.9)	
	10~19	106(35.9)	30(28.3)	76(71.7)	
	≥20	76(25.8)	10(13.2)	66(86.8)	
이명 발생 양상	갑자기	208(70.5)	43(20.7)	165(79.3)	0.098
	서서히	87(29.5)	26(29.9)	61(70.1)	
이명의 지속성	수시간~수일	20(6.8)	7(35.0)	13(65.0)	0.271
	계속	275(93.2)	62(22.5)	213(77.5)	
이명 부위	일측	116(39.3)	35(30.2)	81(69.8)	0.034
	양측	179(60.7)	34(19.0)	145(81.0)	
이명 소리의 종류	1	163(55.8)	52(31.9)	111(68.1)	<0.001
	≥2	129(44.2)	16(12.4)	113(87.6)	
이명 크기	경도(1~4)	26(8.9)	13(50.0)	13(50.0)	<0.001
	중등도(5~7)	133(45.5)	45(33.8)	88(66.2)	
	고도(8~10)	133(45.5)	11(8.3)	122(91.7)	
이명의 크기 변화	변화 없음	173(58.6)	46(26.6)	127(73.4)	0.127
	이명 크기가 커짐	122(41.4)	23(18.9)	99(81.1)	
유발요인에 의한 이명 악화*	아니오	26(8.8)	4(15.4)	22(84.6)	0.466
	예	269(91.2)	65(24.2)	204(75.8)	

*; 유발요인: 소음, 스트레스, 약물, 머리/목의 부상

이명으로 인해 144명(49.0%)이 수면에 방해를 받고 있으며, 일상생활에서 심하게 불편하다고 느끼는 자는 171명(58.0%), 이명으로 직업 전환한 자는 90명(30.6%), 이명으로 인해 삶의 방식 변화를 느끼는 자는 209명(71.1%), 의학적 치료를 받은 자는 223명(75.6%)이었다. 이명으로 인해 수면방해, 일상생활에서 불편함, 삶의 방식 변화, 직업 전환, 의학적 치료 여부에 따라 저/고 이명장애군 간의 통계적으로 유의한 차이를 보였다. 즉, 고 이명장애군이 이명으로 인한 건강영향(수면 방해·불편감·직업전환·삶의 방식 변화·의학적 치료)을 더 호소하고 있었다(<표 37>).

<표 37> 연구 대상자의 이명의 건강영향에 따른 이명 장애

| 변수 | 구분 | 수(%) | 이명 장애 | | p-value |
			저 수(%)	고 수(%)	
수면방해	아니오	150(51.0)	57(38.0)	93(62.0)	<0.001
	예	144(49.0)	12(8.3)	132(91.7)	
일상생활의 불편도	경중도 이하	124(42.0)	60(48.4)	64(51.6)	<0.001
	심도	171(58.0)	9(5.3)	162(94.7)	
직업전환	아니오	204(69.4)	59(28.9)	145(71.1)	0.001
	예	90(30.6)	10(11.1)	80(88.9)	
삶의 방식 변화	아니오	85(28.9)	47(55.3)	38(44.7)	<0.001
	예	209(71.1)	22(10.5)	187(89.5)	
이명의 치료	아니오	72(24.4)	29(40.3)	43(59.7)	<0.001
	예	223(75.6)	40(17.9)	183(82.1)	

또한 대상자의 인구학적 특성인 연령과 난청, 과거병력, 이과적 질병력, 이과적 증상력과 유의한 이명 특성인 이명의 부위, 이명 소리의 종류와 이명의 크기에 따른 저 이명장애를 기준으로 고 이명장애의 위험을 비차비(odds ratio, OR)로 구한 결과 난청(OR, 7.030; 95% CI, 3.329-14.847), 이과적 증상력(OR, 5.010; 95% CI, 2.073-12.109)과 이명의 부위(OR, 1.843; 95% CI, 1.069-3.177), 이명의 소리 종류(OR, 3.309; 95% CI, 1.782-6.141), 이명의 크기는 경도의 이명강도에 비해 고도 이명강도가 11.091(95% CI, 4.139-29.722)로 통계적으로 유의한 비차비를 보였다. 이와 같은 변수를 보정한 상태에서 저 이명장애를 기준으로 고 이명장애에 영향을 미치는 요인을 확인한 결과, 난청을 동반한 경우 고 이명장애의 비차비는 4.186(95% CI, 1.867-9.382), 기타 이과적 증상군의 고 이명장애의 비차비는 3.309(95% CI, 1.261-8.682), 이명의 크기는 경도 이명강도에 비해 고도 이명강도를 보이는 경우 고 이명장애가 6.774(95% CI, 2.283-20.098)의 높은 비차비를 보였다(<표 38>).

<표 38> 이명 장애에 영향을 미치는 요인

변수	Crude			Adjusted*		
	OR	95% CI	p-value	OR	95% CI	p-value
난청						
아니오	1.000			1.000		
예	7.030	3.329-14.847	<0.001	4.186	1.867-9.382	<0.001
이명 부위						
일측	1.000			1.000		
양측	1.843	1.069-3.177	0.028	1.294	0.681-2.458	0.559
이명 소리 종류						
1	1.000			1.000		
≥2	3.309	1.782-6.141	<0.001	1.876	0.929-3.787	0.079
이명의 크기						
경도(1~4)	1.000			1.000		
중등도(5~7)	1.956	0.837-4.569	0.121	1.814	0.712-4.620	0.212
고도(8~10)	11.091	4.139-29.722	<0.001	6.774	2.283-20.098	0.001
이과적 질병력[1]						
아니오	1.000			1.000		
예	2.254	0.651-7.796	0.199	0.727	0.183-2.895	0.727
기타 이과적 증상[2]						
아니오	1.000			1.000		
예	5.010	2.073-12.109	<0.001	3.309	1.261-8.682	0.015
연령(세)						
<40	1.000			1.000		
≥40	1.678	0.928-3.033	0.087	1.383	0.692-2.763	0.359

OR; odds ratio, CI; confidence interval
*; 난청, 이명 부위, 이명 소리의 종류, 이명 크기, 과거 질병력, 이과적 질병력, 이과적 증상, 연령을 보정함
[1]; 메니에르병, 이경화증, 유양돌기염, 미로염, 진주종
[2]; 어지러움증, 이통, 이충만감

나. 우울증

전역자 중 군 복무로 인한 이명 유소견자인 연구대상자 295명의 CES-D 점수에 의한 우울증 유병률은 35.6%이었다. 연령은 30대, 20대, 40대, 50대의 순이었으며, 과반 이상이 기혼자(166명, 56.3%)로, 학력은 73명(24.7%)만이 고졸 이하의 학력을 가지고 있었다. 52명(17.6%)이 과거 질병력을 가지고 있었으며, 24명(8.1%)에서 이과적 질병력을 가지고 있었다. 소음 노출 직업력은 107명(36.3%)이 가지고 있었다. 연령, 결혼 여부, 학력, 소음 노출

직업력, 과거 질병력은 우울증 여부와 관련이 없었으나 이과적 질병력은 우울증과 통계적으로 유의한 차이를 보였다. 이과적 질병력을 가지고 있는 군에서 우울증군의 비율이 높게 나타났다(<표 39>).

<표 39> 연구 대상자의 일반적 특성에 따른 우울증

변수	구분	수(%)	우울증 - 수(%)	우울증 + 수(%)	p-value
연령	≤29	70(23.7)	38(54.3)	32(45.7)	0.139
	30~39	118(40.0)	83(70.3)	35(29.7)	
	40~49	67(22.7)	45(67.2)	22(32.8)	
	≥50	40(13.6)	24(60.0)	16(40.0)	
결혼	미혼	129(43.7)	77(59.7)	52(40.3)	0.136
	기혼	166(56.3)	113(68.1)	53(31.9)	
학력	고졸 이하	73(24.7)	42(57.5)	31(42.5)	0.157
	대졸 이상	222(75.2)	148(66.7)	74(33.3)	
과거 질병력[a]	아니오	243(82.4)	161(66.3)	82(33.7)	0.152
	예	52(17.6)	29(55.8)	23(44.2)	
이과적 질병력[b]	아니오	271(91.9)	179(66.1)	92(33.9)	0.047
	예	24(8.1)	11(45.8)	13(54.2)	
직업 소음 노출	아니오	188(63.7)	117(62.2)	71(37.8)	0.315
	예	107(36.3)	73(68.2)	34(31.8)	

a; 고혈압, 동맥경화증, 뇌졸중, 폐기종/천식, 류머티스 질환, 당뇨병, 신장질환, 암
b; 메니에르병, 이경화증, 유양돌기염, 미로염, 진주종

이명이 군 복무 중 갑자기 발생한 경우가 208명(70.5%), 이명이 항상 들린다고 대답한 경우가 275명(93.2%), 난청이 동반된 경우가 125명(43.1%), 이명의 소리 크기가 10점 척도에서 6점 이상의 이명 크기를 보이는 경우가 225명(77.1%)이었다. 난청의 동반과 이명의 크기를 제외하고 이명 기간, 이명 양상, 이명의 지속시간 및 이명 악화 유발요인 등 이명의 특성은 우울증과 관련이 없었다. 난청을 동반한 경우와 이명의 크기가 클수록 우울증군의 비율이 유의하게 높게 나타났다(<표 40>).

〈표 40〉 연구 대상자의 이명 특성에 따른 우울증

변수	구분	수(%)	우울증		p-value
			- 수(%)	+ 수(%)	
이명 기간 (년)	≤4	55(18.6)	29(52.7)	26(47.3)	0.128
	5~9	58(19.7)	43(74.1)	15(25.9)	
	10~19	106(35.9)	69(65.1)	37(34.9)	
	≥20	76(25.8)	49(64.5)	27(35.5)	
이명 발생 양상	갑자기	208(70.5)	128(61.5)	80(38.5)	0.112
	서서히	87(29.5)	62(71.3)	25(28.7)	
이명의 지속성	수시간~수일	20(6.8)	13(65.0)	7(35.0)	0.954
	계속	275(93.2)	177(64.4)	98(35.6)	
난청	아니오	165(56.9)	125(75.8)	40(24.2)	<0.001
	예	125(43.1)	62(49.6)	63(50.4)	
이명 유발요인*	아니오	26(8.8)	19(73.1)	7(26.9)	0.334
	예	269(91.2)	171(63.6)	98(36.4)	
이명 크기	저(1~5)	67(22.9)	57(85.1)	10(14.9)	<0.001
	고(6~10)	225(77.1)	131(58.2)	94(41.8)	

*; 유발요인: 소음, 스트레스, 약물, 머리/목의 부상

이명으로 인한 건강영향으로서 수면방해는 144명(49.0%), 일상생활의 불편 정도가 심한 경우가 171명(58.0%), 작업전환이 90명(30.6%), 삶의 방식의 변화가 209명(71.1%), 의학적 치료가 223명(75.6%)으로 치료를 제외한 수면방해, 삶의 불편도, 작업전환, 삶의 방식 변화가 우울증과 통계적으로 유의한 차이를 보였다. 우울증군에서 수면방해, 일상생활에서의 불편도, 작업전환, 삶의 방식 변화 비율이 더 높게 나타났다(<표 41>).

〈표 41〉 연구 대상자의 이명의 건강영향에 따른 우울증

변수	구분	수(%)	우울증		p-value
			- 수(%)	+ 수(%)	
수면 방해	아니오	150(51.0)	113(75.3)	37(24.7)	<0.001
	예	144(49.0)	76(52.8)	68(47.2)	
일상생활의 불편도	경중도 이하	124(42.0)	100(80.6)	24(19.4)	<0.001
	심도	171(58.0)	90(52.6)	81(47.4)	
직업전환	아니오	204(69.4)	147(72.1)	57(27.9)	<0.001
	예	90(30.6)	43(47.8)	47(52.2)	
삶의 방식 변화	아니오	85(28.9)	73(85.9)	12(14.1)	<0.001
	예	209(71.1)	117(56.0)	92(44.0)	
이명의 치료	아니오	72(24.4)	52(72.2)	20(27.8)	0.111
	예	223(75.6)	138(61.9)	85(38.1)	

이명장애지수는 우울증의 척도와 유의한 상관관계를 보였다(<그림 29>).

이명장애지수로 평가 시에 정상(0~16) 이명장애가 1명(0.3%), 경도(18~36) 이명장애가 9명(3.1%), 중도(38~56) 이명장애가 59명(32.2%), 고도(58~76) 이명장애가 95명(32.2%), 심도(78~100) 이명장애가 131명(44.4%)이었다. 이명이 거의 항상 들리며, 잠자는 것을 방해하고 일상생활에도 지장을 받는 고도 이상의 이명장애가 226명(76.6%)을 차지하였다. 이명의 장애 정도가 높을수록 우울증의 비율은 통계적으로 유의하게 높게 나타났다(<표 42>).

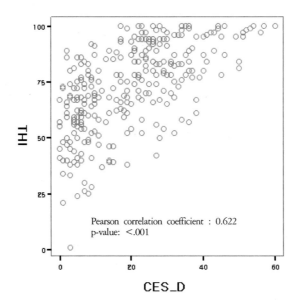

Pearson correlation coefficient : 0.622
p-value: <.001

〈그림 29〉 이명장애지수와 우울증 척도의 관련성

〈표 42〉 연구 대상자의 이명장애에 따른 우울증

| 변수 | 구분 | 수(%) | 우울증 | | p-value |
			- 수(%)	+ 수(%)	
THI score	미도(0~16)	1(0.3)	1(100.0)	0(0.0)	<0.001
	경도(18~36)	9(3.1)	9(100.0)	0(0.0)	
	중도(38~56)	59(20.0)	53(89.8)	6(10.2)	
	고도(58~76)	95(32.2)	78(82.1)	17(17.9)	
	심도(78~100)	131(44.4)	49(37.4)	82(62.6)	
이명장애	저(0~56)	69(23.4)	63(91.3)	6(8.7)	<0.001
	고(58~100)	226(76.6)	127(56.2)	99(43.8)	

조사 대상자의 사회 인구학적 변인과 우울증의 혼란변수로서 연령, 결혼, 학력, 과거병력과 우울증과 관련하여 유의한 과거 이과적 질병력, 난청, 이명 크기 및 이명장애에 따른 우울증과의 관련성을 보기 위한 중회귀 로짓분석한 결과 난청군은 비난청군에 비해 2.393배(95% CI, 1.360-4.211), 저 이명 강도에 비해 고 이명강도는 2.508배(95% CI, 1.135-5.539), 배경소음이 있는 상황에서도 인지될 수 있는 저 이명장애군(중도 이명장애 이하군)에 비해 일상생활에도 지장을 받거나 모든 활동이 어려운 고 이명장애군(고도 이명장애 이상군)은 5.038배(95% CI, 1.984-12.793)의 우울증의 위험을 보였다(<표 43>).

〈표 43〉 다중로지스틱 회귀분석에 의한 이명자의 우울증에 영향을 미치는 요인

	Adjusted OR	95% CI	P-value
난청(예/아니오)	2.393	1.360-4.211	0.002
이명의 크기(고/저)	2.508	1.135-5.539	0.023
이명장애(고/저)	5.038	1.984-12.793	0.001

OR; odds ratio, CI; confidence interval
*; 연령, 결혼, 학력, 직업, 과거 질병력, 이과적 질병력을 보정함

4. 고찰 및 결론

이명은 외부의 음원으로부터의 자극 없이 소리를 느끼는 상태, 혹은 신체 내부에서 들리는 원하지 않는 청각적 자극으로 이명은 난청, 현기증과 더불어 중요한 청각 증상의 하나이다. 산업의 발달로 인한 소음 증가, 노령화 추세, 복잡한 생활과 약물남용 등 이명의 유발인자는 증가하는 추세에 있다.

하지만 이명의 원인에 대해서는 정립된 학설과 객관적인 검사 방법, 그리고 치료법이 없는 상황이다. 이명의 발생과 관련한 신경생리학적 모델에 근거하면, 이명의 발생에 와우 유모세포의 손상과 관련한 병적 상황 외에 뇌간 및 대뇌 청각 중추를 포함한 청신경로와 근처에 연접하여 감정적 연관을 짓는 시상 변연부 및 신체반응을 담당하는 자율 신경계, 특히 교감신경계가 이명의 인식 및 이명으로 인한 괴로움을 환자들이 느끼는 데 중요한 역할을 한나고 보고하였다(박시내 등, 2007).

군 복무자는 충격 소음에 상시 노출되어 동일 연령의 일반 인구집단에 비해 높은 청력역치를 보인다. 군 경력과 관련한 청력손실의 특성은 음향외상성 난청, 초기의 고음역(특히 6~8kHz)의 청력손실, 좌우 청력의 불일치, 외우외 중추청신경로에 영향을 미친 감각

신경성 난청, 평균 청력역치 평가에 따르면 초기의 경도 난청을 보이고, 이명을 동반하는 경우가 많으며, 군 병과와 밀접하게 관련이 있다(김규상과 정호근, 2003).

Temmel 등(1999)은 군인은 일측 방향의 소음 노출 때문에 급성 음향 외상의 결과로 이명을 동반하여, 이명을 청력손실과 더불어 급성 음향외상의 중요한 증상으로 보고하였다.

이명을 호소하는 군 전역자들의 대부분은 군 복무 중 충격 소음에 노출되어 갑자기 이명이 발생하였으며, 난청을 동반한 경우가 대부분이었다. 김규상과 정호근(2002)의 연구에서 이명군이 유의하게 높은 청력역치를 보였으며, 청력손실자의 비율과 중증도의 정도가 비이명자에 비해 통계적으로 유의하게 심하였다. 또한 이명 발생에 과거 이질환 병력, 현 직종의 소음 노출과 과거 군 복무 중 강력한 충격소음의 노출이 유의하게 영향을 미치는 요인으로 나타났다.

가. 이명장애 정도

이 연구에서는 이명이 있는 군 전역자들의 이명의 발생 경로와 특성을 알아보고, 이명장애에 영향을 주는 요인에 대해서 살펴보았다.

사회 인구학적 요인인 연령, 결혼, 학력, 흡연, 음주, 운동, 직업 소음 노출은 저/고 이명장애군 간에 유의한 차이를 보이지 않았다. 어지러움증, 이통, 이충만감과 같은 이과적 증상력이 있는 경우와 난청이 있는 경우, 과거 이과적 질병력이 있는 경우는 이명장애군 간에 유의한 차이가 있는 것으로 확인되었다. 이명은 많은 이과적 질환 즉 중이염, 이경화증, 메니에르병, 미로염 등 다양한 병리 기전을 통해 나타난다. 이과적 질병력으로 인해 이명이 발생하였는지 군 소음 노출로 인한 이과적 질병이 병발하였는지 의학적 근거를 확인하기는 어렵지만 이과적 질병력은 이명장애에 영향을 준다는 것을 확인할 수 있었다. 또한 이명의 동반 증상은 Reed(1960)에 의하면 자각적 동반 증상으로 난청이 가장 많은 것으로 보고되어 있으며, 박철원 등(1997)은 난청이 36%로 가장 많고, 두통(16%), 무증상(15%), 어지러움증(11%), 불면증(9%)을 보고하였다.

이 연구에서는 이명으로 인해 144명(51.2%)이 수면 방해를 받고 있으며, 성인 이명 경험자 중 5%가 수면장애를 호소한다는 Hazell(1987)의 보고와 비교했을 때, 일반 성인 이명 경험자에 비해 군에서 충격 소음에 노출되어 발생한 이명 집단에서는 더 심한 수면장애 호소율을 보이고 있다. 이는 김규상과 정호근(2002)에서 소음 노출 작업자의 수면 장애 호소율 증가와 일치한다. 분석 결과에 의하면 소음에 노출되었을 때 이명의 크기가 증가하였는데, 김규상과 정호근(2002)은 전역 후 소음 노출 직종에 종사할 때 이명에 영향을 줄 수 있는 인자 중 현 직업에서의 소음 노출 여부에 따라 영향을 받을 수 있다고 보고한 것과 일치하였다.

군대에서 이명이 발생하고 전역 후 사회생활을 함에 있어서 일상생활이 심하게 불편한 경우가 171명(58.0%), 삶의 방식이 바뀐 자가 209명(71.1%), 직업을 바꿀 정도로 이명으로 인해 직업을 바꾼 경우는 90명(30.6%)에 이르고 있다. 이명은 이처럼의 삶의 질에 영향을 미치고 불안, 우울 등 정신과적 질환으로 발전하기도 한다. 우울증이 발생할 경우, 우종민 등(2009)의 우울증에 걸린 노동자는 건강한 노동자보다 2배나 많은 결근율을 보이고, 7배나 많은 생산성 손실을 보인다는 보고처럼 생산성의 손실을 가지고 올 수 있다. 따라서 우울증의 원인이 되는 군대에서 복무 중 발생한 이명에 대해 사회적인 접근과 해결 방안이 필요하다.

이명장애에 영향을 미치는 요인에 대해 회귀 로짓분석 결과 변수를 보정하지 않은 경우 난청, 이명의 부위와 소리의 종류 및 이명의 크기, 이과적 증상력에 따라 이명장애에 영향을 준다는 것을 확인할 수 있었다. 각 특성을 보정한 결과 난청 동반 여부, 이명의 크기가 이명장애에 영향을 미치는 것을 확인하였다. Dias와 Cordeiro(2008)은 청력 손실이 심한 경우 이명으로 인한 불편함이 크다고 하였고, Pinto 등(2010)은 이명장애지수로 조사한 결과 청력 손실은 이명의 불편함에 영향을 주지 않는다고 보고하였다. 하지만 본 연구 결과 다른 사람이 말하는 것을 듣기 어려운 난청이 있는 경우 배경소음이 있는 상황에서도 인지될 수 있는 저 이명장애군에 비해 일상생활에도 지장을 받거나 모든 활동이 어려운 고 이명장애군의 발생 위험이 유의하게 증가함을 확인하였다. 이는 류소진과 방정화(2011)의 청력 역치의 평균과 이명장애지수의 관계가 유의미하지 않다는 것과 다른 결과를 보여주었다. 본 연구에서는 청력 역치에 대한 객관적 부분이 미비되어 있기 때문에 정확한 비교가 불가능하지만, 일상생활에서 난청을 호소하는 경우 이명장애지수도 증가함을 알 수 있다. 이에 따라 주관적 요소와 객관적 요소를 고려한 추후 연구를 통해 다시 논의해야 될 것으로 본다.

이명의 크기와 관련해서는 이명장애지수에 영향을 미치는 요인 중 이명 크기가 설명력이 낮지만 상관성이 있다고 보고하고 있으며, 이명의 크기에 따라 이명장애지수는 증가하시만, 이는 소수의 경우에만 해당되는 것으로 밝히고 있다(류소진, 2011). Kuk 등(1990)은 이명의 주관적인 강도와 불편함에 대해 상관관계가 있다고 보고하였다. 이 연구 결과에 의하면 이명 소리의 크기는 이명장애지수와 유의한 상관관계를 보이며 또한 이명장애에 유의한 영향을 미치는 주요 변수이지만, 소리의 크기라는 항목이 주관적인 기준으로 결정되기 때문에 개인별로 느끼는 소리의 민감도에 따라 결과가 다를 수 있는 것으로 판단된다.

이명을 호소하는 부위를 보면, 양측 귀가 우세하고, 한쪽 귀의 경우에서는 좌측 귀가 우측 귀에 비해 이명의 빈도가 더 높게 나타났다. 이명을 호소하는 응답자들의 경우 상대적으로 좌측 귀의 응답률이 높은 것은 Keim(1970)이 보고한 오른손잡이의 개인화기 사격 시 소음원으로부터 좌측 귀가 가깝기 때문에 좌측 귀에 영향이 많이 받는다는 것을 확인해주었다. 또한 군인의 음향외상은 일측 방향의 소음 노출 때문에 청력손실은 양이가 불균형하나, 이명은 대체로 양측성을 보인다는 보고와 일치한다. 이명의 부위와 이명장애와의 관계를 보면, 한쪽으로 이명을 느끼는 35명(30.2%)이 저 이명장애군에 포함된 반면에 양쪽으로 이명을 느끼는 145명(81.0%)이 고 이명 장애군에 포함되어 양측 귀에서 이명이 발생하면 저 이명장애에 비해 고 이명장애의 비차비가 약 1.843배이었다. 그러나 여러 변수를 보정하여 본 결과에서는 1.294배로 통계적으로 유의하지 않았다. 이는 류소진과 방정화(2011)의 편측일 때의 이명장애지수가 더 크게 나타난 것과는 다른 결과이나, 이명의 위치보다는 이명의 크기와 난청 동반 여부가 이명장애에 유의하게 영향을 미치는 주요 요인임을 알 수 있다. 충격 소음으로 인한 청력 손실에 대한 연구는 그동안 연구가 되었지만 이명에 초점을 맞추어 진행된 연구는 미흡하였으며, 충격 소음으로 인한 이명의 방향성을 파악하기 위해서는 추후 연구가 필요할 것으로 판단된다.

이 연구에서 군 복무 시 발생한 이명의 특성과 이명장애와의 관계, 그리고 이명장애에 영향을 미치는 요인에 대해 분석하였다. 연구 결과 이명으로 인해 전역 후 일상에서 많은 불편감을 느끼고 직업을 전환하고 삶의 방식을 변화시킬 만큼 영향을 미치고 있으며, 이러한 일상생활에도 지장을 받거나 모든 활동이 어려운 고 이명장애의 발생에 다른 사람의 말을 알아듣기가 어려운 난청과 고도 이명강도가 주요 영향을 미치는 요인임을 확인하였다. 군에서 발생한 이명으로 인한 영향은 전역 후 사회생활에서도 영향을 줄 수 있는 것으로 확인되므로 이에 따른 조치가 필요하다. 그러나 이명장애의 평가와 이명으로 인한 건강영향에 대한 치료 및 장애 보상 제도를 외국과 비교함에 있어서 미흡하다.

전역 군인의 이명 평가에서는 호주의 경우 의사가 참여한 이명 유무 구술 심리와 설문으로 된 삶의 질 평가를 통해 5단계의 장애율로 판단하며, 미국의 경우에는 청능사

(Audiologist)가 워크시트에 명시된 절차에 따라 이명 유무 구술 심리를 실시하여 이명에 관한 진술 여부와 현재의 이명여부, 발병일자와 환경, 발병 후 생활 환경 등 관련 진술을 통해 판정한다. 우리나라의 경우 3회 이상의 이명도 검사(Tinnitogram)에서 일관성 있는 결과가 산출되고, 하나 이상의 귀에서 50dB의 기도청력 손실(난청)을 동반하여야 청각장애 7급으로 보상받을 수 있다.

군 충격 소음에 노출되어 난청과 이명이 발생한 경우 국가적인 차원에서 근본적인 대책이 이루어져야 하며, 합리적인 보상 체계를 위해서 난청을 동반한 이명으로서의 접근이 아니라 이명으로 인한 불편함을 호소하는 삶의 질에 대한 부분도 고려되어야 한다. 이를 위해서는 체계적이고 현실적인 소음 방지 대책과 적정한 요양 및 장애보상 기준이 마련되어야 할 것이다.

나. 우울증

이 연구에서는 군 복무로 인한 이명자의 이명 특성과 건강 영향, 이명장애 정도와 우울증과의 관련성을 살펴보았다.

결과 표로 제시하지 않았지만 이명 발생 시 다양한 화기에 노출되었지만 소총 277명 (93.9%), 기관총 132명(44.7%), 대포(박격포, 함정포 등) 101명(34.2%), 폭파 70명(23.7%), 무반동총 67명(22.7%), 비행기/헬리콥터 65명(22.0%), 탱크 등 중장비 58명(19.7%)으로 중복 응답하였으며 다만 5명(1.7%)만이 군 복무 중 특정 소음원 노출이 없었다. 그리고 발생 시점의 계급은 일반 사병 197명(67.5%)로 대다수를 차지하였으며, 그 외 훈련병 44명(14.9%), 하사관 24명(8.1%), 장교 19명(6.4%), 방위병 5명(1.7%), 예비군 3명(1.0%)의 분포를 보였다. 군에서의 난청과 더불어 이명 또한 충격음에 의해 급성적으로 발생할 뿐만 아니라 누적 노출에 의해 점차적으로 나타날 수 있어 이명의 원인으로서 소음을 특정하기 어려우며, 군의 계급이나 특정 시점에서 발생은 해당 집단의 규모에 따라 발생률을 추정할 수 있을 것이다.

난청은 연령(노화), 소음, 귀 질환, 두부손상, 유전적 요인, 약물 등 여러 원인에 의해 발생한다. 그리고 논란이 있지만 고혈압, 동맥경화증, 당뇨, 신장질환, 뇌졸중, 류머티스성 질환 등의 면역 매개질환, 만성폐쇄성폐질환 등 만성질환과 관련이 있다(김규상, 2011). 군 복무 중 발생한 이명은 소음과 관련성이 크며, 소음 노출은 난청과 더불어 이명의 위험을 높이고, 이명의 가정 흔힌 질환이 귀의 질휀이기 때문에 군 복무로 인한 이명자의 과거

병력과 이과적 질병력 여부와 우울증과의 관련을 살펴보았다. 과거 병력(심장병, 고혈압, 동맥경화증, 뇌졸중, 당뇨병 등)은 우울증과 유의한 관련이 없었으나 이과적 질병력(메니에르병, 이경화증, 유양돌기염, 미로염, 진주종 등)이 있는 자에서 우울군의 비율이 유의하게 높았다. 성기월과 김미한(2008)이 당뇨와 고혈압은 우울증에 영향을 줄 수 있는 요인으로 보고하였는데, 이 연구에서는 연구 대상자 수가 많지 않고, 또한 그 중 과거 질병력을 갖는 자가 적어 고혈압, 당뇨병 등 개별 질병의 우울증과의 분석에서 통계적으로 유의한 차이를 보이는 질병은 없었다.

이명의 특성과 관련하여 이 연구에서는 난청의 동반과 이명의 크기를 제외하고 그 외 이명의 특성(이명 기간, 발생 양상, 지속시간 및 이명 악화 유발인자)은 우울증 여부와 유의한 차이를 보이지 않았다. 이명의 기간과 관련하여 Hiller와 Goebel(2006)의 연구에 의하면 12개월 이하로 이명이 지속된 환자들의 경우 5년 정도의 기간 동안 이명을 가진 환자들보다 이명으로 인한 불편함이 더 크다고 보고하였다. 이 연구에서는 이명 기간의 구분이 다르고 통계적인 유의성은 없었지만 기간이 짧은 경우에 우울증의 유병률은 높은 경향을 보이고 있었다. 이명 환자들은 시간 경과에 따라 심리적 불편감이 감소되는 이명의 습관화를 보고하고 있으나(Scott와 Lindberg, 2000), 일부 연구에서는 이명을 겪은 기간이 증가함에 따라 전혀 습관화가 이루어지지 않는, 즉 이명으로 인한 스트레스가 줄어들지 않는 결과를 보고하고 있다(Scott 등, 1990). 이 연구에서는 류소진과 방정화의 연구처럼 이명 기간과 이명장애지수와의 유의미한 차이가 나타나지 않았다는 보고와도 일치하며(류소진과 방정화, 2011), 이명 기간은 이명장애지수 또는 우울증에 직접적인 영향을 미친다고 보기 어려웠다.

이명의 크기와 우울증의 분포는 크기가 클수록 우울증의 비율이 높은 용량−반응관계 형태를 보이며 통계적으로 유의하였다. 이소영 등(2003)에 의하면 이명 환자들의 우울 정도는 이명 기간과 주관적 이명 크기, 이명으로 인한 사회적・정서적 불편감 모두에서 유의한 정적 상관을 보이고 있었다. 또한 우울증이 높은 집단과 우울증이 낮은 집단 간의 차이 분석 결과도 상관관계를 지지해주고 있으며, 주관적인 이명의 크기와 이명으로 인한 정서적인 불편감이 중요한 특성으로 확인되었다. 그러나 이명에 대한 역기능적인 신념 변인이 투입된 후에는 유의미한 효과가 사라지고 있어 신념에 의해 매개 또는 중재되고 있을 가능성이 시사되고, 또한 이명에 대한 신념 역시 이명으로 인해 느끼는 정서적 불편감에 의해 매개 혹은 중재되어 우울에 양향을 미치고 있을 가능성이 있어 주관적으로 느끼는 이명의 크기가 우울감에 영향을 주기는 하지만 직접적인 영향이 아닐 수 있으며, 이명의 임상적 특성보다 인지적인 특성이 우울감에 중요한 영향을 미치는 것으로 보고 있다. 이명의 크기와 같은 물리적 특성(신체반응)이 정서적 불편감－정신적 영향의 매개－중재기전에 의해 이명장애, 그리고 우울증과의 관련성을 살펴볼 수 있다.

난청인의 의사소통 장애로 인한 사회적인 관계 형성의 문제는 종종 난청인이 사회적 고립감과 외로움 등의 감정적인 문제로 이어지고 우울증으로 발전될 수 있다(Arlinger, 2003). 정신적인 건강의 심각도와 청력의 정도와는 상관성이 없다는 연구 결과도 있고 (Tambs, 2004), 청력이 심해질수록 우울증이 심해진다는 연구 결과도 있다(Dye와 Peak, 1983). 그러나 많은 연구에서 선천적인 난청인보다는 후천적 난청인의 경우 좀 더 심각한 정신적인 문제를 가지고 있다는 점에 관하여는 동의하고 있다. 임상적으로 이명 환자의 청력손실이 이명에 매우 중요한 영향을 미치지만, 청력손실과 이명, 그리고 그로 인한 정신적인 영향과 관련하여 Dias와 Cordeiro(2008)는 청력 손실이 심한 경우 이명으로 인한 불편함이 크다고 하였지만, Pinto 등(2010)은 이명장애지수로 조사한 결과 청력 손실이 이명의 불편함에 영향을 주지 않는다고 보고하였다. 류소진과 방정화(2011)의 청력 역치의 평균과 이명장애지수의 관계도 유의하지 않은 결과를 보여 주었다. 이 연구에서는 군 복무로 인한 이명자의 난청 동반으로 인한 이명장애지수에도 영향을 미치지만, 우울증 발생 위험과도 유의한 관련을 보이고 있었다. 이명과 관련되지는 않지만 정유림 등(2012)의 연구에서는 소음 노출정도와 불안 및 우울은 연관이 있었으며, 소음 노출정도를 보정한 후에도 청력손실과 불안 및 우울은 통계적으로 유의한 상관관계를 보여 청력손실이 정신건강과 관련성이 있음을 시사하고 있다. 이명과 함께 난청을 호소하는 경우 이명장애지수도 증가하지만, 정량적인 청력 역치에 대한 검사와 더불어 주관적 요소와 객관적 요소를 고려한 추후 연구를 통해 규명되어야 할 것으로 본다.

이명의 영향으로 나타날 수 있는 수면 방해, 불편 정도, 작업전환, 삶의 방식 변화, 치료 (약물 및 입원 치료) 등에서는 치료를 제외하고는 비우울군과 우울군의 통계적으로 유의한 차이를 볼 수 있어, 이명으로 인한 삶의 질과 관련한 우울증의 영향을 살펴볼 수 있다. 이 연구에서는 이명으로 인해 144명(49.0%)이 수면 방해를 받고 있으며, 성인 이명 경험자 중 5%가 수면장애를 호소한다는 Hazell(1987)의 보고와 비교했을 때, 일반 성인 이명 경험 자에 비해 군에서 충격 소음에 노출되어 발생한 이명 집단에서는 더 심한 수면장애 호소 율을 보이고 있다. 수면 방해 등의 건강영향이 이명으로 인한 직접적인 영향인지 또는 우울증에 의한 영향인지, 아니면 이명으로 인한 우울증의 간접적인 영향인지는 더 규명될 필요는 있으나, 다만 시간적인 선후관계로 보아 이명에 의한 역기능적, 정신적 불편감으로 매개 중재되어 나타난 우울증의 영향으로 생각된다.

이명의 크기와 같은 이명의 특성과 과거 이질환, 난청 동반 및 이명장애 등이 우울증의 집단 간 비교에서 유의한 차이를 보여주며, 중회귀 로짓분석에서는 난청, 이명강도와 이명장애가 우울증에 영향을 미치는 변수이었다. 이명장애지수와 우울증 척도의 관계는 강한 상관관계를 보이며, 이명장애지수가 높아지면 우울증 척도도 올라가, 이명장애지수가 주관적으로 느끼는 불편함을 나타낸 것이기 때문에 정서적·인지적 특성이 반영된 것이라 생각한다. 특히 고도 이명장애가 있는 집단에서 우울증 가능성이 높은 것으로 나타나고 있다. 따라서 군 복무 중 소음에 의해 발생한 난청을 동반한 이명은 우울증의 원인으로 작용할 수 있어 이에 대해 사회적인 접근과 해결 방안이 필요함을 알 수 있다.

이 연구는 홈페이지 링크 설문 응답방식으로 군 전역자의 군 복무 시 발생한 이명자에 대한 이명 특성과 이명으로 인한 불편감 등의 건강영향 및 우울증에 대한 조사로서 이명장애지수 상 중도장애 이상이 많은 것으로 보아 이명으로 인한 장애가 큰 자가 자발적으로 참여하였을 가능성이 있는 선택편견의 문제, 그리고 군 복무 전후의 난청, 이질환 및 이명에 대한 조사나 또는 관련 청력검사 결과(청력역치)를 알 수 없는 상태에서 수년이 경과한 시점에 설문에 의존하여 이명을 평가한 점, 또 우울증의 임상의학적 진단, 다른 원인에 의한 우울증의 배제나 우울증을 유발할만한 다른 인자에 대한 미고려, 그리고 군 복무 중 이명과 난청이 발생하지 않은 같은 연령대의 집단 간의 비교를 통한 관련 사항들을 확인하지 못한 제한점이 있다. 그러나 군 복무 중의 소음 노출로 인한 이명에 대한 연구가 미비한 실정에 접근이 쉽지 않은 군 전역자의 이명에 대한 연구로서 설문조사에 기반한 단면연구이지만 이명의 특성, 이명으로 인한 여러 건강영향과 우울증의 실태를 살펴보고, 우울증에 영향을 미칠 만한 혼란변인을 고려한 상태에서 이명장애로 인한 우울증의 관련성을 규명함으로써 군 이명자의 정신건강에 관한 연구의 기초자료로서의 의의가 있다. 향후 군인 집단에 대한 이명의 발생, 이명의 특성과 객관적인 청각검사 결과와 연계하여 분석되고, 일반인구집단이나 정상 대조군과의 차이, 그리고 경시적인 변화를 살펴볼 수 있는 코호트 연구 등을 통해 군 복무시의 소음 노출과 난청, 이명 및 우울증 등 정신심리적 영향을 규명하여야 할 것이다. 더불어 이와 같은 연구를 통해 군인의 난청·이명의 예방과 요양과 보상의 체계를 구축하는 데도 도움이 될 것으로 판단된다.

7장 난청·이명으로 인한 건강영향

김규상

1. 소음으로 인한 건강 및 일상생활에 미치는 영향

소음 노출에 의한 건강영향으로 청력장해(소음성 난청)에 영향을 미칠 뿐 아니라 대화 방해, 수면 방해, 고혈압 등 심혈관계 질환, 일상생활에서의 업무 수행에 영향을 미치며, 불쾌감과 사회적 행태의 악화와 나아가 정신 건강에 영향을 미친다.

가. 청력장해

소음에 의한 청력장해는 전 세계적으로 불가역적 직업성 위해 중에서 가장 흔한 것으로서 직업적 소음뿐만 아니라 환경 소음도 청력장해의 위험인자로서 중요성이 점차 증가하고 있다. 사격, 모터사이클, 전자오락, 연주회나 헤드폰을 통한 음악감상, 장난감이나 폭죽놀이 등의 비직업적 소음 노출 또한 청력에 영향을 미치는 음압 수준을 초과한다.

일반적으로 소음에 의한 청력장해는 8시간 평균 소음 노출값(LAeq, 8h)이 75dBA 이하 수준에서는 장기간 직업적으로 노출되더라도 청력장해의 영향은 없으며(ISO, 1990), 환경 소음의 청력에 대한 영향도 24시간 기준으로 볼 때 청력 손실이 발생할 수 있는 소음 수준은 대개 70dB로 보고되고 있다(Passchier-Vermerr와 Passchier, 2000). 그러나 일반 인구를 대상으로 한 대규모 역학연구는 아직 시행된 바 없어 다음과 같은 사실은 유의하여야 한다.

1) 동물실험 결과 어린이는 어른보다 소음에 의한 청력장해가 더 잘 생길 수 있다.

2) 매우 높은 순간적 음압수준에서 귀에 기계적 손상이 생긴다(Hanner와 Axelsson, 1988). 직업적 허용한계는 최고 음압수준으로 140dB이다.

3) 사격 소음의 경우 LAeq, 24hr 값이 80dB을 넘으면 청력장해의 위험성이 증가될 가능성이 있다(Smoorenburg, 1998).

4) 소음 노출에 의한 청력장해의 위험은 소음 노출과 함께 진동, 약물, 화학물질에 동시에 노출될 때 증가될 수 있다. 이러한 상황에서는 70dBA의 LAeq, 24hr에 장기간 노출되면 청력장해가 생길 수 있다.

5) ISO Standard 1999(ISO, 1990)에서 제시하고 있는 청력장해와 소음 노출 간의 관련성이, 짧은 상승시간을 가지는 환경소음에서도 적용할 수 있는지에 대해서는 확실하지 않다.

나. 대화 방해

소음 노출에 의한 대화방해는 동시 발생하는 간섭소음이 대화 내용을 이해하지 못하게 하는 것으로서 정신집중의 감소, 피로, 자신감의 결여, 초조, 오해, 활동능력의 감소, 인간관계에서의 문제, 다양한 스트레스 반응 등의 대화방해로 인한 악영향을 미친다. 이와 같은 영향을 특히 쉽게 받는 사람들로는 청력장해자, 노인, 언어 습득 과정의 어린이, 그리고 구어에 익숙하지 않은 사람들이며, 이들은 한 나라 인구의 상당 부분을 차지한다(Lazarus, 1998).

대화 내용 이해에 영향을 미치는 요인으로 대화 음의 음압수준, 발음, 대화자 간 거리, 간섭소음의 특성, 실내의 특성(소리의 반사 정도), 듣는 사람의 청력과 주의 집중 정도 등이 있다. 정상 청력을 가진 사람이 문장을 완전히 이해하기 위해서는 신호잡음비(signal-to-noise ratio, 대화음의 수준과 간섭 소음의 음압수준의 차이)가 15~18dBA이라야 한다(Lazarus, 1990).

다. 수면 방해

방해 없는 편안한 수면은 사람이 생리적, 정신적 기능을 건강하게 유지하는 데 선행요건이나, 환경소음은 수면방해의 중요한 영향으로 알려져 있다.

소음 노출이 수면에 미치는 일차적 영향으로는 잠들기가 어려움, 자다가 깨어남, 수면 단계나 깊이의 변화 특히 REM(rapid eye movement) 수면의 감소이고(Hobson, 1989), 그 외 수면 중 생리학적 영향으로 혈압 상승, 맥박 증가, 손가락 맥박크기 증가, 혈관 수축, 호흡의 변화, 심장 부정맥, 신체 움직임의 증가 등이 있다(Berglund와 Lindvall, 1995).

야간의 소음 노출은 또한 이차적 영향을 미치는데, 이것은 야간에 소음 노출이 있었던 그 다음 날 깨어 있는 동안 관찰되는 영향으로서 잘 자지 못했다는 느낌, 피로감, 우울감, 업무 능력의 감소 등이 포함된다. 야간 소음 노출에 민감한 사람들로는 노인, 교대 근무자, 신체적·정신적 장해에 취약한 사람, 수면 장해를 가진 사람 등이다.

라. 심혈관계 영향

소음에 의한 심혈관계 영향과 관련된 연구결과를 종합하면, 혈압에 경도에서 중등도 정도의 영향을 미친다고 결론지을 수 있다.

일반적으로 소음에 노출되면 교감신경이 자극되어 말초 혈관의 저항을 높여 혈압을 상승시키는 것으로 알려져 있다. 동물실험에 의하면, 소음에 반복적으로 노출되면 말초 혈관의 구조적 변화를 촉진시켜 고혈압 수준으로까지 영구적인 혈압 상승이 유발된다. 소음의 강도가 충분히 강하고 특히 노출이 예측 불가능할 때에 심혈관계 반응이 발생되는데, 심박과 말초혈관 저항이 증가하며, 혈압, 점성도, 그리고 혈중 지질에 변화가 오고, Mg과 Ca과 같은 전해질, 에피네프린, 노르에피네프린, 코티솔 등 호르몬의 수준에도 변화가 온다(Ising과 Gunther, 1997).

평균 26세의 15명의 남성에 대해 소음 수준이 95dBA로 20분간 자극을 가했을 때 이완기 혈압의 증가를 보이고(Andren 등, 1982), 5~30년간 높은 강도의 산업장 소음에 노출된 근로자에서 혈압 상승과 고혈압 환자 증가가 관찰되었다(Passchier-Vermeer, 1993). 40세 미만의 젊은 연령층에서 85dBA의 고소음에 지속적으로 노출될 경우 수축기 혈압이 증가되고(김영기 등, 2000), 수축기 혈압 및 이완기 혈압 모두 소음 노출군이 혈압 변화의 유의한 설명 변수였고, 수축기 혈압 및 이완기 혈압 모두 저소음 노출군에 비해 과다소음 노출군이 각각 2.1mmHg, 2.7mmHg 만큼 높았다(이상윤 등, 2001). 이는 만성적으로 누적된 고소음에의 노출로 인하여 혈압 상승의 가능성이 있음을 시사한다. 또한 소음과 고혈압 유병률 간에는 양-반응 관계가 관찰된다.

마. 일상 업무 수행에 미치는 영향

지속적으로 섬세한 주의를 요구하고 여러 가지 상황에 주의를 기울어야 하며 많은 가동 기억 용량을 필요로 하는 복잡한 업무를 수행하여야 하는 경우에는 소음에 의해 악영향을 받는다.

소음이 작업자의 내부언어를 지연시키고 방해하여, 정보처리에 요구되는 자원의 용량을 감소시키고(Poulton, 1979), 불규칙적이고 간헐적으로 발생하는 소음의 특징이 과제수행을 저하시키는 것과 직접적으로 관련이 있다(Eschenbrenner, 1971). 일반 작업장의 소음 강도인 75~86dB의 환경에서의 과제수행 연구에서 언어력, 수리력, 지각력, 추리력 등의 과제수행능력이 떨어지는 결과를 보였다(김성철 등, 2010).

어린이 대상 연구에서 만성적 항공기 소음 노출은 청각의 분별력 장애로 학습, 수행, 회상장애에 영향을 미치며, 기존의 언어장애가 있거나 학습동기가 낮은 경우 더욱 심각하다. 임명호 등(2007)의 연구에서 항공기 소음에 만성적으로 노출된 아동이 지속주의력과 연속수행능력의 저하를 보이고, 또한 Standfeld와 Matheson 등(2003)의 연구에서도 항공기 소음이 중추적 처리(central processing)와 언어능력을 포함하는 인지기능에 영향이 있으며, 그 결과 지속적인 집중력이나 시각적인 집중력이 떨어진다고 보고하였다. 유경열 등 (2010)의 연구에서도 노출군의 집중력이 비노출군에 비해 유의하게 떨어졌으며, 또한 학교생활에서 중요한 협동성이나 근면성이 낮게 나와 학교생활을 수행하는 데 있어 비노출군 아동들에 비해 문제점이 발생할 수 있을 것이라 생각된다.

바. 불쾌감과 사회적 영향

불쾌감(annoyance)은 소음에 의한 영향 중 광범위한 현상이다. 이를 정의하자면 개인적으로나 일반적으로 해로운 영향을 주는 것으로 알려지거나 또한 그렇게 믿는 어떤 원인 물질이나 환경과 관련된 불쾌한 느낌이다(Koelega, 1987). 그러나 사람들은 환경소음에 노출될 경우 불쾌감과 달리 다양한 부정적 감정(화남, 실망, 불만족, 위축, 무력감, 우울, 초조, 주의산만, 안절부절 및 탈진)을 느낀다. 그래서 불쾌감이라는 용어가 이러한 부정적 반응을 대표할 수 없지만 일반적으로 널리 사용되고 있다.

환경소음 노출에 따른 불쾌감은 소음의 청각적 특성(발생원, 노출)과 비청각적 특성(사회적, 정신적 및 경제상태)에 따라 다양하다(Fields, 1993). 이러한 요인들로는 소음원과 관련된 공포, 소음이 감소될 것이라는 확신정도, 개인적 소음 민감성, 소음의 조절 여부와 대응방향, 중요한 경제적 활동 여부 등이 있다. 연령, 성 및 사회경제적 상태와 같은 사회 인구학적 변수는 불쾌감과 강하게 관련되어 있지 않다. 소음 노출과 일반적인 불쾌감은 개인적 수준보다 집단적 수준과 관련이 높다.

소음은 이와 같은 불쾌감 이외에도 많은 사회적, 형태적 영향을 미치며, 복잡하고 미묘할 뿐만 아니라 간접적이다. 이러한 영향들로 비청각적 변수와 상호연관성이 있다. 이러한 변화들로는 일상생활 행태변화(창문 닫기, 발코니 사용 않기, 라디오와 텔레비전의 볼륨 증가 등), 사회적 행태의 악화(공격성, 불친절, 이탈, 비참여), 사회적 지표의 악화(이사, 병원 입원, 약제사용, 사고율) 및 감정상의 변화(행복감 저하, 보다 우울해짐) 등이 있다.

사. 정신건강에 대한 영향

소음이 정신건강에 영향을 주는 기전은 아직 명확히 밝혀지지 않았으나, 소음으로 인해 수면을 방해받거나 일상 활동에 장애가 생길 경우 시상하부-뇌하수체-부신축이 자극되어 코티솔 및 에피네프린의 분비가 증가하는 것이 알려져 있다. 이러한 내분비계 교란으로 급성 스트레스 반응과 지속적인 정신적 불안정 상태와 우울을 유발하고, 나아가 생리적 질병까지 일으킨다는 주장이 대체로 널리 지지받고 있다(Lundberg, 1999; Spreng, 2000; Zaharna와 Guilleminault, 2010).

최근의 연구에서 소음 노출과 불안 및 우울을 포함한 정신과적 증상이 관련이 있다고 보고되고 있다. 특히 환경적 소음의 경우 일반적인 인구집단에게 노출되는 것이어서 소아, 여성, 만성질환자, 노인 등 취약하리라고 생각되는 집단을 모두 포함하고 있으며 그중에서도 항공기 소음은 간헐적 불규칙적으로 발생하여 예측하기 쉽지 않다는 특징이 있다. 항공기 소음과 정신건강의 연구는 초기에 정신병원 입원율을 중심으로 이루어졌다. 일부, 공항 주변에서 정신병원 입원율이 높다는 보고(Abey-Wickrama 등, 1969; Tarnopolsky 등, 1980)가 있었다.

영국의 Heathrow공항 주변에서 몽유병, 우울, 민감성의 보고율이 높다는 연구(Tarnopolsky 등, 1980)와 이탈리아의 Elmas공항 주변에서 정신과에서 진단받은 질환의 과거력을 DSM-IV를 이용하여 조사한 결과 범불안장애가 노출군에서 유의하게 증가(Hardoy 등, 2005)하는 등 대체적으로 소음에 노출된 경우 정신과적 증상이 증가한다는 보고가 있다. 그러나 정신건강의 측면은 생리적 영향에 비해 연구자들의 관심을 비교적 덜 받아왔으며, 아직 많은 부분이 밝혀지지 않은 채 남아 있다.

국내 연구에서는 이경종 등(1999)이 간이정신진단검사(Symptom Checklist-90-Revision, SCL-90-R)를 이용하여 소음 노출정도와 신체화, 강박증, 대인민감, 우울, 불안, 적대감, 공포불안, 편집증, 정신증의 항목이 양의 상관관계가 있다고 보고하였으며, 김현주 등(2008)은 평택 미군비행기지 주변의 연구에서 SCL-90-R 및 MINI-Plus(Mini International Neuropsychiatric Interview-Plus)로 연구한 결과 불안장애와 일차성 불면증의 유병률이 대조군에 비해 헬기소음, 전투기소음 노출군에서 유의하게 높다고 보고하였으며, 유경열 등(2010)에 의하면 군용비행장 소음에 노출된 소아에서 소아우울증이 높고 인성평점이 낮은 등 소아의 정신건강에도 환경적 소음이 유의한 영향을 미치는 것으로 나타났다.

일부 연구에서는 용량－반응관계를 보고하기도 하였는데, 일본 오키나와의 Kadena 미군항공기지 주변에서 이루어진 연구에 따르면 75∼95 WECPNL의 소음에 노출된 경우보다 95 WECPNL이상의 소음에 노출된 경우 우울, 불안, 신경증의 위험이 더 증가하였다 (Hiramatsu 등, 1997). 정유림 등(2012)의 연구에서도 불안은 소음 노출수준이 올라갈수록, 60∼80 WECPNL의 소음에 노출될 때보다 80 WECPNL이상의 소음에 노출되는 군에서 더 위험도가 높아지는 것으로 나타났다.

2. 난청으로 인한 건강 및 일상생활에 미치는 영향

청력의 저하, 난청은 소리의 감지, 언어의 이해 그리고 소리의 방향 근원지 탐지의 어려움 등이 야기된다. 또한 소음이나 반향음이 있는 공간에서의 대화는 조용한 상화에서의 대화 상황보다 많은 어려움이 있다. 의사소통의 문제는 난청의 정도와 유형에 따라 그 영향이 다양하지만, 난청의 정도가 심하지 않더라도 난청인은 일상생활에서의 어려움을 호소한다. Dalton 등(2003)의 연구에 따르면 중도 난청을 가진 사람의 56%, 중고도 난청을 가진 사람의 80%가 매일의 일상생활에서의 대화의 어려움을 호소하고 있다고 보고하였다. 이러한 난청으로 야기되는 의사소통의 문제는 의사소통의 자체의 문제뿐 아니라 다른 여러 문제점의 원인이 된다.

가. 전반적인 삶의 질 저하

의사소통의 제약은 일단 다른 개인과의 정도 소통의 제약을 의미하며 이러한 제약은 난청인들에게 있어서 삶의 질을 저하시키는 심각한 요인이 된다고 보고하였다(Appollonio 등, 1996; Carabellese 등, 1993; Campbell 등, 1999; Rudberg 등, 1993; Strawbridge 등, 2000). Dalton 등(2003)은 2,688명의 53~97세의 노인을 대상으로 청력과 삶의 질의 상관관계를 분석하였다. 의사소통의 어려움을 측정하기 위해서 Hearing Handicap for the Elderly Screening version(HHIE-S)과 청력과 관련된 삶의 질의 평가를 위하여 Activities of Daily Living(ADLs), Instrumental ADLs(IADs)과 SF-36(Short Form 36 Health Survey)를 실시하였다. 또한 실제 청력과의 상관성을 보기 위하여 .5, 1, 2, 그리고 4kHz의 순음청력검사를 시행하였다. 결과는 청력이 정상인 군과 난청인 군의 삶의 질의 평가에서 유의하게 난청인 군이 점수가 낮았으며, 난청이 심해질수록 유의하게 세 가지의 삶의 질 설문 평가지의 점수가 낮아지는 양상을 보였다. 비슷한 결과로 Bess 등(1989)의 연구에서 보면 점차적인 진행형 난청인을 추적 관찰한 결과 난청이 점차 진행될수록 삶의 질 또한 같이 점차적으로 낮아지는 결과를 보여 난청과 삶의 질의 저하가 비례함을 보여 난청이 삶의 질에 영향을 끼치는 중요한 요인 중 하나임을 보여주었다.

또한 Hallberg(1996)의 소음성 난청인의 삶의 질을 비교한 연구에서 소음성 난청을 가진 사람들의 경우 시끄러운 장소를 의도적으로 피하는 경향이 있는 것으로 보고하였다. 예를 들어, 파티, 그룹 미팅, 음식점 등 소리가 크다고 생각되는 장소를 기피하는 경향을 보였고 이로 인하여 사람이 많은 장소를 방문하는 것을 기피하여 외로움을 많이 느끼는 것으로 나타났다. 그리고 이러한 행동 패턴으로 인하여 전반적인 삶의 질이 낮아지는 원인이 되는 것으로 분석하였다. 이러한 결과는 Lalande 등(1998)의 연구에서도 소음성 난청은 집과 직장에서의 삶의 질에 유의한 영향을 끼치는 것으로 나타났다.

나. 정신적 건강의 문제(사회적 고립감, 외로움, 우울, 낮은 자존감 등)

많은 연구(Jones 등, 1984; Maggi 등, 1998; Cacciatore 등, 1999; Strawbridge 등, 2000)에서 난청이 정신건강에 좋지 않은 영향을 끼친다고 보고하였다. 그 원인은 난청으로 인한 의사소통의 문제는 사회적인 관계를 갖는 데 어려움으로 작용한다. 이러한 어려움은 난청인

뿐만 아니라 주위의 가족, 직장 동료 등에게도 영향을 끼친다. 난청인 주위의 사람들은 난청인과 대화하기 위하여 많은 노력을 기울여야 한다. 좀 더 천천히 또박또박 이야기해야 하며 난청인이 입술을 읽을 수 있도록 항상 난청인이 자신을 바라보게끔 하며 가까운 곳에서 이야기하도록 노력한다. 이러한 불편함은 난청인의 주위사람들이 난청인과의 의사소통을 점점 꺼리게 되며 그 결과 난청인이 점점 고립되는 양상으로 나타난다. 이러한 사회적인 관계 형성의 문제는 종종 난청인이 사회적 고립감과 외로움 등의 감정적인 문제로 이어지고 우울증으로 발전될 수 있다(Arlinger, 2003). 또한 정신적인 문제는 난청 노인군에서 위험 요인 중 하나이지만 모든 연령에서 나타날 수 있다(Oyer와 Oyer, 1979). 정신적인 건강의 심각도와 청력의 정도와는 상관성이 없다는 연구 결과도 있고(Thomas와 Herbst, 1980; Tambs, 2004), 청력손실이 심해질수록 우울증이 심해진다는 연구 결과도 있다(Dye와 Peak, 1983).

소음 노출과 독립적으로 청력과 정신건강 사이에 어떠한 관련성이 있는지를 본 정유림 등(2012)의 연구에서 회귀모형에 청력손실을 포함시키지 않았을 때보다 포함시켰을 때에 소음 노출 정도가 불안 및 우울에 기여하는 위험도가 낮아지는 결과를 관찰할 수 있었다. 이러한 결과는 소음 노출이 불안 및 우울에 영향을 미치는 데에 청력손실이 매개역할을 할 가능성이 있음을 시사하고 있다. 청력이 정신건강에 미치는 영향에 대한 연구들에서는 청력저하가 있는 경우에 불안증과 우울증의 유병률이 더 높았으며(임명호 등, 2007), 난청유병기간이 긴 경우 우울도가 높다(유경열 등, 2010)고 보고하였다. 60세 이상의 노인에서 우울에 미치는 요인들의 상호 영향을 보정하면 성별, 연령, 교육정도, 배우자 유무, 청력장애 중 청력장애만 우울에 유의한 영향을 미친다는 연구(Copper 등, 1974)도 있다. 이러한 경향은 사회적 기능의 손실이 정신적 장애를 불러일으키기 때문이라고 추측되고 있다.

또한 많은 연구에서 선천적인 난청인보다는 후천적 난청인의 경우 좀 더 심각한 정신적인 문제를 가지고 있다는 점에 관하여는 동의하고 있다(Rutman, 1989; David와 Trehub, 1989; Barnett, 2002).

Tambs(2004)의 연구에서는 난청이 화, 우울, 자신감 그리고 주관적인 삶에 질에 끼치는 영향을 20~101세 성인 50,398명을 대상으로 조사한 결과 65세 이상의 노인보다 20~60대군에서 난청이 정신 건강에 좀 더 좋지 않은 영향을 끼치는 것으로 나타났다. 이 결과는 60세 이하의 성인의 경우 난청이 사회생활에 있어서 관계형성에 영향을 끼치며 난청이 자신의 직업 수행에 있어서 방해요인으로 작용하기 때문에 65세의 노인군보다 난청이 정신건강에 좀 더 많은 영향을 끼치는 것으로 분석하였다. David와 Trehub(1989)의 연구에서 Tambs(2004)의 결과에 뒷받침되는 두 건의 예를 제시하였다. 첫 번째 예는 21세에 청력을 손실한 한 여성으로 청력손실이 발생한 이후 3년 동안 집에 머물면서 아무것도 하지 않았으며 자신은 사회에서 고립되었다고 생각한다고 하였다. 두 번째 예는 20세에 점차적인 난청의 진행으로 농이 된 한 남성으로 학교에서 동료들이 놀리는 것과 선생님의 말은 이해하지 못하여 학교 가는 것이 항상 두려웠고 항상 자신을 '외톨이'라고 생각한다고 하였다. 이 두 가지 인터뷰를 통하여 난청으로 인한 정신적 건강의 심각함을 단적으로 보여준다고 할 수 있겠다.

또한 난청인은 청력이 정상인 사람보다 낮은 자존감을 보이는 것으로 나타났다. 난청인들은 상대방의 질문에 대하여 즉각적으로 반응하지 못하고, 이해하지 못하여 엉뚱한 답을 하는 등의 행동을 상대방이 자신을 멍청하거나, 느리고 혹은 무례하다고 생각할까봐 두려워한다. 그리고 이러한 두려움은 낮은 자존감의 원인이 된다(McKenna, 1991). Knutson과 Lasing(1990)은 심도 난청을 가진 성인은 우울, 외로움을 정상 청력을 가진 성인보다 더 느끼며, Hetu와 Getty(1991)는 난청을 가진 성인은 정상 청력을 가진 성인보다 부정적인 자신의 이미지를 가지고 있다고 보고하였다. 또한 난청인은 난청으로 인하여 여러 스트레스를 받게 된다. 사회생활을 하고 있는 군의 경우 난청으로 인하여 자신의 학업 혹은 직업을 더 이상 지속할 수 없다는 불안감을 느끼며 자신감이 상실되기도 한다(Getty와 Hetu, 1991; Hetu와 Getty, 1991).

다. 인지기능의 저하

감각기능, 즉 청각과 시각의 기능 상실은 인지기능에도 영향을 끼친다(Arlinger, 2004). Lindenberger와 Baltes(1997)의 연구에 따르면 청각과 시각의 감각기능은 연령과 연관된 인지기능을 예측하는 중요한 요인이 될 수 있다고 하였다. 이는 감각기관의 상실로 인한 제한된 정보의 유입이 인지기능의 저하로 이어진다. 이를 뒷받침하는 연구로 Cacciatore 등(1999)은 1,332명의 65세 이상의 노인을 대상으로 청력과 인지기능, 우울 정도와 삶의 질을 측정하였을 때, 연령과 교육 수준의 변수를 통제하고 분석한 결과 청력과 인지기능이 유의한 상관관계가 있다고 보고하였다. 또한 청력의 손실이 많을수록 삶의 질은 낮은 것으로 나타났으며 또한 저하된 인지기능과도 연관이 있음이 밝혀졌다.

라. 관계 형성의 문제

난청은 가족과의 관계에도 영향을 끼친다. Thomas와 Herbst(1980)의 연구에 참여했던 난청인의 27%는 자신이 가정에서 일어나는 일에 소외된다고 느끼고 있다고 답하였다. 또한 고심도 난청 혹은 농인 아동과 젊은 성인인 경우, 정상 청력을 가진 또래보다 경제적 혹은 감정적으로 좀 더 의존적인 것으로 나타났다(Gregory, 1998).

난청은 가족과의 관계 형성뿐만 아니라 상대 성과의 관계에서도 영향을 끼치는 것으로 나타났다. Gregory(1998)에 따르면 21세 이상의 48명 중 18명(38%)이 남자, 혹은 여자 친구를 한 번도 갖지 못하는 것으로 나타났다. 또한 Thomas와 Herbst(1980)은 약 50%의 연구 참여자가 자신의 배우자가 자신의 난청을 받아들이지 못하는 것 같다고 느낀다고 보고하였다. 또한 객관적인 데이터는 제시되지 않았으나 난청으로 인한 배우자와의 문제는 이혼 등의 문제로 이어져 외로움, 고립감, 우울증의 원인이 될 수 있다고 제시하였다.

마. 전반적인 건강

전반적인 건강과 난청과의 관계는 명확하지 않다. O'Neill(1999)은 1994년 NHIS(National Health Interview Survey)의 자료를 분석한 결과 응답자 가운데 정상 청력을 가진 사람의 68%, 난청인의 39%만이 자신이 건강하다고 답하였다. 그러나 이 결과가 난청이 전반적인 건강에 영향을 끼친다는 요인이라는 결론을 내리긴 어렵다.

바. 교육

Bess 등(1989)과 Mulrow 등(1990)에 따르면 난청의 정도가 심해질수록 교육의 정도는 떨어졌으며 고등교육으로 갈수록 난청인의 수도 적어지는 것으로 나타났다. 이러한 결과의 원인은 정확하게 분석되지 않았으나 난청으로 인하여 고등교육을 수행하기 어렵기 때문인 것으로 연구에서는 추측하였다. 또한 학교에 재직하고 있는 선생님들의 설문에서도 난청 학생들에 대한 학업적 성과에 대한 기대수준은 낮은 것으로 나타났다(Hauland와 Gronninguter, 2003).

사. 경제적 문제

앞에서 언급한 의사소통의 문제로 인하여 발생하는 여러 가지 문제로 인한 정신적 문제 이외에 청력의 손실은 경제적 활동에 있어서 문제를 야기할 수 있다. Kochin(2010)의 연구에서는 40,000명의 가정의 설문 결과에 따라 청력의 손실이 가정의 소득에 얼마만큼의 손실을 가져오는가에 대하여 연구하였다. 연구결과에 따르면 청력의 손실은 청력의 정도에 따라 경제적인 손실의 정도가 다르지만 보청기(hearing aid)를 착용하고 재활을 통하여 적극적인 행동을 취하였을 때는 평균적으로 1년에 약 12,000달러, 보청기를 착용하지 않고 청력의 손실에 관한 아무런 조치를 취하지 않았을 경우는 평균적으로 1년에 약 20,300달러의 손실이 있다는 결과를 보고하였다. 이 연구의 결과는 난청의 적극적인 중재(intervention)의 중요성을 보여주는 것이라 하겠다.

3. 이명으로 인한 건강 및 일상생활에 미치는 영향

Tyler와 Baker(1983)는 이명과 관련된 장애 중 흔히 볼 수 있는 것으로 수면장애, 지속적인 불편감, 대화 및 집중력 장애, 불안정, 절망감, 약물의존 등이라 하였고, Jakes 등(1985)은 이명 환자가 호소하는 생활 불편감을 2가지의 일반적 영역(이명의 고통과 방해)과 3가지의 특정한 영역(수면방해, 약물남용, 청각성 오락방해)으로 분류하여 보고하였다. 그리고 이명의 크기는 소리의 강도에 의해 좌우된다기보다는 이명의 자각정도나 이로 인한 불편 혹은 불쾌감의 정도에 따라 결정된다고 하였다. Erlandsson 등(1991)은 이명은 육체적 불편보다는 여가활용, 운동, 사회생활, 가족관계, 교우간의 분위기 조성 등 일상생활의 전반적 범위에서 장애를 유발한다고 하였다. 따라서 이명은 개인의 청력장애를 포함한 신체적 장애와 더불어 감정적, 삶의 형태 등과 같은 일상생활의 전반에 걸친 장애를 초래하는 다면적인 현상이라 하였다. 이로 인하여 이명 환자의 대다수가 개인적, 사회적 불편을 겪고 있고 이명 증상이 삶의 질에까지 영향을 미치고 있음을 알 수 있다.

가. 수면장애

이명 환자들이 가장 흔히 호소하고, 이명과 상관관계가 가장 높은 것이 수면장애이며, 이명으로 인한 수면곤란 양상은 지연된 입면, 수면 중 잦은 각성, 이른 아침의 각성, 아침 무렵의 피곤, 만성 피로감 등이다. 지연된 입면이 가장 흔한 증상이고 불면증은 심한 이명 환자의 50%에서 주요 증상으로 호소하며, 이명의 주관적 중증도는 수면곤란의 빈도와 밀접한 관련성이 있다(Jakes 등, 1985). Alster 등(1993)은 잘 적응하고 있는 이명 환자들에서도 우울 증상, 수면곤란, 이명의 주관적 중증도 사이에는 높은 상관관계가 있다고 하였고, 이명으로 인한 수면곤란은 복합적인 영향에 의한 것이라고 하였다. 즉, 이명 지각 그 자체에 의해서 수면이 지연되고, 이어서 우울과 같은 잠재된 정서적인 장해에 의해서 더욱 수면이 파괴되며, 이런 복합적인 영향으로 수면 곤란이 악화된 환자들이 수면장애를 호소하며 진료를 원하게 된다고 주장하였다(<그림 30>).

이명 환자군은 대조군에 비해 Pittsburgh Sleep Quality Index(PSQI) 측정 결과, 특히 수면의 효율과 질 측면에서 유의한 차이를 보이고(<그림 31>), 이명으로 인한 큰 고통은 수면곤란에 기인하고 있다(Hebert와 Carrier, 2007).

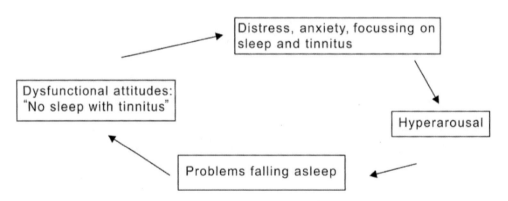

〈그림 30〉 이명으로 인한 불면증의 인지 모델(Cronlein 등, 2007)

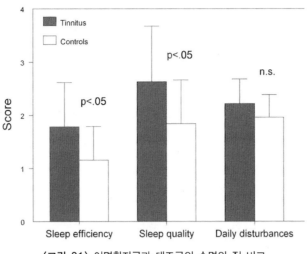

〈그림 31〉 이명환자군과 대조군의 수면의 질 비교
(Hebert와 Carrier, 2007)

나. 우울 등 정신건강6)

이명 발생에 대한 신경생리학적 모델에서 이명의 탐지와 인식의 과정에 시상변연부와 자율신경계가 밀접하게 연관되어, 이명 환자의 이명 발생 및 인식 정도가 환자의 정신적, 심리적 스트레스, 불안, 우울증 등과 관련될 수 있음을 보여주고 있다. 이명에 대한 역학 연구에서도 스트레스, 불안, 우울, 초조 등의 정신건강상의 문제가 이명의 발생과 관련됨을 보고하고 있다(Vesterager, 1994). 이명과 관련한 우울증의 유병률 연구에서 환자들의 36.1~62%까지 다양한 빈도로 이명증 환자에서 우울증을 동반하고 있다(Tyler와 Baker, 1983; Harrop-Griffiths 등, 1987). 이명 환자의 심리 분석에 대해 국내에서는 코오넬 의학지수(Cornell Medical Index)를 이용하여 신경증의 여부를 확인하고 간이정신진단검사인 Symptom check list 90 Revision(SCL-90-R)을 이용한 정신적 분석 시 이명 환자에서 신경증의 비율이 높고, 신체화, 우울증, 공포 불안이 높다는 보고가 있었다(정윤주 등, 1997). 역시 SCL-90-R을 이용한 또 다른 연구에서도 이명 환자의 심리적 분석 시 정상인에 비해 신체화, 우울증, 불안, 공포 불안 등이 높다는 연구도 있었다(최익수 등, 2003).

이명 환자에서 스트레스, 불안, 우울 정도의 측정 및 임상적 의의 연구에서 중등도(18~23점)의 우울증과 심각한 우울증(24점 이상)은 이명군에서 높은 분포를 보였으며 우울 척

---

6) 이명의 우울증 관련 주요 연구 내용은 「6장 군 복무 관련 이명의 장애 정도와 우울증」의 '우울승' 고찰 내용을 참소 바람.

도의 점수에 따른 군간 분포는 통계적으로 유의한 차이를 보였으며(<그림 32>), 상태 불안과 특성 불안이 있을 것으로 판단한 42점을 기준으로 살펴본 결과 이명군이 대조군에 비해 유의하게 높았다(<그림 33>). 이처럼 이명 대상군에서 의미 있게 높은 스트레스, 우울 및 불안 상태를 확인할 수 있고, 감각신경성 이명 환자의 경우 이명 초기에 우울 정도와 불안 정도가 높은 것으로 판단된다. 그러나 이명 환자들이 호소하는 이명의 특성과 심리 척도 사이에는 상관관계를 찾을 수 없어 이명 환자들의 심리 상태를 평가하여 이해하고 상담 치료와 약물 치료 등에 활용하기 위해 스트레스, 우울증, 불안 정도에 대한 심리검사를 병행하여 시행할 필요가 있다(박시내 등, 2007). 따라서 환자를 치료하는 방법도 환자가 호소하는 삶의 다양한 불편감을 고려하여 결정하는 것이 바람직하다.

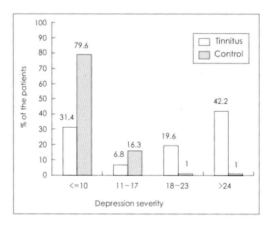

〈그림 32〉 Beck 우울척도의 점수에 따른 군간 분포
비교(박시내 등, 2007)

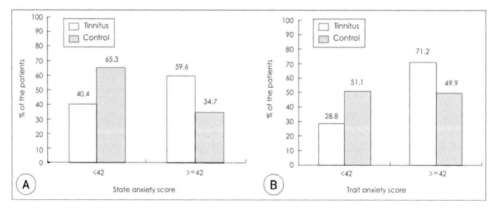

〈그림 33〉 상태, 특성 불안 척도의 점수에 따른 군간 분포 비교(박시내 등, 2007)

이명으로 인해 우울이 증가되어 자살생각에까지 영향을 미친다는 것은 간과할 수 없는 또 하나의 중요한 건강 문제이다. 이명과 자살에 관해 보고한 Lewis(1994)와 Jacobson(2001)의 연구 결과에서 이명과 자살에 대해 직접적인 관련성은 없지만 대상자들의 주된 정신증적 질환으로 우울증이 동반되었을 때 그 위험도가 높아진다.

Kuk 등(1990)은 이명을 개인에게 고통과 우울을 유발하게 하는 소모성 장애로 표현하면서, 이명 환자의 장애에 대한 종합적 평가에서 주요한 항목으로 삶의 만족도, 우울감, 전반적인 건강상태, 사회적인 적응력 등을 제시함으로써 전반적인 삶의 영위 여부를 평가하였다.

결론

난청으로 인한 의사소통 능력의 문제는 삶의 질의 저하, 우울증, 화, 스트레스 등의 정신 건강 그리고 입력되는 정보의 부족으로 인한 인지 기능의 저하 등의 많은 문제를 동반한다. 또한 난청은 난청인 본인의 문제만이 아닌 그들과 함께 살아가는 구성원들과의 관계형성에 영향을 끼치게 된다. 난청은 정신적인 문제뿐만 아니라 교육, 소득 등의 문제에도 영향을 끼친다. 결론적으로 난청은 삶의 전반적인 많은 부분에 부정적인 영향을 주는 요인이라고 할 수 있다.

난청과 함께 이명 또한 어떤 형태로든 간에 삶에 다양한 양상으로 각 개인에게 영향을 미칠 것으로 보고 있다. 이명이 생명에 위협적이거나 피상적으로 다른 질병을 유발하는 위험한 장애는 아니지만 이명으로 인해 나타나는 불안, 수면방해, 집중력 장애 등과 같은 복잡한 현상들이 이명 환자의 삶의 질에 부정적인 영향을 가져온다.

8장 군 소음 노출로 인한 이명

군 복무 시에는 사격 및 포격 훈련에 의하여 충격소음(impuse noise)에 노출이 된다. 충격소음은 급성 음향외상성 난청(Ylikoski, 1989; Savolainen과 Lehtomaki, 1997; Temmel 등, 1999; Labarere, 2000)의 원인이 되고, 폭발로 인한 고막천공 등의 중이 및 내이의 손상(Philips과 Zajchunk, 1989), 그리고 이명 등의 원인이 된다.

1. 군 환경에서의 소음의 특성

군 환경에서의 소음의 종류는 육군, 공군, 해군 등의 군대의 특성에 따라 다양하다. 그러나 명백히 귀에 영향을 끼치는 소음의 근원은 무기, 제트기 엔진, 탱크 등이지만 군대의 차량, 비행기, 선박 등에서 발생하는 소음 또한 잠재적인 소음성 난청을 유발할 수 있는 원인이 될 수 있다(Humes 등, 2006).

군 환경에서 발생하는 소음의 경우, 소음의 종류로부터의 거리, 혹은 조건 등에 따라 소음의 소리 수준은 변화하게 되어 일정하게 수치화하기는 어렵다. 총소리는 강렬한 충격음으로 작용한다. 단발 사격의 음압은 무기 종류에 따라 165~190dB에 달한다(Salmivalli, 1979). U.S. Army Center for Health Promotion and Prevention Medicine(2004)의 보고에 따르면 총소리의 경우 모델에 따라 다양하지만 충격음은 약 153dBA에서 최고 190dBA까지였다. 군 차량 소음은 약 78~100dBA였으며 헬리콥터의 소음은 101~106dBA의 수준이었다.

우리나라의 연구에 따르면 M-16의 소총 가격음의 소음 수준은 15.10m에서 140dB, 11.10m

에서는 145dB, 7.15m에서는 150dB, 4.2m의 거리에서는 155dB 정도였다(정명현, 1985). 또한 박기현 등(1984)은 야포는 180dB, M-16은 170dB의 소음을 유발하는 것으로 나타나 충격소음의 최고허용치인 140dB을 초과하고 있다. 140dB SPL을 초과할 경우 단 한 번의 노출로도 와우의 손실로 인해 청력역치가 상승될 수 있는 위험한 수준의 소리이다(Odess, 1972; Axelsson 등, 1981; Savolainen과 Lehtomäki, 1996; Ylikoski, 1989).

1950년대부터 현재까지의 미국의 군 장비 및 무기의 소음수준을 정리한 표를 참고로 제시한다(Humes 등, 2005)(<표 44>).

이러한 소음은 짧은 시간의 소음을 측정한 수치이며 군대 복무 기간 동안 무기나 장비 등의 소음에 얼마만큼 노출이 되었나 하는 것을 수치화하는 것은 어려운 일이다. 그러나 Ylikoshi(1994)의 연구 모델에 따르면 포격 시 충격음의 노출되는 평균 18년 된 직업군인의 경우 총 218,000회 사격소음에 노출되는데, 소음 노출 정도의 수준은 주 40시간 85dBA의 소음에 지속적으로 노출되는 것으로 환산하면 61년의 노출과 동일하다고 계산하여 군에서의 충격소음의 노출의 심각성을 보여주고 있다.

일반적으로 군인은 충격소음에 노출되므로 일반 인구집단보다 소음에 많이 노출되어, 동일 연령의 일반 인구집단에 비해 군 복무자는 높은 청력손실을 보인다. 미국 군인들의 청력에 대한 연구 결과를 보면, 모든 군인(육군, 해군, 해병대, 공군)은 비소음 노출(non-noise-exposed sample)의 선별된 인구집단(ISO-1999(A)-screened)(ISO, 1990)에 비해 높은 청력역치를 보이고 있으나, 공군과 해병대원은 1962년의 미국 공중보건연구(US Public Health Service study)에서의 비선별집단(USPHS(1962)-unscreened)의 청력역치보다는 높지 않았다. 그러나 육군과 해군은 두 집단과도 비교하여 높은 청력역치를 보이며, 1962-USPHS의 동일 연령군에 비해 중저음역에서는 5~10dB, 6,000Hz의 고음역에서는 15~20dB 정도 높은 역치를 보이고 있다. 그리고 특히 육군(보병, 포병, 기갑부대 등)의 청력은 1962-USPHS에 비해 연령이 증가함에 따라 연령에 의한 청력역치 변화량보다 더 큰 초과 손실을 보이는, 소음에 의한 고음역의 청력손실을 보이는 일관된 소음성 난청을 보여주고 있다(Humes 등, 2005)(<그림 34~37>).

<표 44> 군 장비의 소음 수준

a. *Aircraft in Use in the 1950s*

Name	Model	Location	Condition	Sound LeveldBC/F	Sound LeveldBA
Douglas Skyraider (USN; in use 1950s-1960s)	A-1J(AD-7)	Cockpit	Takeoff	132	128
			Climb	118	117
			Level	121	120
			Cruise	113	109
Douglas Skyraider (USN)	A-1J(AD-7)	Passenger area	Taxi	87	81
			Takeoff	111	111
			Normal cruise	106	103
			High cruise	109	108

Notes:dBC/F, C-weighted or flat-weighted levels;dBA, A-weighted levels.
SOURCE: Gasaway(2002)

b. *Military Equipment in Use in the 1960s*

Name	Model	Location	Condition	Sound LeveldBA
Tanks		Interior		115 (±10)
Personal carrier (APC)		Interior		120 (±10)
NATO rifle	M-14	Operator's right ear	20 rounds, full automatic	159
3.7-in rocket launcher (bazooka)				163
105mm howitzer				190 (impulse)
Sergeant missile		100 ft from launchsite		145
Helicopter (Shawnee)	H-21C	Crew chief, 15-20 ft from aircraft		110

c. *Flight Operations at Landing Signal Officer Platform, U.S. Navy Aircraft Carrier, 1970s*

Name	Aircraft	Average Noise LeveldB(SPL)	Noise LeveldBA	Average Duration at 90dBA (seconds per event
Trap (935)	F4	128	122	5
Trap (1)	A7	123	114	4
Trap (2)	C1	114	108	5
Bolter (6)	F4	120	116	5
Wave-off (8)	F4	125	124	5
Touch and go (10)	F4	129	121	4
Deck launch (2)	C1	127	123	20

SOURCE: Robertson et al. (1978)

d. *Military Equipment in Use in 2005*

Army Vehicles	Model	Condition	Location	Speed km/hr (mph)	Sound LeveldBA
High-mobility multipurpose wheeled vehicle (HMMWV), non-heavy variants	M966, also: M966, M997, M998, M1037, and others	2/3 payload	Crew positions	0(idle)	78
				48(30)	84
				88(55)	94
HMMWV, heavy variant	M1097, M1097A2, M1113, M1114	2/3 payload	Crew positions	Up to 50(31)	<85
				64(4)	88
				80(5)	92
				96(6)	98
HMMWV, heavy variant	M1097	Full payload	Crew positions	Up to 40(25)	<85
				96(60)	100
Commercial utility cargo vehicle	M1008, M1009, M1010, M1028	128	In cab	Below 88(55)5	<85
				88(55)	85-91
Ambulance	M1010		Patient areas	All speeds	<85
Armored personnel carrier, A3 version	M113A3 familiy, including M106A2, M1064A3, M1059A3, M58A3, M730A2, M901A3, M981A3			Idle	85-92
				16(10)	106
				32(20)	109
				48(30)	114
				63(40)	118
Abrams tank	M1A2, M1, M1A1		In vehicle	Idle	93
				Tactical idle	103
				16(10)	108
				48(30)	114
				63(40)	117

Army Helicopters	Model	Sound Level Location	dBA
Chinook	CH-47D	Cockpit	103
Blackhawk	UH-60A	Pilot	106
		Copilor	106
Apache	YAH-64	Pilot	104
		Copilot	101

d. *Military Equipment in Use in 2005*

Weapons (Impulse Noise)	Model	Condition	Location	Speed LeveldBP
9mm pistol	M9		Shooter	157
5.56mm rifle	M16A2		Shooter	157
5.56 squad automatic weapon fired from HMMWV	M249		Gunner	160
7.62mm machine gun	M60	Fired from HMMWV	Gunner	155
0.50 caliber machine gun	M2	Fired from HMMWV	Gunner	153
Machine gun	MK 19, Mod 3	Fired from HMMWV	Gunner	145
Grenade	M26	At 50 ft		164
MAAWS recolilless rifle	M3		Gunner	190
Light antitank weapon	M72A3		Gunner	182
Javelin antitank missile		Open position	Gunner	160
		Enclosed postion	Gunner	166
		Fighting position	Gunner	172
105mm towed howitzer	M1 19	At charge	Gunner	183
155mm towed howitzer	M198	Firing M203 propellant	Gunner	178

Notes: In flight, helicopter crews wear helmets with integral hearing protectors. Passengers must rely on their own heraing protectos (e.g., earplugs) or ones supplied by air operations. HMMWV, high-mobility multipurpose wheeled vehicle; MAAWS, multi-role anti-armor anti-personnel weapon system.
SOURCE: Adapted from U.S. Army Center for Health Promotion and Preventive Medicine (2004)

(출처; Humes 등, 2005)

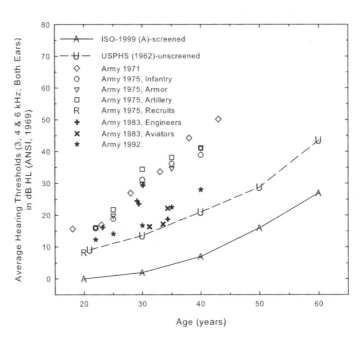

〈그림 34〉 일반인구집단과 비교한 육군(Army)의 평균청력

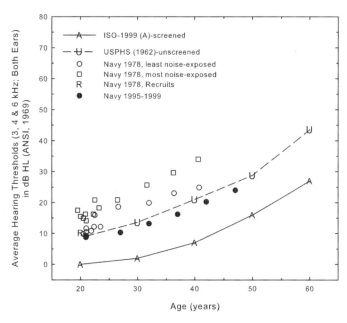

〈그림 35〉 일반인구집단과 비교한 해군(Navy)의 평균청력

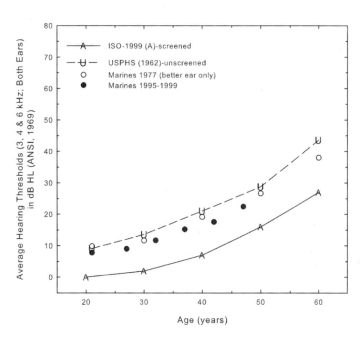

〈그림 36〉 일반인구집단과 비교한 해병(Marines)의 평균청력

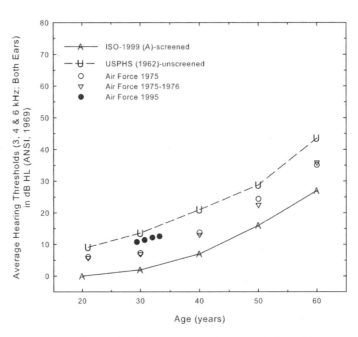

〈그림 37〉 일반인구집단과 비교한 공군(Air Force)의 평균청력

2. 음향 외상(Acoustic Trauma)

폭발음과 같은 군 소음의 충격소음은 음향외상의 원인이 된다. 폭발음으로 인하여 주로 고막이 손실이 되며 이는 전도성 난청(conductive hearing loss)의 형태가 된다. 또한 청력의 손실 이외에 귀의 통증, 청각과민증(hyperacusis), 이명(tinnitus), 안면마비(facial anesthesia) 등의 증상이 나타날 수 있다. 이러한 증상은 즉각적으로 나타나는 증상이 아닌 어느 정도 시간이 지난 다음에 나타나기도 한다(Axelsson과 Hamernik, 1987).

특히 급성 음향외상은 젊은 신병에서 주요한 문제이다. 급성 음향외상은 군에서 사격 등의 강력한 충격음으로 내이에 기계적인 손상이나 대사장애에 기인한다. 사격 등 충격소음에 기인한 와우 손상으로 음향외상성 난청이 많으며, 발병빈도는 10만 명당 156명이었다(Labarere 등, 2000). 신병과 31세 이하의 군인에서 빈도가 더 높았으며, 음향외상 난청 발생시 57%는 청력보호구를 착용하고 있었다.

고소음에 노출된 군인이 제한적으로 소음에 노출된 군인보다 더 큰 청력손실을 보임을 보고하고 있으며(Henselman 등, 1995), 음향외상의 발생이 화기 거리와 밀접한 관련이 있음을 보여주고 있어(Savolainen과 Lehtomaki, 1997) 군인의 청력손실이 충격소음의 노출수준과 용량반응관계에 있음을 보여주고 있다.

급성 음향외상 발생 시 노출되는 사격·폭발음의 노출 수, 원인인 화기로부터 상해 측 귀까지의 거리 및 청력보호구의 착용 등에 초점을 맞춘 Savolainen과 Lehtomaki(1997)의 전향적 연구에서는 87%가 전투훈련 기간 동안 발생하고, 41%가 단발의 발포 또는 폭발 충격음에 기인하며, 92%가 2m 이내의 거리에서 발생하고, 14%가 청력보호구를 착용한 상태에서도 발생-그러나 1/3이 착용상태가 불량했거나 안전수칙을 무시하여 충분하게 보호되지 않음-하였음을 보고하고 있다. Ylikoski(1989)의 군 복무 시 사격으로 인해 급성 음향외상을 경험한 361명의 핀란드 신병에 대한 연구 결과에서는 대부분 청력보호구를 착용하지 않고 개인용화기(hand-held weapon)로 사격 시 발생(50%)하고, 25%가 대전차화기 (antitank guns), 12%가 대포, 10%는 폭발에 의하였다. 22명(6%)에서 고막천공을 동반하였으며, 6kHz에서 가장 큰 청력손실을 보이며 그다음 8kHz, 4kHz의 순으로 진행하였다. 청력손실 유형으로 편평형(flat type)이 20%, 점강형(rising type; low-tone loss)은 약 5%이었다. Temmel 등(1999)의 연구에서는 급성 음향외상의 75% 이상이 2kHz 이상의 고음역 청력손실을 보이고, 청력손실 정도는 화기의 종류, 발포수와 청력보호구의 착용과는 독립적으로 영향을 미쳤다.

3. 청력 손실(Hearing Loss)

김규상과 정호근(2003)은 군인의 음향외상성 난청의 특징을 제시하였다. 첫째, 음향외상성 난청의 경우 초기의 고음역, 즉 6~8kHz의 와우와 중추신경로에 영향을 미치는 감각신경성 난청이며, 둘째, 좌우의 청력이 불일치하며, 셋째, 이명을 동반하는 경우가 많다. 이러한 음향외상성 난청은 군병과에 밀접한 관련이 있으며 청력보호구의 착용은 난청의 예방에 큰 효과가 없는 것으로 나타났다.

가. 초기의 고음역의 손실

군대에서의 소음 노출로 인한 고주파수 부분의 청력손실의 결과는 미국의 군인을 대상으로 순음청력검사를 분석한 Walden(1975)의 연구에서 볼 수 있다. Walden은 군인의 연령에 따라, 군대 복무 기간에 따라 순음청력검사 결과를 분석하였는데 나이가 많이 들수록,

군대에서의 경력이 오래될수록 청력역치가 상승함을 볼 수 있다. 또한 청력역치의 상승은 주로 6kHz에서 가장 많이 보이며, 그다음 4kHz, 3kHz의 순으로 전형적인 고음역 손상의 형태, 즉 소음성 난청의 형태를 보이고 있다. 8kHz는 검사를 하지 않아 분석의 대상에서 제외하였다. 이러한 패턴은 후의 1990년대의 연구에서도 비슷한 양상으로 나타났다(Bohnker 등, 2002).

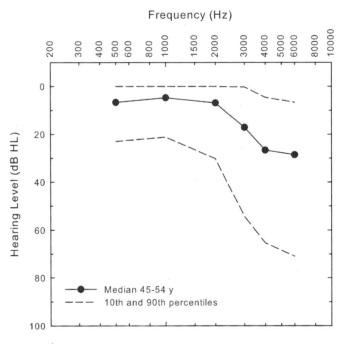

〈그림 38〉 1975~1976년 청력보존프로그램에 참여한 45~54세 미 공군의
청력(Sutherland와 Gasaway, 1978)

군인들의 청력역치의 상승은 나이가 들수록, 군대에서의 복무시간이 길수록 고음역의 손상이 많은 양상을 볼 수 있었지만 개개인의 역치의 차가 매우 큰 것으로 나타났다. Sutherland와 Gasaway(1978)의 연구에서 분석한 자료를 보면 45~54세의 군인을 대상으로 한 청력역치의 결과에서 4kHz와 6kHz의 역치의 중간값(median)은 28dB HL로 경도 난청의 수준을 보였다. 그러나 하위 10퍼센타일(percentile)의 역치는 70dB HL 이상으로 고음역대의 주파수에서 심도 난청을 보이는 것으로 나타났다(<그림 38>). Robertson 등(1978)의 연구에서는 3,050명의 해군의 청력을 조사한 결과 3kHz, 4kHz와 6kHz에서 평균적으로 30dB

HL 이상의 청력손실이 있는 것으로 나타났으며, 고음역대의 청력 손실이 있는 5년 이상 군 복무를 군인을 분석한 결과 37%는 고강도의 소음 노출이 있는 병과에, 23%는 소음 노출이 심하지 않는 병과에서 근무한 것으로 나타났다.

싱가포르의 경우 군인의 26.5%에서 청력이상을 보이고 그 중 포병이 가장 높은 유병률을 나타내고, 보통 6,000Hz에서 가장 큰 역치손실을 보였다(Paul 등, 1979). 이스라엘에서 4개월간의 군사훈련 전후의 청각학적 검사 결과에서도 60%만이 정상 청력을 보였을 뿐, 33.7%에서 6~8kHz 고음역에서의 청력손실, 3%에서 2~5kHz의 소음성 난청 소견을 보이고 있었다(Gold 등, 1989). 스웨덴의 38,294명의 평균 245일간의 기본 군사훈련을 수행한 스웨덴 38,294명을 대상으로 한 고음역의 청력장애 연구에서는 29%에서 고음역에서 주된 청력손실, 5%에서 일측성의 고음역 청력손실, 0.5%에서 증상을 호소하는 수준의 장애를 야기하였으며, 12명(0.03%)에서는 스웨덴 산재보험의 10% 청력장애 기준을 충족하고 있었다(Klockhoff 등, 1986). 미국 해군 및 해병대 병적에 올라 있는 군인 68,632명의 청력도 남자에서는 OSHA의 연령 보정된 청력수준보다 악화되어 있는 것으로 보고하고 있다(Bohnker 등, 2002).

이러한 고음역대의 난청이 군대에서의 소음 노출로 인한 결과라는 것을 증명하기 위하여 Kiukaa-nniemi 등(1992)은 39명의 건강한 징집병에 대하여 군 입대 시와 1년 후의 전역 시에 순음청력검사를 시행하여 결과를 비교하였다. 그 결과 전역 후 오른쪽 귀의 청력이 2~8kHz에서 평균 5dB 이상 통계적으로 유의하게 차이가 났으며, 왼쪽 귀 또한 .25kHz, 2kHz 및 8kHz에서 5dB가 증가되는 것으로 나타나 이와 같은 청력손실이 사격훈련에 의한 것으로 판단하였다. 또한 Pelausa 등(1995)년의 연구에서도 보병, 포병, 기갑 군인들에 대한 전향적인 연구에서 입대시점과 3년 후의 청력을 분석한 결과, 비록 평균청력에서 정상을 보이지만 6kHz에서 청력손실(notch)을 보여 전형적인 소음성 난청의 형태를 보여주었다. 보병의 왼쪽 귀의 경우 11%에서 25dB 이상의 경중도 청력손실을 보이고 소구경의 무기 사용과 일치하였다.

기타 사격, 포격 등의 화기를 다루는 보병, 포병 등의 군인 이외에도 항공 관련 근무자도 청력이 큰 영향을 받는 것으로 보고하고 있다. Chen 등(1992)의 연구에서는 소음성 난청으로 청력역치가 상승된 항공 관련 근무자(유지보수, 소방, 경찰, 지상요원 등)를 대상으로 순음청력검사와 함께 청신경유발전위검사를 실시하였다. 그 결과 항공관련 근무자의 고음역대의 청력의 손실은 약 41.9%에 이르고, 특히 지속적으로 항공기 소음에 노출되는 유지보수요원의 청력손실은 65.2%, 소방대원은 55.0%였다. 또한 청성유발전위 검사에서 중추전도시간이 연장된 형태를 보였는데 이는 강한 항공기 소음 노출로 인하여 말초 코티기관은 물론 중추의 청신경로까지 손상이 간 것으로 해석할 수 있다. Owen(1996)의 군용기 관련 근무자에 대한 연구에서는 ISO의 동일 연령의 남성 청력치보다 초과된 역치의 변화를 보이고 주 요인으로 비행기간, 승무원의 연령, 비행시간이 청력역치에 영향을 미치는 것으로 나타났다.

우리나라에서도 계원철 등(1955)이 공군 조종사와 정비사에서, 오희철 등(1981)이 해군 및 함상 근무자들에서 각각 소음으로 인한 청력장해를 보고한 바 있다. 이선철(1965)은 L-19 육군 경비행기 조종사의 28.3%, 공수부대 요원의 35.2%, 육군 장성의 63.7%가 소음성 청력장해를 나타냈음을 보고하였고, 박기현 등(1984)은 항공장교의 36.9%가 소음성 청력장애를 보이며, 31.2%가 전형적인 C₅-dip 현상을 보였다고 보고하였다.

나. 좌우측 귀의 비대칭적인 청력손실의 형태

군 복무자의 청력의 좌우를 비교해 보면 오른손잡이인 경우는 오른쪽 귀보다는 왼쪽 귀의 청력의 역치가 높게 나타난다. 그 이유는 총을 쏘는 자세에서 볼 수 있다. 이는 <그림 39>처럼 오른 손잡이의 사격자가 M16으로 우측 어깨에 걸치고 사격 시 소음원으로부터 좌측 귀가 가깝고, 왼쪽 귀는 열려 있으나 오른쪽 귀는 머리로 가려지기 때문에 오른쪽 귀가 왼쪽 귀보다 조금 더 보호되는 효과가 있다. 이와 같은 견착식 사격시의 고개를 돌린 상태에서 'head shadow'으로 인한 오른쪽 귀의 청력영향은 1,000Hz 이하역은 무시해도 좋으나 2,000Hz 이상에서는 왼쪽 귀에 비해 25~30dB 정도 감쇄되는 효과를 보인다. 반면에 권총 사격 시에는 표적을 정면으로 곧바로 보기 때문에(양이가 동일한 위치에 놓이기 때문에) 양이에 미치는 청력역치의 차이가 크지 않다(Keim, 1970)(<그림 39>).

그러나 소총사격 시에도 군내 실제 사격 훈련 시 사로와 사로 사이가 충분히 넓지 않아서 옆 사격자의 총기 소음의 영향을 받기 때문에 편측성의 음향외상의 발현을 보이지 않을 수 있다(문인석 등, 2008)(<그림 40>).

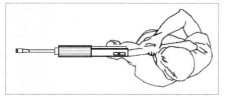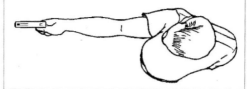

〈그림 39〉 소총과 권총의 사격자세와 두부음영효과(문인석, 2006; Keim, 1969 재인용)

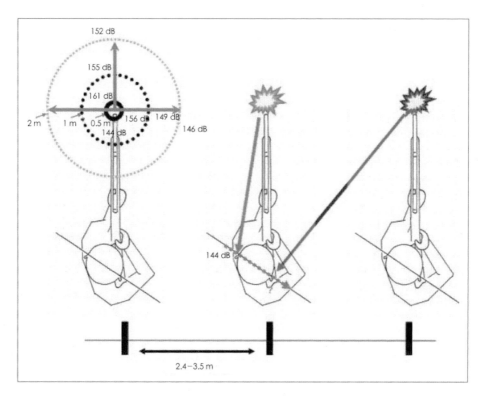

〈그림 40〉 실제 소총사격 시 옆 사격자의 총기 소음영향(문인석 등, 2008)

다. 군에서의 소음 노출과 관련된 문제

산업장의 직업적인 위해 요인뿐만 아니라 군에서의 충격 소음 노출이 청력장애에 중요한 역할을 한다. 대체로 군 복무 후 사업장에 취업함으로써 이후 노출되는 소음에 의한 청력의 영향, 소음성 난청의 진단 및 관리에서 군 소음 노출에 따른 청력영향이 큰 영향을 미친다고 볼 수 있다.

군 복무 시 소음 노출에 따른 청력장해 관련 연구는 다수 있으나 일정기간의 군 복무 후 직업적으로 소음에 노출되는 경우에 청력에 부가적으로 어떤 영향을 미치는지에 대한 연구는 전무하다고 볼 수 있다. 다만 군필군과 군미필군의 청력손실의 차이를 보거나(김헌 등, 1991) 또는 군인의 청력역치 상태를 조사함으로써 군에서의 충격 소음에 의한 영향을 추정할 뿐이었다(박기현 등, 1984; 오희철 등, 1981; 이수진, 1999). 그러나 군 복무 후 사업장에 취업함으로써 이후 노출되는 소음에 의한 청력의 영향, 소음성 난청의 진단 및 관리에서 군 소음 노출에 따른 청력영향이 큰 영향을 미친다는 점에서 이 분야의 연구는 소홀히 할 수 없다고 판단된다. 특히 우리나라의 경우는 군 복무 시 노출되는 포격 및 사격 등의 충격소음에 대한 노출 대책이 극히 미미한 상황에 있다. 이 때문에 군 복무 시의 소음 노출이 실제 작업장에서의 소음성 난청 발생에 큰 영향을 미치고 있음에도 불구하고 이에 대해 어떠한 판단기준도 없을 뿐더러 산업장 채용에서 불이익과 근로자 관리에서 혼선을 빚고 있다고 할 수 있다.

김규상과 정호근(2003)은 과거 군 복무 기간 동안 청력에 영향을 미치는 소음 노출의 경력이 현재 소음 노출 근로자에게 어떠한 청각적인 영향을 미치는가를 평가하였다. 이 연구에서 청력에 영향을 미칠 수 있는 사격, 포격 등의 충격음과 항공기 소음에 상시 노출될 수 있는 군 경력을 확인하여 현재 사업장에서의 소음 노출력에 더불어 청력에 어떤 영향을 미치는지 살펴보고 있다. 소음 부서 근로자와 비소음 부서 근로자 모두 군 충격소음 노출 근로자군이 각 0.5~8kHz 각 주파수별 청력역치 및 평균 청력손실이 크며, 특히 2~8kHz에서 크게 역치 차이가 나타났다. 4kHz 및 8kHz에서는 사업장에서의 소음 노출여부와 관계없이 군에서의 충격소음 노출이 10dB 이상의 역치 증가를 가져왔다. Kiukaanniemi 등(1992)의 2~8kHz에서 5dB의 역치 증가보다 크게 나타난 것은 더 장기간의 군 복무기간을 고려할 수 있으며, 군 소음 노출군이 일반 군인이 아니라 충격소음에 상시 노출될 수 있는 특정 병과와 군인만을 대상으로 포함하였기 때문으로 사료된다. 이는 충격소음의 최대치, 노출 수 및 청력보호구의 착용을 고려한 L_{esi}(exposure to shooting impulse) 지표를 개발해 전문적인 벌목작업자의 노출 충격소음의 청력에 대한 영향에 적용한 Pekkarinen 등(1993)의 연구에 의하면 청력역치는 연령 및 소음 노출을 고려하더라도 L_{esi}에 영향을 받고, 연령, 소음, 혈압, 콜레스테롤, 흡연 등에 대한 적절한 짝짓기 후, 고 L_{esi}군이 저 L_{esi}군에 비해 4kHz 청력에서 9dB 손실과 8kHz에서 10dB 손실의 차이를 나타낸 보고를 통해서 일반 군 경력만이 아닌 충격소음의 노출정도가 고음영역에서 더 큰 영향을 미친다는 것을 추정할 수 있다. 그러나 고음영역에서뿐만 아니라 어음영역인 0.5~2kHz에서도 군 소음 노출에 따른 영향은 커서, 난청의 정도에 따른 ISO 분류 평가에서 우측 귀의 경우, 소음 부서의 군 충격소음 노출군(I 군)이 40%에서 비정상 청력을 보인 반면에 현 사업장에서 소음 노출군(II 군)만의 경우는 29.2%, 비소음 부서의 군 충격소음 노출군(III 군)은 20%, 비소음 노출군(IV 군)은 8.6%이었다. 현재 우리나라 소음성 난청 유소견자 기준을 적용한 감각신경성 난청으로서 소음성 난청은 우측 귀에서 소음 부서의 군 충격소음 노출군이 25.7%에 이른 반면에 다른 군은 각각 11.3%, 6.7% 및 0.6%이었다. 정상 평균 청력역치이나 C₅-dip를 보인 근로자도 각각 20.0%, 20.3%, 23.3%, 10.4%를 보여 소음(군 또는 사업체에서 소음) 노출 여부와 밀접한 관련성을 나타내고 있다. 이와 같이 군에서 상시적으로 충격소음에 노출되는 군 경력은 사업체에서의 소음 노출에 부가적으로 청력에 큰 영향을 미치고 있으며, 특히 일반적인 소음성 난청의 특성을 강화하는 경향을 보인다는 점에서 주의를 요한다. 또한 비소음 부서의 군 충격소음 노출군이 비소음 노출군에 비해 청력역치, 난청 장애 정도에서 차이가 있어 비소음 부서의 근로자라 하더라도 군 소음 노출에 따른 청각학적 영향은 지속된다고 할 수 있다. 그리고 이 연구에서 청각도 상의 전음성 난청과 객관적인 고막운동성 계측 검사를 통해서 단정적으로 밝히지는 못했지만 소음 부서의 군 소음 노출자에서 전음성 난청 및 고막 천공형의 형태를 가진 근로자가 더 많은 비율로 분포하고 있어 이에 대한 추후 연구가 필요함을 시사하고 있다.

이와 같이 소음에 의한 난청을 판단하는 데 과거 및 현 사업체에서의 소음 노출만이 아니라 군 복무시의 소음 노출이 아주 중요하게 영향을 미침을 추정할 수 있다. 실제 우리나라 소음성 난청 유소견자 기준을 적용하여 소음성 난청 여부에 영향을 미치는 요인을 살펴본 결과, 사업장에서의 소음 노출여부 다음으로 군에서 소음 노출이 소음성 난청의 발생에 우측 귀에서는 4.5배, 좌측 귀에서는 2.66배 영향을 미쳤다.

이 연구 결과 현재 소음 노출 작업장에서 근무하고 있는 근로자 중 과거 군에 소음에 노출된 경우 각 주파수별 역치가 가장 높게 나타났으며 특히 소음이 영향을 많이 끼치는 2~8kHz에서 주파수 역치가 크게 나타났다. 이는 과거의 군 복무 시 소음의 노출이 현재 소음 노출 작업장에서의 청력의 역치 상승에 영향을 준 것으로 분석하고 저자들은 소음 노출 작업장의 근로자의 청력 관리 측면에서 조기 진단, 치료, 보상 및 재활을 위하여 과거 군 경력의 사항을 고려하여 다루어져야 한다고 제언하였다.

4. 군인의 이명

- 군 특수환경의 소음 노출 및 충격음에 의한 이명 영향과 발생의 특성

이명은 외부의 음원으로부터의 자극 없이 소리를 느끼는 상태, 혹은 신체 내부에서 들리는 원하지 않는 청각적 자극으로 이명은 난청, 현기증과 더불어 중요한 청각 증상의 하나이다. 이명의 빈도는 미국 성인의 32%가 이명을 호소, 이 중 20%, 즉 성인 인구의 약 6%가 심한 이명으로 고생하고 있으며, 영국 성인 인구의 35~45% 이명을 호소하고, 8%는 수면방해, 0.5%는 일상생활에 지장(Coles, 1984)을 받는다. 소음 노출 근로자의 6.6%에서 이명을 호소(Chung 등, 1984)하고, 소음성 난청으로 보상을 청구한 자 중 49.8%(Mcshane 등, 1988)가 이명을 호소한다. 소음성 난청 장해 보상자 중 58%에서 이명, 19%에서는 이명이 주요 증상이다(Alberti, 1987). 이명에 대한 역학조사 결과도 소음이 이명의 주요한 한 원인으로 보고하고 있으며, 연구자에 따라 대략 20~40%(20.7%, Hazell; 28%, Axelsson; 42%, Palmer)로 추정 보고하고 있다(Kowalska와 Sulkowski, 2001).

군 복무 관련 이명의 문제는 심각한 사회적 이슈이고, 많은 군 전역자에 의해 제기되는 질병이다. 그럼에도 불구하고 이명이라는 질병 판단이 어렵고 때로는 주관적이며, 또한 연구 대상이 특수 집단인 군인이라는 현실적 제약으로 인하여 군 소음 노출과 이명의 관계에 대한 연구는 아직까지는 미비한 실정이다. 이 글에서는 제한적이긴 하지만 기존의 몇몇 연구 자료를 토대로 군 특수환경의 소음 노출에 의한 이명 영향과 군 충격음에 의한 이명 영향에 대해 전반적으로 문헌정리를 시도하였다.

가. 군인의 소음 노출과 이명

일반적으로 군인에서 청력손실과 함께 이명을 많이 경험함을 보고하고 있다. 먼저 2,200명의 이스라엘 군인들을 대상으로 한 한 연구는, 연구 대상 군인들의 14%가 이명을 가지고 있다고 보고하였다(Attias 등, 2002). 이 이스라엘 군인 대상 연구에 있어서는 군 소음 노출에 대한 정보는 없어서 군 소음 노출과 이명과의 정확한 관계를 파악하기는 어려우나 군 복무가 전반적으로 이명에 미치는 영향에 대해 파악하는 자료가 되고 있다.

스웨덴의 204명의 보병부대 행정병을 대상으로 한 한 연구는, 연구 대상 군인들의 17%가 이명을 경험했다고 보고하였다(Christiansson과 Wintzell, 1993). 연령에 따른 이명률에 있

어서는, 30세 이하에서는 11%가 50세 이상에서는 24%가 이명을 경험했다고 보고하였다. 또한 소음 노출 정도에 따른 이명률에 있어서는, 이들 중 중화기 발포(heavy weapon fire)에 노출된 군에서는 26%가 이명을 경험하였다고 보고하였으며, 이는 소총 발포에 노출된 군의 이명률인 5%보다 통계적으로 유의하게 차이가 나는 높은 이명률을 나타내었다(Christiansson 과 Wintzell, 1993). 참고로 보통 소형무기의 음압 피크는 155～160dB SPL 정도이고, 중무기의 음압 피크 185dB SPL 이상이라고 한다. 이러한 소리의 특성상 차이가 군인에 있어서 높은 이명률을, 그리고 특히 중무기 사용 군인에 있어서의 높은 이명률을 이끈다고 예상된다.

또한 군 행정병 전역자 669명을 대상으로 한 연구에서는 34%가 가끔 이명을 경험하고, 9%가 계속적인 이명을 경험한다고 보고하였으며, 이명은 청력손실이 심한 자에서 특히 대부분 나타났다(Ylikoski와 Ylikoski, 1994). 전반적으로 가끔 이명을 경험하는 사람까지 포함하면 군 소음 노출이 이명에 매우 큰 영향을 미치는 것으로 추정된다.

미군들을 대상으로 한 소음 노출과 이명에 대해 출간된 연구는 많지 않다. 그러나 해군들을 대상으로 한 난청 연구가 연구 대상들의 7～10%가 '머리에 소음'을 갖고 있다는 조사를 한 바 있고, 이것은 미군의 소음 노출에 의한 이명을 어느 정도 파악하도록 도와준다(Robertson 등, 1978). 또한 출간된 연구는 아니지만, Army Medical Surveillance Activity (AMSA, 2004)가 2003년에서 2004년 동안 소음 노출빈도와 귀에서 윙윙거리는 현상을 설문 조사한 자체 연구가 진행된 바 있고, 이 연구는 군 소음 노출과 이명에 대한 전반적 파악에 있어서 많은 도움이 된다(AMSA, 2004; Rubertone, 2004, 2005). 이 연구는 복무 끝나기 30일 전부터 떠난 후 30일 후 사이에 각 개인에 대해 이루어진 설문으로, 전체적으로 설문에 응답한 사람 중(n=440,451) 11%가 복무 기간 중 혹은 현재 이명을 경험한 적이 있다고 응답하였다. 소음 노출 여부 또한 설문을 통해 파악되었으며, 소음에 자주 노출된 적이 있다고 응답한 사람들 중에서는, 이명 경험 여부에 있어서 약 22%가 이명을 경험하였으며, 소음에 노출된 적이 없다고 응답한 사람들 중에서는 단지 3%만이 이명을 경험한 적이 있다고 보고했다. 군 복무 기간 동안 이명 경험 자 중의 대다수는 설문 시점 현재는 이명이 사라졌다고 하였으나, 소음에 자주 노출된 사람의 경우는 4%가 현재 이명을 갖고 있다고 응답하였고, 이는 소음에 가끔 노출 혹은 전혀 노출되지 않은 군에 비해 높은 비율이었다. 또한 이 데이터는 육군, 공군, 해군, 해병대에 있어서의 이명의 차이를 조사했다. 복무 기간 중 혹은 현재 이명을 경험한 적이 있는 사람은 소음 노출 여부에 상관없이 육군이 가장 이명률이 높고, 공군이 가장 낮았다.

군인 집단에서 이명의 빈도와 지속성은 특히 경도 난청에서 보다 중도, 심도 난청에서 더 비차비가 크게 나타났다(Collee 등, 2011).

나. 군인의 충격음 노출과 이명

충격음에 의한 급성 음향외상의 결과로 대부분 청력손실과 함께 이명을 동반한다. 이명은 청력손실과 더불어 급성 음향외상의 중요한 증상으로서 보고하고 있다. 군인은 일측 방향의 소음 노출 때문에 청력손실은 양이가 불균형하나, 이명은 대체로 양측성을 보인다 (Temmel 등, 1999). 사격음 등의 강력한 소음에 의한 경우는 난청과 이명 이외에도 전정기 능의 장해도 유발될 수 있다고 보고하였다(Ylikoski 등, 1988; Ylikoski와 Ylikoski, 1994).

군 복무 중의 소음 노출의 특징은 총소리나 폭발성 굉음 등의 충격음이라는 것이다. 이러한 독특한 소음 특성은 군 복무자들의 일반적 소음 노출군에 비해 높은 이명률을 갖는 다는 것과 관계가 있다.

총소리나 폭발성 굉음 등에 의한 노출은 이명을 일으킬 수 있는 소리의 외상이다. 이러한 충격음과 관련된 이명 연구를 살펴보면, 먼저 1995년 오클라호마 시티의 폭탄사건 때의 83명의 생존자를 대상으로 한 연구는 이들 중 67%가 폭탄사건 후 며칠 안에 이명을 갖거나 기존의 이명이 심해졌다고 보고하였다. 또한 폭탄사건 후 5개월 이내에 이루어졌던 실제 건강진단에서는 생존자 중 59%는 진단에서 이명을 갖고 있는 것으로 보고된 바 있다(Van Campen, 1999).

충격음 관련 또 다른 연구는 호주에서 이루어진 연구로, 충격음을 경험한 81명의 군인들을 대상으로 한 연구이다. 이 연구는 충격음 경험 군인들 중 84%가 이명을 갖고 있다고 보고하였다(Temmel, 1999). 이스라엘 군인을 대상으로 한 연구에서는 양쪽 귀를 독립적으로 분류하여 연구하였을 때, 연구 대상자 귀의 62%가 이명을 갖고 있는 것으로 진단되었다고 보고하였다(Melinek, 1976). 이 연구에서는 양쪽 귀가 다른 크기의 충격음 노출이 있을 수 있기에 양쪽 귀를 개별적으로 평가하여 연구하였다. 충격음에 노출된 이스라엘 군인들을 대상으로 한 또 다른 연구에서는 연구 대상자 102명 중 79%인 81명이 이명을 갖고 있다고 보고하였다(Man과 Naggan, 1981).

이렇게 단순히 소음 노출 군인들에 있어서의 이명률 연구와는 달리 충격음 노출 군인들에 있어서의 이명률은 매우 높게 나타난다.

다. 군 특수환경의 이명 영향 가능성

청력손실과 함께 이명은 소음에 노출되는 근로자의 주요 청각학적 문제이다. 중소규모 선박수리 및 건조업체의 근로자를 대상으로 작업장에서의 소음 노출과 과거 군 복무 기간 동안 사격 및 포격 등 소음 노출 경력에 따른 이명의 유병률과 이명에 영향을 미치는 요인을 조사한 김규상과 정호근(2002, 2003)의 연구에서 소음 부서의 군 충격소음 노출군의 이명 유병율은 46.2%에 이른 반면에 소음 노출군만의 경우는 22.7%로 유의한 차이를 보였으나, 현 작업 소음 비노출군에서는 각각 8.0%, 7.9%로 군 소음 노출여부에 따른 차이를 보이지 않았다(김규상과 정호근, 2002). 또 이명과 관련하여 과거 이질환 병력, 현 직종의 소음 노출 여부와 더불어 과거 군 복무 시 충격음의 노출 여부가 주요한 결정 요인이었음을 볼 때 군 경력이 사업장에서의 소음 노출에 따른 청력역치와 이명 영향을 강화하는 방향으로 작용함을 알 수 있다(김규상과 정호근, 2002).

군 복무에 있어서 정확한 이명률과 영향 경로 등에 대해서는 정확히 밝혀지진 않았지만, 위와 같은 여러 연구 자료를 통하여, 군 복무 동안의 소음 노출이 전반적으로 혹은 특정 범위에 있어서 이명을 발생시키거나 기존의 이명을 악화시킬 수 있다는 것을 확인했다. 또한 몇몇 연구를 통하여 사격과 같은 충격음 노출이 지속적인 소음 노출에 비해 이명을 야기시킬 가능성이 더 큼을 확인했다.

즉, 군 관련 소음 노출은 사회에서의 일반적 소음과 구분되는, 비연속적인 단발성의 반복 노출이고 소리의 성격과 크기도 일반적 소음과는 다르다. 이러한 군 특수환경 소음 노출, 특히 사격 및 폭발성 굉음에 의한 노출은 이명의 발병 혹은 악화를 유도한다. 따라서 군 복무 관련 이명의 문제는 일반 이명과 다른 방향에서 접근할 필요가 있으며, 군 복무 관련 이명 발생의 공무상 질병인정에 있어서도 이러한 군 특수환경이 이명에 높은 영향을 미칠 수 있다는 가능성을 전제를 가지고 다른 시각으로 접근할 필요가 있다.

결론

우리나라는 일반적으로 사업체에 근무하기 전에 젊은 나이에 의무적으로 장기간 군 복무를 해야 하고, 그중 대다수가 제한적으로 사격 훈련에 참여하지만, 포병, 기갑 등 특정 병과와 공군 및 해병 군인은 상시적으로 충격소음에 노출된다고 볼 수 있다. 이때 노출되는 소음수준은 최대소음으로는 말할 것도 없으며, 평균 소음수준으로도 상당히 높음을 여러 연구 보고를 통해서 알 수 있다.

소음 노출에 대한 회피는 영구적인 청력장애를 예방하는 데 중요함을 새삼 말할 필요는 없을 것이나 군 입대전과 주기적으로 청력에 대한 적절한 검사는 청력손실의 예방과 청력장애의 발견에 아주 중요한 역할을 한다. 더불어 소음성 난청에 대해 사후적이나 장해자에 대한 치료와 재활 및 보상체계도 적절하게 구축되어야 할 것이다. 군에서의 소음 노출은 군 기간 동안만의 문제가 아닌 이후 사업장에서 소음 노출 근로자에 대한 청력 관리 측면에서 문제를 제기할 수 있다는 점에서 소음에 의한 산업청각학적 영향에 대한 조기 진단, 치료, 보상 및 예방을 위해서 외연을 넓혀 군에서의 소음 노출 문제까지 연계하여 다루어야 함을 시사하고 있다.

군 경력과 관련한 청력손실의 특성을 문헌(Salmivalli, 1979; Ylikoski, 1989; Savolainen과 Lehtomaki, 1997; Ylikoski와 Ylikoski, 1994; Paul 등, 1979; Gold 등, 1989; Klockhoff 등, 1986; Pelausa 등, 1995)을 통해 정리해 보면, 음향외상성 난청, 초기의 고음역(특히 6~8kHz)의 청력손실, 좌우 청력의 불일치, 와우와 중추청신경로에 영향을 미친 감각신경성 난청, 평균 청력역치 평가에 따르면 초기의 경도 난청을 보이고, 군 병과와 밀접하게 관련이 있으며, 청력보호구는 난청 예방에 큰 영향을 미치지 못함을 알 수 있다.

군의 특수한 환경에서의 소음 노출에 의한 소음성 난청의 문제는 비단 우리나라뿐만이 아니라 제2차 세계대전 이후 세계적으로 계속적으로 이슈화되었던 문제이다. 이러한 난청은 한 번 발생할 경우 지속이 되고 보장구 등의 사용으로 재활을 실시해야 함은 물론 정신적인 문제까지 영향을 미치게 되어 개인은 물론 넓게 나아가서는 사회적 문제로 확대될 수 있다. 그러므로 국가차원에서의 군인의 청력보호를 위한 청력보존 프로그램 운영 등의 적극적 노력이 필요하다.

9장 청력보호구

김규상

1. 청력보호구

 귀마개와 귀덮개의 착용효과는 그것을 어떻게 맞게, 세심하게 쓰느냐에 달려 있다. 청력보호구 착용에 따른 내이로의 음의 전달로를 보면 다음 그림과 같다(<그림 41, 42, 43>). 밀폐되지 않은 귀에서의 외부음은 외이도를 통해 고막에 이르는 음 전달경로를 거치나 청력보호구로 밀폐된 귀는 1) 공기 누출(air leak), 2) 청력보호구의 진동(hearing protection vibration), 3) 재질을 통한 전달(structural transmission), 4) 뼈 및 근육조직을 통한 전도(bone and tissue conduction)를 통해 전달된다.

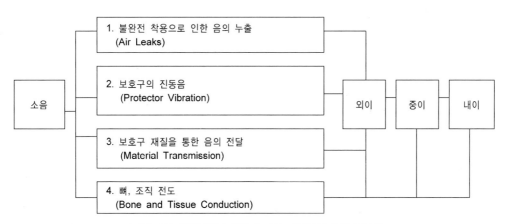

〈그림 41〉 청력보호구 착용에 따른 내이로의 음의 전달로

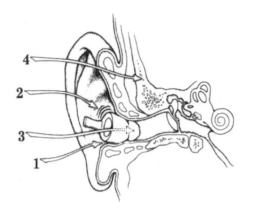
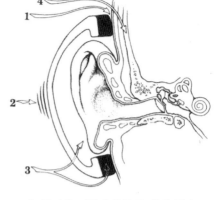

<그림 42> 귀마개 착용 후 음의 전파   <그림 43> 귀덮개 착용 후 음의 전파

　음의 차단을 위해 보호구 착용 시 종류에 따라 적합한 것을 채택하는 것도 중요한 일이다. 청력보호구가 최대효과를 가지려면 완전한 공기밀폐를 하여야 한다. 귀마개는 이도의 모양에 정확히 맞아야 하고 귀덮개의 쿠션이 외이도 주변부에 완벽히 맞아야 한다. 공기누출과 관련하여 완전한 보호를 위해서 청력보호구는 외이도의 벽이나 이개 주위의 귀 부분을 완전하게 밀폐시켜야 한다. 공기누출로 인해 전 주파수에 걸쳐 5~15dB까지 감쇄가 줄어들 수 있다. 특히 저주파수에서의 감소가 심하다. 그리고 이도의 구조는 S형으로 완곡하고 외이도 부분의 피부조직의 유연성 때문에 귀마개는 외부의 소음에 의해 이도 내에서 피스톤 방식의 진동으로 앞뒤로 조금씩 진동할 수 있어 저주파음의 감음효과는 다소 감소한다(<그림 44, 45>).

　마찬가지로 귀덮개도 완전히 확고하게 머리에 부착되지 않을 수 있으며 귀덮개의 덮개 부위도 외부의 소음에 의하여 진동을 일으켜 감음효과를 감소시킬 수 있으며 25~40dB에 이른다. 이러한 작용들이 저주파수의 감쇄를 제한한다. 125Hz에서 대표적인 최대 감쇄값은 귀덮개가 20dB, premolded 귀마개가 30dB, 폼형 귀마개는 40dB이다. 또한 청력보호구의 외면은 음파충격에 반응 진동하여 보호구의 물질을 통해 내면에 전달되어 착용자의 보호구와 고막 사이의 밀폐된 공간에 이른다. 이러한 음의 감소 정도는 청력보호구 내의 내면 소재에 따라 다르다. 노출면이 훨씬 작은 삽입형 보호구(귀마개)에서는 이러한 물질을 통한 전달이 그리 중요하지 않다. 귀덮개의 컵과 쿠션 조성을 통한 재질을 통한 전달은 중요한데 일반적으로 1kHz 이상의 주파수에서 음 감쇄를 제한한다. 청력보호구의 세 가지 소리 경로가 완전하게 효과적으로 제어되더라도 보호구를 우회하여 골 및 조직을 통한 내이로의 소리 전달로 인해 보호구의 감음효과를 감소시키는 요인이 있다. 그러나 골과 조직을 통하여 귀에 전달된 소리 수준은 개방상태로 통과된 공기 중 소리 수준보다 약 50dB 낮다.

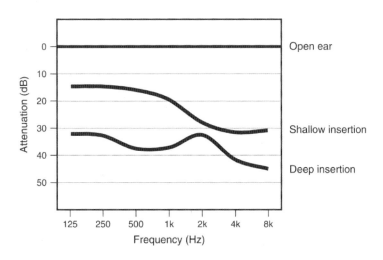

〈그림 44〉 착용 상태에 따른 보호구의 감음 효과

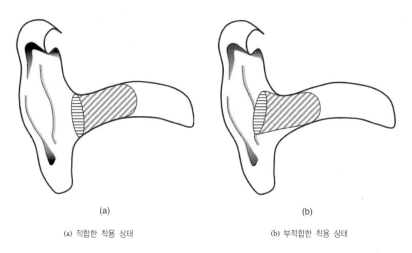

(a)   (b)

(a) 적합한 착용 상태   (b) 부적합한 착용 상태

〈그림 45〉 귀마개의 착용 상태

〈표 45〉 각종 청력보호구 평균 소음 감음 효과(Berger, 2003)

Type of Hearing Protector	Octave-Band Center Frequency(Hz)						
	125	250	500	1,000	2,000	4,000	8,000
Foam earplugs*	20~40	20~40	25~45	25~45	30~40	40~45	35~45
Premolded earplugs	20~30	20~30	20~30	20~35	25~35	30~45	30~45
Foamable(fiberglass)	20~30	20~30	20~30	25~30	25~30	35~40	35~40
Foamable(wax or silicone)	20~25	20~25	20~25	25~30	30~35	40~45	40~45
Custom-molded earplugs	15~35	15~35	15~35	20~35	30~40	35~45	30~45
Semi-insert earplugs	15~30	15~30	10~30	15~30	25~35	25~45	30~45
Earmuffs**	5~20	10~25	15~40	25~45	30~40	30~40	25~40
Military helmets	0~15	5~15	15~25	15~30	25~40	30~50	20~50
Dual protection (ear plugs + earmuffs)	20~40	25~45	25~50	30~50	35~45	40~50	40~50
Active noise reduction***	15~25	15~30	20~45	25~40	30~40	30~40	25~40
Cotton balls	0~5	0~10	5~10	5~10	10~15	10~20	10~20
Motorcycle helmets	0~5	0~5	0~10	0~15	5~20	10~30	15~35
Air-fed shotblsting helmets	0~5	0~5	0~5	0~15	15~25	15~30	15~25
Finger tips earcanals	25~30	25~30	25~30	25~30	25~30	30~35	30~35

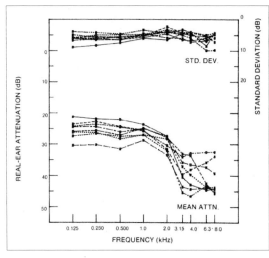

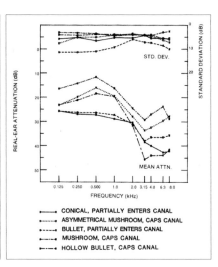

A. 변형형   B. 머리띠형

〈그림 46〉 청력보호구 소음 감음 효과 비교

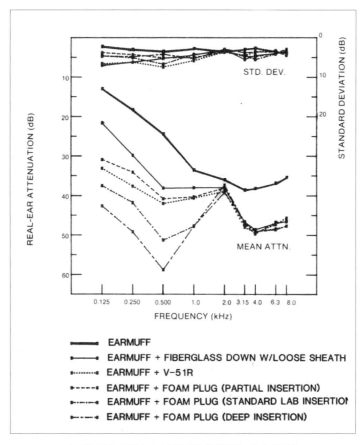

〈그림 47〉 이중으로 보호구를 착용했을 때 소음감소

　　귀마개의 감음율은 고주파에서 보통 25～35dB이고, 귀덮개는 35～40dB 정도이므로 귀
마개는 115～125dB에서 귀덮개는 130～135dB에서 작업이 가능하다는 결론이 나온다. 또
한 귀마개와 귀덮개를 동시에 착용하면 추가로 3～5dB까지 감음을 시킬 수 있으나 어떠
한 경우도 50dB 이상 감음시킨다는 것은 불가능하다(<표 45>, <그림 46, 47>).

　　그러나 청력보호구가 실제로 사용되는 현장에서는 실험실에서 측정한 감음효과보다
유의하게 작다는 것은 이미 잘 알려져 있다. 왜냐하면 숙련된 사람이 5분 정도 가만히 앉
아, 검사지침서에 쓰인 대로 꽉 조이는 청력보호구를 사용한 경우의 감음효과 결과는 매
일 연장시간도 포함하여 보호구를 착용해야 하며 불편삼을 호소하는 활동성 있는 작업자
에서 측정한 결과와 매우 다르기 때문이다. <그림 48>은 청력보호구(귀마개와 귀덮개)의
실험실과 실제로 현장에서 실시한 보호구 성능의 비교 결과를 그래프로 정리한 것이다.

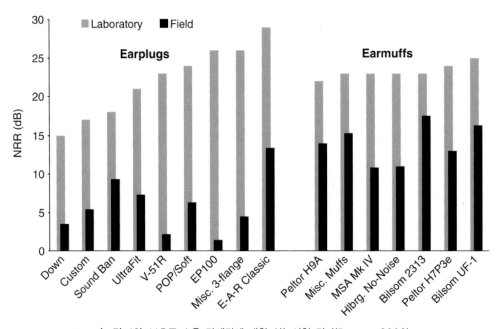

〈그림 48〉 보호구 소음 감쇄값에 대한 성능시험 결과(Berger, 2003)

　　지금까지의 자료를 종합해 보면, 현재 판매되는 보호구 제작회사에서 제시한 평균 소음차단값은 거의 24dB 정도인데, 실제 대부분의 사용자에게 제공할 수 있는 보호적 측면을 고려할 때 귀덮개는 10~12dB의 보호효과를 제공할 수 있는 반면, 귀마개는 스폰지형을 제외하고는 10dB 이하를 제공할 수 있다고 하였다.

　　그리고 청력보호구의 소음 감음효과에 영향을 미치는 중요한 변수 중 하나는 착용자가 얼마나 오랫동안 착용하고 있었는지 시간이다. <그림 49>는 착용시간과 차음율(noise reduction rating, NRR)과의 관계를 도식화한 결과이다. 한 예로 8시간 지속적으로 착용했을 때 NRR이 25인 청력보호구를 15분간 착용하지 않았다면 이것은 전체 착용시간의 3%밖에 되지 않으나 NRR이 20dB 정도로 낮아지게 되어 소음감소 효과가 매우 떨어진다. 그러므로 청력보호구는 소음에 노출되는 시간 동안 지속적으로 사용하여야 소기의 목적을 달성할 수 있다.

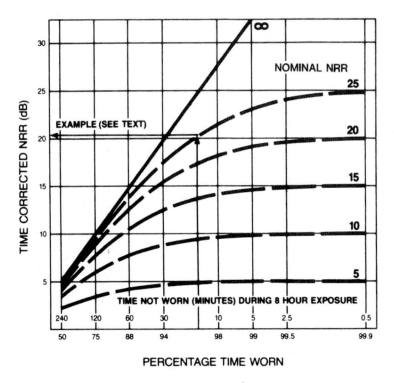

〈그림 49〉 청력보호구 NRR과 착용시간과의 관계(Berger, 2003)

2. 군에서의 청력보호구

군에서 소음 노출원은 매우 다양하며, 귀마개, 귀덮개 및 헬멧 등의 청력보호구를 제외하고는 안전한 소음 노출수준으로 저감하기가 매우 어렵다는 점이 있다. 그리고 청력보호구도 불편하고, 대화의 어려움과 헤드기어(철모 등)와 양립하기 어려움 때문에 대중적이지 못하며, 청력보호구의 소음 감쇄치가 실험실 측정치보다 적어 실제적인 사용에서의 보호정도가 크지 못하다고 한다. 그러나 소음원으로부터 5m 이상의 거리에서는 귀마개와 귀덮개의 동시착용이 음향외상의 예방을 위해서는 안전하다고 추정하고 있으며, 또한 폭발로부터 직접적인 중이 및 내이의 보호를 할 수 있는 방법이다.

군에서의 청력보호구는 소총(assault rifle(RK762)) 사격 시 peak level(Lc$_{peak}$, dB)로 좌측 귀의 청력보호구 바깥쪽의 소음이 156dB이나 안쪽의 소음은 Peltor H61이 132dB, Bilsom Marksman이 130dB, Ear Ultra 9,000이 134dB로 22~26dB의 감쇄효과를 갖는다. 반면에 30~60분간의 전쟁 훈련 시(combat exercises) 조교의 소음 노출은 귀마개(Bilsom, Elacin) 바깥의 평

균 소음(L_{Aeq})으로 95~97dB(Attack/Defence시), 116dB(Shooting시)이었으나 안쪽은 각각 82~85dB과 104dB로 10~15dB의 감쇄효과를 보였다. 전차나 전투기 조종사의 경우에서는 업무 수행 중의 의사소통 때문에 노출 소음(Combat vehicle 94~106dB, Jet fighter 96~100dB)에 대한 실제적인 감쇄치는 5~8dB(L_{Aeq})밖에 미치지 못하고 있다(Paakkonen과 Lehtomaki, 2005). 따라서 전장 군인의 가장 좋은 청력보호는 소음환경에서 의사소통이 가능한 능동형 소음 제어 귀덮개(active noise cancellation ear muff)로 군에서 전 작업시간 동안 착용하여야 한다.

10장 소음으로 인한 이명의 국내외 연구[7]

김규상

1. 국내 연구

이명에 대한 다양한 증례나 Case series, 그리고 이명 환자의 임상적 특성, 이명의 치료 효과 등에 대한 임상의학적인 국내 연구는 많은 편이다. 그러나 소음, 특히 군 소음과 관련해서는 몇 편 보고되지 않고 있다.

이명은 난청과 동반되는 예가 많아 난청과 함께 신체적 장애를 유발할 수 있으며 특히 소음 작업장 근로자에서 향후 발생할 수 있는 신체장애의 경고 증상이 될 수 있다. 소음 노출 근로자 중 이명 유병률은 24.3%, 대조군은 3.6%이었으며(송주복과 김병권, 2002), 500Hz를 제외하고 모든 주파수에서 이명군이 비이명군에 비해 유의하게 높은 청력역치를 보이고, 이명군이 비이명군에 비해 청력손실자의 비율 및 중증도의 정도가 유의하게 높고, 과거 이질환 병력, 과거 군 복무 시 강력한 충격음의 노출 및 현 직종의 소음 노출이 이명 발생에 유의하게 영향을 미쳤다(김규상과 정호근, 2002). 그러나 소음성 난청이 있는 작업자(실험군)와 정상인(대조군)과의 비교에서 만성적인 소음 노출에 의한 전정기능의 차이는 보이지 않았다(박재범과 김성원, 2002).

작업장 4곳의 소음성 난청으로 진단된 근로지 102명에 대한 소음성 난청에서 이명의

---

7) 소음 등 유해요인에 의한 근로자의 청각학적 영향에 대한 최근의 산업청각학적 연구 동향과 주요 쟁점을 『소음과 청각: 직업인의 난청』 「31장 우리 나라이 산업청각학적 연구 고찰」(김규상, 2013; 한국학술정보 이담북스)에서 다룬 바 있다. 이 글에서는 소음과 관련한 이명의 국내 연구와 소음, 특히 군 소음과 난청, 그리고 이명과 관련한 국외 연구를 개괄적으로 기술하였다.

주파수와 작업장 소음의 주파수 관계에 대한 조사 결과, 소음성 난청자의 42.2%에서 이명이 동반되었으며, 이명의 주파수는 소음의 주파수와 관계없이 소음성 난청에서 청력손실이 심한 4,000Hz이었다(전준 등, 2005). 6년 동안 청각장해보상을 목적으로 내원한 근로자 189명에 대한 조사에서는 이명이 있는 군의 이명 평균 주파수는 4,195.2Hz, 강도는 73.6dBHL, 이명의 감각적 크기는 6.03dBSL이었으며, 이명주파수가 4,000Hz인 대상자에서 청력역치가 가장 높게 나타났으며, 이명의 크기가 증가할수록 (순음/어음)청력역치가 증가하며, 어음명료도는 감소하였다(김남정 등, 2012).

공군 제20전투비행단 3,650명 중 청력이상 및 이명을 호소하여 내원한 8명에서 양측 귀의 청력역치 사이에 유의한 차이를 보이고(좌>우), 3, 4, 8kHz의 고주파역에서 역치손실이 현저하게 나타났으며, 청력보호구 착용의 사격에 의한 청력손실 예방효과를 본 결과에서는 귀마개 착용 후 실시한 사격에서 청력손실, 이명 등의 증상 발현이 없어 개인 청력보호구의 청력보호 효과를 나타내었다(문인석, 2006). K2 소총 사격 후 갑자기 발생한 난청 또는 이명으로 내원한 228명의 소총 소음에 의한 음향외상의 임상양상을 본 연구에서는 우세수지의 대측과 동측의 음향외상 발현율에 유의한 차이가 없었으나, 환측·건측의 평균 순음청력역치는 유의한 차이를 보였으며, 고음역의 역치가 상승하는 하강형의 양상을 보여 8kHz에서 역치가 가장 많이 상승하였으며, 난청의 정도와 이명점수(Tinnitus Questionnaire Inventory, TQI), 난청의 형태와 이명점수 사이에 상관관계가 발견되었다(문인석 등, 2008). 입대하여 사격훈련을 1회 받은 268명의 육군병사의 총기 음향외상에 의한 이명의 발생과 지속에 영향을 주는 인자를 살펴본 연구에서는 사격 직후 이명의 발생과 나이, 사격횟수, 귀마개의 착용여부 중 귀마개 착용만이 이명발생과 통계적으로 유의하였으며, 나이, 사격횟수, 사격 후 경과시간, 이환 귀 방향, 이명 발생 당시 중증도 중 주관적 중증도만이 이명의 지속여부에 영향을 미치는 요인이었고, 이명의 시간 경과는 이명의 지속과 통계학적 연관성은 없었다(이용원, 2009).

평택시 미군기지 주변 주민의 비행기 소음과 청각학적 평가 결과의 관련성에서는 이명 증상 호소율의 소음 노출 대응비가 남성 2.06(노출군 47.3%, 대조군 27.6%), 여성 1.97(노출군 50.8%, 대조군 28.5%)이었고, 이명 불편감 점수(Tinnitus Handicap Inventory, THI)가 남녀 모두 노출군에서 유의하게 높게 나타났다(정종도 등, 2009).

군 이명 피해자 연대 회원 295명에 대한 이명 특성, 이명장애와 우울증의 관련성 및 이에 영향을 미치는 요인에 대한 연구에서 난청과 이과적 증상, 이명 부위, 이명소리 종류,

<표 46> 소음에 의한 이명 연구

연구자	연구대상	연구목적	연구결과
송주복과 김병권 (2002)	조선소의 현장 생산직 사원(소음 노출군) 7,204명과 설계직 사원(대조군) 896명	소음노출 근로자의 이명의 유병률과 이명의 특성	① 소음노출 근로자중 이명유병률은 24.3%, 대조군은 3.6% ② 이명의 특성을 기술
박재범과 김성원 (2002)	공군 작업자들 중 소음성 난청소견을 보인 19명(실험군)과 정상 대조군 11명	만성적인 소음노출이 전정 기능에 미치는 영향	소음성 난청이 있는 작업자(실험군)와 정상인(대조군)과의 비교에서 전정기능의 차이는 보이지 않음
김규상과 정호근 (2002)	중소규모 선박수리 및 건조업체 근로자 246명	조선업체 종사 근로자들의 이명의 유병률과 이명에 영향을 미칠 수 있는 주요 유해 인자	① 500Hz를 제외하고 모든 주파수에서 이명군이 비이명군에 비해 유의하게 높은 청력역치 ② 이명군이 비이명군에 비해 청력손실자의 비율 및 중증도의 정도가 유의하게 높음 ③ 과거 이질환 병력, 과거 군 복무 시 강력한 충격음의 노출 및 현 직종의 소음노출이 이명 발생에 유의하게 영향
전준 등 (2005)	작업장 4곳의 소음성 난청으로 진단된 근로자 102명	소음성 난청에서 이명의 주파수와 작업장 소음 주파수의 관계	① 소음성 난청자의 42.2%에서 이명이 동반 ② 이명의 주파수는 소음의 주파수와 관계없이 소음성 난청에서 청력손실이 심한 4,000Hz이었음
문인석 (2006)	공군 제20전투비행단 3,650명 중 청력이상 및 이명을 호소하여 내원한 8명	일측성 청력보호구 착용의 사격에 의한 청력손실 예방 효과	① 양측 귀의 청력역치 사이에 유의한 차이를 보이고(좌>우), 3, 4, 8kHz의 고주파역에서 역치손실이 현저하게 나타남 ② 귀마개 착용 후 실시한 사격에서 청력손실, 이명 등의 증상 발현 없어 개인 청력보호구의 청력보호효과를 보임
문인석 등 (2008)	K2소총 사격 후 갑자기 발생한 난청 또는 이명으로 내원한 228명	소총 소음에 의한 음향외상의 임상양상	① 우세수지의 대측과 동측의 음향외상 발현율에 유의한 차이가 없음 ② 환측·건측의 평균순음청력역치는 유의한 차이를 보였으며, 고음역의 역치가 상승하는 하강형의 양상을 보여 8kHz에서 역치가 가장 많이 상승함 ③ 난청의 정도와 이명점수(Tinnitus Questionnaire Inventory, TQI), 난청의 형태와 이명점수 사이에 상관관계가 발견되지 않음
이용원 (2009)	입대하여 사격훈련을 1회 받은 268명의 육군병사	총기음향외상에 의한 이명의 발생과 지속에 영향을 주는 인자	① 사격 직후 이명의 발생과 나이, 사격횟수, 귀마개의 착용여부 중 귀마개 착용만이 이명발생과 통계적으로 유의함 ② 나이, 사격횟수, 사격 후 경과시간, 이환 귀 방향, 이명 발생 당시 중증도 중 주관적 중증도만이 이명의 지속여부에 영향을 미치는 요인 ③ 이명의 시간 경과는 이명의 지속과 통계학적 연관성은 없음
정종도 등 (2009)	평택시 미군기지 주변 주민(노출군 492명, 대조군 200명	비행기 소음과 청각학적 평가 결과의 관련성	① 이명 증상 호소율의 소음 노출 대응비가 남성 2.06(노출군 47.3%, 대조군 27.6%), 여성 1.97(노출군 50.8%, 대조군 28.5%) ② 이명 불편감 점수(Tinnitus Handicap Inventory, THI)가 남녀 모두 노출군이 유의하게 높게 나타남
김도연 등 (2012)	군 이명 피해자 연대 회원 295명	군 전역자의 이명의 특성과 이명장애의 관계 및 이명장애에 영향을 미치는 요인	① 난청과 이과적 증상, 이명 부위, 이명소리 종류, 이명 크기 및 이명으로 인한 건강영향 등이 이명장애와 유의한 관련성을 보임 ② 난청, 이명 크기, 이과적 증상은 이명장애 정도에 큰 영향을 미침
김규상 등 (2012)	군 이명 피해자 연대 회원 295명	이명으로 인한 우울정도와 우울증에 미치는 영향	① 이과적 질병력은 우울증과 관련 ② 난청을 동반한 경우와 이명의 크기가 클수록 우울증군의 비율이 높음 ③ 우울증군에서 수면방해, 일상생활 불편도, 작업전환, 삶의 방식변화 비율이 높음 ④ 이명의 장애 정도가 높을수록 우울증의 비율이 유의하게 높음 ⑤ 중회귀로짓분석결과, 난청군(OR, 2.39), 고 이명강도(OR, 2.51), 고 이명장애군(OR, 5.04)에서 우울증의 위험이 유의하게 높음
김남정 등 (2012)	6년 동안 청각장해보상을 목적으로 내원한 근로자 189명	소음성 난청 보상자를 대상으로 한 이명특성과 순음 및 어음 청력역치와의 관련성	① 이명이 있는 군의 이명 평균 주파수는 4,195.2Hz, 강도는 73.6dBHL, 이명의 감각적 크기는 6.03dBSL ② 이명주파수가 4,000Hz인 대상자에서 청력역치가 가장 높게 나타남 ③ 이명의 크기가 증가할수록 (순음·어음)청력역치가 증가하며, 어음명료도는 감소함

이명 크기 및 이명으로 인한 건강영향 등이 이명장애와 유의한 관련성을 보였으며, 난청, 이명 크기, 이과적 증상은 이명장애 정도에 큰 영향을 미쳤다(김도연 등, 2012). 이과적 질병력은 우울증과 관련이 있었으며, 난청을 동반한 경우와 이명의 크기가 클수록 우울증군의 비율이 높았고, 우울증군에서 수면방해, 일상생활 불편도, 작업전환, 삶의 방식변화 비율이 높고, 이명의 장애 정도가 높을수록 우울증의 비율이 유의하게 높았다. 중회귀로짓분석 결과, 난청군(OR, 2.39), 고 이명강도(OR, 2.51), 고 이명장애군(OR, 5.04)에서 우울증의 위험이 유의하게 높게 나타났다(김규상 등, 2012).

일반적으로 소음 노출 근로자의 소음성 난청에는 주의를 갖고 있지만 이명에 대해서는 관심이 덜한 편이나 이와 같이 소음 노출과 이명의 관련성이 큰 만큼 청력보존 프로그램에 이명 발생 가능성의 환기를 요한다고 볼 수 있다.

2. 외국의 소음으로 인한 난청·이명 연구

가. 소음성 난청에 영향을 미치는 요소에 관한 연구

1) 소음과 관련한 외인성 요소

사업장 혹은 군대에서의 소음 노출이 소음성 난청의 가장 주요한 원인이며 화학 물질이 소음과 함께 노출되었을 때 소음성 난청을 심화하는 요인이 될 수 있다. 특히 인쇄 혹은 도장과 관련한 직종에서 흔히 노출될 수 있는 톨루엔과 같은 물질은 많은 동물실험에서 소음과 함께 노출되었을 때 소음성 난청의 상승효과가 있을 수 있음을 많은 연구 결과에서 볼 수 있다(<표 47>).

<표 47> 소음성 난청에서의 톨루엔 노출과 관련한 연구

연구자	연구 방법	연구 결과	비고
Human studies			
Schaper 등(2003)	각 피검자는 1년에 두 차례 톨루엔과 소음노출 측정하며 과거 노출에 대한 기록들을 평가함 ① 톨루엔 평균 노출량 High: 26ppm, Low: 3ppm 일생 동안 가중된 평균 일 노출 High: 45ppm, Low: 10ppm 노출 생물지표: 마뇨산, o-크레졸 ② 소음: high noise: 82dB A, low noise: 81dB A	톨루엔 강도, 노출 기간, 혹은 상호작용에서 청각역치간의 유의미한 영향 없음 최근 소음 강도에서는 유의미한 영향(F=4.5,p=.04)	모든 피검자를 follow up 하지는 않았음
Morata 등 (1997)	① 유기용제 노출: 톨루엔, 에탄올, 초산에틸에 대한 TWA 노출 평가 ② 톨루엔 노출수준(air): 0.14에서 919mg/m³ 109명 근로자의 소변에서 마뇨산, 크레아티닌에 대해 검사함 ③ 소음 노출: 계속된 소음, 71에서 93dBA; 근로자 개인 대상 측정	① 소음과 톨루엔 간의 통계학적 상호작용은 없음 ② 기도에서 톨루엔의 농도는 청력 손실과 유의미한 관계없음 ③ 톨루엔 노출에 대한 생물학적 지표의 수준(소변의 미뇨산)과 청력손실 간의 유의미한 관계있음 (OR=1.76, 95% CI 1.00-2.98)	① 피검자의 93%가 비직업적인 소음의 주된 원인에 노출되지 않은 것으로 보고함(예; 무기, 오토바이 등) ② 직업적으로 소음에 노출되지 않은 피검자 중 11%는 청력 보호기를 사용하고 85dBA 이상의 소음에 노출됨
Morata 등 (1993)	① 소음 노출군: 88-97dBA(계속적인); 209-335% 함 (5-dB 변화간격) ② 소음과 톨루엔 노출군: 88-98dBA; 140-350% 함(5-dB 변화간격); 톨루엔 TWA 75-600ppm ③ 혼합 유기용제 노출군: 데이터 없음; 톨루엔 농도 10-70ppm(11 샘플) 일, 노출 그리고 의료기록에 대해 인터뷰	① 고주파수 청력손실의 파급: 8% 노출되지 않음 26% 소음 53% 소음과 톨루엔 18% 용매 혼합 ② 고주파수 청력손실의 관련 있는 위험성: 소음: 4.1(95% CI 1.4-12.2) 소음과 톨루엔: 10.9(95% CI 4.1-28.9) 용매: 5.0(95% CI 1.5-17.5)	혼합된 노출의 영향이 부가적인지 상승적인지에 대해 톨루엔에만 노출된 군을 제외하고 평가될 수 없음
Animal stduies			
Davis 등(2002)	친칠라 사용 ① 10일 노출 톨루엔: 2,000ppm 소음: 500Hz 옥타브 밴드 소음, 97.5dBSPL 배경소음<60dBA ② 22마리 친칠라(편측귀) 집단 1: 8h 톨루엔, 배경소음 집단 2: 톨루엔 없음, 8h 소음 집단 3: 8h 톨루엔, 8h 소음 집단 4: 대조군	소음 영향이 있으나 이독성은 없음 소음: 2-4kHz에서의 12dB 영구 역치 변화 편방변차 분석: 오직 톨루엔 혹은 톨루엔과 소음의 상호작용에서의 유의미한 영향은 없음	
Davis 등(2002)	친칠라 사용 ① 10일 노출 톨루엔: 2,000ppm 소음: 500Hz 옥타브 밴드 소음, 97.5dBSPL 배경소음<60dBA ② 22마리 친칠라(편측귀) 집단 1: 8h 톨루엔, 배경소음 집단 2: 톨루엔 없음, 8h 소음 집단 3: 8h 톨루엔, 8h 소음 집단 4: 대조군	소음 영향이 있으나 이독성은 없음 소음: 2-4kHz에서의 12dB 영구 역치 변화 편방변차 분석: 오직 톨루엔 혹은 톨루엔과 소음의 상호작용에서의 유의미한 영향은 없음	

최근에는 작업장에서의 시안화수소(hydrogen cyanide)와 일산화탄소(carbon monoxide)와 같은 질식제의 노출이 소음과 함께 노출되었을 때의 연구가 주목을 받고 있다. 시안화수소는 도금 업체와 금속 침출 등의 작업장에서 사용하는 물질이다. 최근의 동물모델의 연구에 따르면 고강도의 소음 노출과 함께 낮은 수치에서 중간 수치 정도의 일산화탄소와 시안화수소의 노출은 소음성 난청의 주요한 원인이 됨을 보고하였다. 이러한 효과는 노출은 동시에 혹은 연속적으로 노출되었을 때도 나타난다(<표 48>).

〈표 48〉 소음성 난청에서의 일산화탄소와 관련한 동물 연구

연구자	연구방법	연구결과	비고
Rao와 Fechter (2000)	① 8개의 노출군으로 나누어, CO만 노출, 소음만 노출, 소음과 CO가 함께 노출된 군을 나누어 청력역치 비교 ② 소음과 CO를 함께 노출하여 시간의 정도를 달리하여 청력역치 측정비교	① 4주의 회복기간 이후 역치의 상승은 오직 소음 상황에서만 증가 되었다; 하지만 주파수 간의 차이는 크게 보이지 않음	쥐들은 사람보다 CO에 대한 저항력이 더 있음
Fechter 등 (2000)	① 소음 수준의 변화 ② CO 수준의 변화 각 수준의 변화에 의한 청력역치 비교	① 소음과 CO: 소음증가의 효과는 500ppm의 CO노출과 CO level의 증가로 나타남 역치의 증가는 오직 소음 상황에서만 나타났고, 300ppm 이상의 CO 노출에서 나타남 낮은 주파수의 역치는 1,200ppm 이상의 CO level 노출에서만 영향을 미친 것으로 나타남 ② CO only: 청각 기능에는 별다른 영향을 미치지 못함	
Young 등 (1987)	CO만 노출, 소음만 노출, 그리고 소음과 CO를 모두 노출시킨 군을 나누어 청력 비교	CO only: 노출 후에 별다른 변화가 보이지 않음 소음만 준 상황: 노출 후에 역치가 더 나빠짐(p<.01); 10kHz보다 40kHz에서 1주 후 측정한 역치값이 더 나빠짐 소음과 CO: 소음만 주었을 때보다 역치가 더 나빠짐; 10kHz보다 40kHz에서 더 급격한 변화를 보임; 1주차에 가장 큰 변화를 보임	

흡연 또한 청력에 심각한 영향을 끼치는 요인 중에 하나이지만, 흡연이 소음성 난청에 어떠한 영향을 끼치는가에 대해서는 명확하지 않다. 최근의 결과는 흡연이 소음과의 상승효과가 있다는 결과와 그렇지 않다는 결과가 혼합하여 나타나는 것을 볼 수 있다. Palmer 등(2004)의 연구에서는 흡연과 소음이 상호작용이 있는 것으로 나타났고, Mizoue 등(2003)의 연구에서는 흡연을 하는 근로자에서 소음성 난청이 더 많이 나타나는 것으로 나타났다. 그러나 Starck 등(1999)의 연구에서는 두 가지의 요소는 관계가 없는 것으로 나타났다(<표 49>).

<표 49> 소음성 난청에서의 흡연과 관련한 연구

연구자	연구방법	연구결과	비고
Ferrite와 Santana (2005)	535명의 금속제조업에 근무하는 남성을 대상으로 아래 요인에 따른 청력역치의 변화를 측정 설문지: 인구통계, 생활 스타일, 직업과 건강상의 관계 데이터, 흡연여부 소음 노출: 직장에서의 소음 환경을 기반으로 함 Exposed: 81-93dBA Non-exposed: 81dBA 이하 고용 전 소음에 노출된 기간에 따라 평가: 0<4년, 4년 이하 흡연: 비흡연자(한 번도 흡연을 하지 않았거나 6개월 이하의 흡연자) 흡연자(현재 혹은 과거에 흡연자) 나이: 20-40세, 41-55세	흡연을 하고 소음에 노출될 인자들은 흡연을 하지 않고 소음에 노출되지 않은 인자들 보다 청력 손실과 더 큰 연관을 보임 흡연의 요인만으로는 젊은 노동자의 청력 손실과 크게 상관성이 없음 청력 손실의 발생률: 나이가 들고 소음에 노출되어 있는 흡연자: 46% 나이가 어리고 소음에 노출되어 있는 흡연자: 29% 나이가 들고 소음에 노출되어 있지 않은 비흡연자: 24% 나이가 어리고 소음에 노출되어 있지 않은 비흡연자: 6%	① 직장, 소음 노출, 흡연 그리고 나이에 따라 이독성과 관련된 요인 분석은 따로 알려진 바가 없음 ② 청력 보호 장비에 사용에 대한 정보가 없음 ③ 청력검사기의 자료를 배제하고 노동자들을 변수로 삼았을 선택의 가능성
Mizoue 등 (2003)	철강회사에서 근무하는 남자 근로자 4,524명을 대상으로 함 현재 흡연자: 56% 소음 노출자: 26% 현재 피우는 1일 담배 개수와 나이를 고려하여 청력비교	흡연자들의 소음의 노출: PRR=2.56 흡연자의 소음에 노출되지 않을 경우 PRR=1.57 비흡연자들의 소음의 노출: PRR=1.77 흡연은 저주파수 청력손실과 크게 관련이 없음	① 이전 직장의 소음에 관한 컨트롤 실시하지 않음 ② 이과적 질병이나 손상에 대한 정보 제외
Starck 등 (1999)	199명의 산림근로자와 171명의 조선소 근로자들을 대상으로 소음노출, 청력 보호구 사용, 흡연 여부에 따른 청력역치 비교	흡연자와 비흡연자 간의 청력 역치 차이는 거의 없었음	모든 노동자의 소음노출의 정도와 기간이 차이가 있음
Cruickshanks 등(1998)	3,753명의 비버댐 건설 노동자(58%여성)들을 상대로 소음노출과 흡연량을 고려한 청력역치 비교	흡연자의 청력손실에 따른 위험은 비흡연자와 직장 내에서 노출이 안 되는 사람에 비해 높은 위험률을 보임	흡연량의 보고가 축소될 가능성이 있음
Virokannas와 Anttonen (1995)	433명의 순록 목동을 대상으로 소음, 흡연여부에 관한 청력역치 비교	공분산의 분석 공분산: 소음에 노출된 시간 흡연의 효과와 나이에 따른 청력 역치: 3kHz(right p=.044, left p=.001) 4kHz(right p=.055, left p=.086) 다른 주파수에서는 큰 변화를 보이지 않음	과도한 흡연자들은 다른 비흡연자들에 비해 더 소음이 나는 기계를 다루는 경향이 있음 비흡연자들은 흡연자에 비해 청력 보호구를 더 사용하는 경향이 있음
Pyykko 등 (1988)	199명의 산림업 종사자를 대상으로 흡연과 소음의 노출량에 따른 청력역치 비교	흡연은 고주파수 4kHz에서의 청력 손실과는 깊은 관련이 없음	

2) 소음과 관련한 내인성 요소

동물 실험에서는 상대적으로 나이가 든 동물의 경우 나이가 적은 동물보다 소음에 더 취약한 것으로 나타났다. 인간을 상대로 한 실험의 경우(Gates 등, 2000; Rosenhall, 2003)는 소음에 노출된 경험이 있는 사람이 몇몇의 특정한 주파수에서 좀 더 난청의 정도가 심한 결과가 나타났다. 그러나 몇몇의 실험에서는(Cruickshanks 등, 2003; Lee 등, 2005) 소음 노출이 진행성 난청과는 관계가 없는 것으로 나타났다(<표 50>).

〈표 50〉 소음으로 인한 난청 이후 진행성 난청에 관한 연구

연구자	연구방법	연구결과	비고
Lee 등 (2005)	188명의 참가자(376귀)-3년 동안의 청력을 측정 전음성 난청과 이과적·신경적 질병 제외	① 소음의 노출여부에 관하여 1-2kHz의 청력역치변화는 없었음 ② 6-8kHz에서의 역치 변화량은 소음에 노출된 남자 피검자보다 노출되지 않은 남성 피검자의 변화량이 더 적음 ③ 2-8kHz에서의 역치는 소음에 노출된 남성 피검자가 높음(7.7 to 12.1dB, p<0.05) 결과적으로 남성은 여성보다 2-8kHz에서는 더 낮은 역치를 보임	
Cruichshanks 등(2003)	3,753명의 참가자(1,925명의 건청인과 1,631명의 난청인)의 5년간의 청력측정비교(최종 2,800명 참가)-직장과 직장 내에서의 소음의 노출, 여가 소음, 군대 소음 등 설문지로 측정	직장에서 노출된 소음과 진행성 난청과는 관계가 없음이 나타남	
Rosenhall (2003)	남성 616명과 여성 869명을 대상으로 노인학과 노인병학에 관한 인구연구임 1971년에 70세가 되는 집단 1976년에 70세가 되는 집단 1990-1991년에 75세가 되는 집단 1992-1993년에 70세가 되는 집단의 직장에서의 소음노출여부와 청력역치 비교	직장에서의 소음의 노출정도와 진행성 난청은 큰 관계가 없음 70세와 75세의 역치변화: 소음의 노출된 남성의 경우 1, 2, 8kHz에서 역치증가 4kHz에서는 노출군과 비노출군은 비슷한 역치증가량 보임	
Gates 등 (2000)	203명의 남성을 대상으로 한 연구로 역치에 notch가 있는 상태에 따라 변화를 살펴봄	2kHz에서 notch가 있는 군은 시간이 지남에 따라 역치의 변화가 큼 4, 6kHz에서는 notch가 큰 군의 경우 다른 군에 비해서 변화량이 적음 8kHz에서는 약간의 notch가 있는 군이 변화량이 큼	

나. 군인들의 청력에 관한 연구

다음은 각 군대에서의 군인의 연령 혹은 복무기관에 따른 청력에 관한 연구를 요약한 결과이다(<표 51>).

〈표 51〉 군인들의 청력역치 측정에 관한 연구

연구자	연구집단	연구결과	비고
a. Air force studies			
Sutherland와 Gasaway (1976)	56,951 USAF 인원 48,262 군인과 8,689 시민청력비교	청력측정치의 중간값 보고 결과 USAF 군 소음에 노출된 인원이 USAF 시민과 U.S. population의 청력보다 나은 결과를 보임	
Sutherlan와 Gasaway (1978)	117,454 USAF 인원 99,318 군인과 18,136 시민의 정기적 청력측정	청력측정치의 중간값 보고 결과 USAF 군 소음에 노출된 인원이 USAF 시민과 U.S. population의 청력보다 나은 결과를 보임	
Thomas(1995)	자세하게 나타나 있지 않음. Air Force의 청력측정 프로그램의 결과 데이터	청력역치의 평균(양귀가 분리되지 않은 정보) 보고	
b. Army studies			
Walden 등 (1971)	2,726의 남성으로 현역장교와 사병으로 신병, 연수병, 보명, 포병, 파일럿 모두 포함하여 검사	난청의 확률은 장교 생활을 오래 함에 따라 증가하며, 높은 청력 역치는 처음 4-6개월 이내에 가장 높게 측정됨	
Walden 등 (1975)	3,000사병 (연수생, 보병 그리고 포병, 각각 1,000명)	청력은 군 생활이 오래됨에 따라 감소하는 것으로 나타남	
Peters와 Ford (1983)	145명의 비행사의 청력을 비행시간에 따른 청력의 변화 조사	역치 평균은 Walden 등(1971)에서 보다 낮으며, 왼쪽 귀의 역치는 2, 4kHz에서 높고 오른쪽 귀의 역치는 6kHz에서 높음 비행시간과 큰 관련성을 보였는데, 왼쪽 귀의 역치는 4와 2kHz에서 차이를 보임	
Chandler와 Fletcher (1983)	209명의 기술직을 구분 (1) 기초 기술, (2) 목수, 배관공, 전기 기술자, (3) 중장비 기술자, (4) 유지보수 (바퀴 있는 차량), (5) 트럭운전수 (6) 석유 공급 및 저장 나이 범위; 18-50세	군 간의 차이는 없음 현재 HTL에서는 3, 4 그리고 6kc/s에서 23-34dB 정도 더 좋은 역치를 보임. 이는 1954년 산업근로자들을 대상으로 한 결과보다 더 좋은 역치를 보였는데, 연구 참여자는 이에 군에서의 소음 노출된 자를 제외한 것으로 보임	
Ohlin(1992)	2,903사병을 대상 청력 보존 프로그램에서 랜덤하게 선택됨	군 복무 연수가 증가함에 따라 청력역치도 증가하는 것으로 보이나 이 중 50%는 나이에 따른 역치의 증가로 분석함	
Henselman 등 (1995)	MOS 고주파수 소음에 노출에서 39,006의 사병과 MOS 저주파수 소음에 노출에서 18,730의 사병 대상 나이 범위; 17-56세	고주파수 소음과 저주파수 소음에서의 역치 차이를 보임 (5dB 이내의 차이)	
c. Navy and Marine corps studies			
Robertson 등 (1978)	3,050명의 사병와 1,561명의 실험 데이터 비교	실험군의 37%와 대조군의 23%가 고주파수 난청에서 확연한 차이를 보임(Navy에서 보은 역치)	
Bohnker 등 (2002)	68,632명의 Navy 대상	여성의 경우 남성보다 낮은 역치를 나타냄 OSHA의 나이에 따른 역치가 보정된 결과보다 평균 역치가 낮음	
d. U.S. population			
Glorig와 Roberts (1965)	6,672명의 무작위로 선정된 집단 나이 범위: 19-79세	소음노출에 관한 자료가 없으며 연령에 따른 역치는 나이가 많을수록 높아짐	

다. 이명에 관한 연구

이명의 발병률과 난청과 이명이 함께 발병한 경우의 발병률에 관하여 정리한 연구를 요약 정리한 표이다(<표 52>).

〈표 52〉 이명과 난청의 발병률에 관한 연구

연구자	연구집단	연구결과	이명의 정의
a. Community-based studies			
Sindhusake 등 (2003a, b, 2004) Blue Mountains Hearing Study Australia, 1997	2,015명 대상(55+, 평균연령 70세)	난청: 35%는 이명과 함께 발생 정상청력: 27% 이명 발생	이명의 정의: 5분 이상 지속되는 경우 이명으로 간주
Hoffman과 Reed (2004) Tambs 등(2003) Nord-Trøndelag Hearing Loss Study, Norway, 1995-1997	51,975명(20-101세, 평균 50세)	이명의 관한 odds ratio $\leq$25dBHL; 1.0(남), 1.0(여) >25dB HL, $\leq$40dB HL: 2.84(남), 2.78(여) >40dB HL: 4.18(남), 5.40(여)	방해가 되는 소리를 이명으로 정의
Nondahl 등 (2002) Epidemiology of Hearing Loss Study, Beaver Dam, WI 1993-2000	<u>Baseline</u> 3.737명의 참가자 48-92세 <u>5년간의 추적 연구</u> 2.558명의 참가자 (그중 75%는 특별한 이명 없음)	Baseline: 12%가 이명을 가지고 있음 난청이 없는 경우: 5%가 이명을 가지고 있음	Buzzing, ringing 같은 소음이 귀에서 들리는 현상 이와 같은 현상이 최소 심하게 들리는 현상. 수면 시 이러한 현상으로 방해를 받는 현상 또는 위 해당 모두 그 외 그리 심하지 않거나 못 느낄 정도 혹은 수면에 방해를 받지 않는 이명은 제외
Palmer 등(2002) United Kingdom 1997-1998	12.907명의 참가자(나이: 16-64세)	지속적 이명; 남자 6%, 여자: 3% 심각한 난청이 있는 경우: 남자, 16% 지속적 이명이 있음. 여자는 33% 지속적 이명이 있음 난청이 없는 경우: 남자 5%의 지속적 이명이 있음 여자는 3%가 지속적 이명이 있음	소음이 5분간 지속이 되며 이 같은 소리가 지난 12개월간 들리는 경우로 정의
Adams 등(1999) National Health Interview Survey US, 1996	63,402의 무작위로 선정된 집단으로 양로원이나 군대복무 경력이 있는 자 제외함	전체의 3% 이명을 가지고 있음	이명을 가지고 있거나 귀에서 벨소리가 들리는지의 여부로 판단
Hoffman과 Reed(2004) Adams과 Marano(1995) Disability Supplement, National Health Interview Survey US, 1994-1995	20세 이상 99.435명의 성인으로 군대를 다녀오거나 양로원 거주의 경력을 가진 자는 제외	전체 4% 이명 나쁜 쪽 귀에 32%가 이명 있음 보장구를 사용하는 인구 중 12% 이명 있음	이명을 가지고 있거나 벨소리나 울부짖는 소리 혹은 벌레 소리 같은 것이 귀 혹은 머리에서 최소 3개월 전부터 현재까지 들리나요?

연구자	연구집단	연구결과	이명의 정의
Hoffman과 Reed(2004) Adams과 Benson(1991) Disability Supplement, National Health Interview Survey US, 1990	20세 이상 59,343명의 성인으로 군대를 다 녀오거나 양로원 거 주의 경력을 가진 자 는 제외	전체 8% 이명 나쁜 쪽 귀에 42%가 이명 있음	이명을 가지고 있거나 벨소리나 울부짖는 소리 혹은 벌레 소리 같은 것이 귀 혹은 머리에서 최 소 12개월 전부터 현재까지 들 리는가. 만약 그렇다면 항상/가 끔 조용한 상황/약간 시끄러울 때 이런 소리가 지속되는가?
Coles(1996) Tier B, National study of Hearing UK	과거 설문지에서 무 작위로 선택된 3.234명의 성 인 참가자	HTL 10-19dB vs HTL<10dB OR=2 HTL>80dB vs HTL<10dB OR=27	지속되고 자발적인 이명: 5분간 소음이 지속되거나, 지속 적이지 않게 소음이 들리거나, 약물, 혹은 귀, 다른 질병으로 인해 소음이 들리는 경우
Medical Research Council's Institute of Hearing Research, (1981) Coles(1984) Tier A, National study of Hearing UK. 1978-1982	과거 설문지에서 무작 위로 선택한 17세 이 상의 다음과 같은 군: Prepilot: 522 Pilot: 5.000(74%) Phase1: 8.069 Phase2: 7.645 (이명을 단계별로 phase 1, 2로 나눔)	지속적인 이명: 10% 정의되지 않는 이명: 34-39% 짧게 사라지는 이명: 23-27% 자발적 이명: 11-18% 중간 혹은 심한 고통: 5% 수면 방해: 5% 삶에 방해: 1% 정상적 생활에 방해 되는 정도: 0.5%	5분간 소음이 지속되거나, 지속 적이지 않게 소음이 들리거나, 약물, 혹은 귀, 다른 질병으로 인해 소음이 들리는 경우
Parving 등 (1993) Copenhagen Male study, Denmark, 1985-1986	3.387 남성, 나이 53-75세 (1985-1986) 심혈관 건강을 연구하 는 곳에 소속되어 있음	전체 중 17% 이명 난청이 있으면 이명의 출현이 많은 것으 로 나타남(X^, P<0.001) 난청 유: 27%의 이명 난청 무: 11%의 이명	이명이 5분 이상 지속됨
Rosengall과 Karlsson (1991) Gothenburg, Sweden 1971-1976	F01: 377명; 태생 1901-1902; 첫 평가 1971 F06: 293명; 태생 1906-1907; 첫 평가 1976	항상 이명이 있는 경우 F0: 70세: 8% 75세: 12% 79세: 11% F06 70세 :12% 가끔 이명이 있는 경우 F01 70세: 20% 75세: 17% 79세: 30% F06 70세: 19%	
Axelsson과 Ringdahal (1989) Gothenburg, Sweden, 1980s	과거 설문지에서 무 작위로 선택된 참가 자로 20-79세의 2.378 명의 성인	이명 항상: 6% 가끔: 8% 전혀: 86%	이명으로 고통을 겪고 있나요? (전혀/가끔/종종/항상) 이명의 종류와 특징 (종종/항상이라고 대답한 참가자 에 한에서)
Roberts(1968) Health Examination Survey, US, 1960-1962	6.672명의 성인 18-79 세로 군대를 다녀오거 나 양로원 거주의 경 력을 가진 자는 제외	전체 32%의 이명 심한이명: 6% 약한 이명: 27% 건청: 3%의 이명 약간 난청: 22%의 이명	최근 혹은 몇 년 사이에 당신의 귀에서 벨소리(이명)나 이상한 소리를 들은 경험이 있나요? 만약 Yes, 얼마나 종종 그런 소 리를 듣나요? (거의 매일/가끔) 만약 Yes, 그것들이 당신을 괴롭 히나요? (꽤나/별로) 심하거나 약한 이명은 정의되지 않음

연구자	연구집단	연구결과	이명의 정의
b. Industrial Workers			
Sulkowski 등 (1999) Poland	261남성으로 18-61세 (평균: 31세) 근로: 1-28년(평균: 10년) 적은 소음이 있는 지 역에서 169명의 위와 같은 연령대의 참가 자(평균: 35세)	<u>소음-노출</u> 70% 이명 <u>대조군</u> 4% 이명	정확한 정의는 없음 인터뷰를 통해 이명의 종류와 특징 확인
Griest and Bishop (1996) Oregon, 1971-1990, 1992	138 남성; 청력 보존 프로그램 참가 시작나이; 18-41세(평 균 28세)	<u>청력도의 이명 기록</u> 전혀 경험 없음: 62% 1-2번: 17% 3번 이상: 20% <u>설문지의 이명 기록:</u> 전혀: 39% 한 달에 몇 번: 43% 일주일에 몇 번: 17% 청력도에서의 이명의 기록과 설문지에 서의 이명의 기록과 관련이 있음	이명은 매년 청력 검사로 확인 (무경험/1-2번/3번 이상) 1992년 이명 설문지: 종소리나 다른 소음 소리를 들은 경험 언제 소리를 들었는지 얼마나 자 주(거의 없음/한 달에 몇 번/일주 일에 몇 번/하루에 몇 번/항상) 얼마나 오랫동안 지속이 되는지
Gabriels 등 (1996) Western Australia	38.727명의 근로자로 나이는 16-55세, 소음 노출은 0-55년 이상	18% 이명 10% 이명(maybe) <u>>10% 소음성 난청</u> 37%의 이명 <u>0% 소음성 난청</u> 16% 이명	이명을 가지고 있거나 벨소리나 울부짖는 소리 혹은 벌레 소리 같 은 것이 귀 혹은 머리에서 최소 5 분 이상 들리나요? (yes/no/maybe)
Phoon 등(1993) Singapore, 1990	647-808명의 매년 실 시되는 오디오 그램 을 통해 소음성 난청 을 가진 근로자 대상 평균연령: 39세	전체 23% 이명 연령과 소음의 노출 기간은 큰 차이점이 없음 이명 유(n=151) 하루에 한번 이상; 34% <일주일에 한번; 39% <u>난청이 있는 집단</u> 초기: 20% 이명 중기: 30% 이명 말기: 275 이명 이명의 출현은 난청의 초기로 갈수록 적 게 나타남(X^, p=0.02)	지난 6개월간 다른 이명이 있었 는가? 횟수: 항상/하루에 한번> 일주일 에 한번<일주일에 한번/정확하 지 않음
Nerberger 등 (1992) Austria, 1984-1986	110.647의 공장 근로 자 소음 노출 이력: >하루에 4시간, >85dBA for>6개월 나이: 15-65세(평균 38세)	전체 7%의 이명 난청과 이질환(머리손상)이 잇는 경우 이 명의 출현율이 높아짐	
Kamal 등(1989) Egypt	88 망치 제련소 근로자 나이: 30-60세 소음 노출: 9-25년	88%가 이명이 있음	
Chung 등(1984) British Columbia	33.168의 청력 보존 프 로그램에 속한 근로자	7%의 이명 이질환이 있는 경우 이명의 출현율이 높아짐	의학적인 이력 인터뷰: 귀에서 벨소리가 들리나요?

연구자	연구집단	연구결과	이명의 정의
c. Military personnel			
Attias 등(2002) Israel	2.200명의 군인 청력 선별 검사를 통해 소음 에 노출된 경험이 있는 군인 들을 무작위로 선택. 나이: 22-50세	전체의 14% 이명 건청: 3% 이명 난청: 19% 이명	당신은 소리를 들을 때 어떠한 소리가 들리거나 사라지는 것을 경험한 적이 있습니까? 이명의 시작, 변화에 대한 인터뷰
Ylikoski와 Ylikoski (1994) Finlnad	699명의 예비역 (군대기간이 끝난) 연령 범위는 무작위로 선택. 평균 나이: 39.8세 (중앙값 41세, 범위 25-61)	전체 데이터 지속적인 이명: 9% 간헐적인 이명: 34% 건청: 2% 지속적인 이명 33%의 간헐적인 이명 경도/중도 난청: 3% 지속적인 이명 31% 간헐적인 이명 심도: 20% 지속적인 이명 32% 간헐적인 이명 Disabling loss: 26% 지속적인 이명 43% 간헐적인 이명	
Chrisinsson과 Wintzell (1993) Sweden, Nov 1986- Feb 1987	소총의 사용 혹은 그보다 큰 조총의 사용을 위해 훈련된 204명의 보병	전체 17%의 이명 심한 폭발음에 대한 노출: Yes: 26% 이명 No: 5% 이명 $(X^{\wedge}, p<0.001)$	
d. Acoustic Trauma			
Mrena 등(2002) Finland, 1999	핀란드의 전 징집병 방위군 418명	At discharge: 29% 이명 (418명 중 122) At follow-up (10-15년): 66% 이명(101명 중 66)	
Temmel 등(1999) Austrian military service, Jan 1995-June 1996	81명의 청각적 외상 환자 평균 연령; 22세 소음 노출 3일 후 치료	전체 84% 이명 난청: 83% 이명 정상청력: 100% 이명 75%가 2kHz에서 청력이 떨어짐	
Man과 Naggan (1981) Israel	102명의 청각적 외상이 있 는 환자; 81명이 이명으로 18-35세의 범위 와우 외상에 대한 증거 가 있는 환자들을 선택	79%의 피검자 중 이명이 항상 있음: 70% 가끔 있음: 30% 이명 주파수: 4-8kHz (37%@6kHz; 23%@4kHz; 24%@8kHz) 이명강도가 높을수록 난청의 정도 와 관련이 깊음(r=0.71,p<0.0001)	
Melinek 등(1976) Israel, 1967 1970	심각한 청각 외상치료를 한 433명 군인	전체 61% 이명 자대 이동: 약화: 2%, 증가: 34% 여전히 자대에 있는 경우: 약화: 15%, 증가: 22% 건청: 42% 미도: 60% 중도: 66% 심도: 66%	

〈표 52〉 이명과 난청의 발병률에 관한 연구   -계속

연구자	연구집단	연구결과	이명의 정의
Salmivalli(1967) Finalnd, 1963	197명의 총격음과 폭발음에 노출된 사병과 포병	건청: 15.7% 1: 33% 2: 24% 3: 35% 4: 56% 총을 쏜 후 이명의 출현율 정상: 41% 1: 49% 2: 49% 3: 57% 4: 64%	

PART 03

이명 장애 보상

11장 이명의 업무상 질병 인정기준, 장애 보상기준

김규상 · 최윤형

1. 국내 기준

이 글에서는 난청·이명의 평가 및 보상에 대해서 산업안전보건법의 소음성 난청 판정 기준과 산업재해보상보험법 시행규칙 제42조 관련 [별표 4]의 귀의 장해등급 결정 및 보건복지부의 장애인복지법시행규칙 제2조 및 [별표 1]의 장애인 장애등급표에 의한 장애등급 사정기준의 청각장애 판정기준을 중심으로 검토하고자 한다.

가. 산업안전보건법의 소음성 난청 판정기준

소음성 난청의 진단과 관리는 근로자 건강진단을 통해 주로 이루어지고 있다. 소음에 노출되는 작업부서[8] 전체 근로자에 대한 특수건강진단 주기는 2년에 1회 이상 실시하고, 당해 건강진단 직전의 작업환경 측정결과 소음이 노출기준 이상인 경우, 소음에 의한 직업병 유소견자가 발견된 경우, 건강진단 결과 소음에 의한 특수건강진단 실시주기를 단축

---

8) 우리나라의 경우에 소음의 작업환경측정은 산업안전보건법 시행규칙 제93조에 의해 별표 11-4의 8시간 시간가중평균 80dB 이상의 소음 노출 작업장이 대상이 되며, 소음 특수건강진단은 동 시행규칙 제98조에 의해 별표 12-2의 안전보건규칙 제512조 제1호부터 제3호까지의 규정의 소음작업, 강렬한 소음작업 및 충격소음작업에서 발생하는 소음 노출 작업자에 대해 실시한다. 안전보건규칙 512조에서 '소음작업'이란 1일 8시간 작업을 기준으로 85데시벨 이상의 소음이 발생하는 작업으로, '강력한 소음작업'이란 90데시벨 이상의 소음이 1일 8시간 이상, 95데시벨 이상의 소음이 1일 4시간 이상, 100데시벨 이상의 소음이 1일 2시간 이상, 105데시벨 이상의 소음이 1일 1시간 이상, 110데시벨 이상의 소음이 1일 30분 이상, 115데시벨 이상의 소음이 1일 15분 이상 발생하는 작업으로, '충격소음작업'이란 소음이 1초 이상의 간격으로 발생하는 작업으로 120데시벨을 초과하는 소음이 1일 1만회 이상, 130데시벨을 초과하는 소음이 1일 1천 회 이상, 140데시벨을 초과하는 소음이 1일 1백 회 이상 발생하는 작업으로 규정하고 있다.

하여야 한다는 의사의 판정을 받은 근로자는 기본주기를 다음 회에 한하여 1/2로 단축하여 실시하고 있다. 다른 유해인자에 대한 건강진단과 마찬가지로 필수검사(1차 검사항목)를 실시하고, 1차 검사항목에 대한 검사결과 평가가 곤란하거나 감별해야 할 질환이 있다고 판단이 되는 경우에 정밀검사로서 2차 검사항목을 추가로 실시한다.

소음 특수건강진단은 1차검사항목으로 ① 직업력 및 노출력 조사, ② 과거병력 조사(주요 표적장기와 관련된 질병력 조사), ③ 자각증상 조사, ④ 임상진찰과 이비인후과 검사(순음청력검사-양측 기도, 정밀진찰-이경검사), 2차검사항목으로 순음청력검사(양측 기도 및 골도)와 중이검사(고막운동성검사)를 실시한다. 순음청력검사는 1차에 일반건강진단으로 1,000Hz, 특수건강진단으로 2,000, 3,000 및 4,000Hz, 배치전건강진단으로 500, 1,000, 2,000, 3,000, 4,000 및 6,000Hz의 주파수에서 기도청력검사를 실시하고, 특수건강진단에서 2,000Hz에서 30dB, 3,000Hz에서 40dB, 4,000Hz에서 40dB 이상의 청력손실을 어느 하나라도 보이는 경우에 정밀청력검사(2차)를 실시한다. 2차는 500, 1,000, 2,000, 3,000, 4,000 및 6,000Hz에서의 기도·골도 청력검사를 실시한다. 건강진단 결과 (1) 기도 순음 청력검사상 4,000Hz의 고음영역에서 50dB 이상의 청력손실이 인정되고, 삼분법(500(a), 1,000(b), 2,000(c))에 대한 청력손실정도로서 (a+b+c)/3 평균 30dB 이상의 청력손실이 있고, (2) 직업력상 소음 노출에 의한 것으로 추정되는 경우 소음성 난청 유소견자(D_1)로 판정하도록 하고 있다. 건강진단 결과 업무수행 적합여부를 평가하고, 건강상담, 보호구 착용, 추적검사, 근무 중 치료, 근로시간 단축, 작업전환, 근로금지 및 제한, 직업병 확진의뢰 안내 등의 사후조치를 받는다.

이와 같은 현재의 소음성 난청 유소견자 판정기준은 그동안 수차례 개정되어 왔었다. 1985년의 기준은 4분법에 의한 40dB 이상의 평균청력손실이었으나, 1989년에 '3,000Hz 이상의 고주파음에서 50dB 이상의 청력손실이 있거나 4분법에 의해 40dB 이상의 청력손실'로 개정되었다. 소음성 난청의 초기 고음역의 청력손실 근로자에 대한 예방적인 관리 목적에도 불구하고, 4,000Hz에서 50dB의 청력손실이 있으면 회화음역의 청력손실과는 관계 없이 대부분 직업병 유소견자(D_1)로 분류되는 문제 때문에 ① 노동부는 관리기준에 문제가 있어 불필요하게 많은 근로자가 선별되는 것이 아닌가 하는 의구심을 갖게 되었고, ② 유소견자인 근로자는 D_1 판정이 곧 보상이라고 오해해서 보상은 이루어지지 않고 오히려 작업장에서 불이익을 당하는데 대한 불만을 표시하게 되었으며, ③ 사업주는 D_1 판정으로 인해 직업병 발생 사업장으로 인식되어 노동부로부터 각종 제재를 받게 됨으로써 근로자에게 무형 유형의 압력을 가하게 되었으며, ④ 이러한 문제로 인해 많은 건강진단기관이 4분법에 의한 40dB 이상의 청력손실만을 유소견자로 판정하는 경향이 있어 이 기준은 1994년에 재·개정되어 현재에 이르고 있다(<표 53>).

<표 53> 소음성 난청 유소견자(D₁) 기준의 변천

연도	D₁ 기준 내용
1985	500, 1,000, 2,000 및 4,000Hz에서의 청력역치의 합을 4로 나눈 4분법에 의하여 40dB 이상의 손실
1989	3,000Hz 이상의 고주파음에서 50dB 이상의 청력손실이 있거나 4분법에 의해 40dB 이상의 청력손실
1994	소음에 노출되는 근로자로서 기타의 질환을 배제한 후, 순음어음 청력검사상 4,000Hz의 고음영역에서 50dB 이상의 청력손실이 인정되고 500(a), 1,000(b), 2,000Hz(c)에 대한 청력손실 정도를 측정하여 (a+b+c)/3 산식에 의하여 산출한 순음어음영역 평균청력손실이 30dB 이상

* 2000년 소음성 난청 요관찰자 (C₁) 기준 마련

1989년 기준은 일본의 기준과 유사하다. 일본은 4,000Hz에서 50dB 이상이고 3분법(500, 1,000, 2,000Hz)에 의해 40dB을 초과하는 경우 요 관리자로, 3분법에서 40 이하이고 4,000Hz가 30dB 이상이면 요 관찰자로 분류하고 있다. 그리고 이들 모두를 유소견자로 분류하고 있다. 따라서 1989년의 기준은 일본의 기준을 참고하며 두 가지의 오류를 범한 듯하다. 하나는 4,000Hz와 평균청력손실간의 관계를 '이고'가 아니고 '거나'로 한 것이고 다른 하나는 평균청력손실 계산을 3분법이 아닌 4,000Hz도 포함한 4분법으로 한 것이다. 이로써 4,000Hz에서 50dB의 청력손실이 있으면 회화음역의 청력손실과는 관계없이 대부분 직업병 유소견자(D₁)으로 분류된 것이다. 1994년에 개정된 새로운 기준은 일본의 요 관리자와 요 관찰자 모두를 포함하고 있으나 일본의 요 관찰자 중 고음역이 30~50dB을 보이는 군은 배제되고 있다. 그러나 2000년에 개정된 근로자 건강진단에서 소음성 난청의 요관찰자(C₁) (판정기준: ① 청력손실이 있고, ② 직업력상 소음 노출에 의한 것으로 추정되며, ③ D₁에 해당되지 않고 관찰이 필요한 경우)로 산업의학적 평가 대상으로 포함되었다.

나. 산업재해보상보험법의 소음성 난청 업무상재해 인정기준과 장해등급

업무상 질병(직업병자)의 요양 및 보상과 관련된 소음성 난청의 업무상재해 인정기준은 산업재해보상보험법 시행령(2010) 별표 3에서 제시하고 있다. 여기에 노출 소음 정도와 노출력 및 난청 증상을 열거하고, 난청의 측정방법이 제시되어 있다. 업무상 질병으로서 소음성 난청은 연속음으로 85dB(A) 이상의 소음에 노출되는 작업장에서 3년 이상 종사하거

나 종사한 경력이 있는 근로자로서 한 귀의 청력손실이 40dB 이상이 되는 감각신경성 난청의 증상 또는 소견이 있을 것으로 정하고 있다. 이 규정에 의한 근로자의 증상으로 1) 고막 또는 중이에 뚜렷한 병변이 없으며, 2) 순음청력검사 결과 기도청력역치와 골도청력역치 사이에 뚜렷한 차이가 없어야 하며, 청력장해가 저음역보다 고음역에서 크고, 3) 내이염·약물중독·열성질환·메니에르씨증후군·매독·두부외상·돌발성난청·유전성난청·가족성난청·노인성난청 또는 재해성 폭발음 등에 의한 난청이 아닐 것을 충족토록 한 전형적인 소음성 난청만을 대상으로 하고 있다.

1999년 현재의 소음성 난청 인정기준도 과거 소음 발생장소에서 종사기간이 5년에서 3년, 노출수준은 90dB(A) 내외에서 연속음으로 85dB(A) 이상의 소음으로, 청력손실치의 하한값은 40dB 초과에서 40dB 이상이 되는 감각신경성 난청으로 각각 개정이 되어 그동안 제기되었던 문제점을 보완하였다.

그러나 이러한 제 규정은 소음성 난청이 발생하는 소음작업의 규정을 연속음으로 85dB(A) 이상의 소음에 노출되는 작업장으로 규정한 점과 소음성 난청의 임상적 특성인 C_5-dip과 감음성 난청의 기준을 엄격하게 적용하는 경우에 명확히 소음에 의해 나타날 수 있는 소음성 난청이나 소음에 의해 악화된 청력장해는 배제될 수 있다. 즉, 연속음으로 85dB(A) 미만의 충격소음에 노출되는 경우나 소음에 노출되는 근로자에서 청력장해와 관련한 기저질환이 소음에 노출 전 또는 노출 후에 병합되어 나타나는 혼합성 난청의 경우는 업무상 질병으로서 소음성 난청으로 인정을 받지 못할 수 있다. 따라서 비전형적인 소음성 난청에 대한 별도의 예외적인 적용이 가능한 판단기준을 제시할 필요가 있다.

소음성 난청 인정기준은 각 나라마다 장해평가에 있어서 청력손실치에 대한 계산에 포함되는 주파수역(500, 1,000, 2,000, 3,000, 4,000Hz), 가중치(3분법, 4분법, 6분법), 최소보상기준(40dBHL-한국·일본, 25dBHL-미국AAO, 35dBHL-캐나다 알버타 주, 50dBHL-영국)이 각각 나라마다 다르다.

그리고 장해보상 평가를 위한 청력손실치 계산과 관련되어 계산방법, 4,000Hz가 포함되어 있는 문제와 연령 보정 없는 절대값의 적용은 검토를 요한다. 실제 미국에서 4,000Hz를 제외한 것은 이 주파수는 실제 생활에 지장이 없으므로 생활에 지장을 주는 장애에 대해 보상을 한다는 취지에 맞지 않아 제외하고, 오히려 3,000Hz의 청력손실이 있으며 전화를 받는 데 장애를 느끼거나 대화 중 상대방의 말을 정확히 알아듣는 데 어려움이 있다는 것이 알려진 후에 이 주파수를 장해 판정에 사용하게 되었다. 장해보상에서 연령에 의한 청력손실의 보정은 뉴욕 주에서는 없지만 미주리 주에서는 장해정도를 구하기 전에 40세 이상은 1년에 1/2dB씩 평균청력손실에서 공제하는 방법을 사용하고 있다. OSHA(1983)에서는 남녀별로 20세(혹은 그 이하)부터 60세(혹은 그 이상)까지 적용할 수 있는 연령보정 수치를 1세 간격의 각 연령별로 표준역치이동(standard threshold shift)을 제시하고 있다. 더욱이 제시된 표준역치이동과 사용지침서를 소음 노출 근로자들의 관리에 적용할 수 있으므로 성과 연령별 청력역치 변화를 적절하게 고려하여 청력보존프로그램 운영과 전체적인 난청 예방사업을 추진할 수 있는 기틀을 마련하였다. 소음성 난청을 보상하는 데 있어서도 미국의 10개주에서는 연령보정이 포함되어 있다. ISO 1999는 국제적으로 연령 혹은 소음 노출기간과 관련된 청력손실의 감소 정도를 표준화하여 의학적으로 혹은 법적으로 많이 이용되고 있다.

미국의 가장 대표적인 보상기준 계산방법은 AMA/AAOO, CHABA의 기준과 AAO가 있다. AMA/AAOO의 기준은 3분법으로 평균청력을 계산하여 25dB 이상에서 보상을 하며 92dB의 손실을 100%의 청력손실, 즉 전농(deaf)으로 간주한다. AAO와 CHABA의 방법은 3kHz의 음역의 추가를 권고하고 있다. CHABA의 방법은 1, 2, 3kHz의 평균청력손실에서 35dB 이상의 손상을 보상기준으로 설정하고 있고, AAO의 권고 내용은 0.5, 1, 2, 3kHz의 평균청력에 대해 25dB의 문턱(low fence)을 적용한다(<표 54, 55>).

〈표 54〉 청력장애 보상을 위한 기준 및 계산법

Formula	Audiometric Frequencies Used (kHz)	Low Fence (dB HL)	High Fence (dB HL)	% Per Decibel Loss Above Low fence	Better Ear/ Worse Ear Weighting
AAOO-1959	0.5, 1, 2	25dB	92dB	1.5	5/1
AAO-1979	0.5, 1, 2, 3	25dB	92dB	1.5	5/1
New Jersey	1, 2, 3	30dB	97dB	1.5	5/1
Illinois	1, 2, 3	30dB	85dB	1.82	1/1

〈표 55〉 대표적인 국가별 소음성 난청 관리기준 및 (최저)보상기준 비교

국가	관리기준	최저 보상기준
한국	기도 순음어음 청력검사상 4,000Hz의 고음영역에서 50dB 이상의 청력손실이 인정되고, 삼분법 500(a), 1,000(b), 2,000(c)에 대한 청력손실정도로서 (a+b+c)/3 평균 30dB 이상의 청력손실	500(a) 1,000(b) 2,000(c) 및 4,000(d)Hz의 주파수음에 대한 청력을 측정하여 6분법(a+2b+2c+d/6)으로 한 귀의 청력손실이 40dB 이상이 되는 감각신경성 난청(최소 14급 11호)
일본	회화음역(3분법 평균청력) 40dB 이상, 고음역(4,000Hz 청력) 50dB 이상으로 중등도 이상의 청력저하	양이의 청력손실이 30dB 이상 40dB 미만 (최소 11급 3의 3)
미국	OSHA's HCA의 STS: 연령보정 후 기저 역치와 비교하여 2, 3, 4kHz에서 10dB 이상의 평균역치변동 연방 OSHA(1991)에 의한 소음성 난청: 2, 3, 4kHz에서 언텅교징후의 25dB 이상의 역치변동	① AAOO-59: 500, 1,000, 2,000Hz의 평균청력역치 25dB 이상(>25dB at 500, 1,000, and 2,000Hz) ② AAO-79: 500, 1,000, 2,000, 3,000Hz의 평균청력역치 25dB 이상(>25dB at 500, 1,000, 2,000, and 3,000Hz)

우리나라의 청력역치의 평가는 24시간 이상 소음작업을 중단한 후, 인력·시설을 갖춘 의료기관에서 500(a)·1,000(b)·2,000(c) 및 4,000(d)Hz의 주파수음에 대한 청력역치를 측정하여 6분법(a+2b+2c+d/6)으로 판정한다. 급성으로 생기는 재해성 난청에 대하여는 급성 음향성 청기장해로 하여 직업성 난청과 구분하고, 음향외상성 난청에 대한 장해등급은 요양 종결 후 30일의 간격으로 3회 이상 청력검사를 실시하여 유의차가 없는 경우 그 검사치를 기초로 한다. 직업성 난청의 치유 시기는 당해 근로자가 직업성 난청이 유발될 수 있는 장소에서의 업무를 떠났을 때로 하며, 당해 장해에 대한 등급결정도 치유시기 이후에 행하여야 한다.

〈표 56〉 신체장해 등급표

등급	청력장애 정도
4급	3. 두 귀의 평균 청력손실치가 90dB 이상인 사람 또는 두 귀의 평균 청력손실치가 80dB 이상이고 최고 명료도가 30% 이하인 사람
6급	3. 두 귀의 평균 청력손실치가 80dB 이상인 사람 또는 두 귀의 평균 청력손실치가 50dB 이상 80dB 미만이고 최고 명료도가 30% 이하인 사람
	4. 한 귀의 평균 청력손실치가 90dB 이상이고 동시에 다른 한 귀의 평균 청력손실치가 70dB 이상인 사람
7급	2. 두 귀의 평균 청력손실치가 70dB 이상인 사람 또는 두 귀의 평균 청력손실치가 50dB 이상이고 최고 명료도가 50% 이하인 사람
	3. 한 귀의 평균 청력손실치가 90dB 이상이고 동시에 다른 한 귀의 평균 청력손실치가 60dB 이상인 사람
9급	7. 두 귀의 평균 청력손실치가 60dB 이상인 사람 또는 두 귀의 평균 청력손실치가 50dB 이상이고 최고 명료도가 70% 이하인 사람
	8. 한 귀의 평균 청력손실치가 80dB 이상이고 동시에 다른 한 귀의 평균 청력손실치가 50dB 이상인 사람
	9. 한 귀의 평균 청력손실치가 90dB 이상인 사람
10급	4. 한 귀의 평균 청력손실치가 80dB 이상 90dB 미만인 사람
	5. 두 귀의 평균 청력손실치가 50dB 이상인 사람 또는 두 귀의 평균 청력손실치가 40dB 이상이고 최고 명료도가 70% 이하인 사람
11급	4. 한 귀의 평균 청력손실치가 70dB 이상 80dB 미만인 사람 또는 한 귀의 평균 청력손실치가 50dB 이상이고 최고 명료도가 50% 이하인 사람
	11. 두 귀의 평균 청력손실치가 40dB 이상인 사람
14급	11. 한 귀의 평균 청력손실치가 40dB 이상 70dB 미만인 사람

귀의 장해등급 판정기준은 두 귀의 평균 청력손실치가 90dB 이상인 사람 또는 두 귀의 평균 청력손실치가 80dB 이상이고 최고 명료도가 30% 이하인 사람은 영 별표 2의 제4급 제3호에서부터 한 귀의 평균 청력손실치가 40dB 이상 70dB 미만인 제14급제11호의 신체장해까지 구분하고 있다(<표 56>).

〈표 57〉 장해급여표(산업재해보상보험법 제57조제2항 관련)

(평균임금기준)

장해등급	장해보상 연금	장해보상 일시금
제1급	329일분	1,474일분
제2급	291일분	1,309일분
제3급	257일분	1,155일분
제4급	224일분	1,012일분
제5급	193일분	869일분
제6급	164일분	737일분
제7급	138일분	616일분
제8급		495일분
제9급		385일분
제10급		297일분
제11급		220일분
제12급		154일분
제13급		99일분
제14급		55일분

준용등급결정에서 난청이 있고 현저한 이명이 있는 경우에는 그 증상을 타각적 검사에 의하여 입증 가능한 경우 제12급을 인정하고 있으며, 내이의 손상으로 인한 평형기능장해에 대하여는 신경계통의 기능장해에 준하여 등급을 결정하고, 내이의 기능장해로 인하여 평형기능장해와 청력장해가 있는 경우에는 이를 조정의 방법에 의하여 준용등급을 결정한다.

양 귀의 청력을 모두 소실한 경우 4급으로 일 평균임금의 1,012일치를 보상해주고, 한 귀가 40dB 이상이고 다른 한 귀가 30dB 이상일 때를 14등급으로 하여 55일치를 보상해주고 있다(<표 57>).

다. 장애인복지법의 청각장애 판정기준

청력장애의 장애정도 평가는 500Hz(a), 1,000Hz(b), 2,000Hz(c), 4,000Hz(d)에서 각각 청력검사를 실시하여 (a+b*2+c*2+d)/6의 4구간 6분법으로 계산한다. 이명이 언어의 구분능력을 감소시킬 수 있으므로 청력역치 검사와 이명도 검사를 실시하여 다음과 같이 등급을 가중할 수 있게 하고 있다. 심한 이명이 있으며, 청력장애 정도가 6급인 경우 5급으로 하고, 신한 이명이 있으며, 양측의 청력손실이 각각 40~60데시벨(dB) 미만인 경우 6급으로 판정하고 있다. 이명은 객관적인 측정이 어려우나, 2회 이상의 반복검사에서 이명의 음질과 크기가 서로 상응할 때 가능하다. 장애의 판정 시기는 장애의 원인 질환 등에 관하여 충분히 치료하여 장애가 고착되었을 때 등록하며, 그 기준 시기는 원인 질환 또는 부상 등의 발생 후 또는 수술 후 6개월 이상 지속적으로 치료한 후로 하고 있다. 귀의 청각장애 중 청력장애등급은 2급에서 6급으로 분류하고 있다. 장애등급별 장애율은 1급(85 이상), 2급(75~84), 3급(60~74), 4급(45~59), 5급(35~44), 6급(25~34)으로 구분하고 있다(<표 58>).

판정기준의 적용에서 2종류 이상의 장애가 중복되는 경우의 장애등급은 중복장애의 합산기준에 따라 판정하고 있다. 2종류 이상의 중복장애가 있는 경우로서 중복장애의 합산기준에도 불구하고 주장애 또는 부장애가 부장애 또는 주장애의 신체적·정신적 기능 등을 더 심화시키는 결과를 초래하는 경우, 장애 정도에 변화를 일으키는 신체적·정신적 손상 등이 객관적으로 확인되고 그 손상이 장애 정도의 심화와 상당한 인과관계가 있다고 인정되는 경우에는 장애등급심사위원회에서 위의 사항을 고려하여 장애등급을 판정할 수 있다.

<표 58> 청력장애의 장애등급과 장애 정도

장애등급	장 애 정 도
2급	두 귀의 청력 손실이 각각 90데시벨(dB) 이상인 사람
3급	두 귀의 청력손실이 각각 80데시벨(dB) 이상인 사람
4급1호	두 귀의 청력손실이 각각 70데시벨(dB) 이상인 사람
4급2호	두 귀에 들리는 보통 말소리의 최대의 명료도가 50퍼센트 이하인 사람
5급	두 귀의 청력손실이 각각 60데시벨(dB) 이상인 사람
6급	한 귀의 청력손실이 80데시벨(dB) 이상, 다른 귀의 청력 손실이 40데시벨(dB) 이상인 사람

중복장애의 합산은 2종류 이상의 장애가 중복되어 있는 경우 주된 장애(장애등급이 가장 높은 장애)와 차상위 장애를 합산할 수 있게 하고 있는데, 2종류 이상의 서로 다른 장애가 같은 등급에 해당하는 때에는 1등급 위의 급으로 하며, 서로 등급이 다른 때에는 중복장애 합산 시 장애등급 상향조정표에 따르고 있다.

그러나 중복장애 합산의 예외의 경우로 장애부위가 동일한 경우는 중복장애 합산 판정을 할 수 없게 하고 있다.

2. 외국의 기준

군 관련 난청·이명의 평가 및 보상이 비교적 체계적으로 이루어지고 있는 호주, 캐나다, 미국 세 나라를 중심으로 검토하였다.

가. 외국의 난청의 질병 인정 및 장애 보상기준

이 세 나라와 우리나라의 난청의 공무상 질병인정 기준에 있어서 가장 큰 차이는 우리나라는 (500+1,000*2+2,000)/4의 3구간 4분법으로 계산한 값을 양이 상태에 따라 일률적으로 장애등급을 결정한 데 반해, 호주, 캐나다, 미국의 경우는 다각도에서 난청 장애등급 결정한다는 점이다. 구체적으로 살펴보면, 호주의 경우는 난청 장애등급 결정에 있어서 합산한 청력역치(APHL)값뿐 아니라 삶의 질 계수를 함께 고려하고 있으며, 캐나다의 경우는 순음청력역치 합산(DSHL)에서 100dB 이상이거나 특정음역인 4kHz에서 50dB 이상이면 장애로 판정하여 등급을 결정하고 있다. 즉, 캐나다의 경우는 전반적인 회화음력에서의 난청뿐 아니라, 소음성 난청에 있어서 가장 영향을 많이 받는 4kHz에서의 단독음역 난청도 장애의 판정 항목에 포함하고 있다. 호주의 경우는 더 나아가서 주관적인 삶의 질까지 판단의 기준에 넣고 있다. 미국의 경우는 순음역치 평균, 어음 명료도 점수, 보조검사를 통한 양이 상태 검사를 통해 이 세 가지 사항을 조합한 표를 이용하여 장애율을 결정하고 있고, 또한 전반적인 난청뿐 아니라 어느 한 주파수에서 심한 난청이 있는 경우 혹은 어음인식점수가 매우 낮은 경우 등도 추가로 장애로 간주하고 있다. <표 59>는 호주, 캐나다, 미국, 그리고 한국의 현 전역 군인 난청장애 판정기준을 보여준다.

<표 59> 전역 군인의 청력장애(난청) 평가

	판정항목	판정기준	비고
호주	- 500, 1,000, 1,500, 2,000, 3,000, 4,000Hz 의 순음청력역치별 청력 손실계수 합산 (APHL) - 연령보정(59세 이상) - 삶의 질 계수	- 난청 형태/양이의 APHL/삶의 질을 고려하여 최종장애등급 결정	호주보훈부 장애평가지침
캐나다	- 500, 1,000, 2,000, 3,000Hz의 순음청 력역치의 합산(DSHL)	- DSHL이 양이의 하나에서 100dB 이상 혹은 - 4,000Hz에서 id이에서 50dB 이상; 위의 조건이 되면 장애표에서 등급결정	장애자격심사지침 삶의질평가지침
미국	- 순음청력역치 평균; 1,000, 2,000, 3,000, 4,000Hz - 어음명료도점수(메릴랜드 CNC) - 보조검사: Stenger 검사, 고막운동성 검사, 등골근반사	- 순음역치평균/어음명료도점수/양이 상태를 조합 한 표로 장애율을 결정; 다음도 장애로 간주함 * 40dB이 한 주파수라도 존재(500Hz 포함) * 3개 이상의 주파수에서 26dB 이상인 경우 (500Hz 포함) * 어음인식점수가 94% 미만인 경우	제대군인보상처 (VBA); §4.85청취감각장 애 ;청각심사워크시트
한국	- 500, 1,000, 2,000Hz의 순음청력역치	(500+1,000*2+2,000)/4의 3구간 4분법으로 계산 한 값을 양이 상태에 따라 장애등급 결정	국가유공자 등에 대 한 예우와 지원에 관 한 법률

　　실제로 우리나라에서, 전역 군인의 청력장애(난청)의 공무상 질병 인정의 현행 기준에 있어서, 전역 군인들이 가장 불만이 많은 부분이 난청 판정이 일률적으로 4분법을 이용한다는 점이다. 특히, 고음역 난청의 불인정 등의 특정음역의 난청이 난청의 공무상 질병 인정의 현행기준의 가장 큰 불만이다. 정부 측의 입장은 고음역 난청의 경우 노화로 인한 난청과의 구분이 어려우므로 고음역 단독 난청은 판단 기준에서 제외하고 있으며, 따라서 전반적인 회화음역에서의 일종의 평균치 청력인 4분법을 이용한 방법만을 사용하고 있다. 2010년 4월 보훈심사위원회에서 개최한 '이명 등 심사기준 보완 워크숍' 본회의 결과 보고 자료를 보면 이 이슈가 잘 나타나 있다.

　　따라서 우리나라 난청 공무상질병 기준에 있어서 이러한 일괄적 접근보다는 선진국의 경우와 같이 난청에 대한 다각도의 접근이 요구된다. 특히, 군 소음특성상 군 소음과 관련이 있을 수밖에 없는 고음역 대의 난청도 인정해 줄 수 있는 기준과 장치가 요구된다. 노화로 인한 난청과의 구분에 있어서 어려움 등이 있는 것은 사실이나, 이러한 문제의 어려움 때문에 고음역 난청자를 심사기준에서 배제하기보다는 군 복무 관련 자료 및 군 복무 시 소음 노출 자료 등을 토대로 군 소음관련 난청과 노인성 난청을 판단하는 기준은 병행되어야 할 것이다.

나. 외국의 이명의 질병 인정 및 장애 보상기준

이 세 나라와 우리나라와의 난청의 공무상 질병인정 기준에 있어서 이명의 질병의 특성상 객관적인 이명여부 판단의 어려움으로 인하여, 대부분의 나라들이 난청처럼 정확한 판단의 기준치를 갖고 있지는 않았다. 그러나 질병판단에 있어서 주관적인 부분을 배제할 수 없다 하더라도 세 나라 모두 이명을 군 복무 관련 질병으로 인정하는 평가 기준을 갖고 있다. 또한 난청과 독립적으로 이명에 대한 심사가 이루어짐을 알 수 있다. 반면, 우리나라의 경우는 이명은 난청과 동반할 경우만 인정되고 있으며, 난청으로 인한 장애등급을 받은 사람이 심한 이명이 인정될 경우 한 등급 높은 장애등급으로 승급되는 형태의 기준을 갖고 있다. <표 60>은 호주, 캐나다, 미국, 그리고 한국의 전역 군인 이명 평가 항목 및 기준들이다.

〈표 60〉 전역 군인의 이명 평가

(평가)항목		장애율 (%)	기준	비고
호주 - 이명 유무 구술심리 (의사참여) - 삶의 질 평가 (설문조사-자유 선택, 비선택시 의학적 평균사항 적용)	독립	0	이명이 없거나 간헐적인	호주보훈부 장애평가지침
		2	약한 이명이 있지만 매일 발생하지는 않는	
		5	매일 이명이 일어나지만, 많은 시간은 견딜 수 있는	
		10	심한 이명, 예를 들면 매일 발생하여 마스킹 장치가 필요한 거의 심각한	
		15	매우 심각한 이명으로, 휴식을 방해하고, 집중력을 잃게 하며, 극단의 불편함을 야기하고 주기적으로 수면에 방해를 주는 이명이 매일 발생하는	
캐나다 - 이명 유무 구술심리 (6개월 이상 이명을 경험한) * 복무 시 소음 노출-3,000, 4,000, 6,000Hz 중의 하나에서 25dB 이상의 청력손실 - 삶의 질 평가(설문)	독립	0	주당 1회 미만 돌발성	장애자격심사지침 (기타장애-이명)
		1	주당 1회 이상	
		3	일일 1회 이상	
		5	24시간 발생, 처방적 억제장치나 물리치료는 필요치 않지만, 비처방적 장치(예: 라디오) 사용이 필요할 수도 있는 상태	
		10	24시간 발생, 의학적 처방을 받은 경험이 있는 상태	
미국 - 이명 유무 구술심리 (州면허 청각사가 워크시트에 명시된 절차에 따라 구술심리)	독립	10	이명에 관한 진술유부와 현재의 이명여부, 발병일자와 완쾌, 발병후 생활 환경 등 관련 진술을 통해 판정	제대군인보상처(VBA) : 청각심사워크시트 : 이명 10% 장애등급 히가
한국 - 이명검사	조건	7등급	- 3회 이상의 검사에서 일관성 있는 결과가 검출 - 하나 이상의 귀에서 50dB의 청력장애(공기전도)의 난청을 동반 - (이명에 반드시 난청이 50dB이 동반되어야 함. 이명+난청 혼합범령)	국가유공자 등에 대한 예우와 지원에 관한 법률

호주의 경우 이명 여부에 대해 의사가 참여한 구술심리 검사가 이루어지며, 설문조사를 통한 삶의 질이 평가된다. 실제로 이명은 이명의 역학적 특성상 이명의 단순한 크기를 파악하는 것보다도 같은 크기와 같은 형태의 이명이라 할지라도 사람에 따라서 받아들이는 정도가 다르기 때문에 삶의 질을 평가하는 것은 이명의 심각성을 평가하는 데 있어서 빠져서는 안 될 요소이다.

호주의 경우 이렇게 이명여부 구술검사와 삶의 질 검사를 통하여 이명정도에 따라 0~15%의 장애율을 인정받아 연금을 지급받을 수 있다. 모든 질병에 대한 장애율은 0~100%까지 인정이 되고, 보통의 모든 질병은 질병이 있다고 판단될 경우 10%의 최저점에서 시작하여 질병이 심할수록 단계적으로 점수가 높아진다. 그러나 이명 및 난청의 청각분야는 (기타 감각기관 및 손가락·발가락 경우도 동일) 최저점이 5%에서 시작하여 심할수록 +5%씩 더해진다. 사실 대개의 경우 이명 및 난청의 청각분야는 심하지 않을 경우 5%의 연금도 받기 어렵다. 대신 호주에는 연금과 별개로 의료보상제도가 있다. 대표적인 것이 '화이트카드'와 '골드카드'라는 것이 있는데, 질병의 정도와 군 복무와의 연관성에 따라 이러한 카드가 차등 지급된다. 대상자들은 이 복지카드를 이용하여 군병원 및 나라가 지정한 해당병원 등에서 치료를 받을 수 있으며, 치료비용은 차후에 국가가 병원에 직접 지불한다(Australian Veterans Affairs, 2010). Veterans' Entitlements Act(VEA)는 장애율에 연금 허용 및 지급 금액에 대해 명시하고 있다(Australian Veterans' Entitlements Act, 1986).

아래 글은 보훈처 자료에 언급되어 있는 난청 관련 연금과 의료보상에 대한 예시이다. 아래 글은 약간의 난청이 있는 경우는 삶의 질에 큰 영향을 미치지 못하기 때문에 장애율을 0%로 인정되어 연금은 받지 못하나, 치료비용 지급은 가능할 수 있다고 설명한다. 아래 글을 통해 군 복무 관련 청력장애에 대한 호주의 전반적 입장을 간접적으로 살펴볼 수 있다(Australian Veterans Affairs, 2010).

The level of your General Rate of Disability Pension ranges from 0% to 100%. ······ Zero percent (0%) is where, for example, you have a mild hearing loss but it is not enough to affect your lifestyle. It can be accepted and covered for medical expenses but you do not receive compensation.

캐나다의 경우 호주와 마찬가지로 이명 유무에 대한 구술 심리검사가 이루어지고, 삶의 질에 대한 설문이 이루어진다. 이명의 경우 0~10%의 장애율 인정이 가능하다.

미국의 경우는 이명 유무에 대한 구술 심리검사가 청각사(Audiologist)에 의해 이루어지며, 이 진단 자료와 현재의 이명 여부, 그리고 발병 일자와 군 복무기간 및 기타 개인적인 소음 노출 환경 등을 고려하여 판단한 후 군 관련 질병이라고 판단되면 10%의 장애율을 인정받을 수 있다.

〈표 61〉 캐나다 보훈부 이명만을 측정하기 위한 등급결정 기준(Canada Veterans Affairs, 2011)

Rating 등급	Criteria 결정기준
Nil 0	Occasional tinnitus, present less than once a week affecting one or both ears. (돌발성 이명, 현재 한쪽 혹은 양쪽 귀에서 주당 한 번 미만으로 발생)
One 1	Occasional tinnitus, present at least once a week affecting one or both ears. (돌발성 이명, 현재 한쪽 혹은 양쪽 귀에서 주당 최소 한 번 이상 발생)
Three 3	Intermittent tinnitus, present daily, but not all day long, affecting one or both ears. (간헐적 이명, 현재 한쪽 혹은 양쪽 귀에서 종일은 아니지만 매일 발생)
Five 5	Continuous tinnitus, present all day and all night, every day, affecting one or both ears, but does not require use of prescribed masking devices or other prescribed modalities but may use non-prescribed devices such as radio, etc. (지속적 이명, 현재 한쪽 혹은 양쪽 귀에서 24시간 매일 발생 처방적 억제장치나 다른 처방적 물리치료가 필요치는 않지만, 라디오 같은 비처방적 장치를 사용하고 있는 상태)
Ten 10	Continuous tinnitus, present all day and all night, every day, affecting one or both ears, and has been prescribed a masking device and/or other prescribed modalities (i.e., prescribed meds for tinnitus). When prescribed modalities e.g., meds are prescribed, supporting documentation from the health care professional should be provided). (지속적 이명, 현재 한쪽 혹은 양쪽 귀에서24시간 매일 발생 억제장치나 물리치료적 (다시 말하면 이명을 위한 의학적) 처방을 받은 상태 물리치료 같은 의학적 처방을 받았을 때, 건강관리전문가로부터 지원문서가 제공)

미국의 경우 군 복무 관련 이명 보상 요청 제기가 매우 활발하게 이루어지고 있다. 그러나 이명의 특성상 주관적 판단이 들어갈 수밖에 없는 질병이고 질병의 원인 및 증상이 단순하지 않기에 보상 요청 신청을 하더라도 쉽게 받아들여지지는 않는다. 따라서 많은 사람들이 보훈처 보상관련 전문 변호사들의 도움을 받아 보상 소송을 진행하기도 하며, 또한 이명 진단 특히 군 복무 시의 소음 노출이 이명을 야기시키거나 악화시켰을 가능성에 대한 청각사의 진술이 군 복무 관련 질병으로의 판단에 도움이 된다. 미국 역시 호주처럼 장애율을 (%)포인트로 계산하고 있으며, 장애율에 따라 연금이 지급되는 것이 일반적이나, 이명과 난청의 경우에는 호주와 비슷한 개념으로 직접적인 재활장치를 지급하는 경우가 많다.

아래 첨부한 난청 및 이명에 대해 보상 요청 경험이 있는 군 전역자의 기술 내용을 참고하면, 현재 미국의 전역 군인 이명 및 난청관리가 어느 수준으로 보상이 이루어지고 있는지 예상할 수 있다.

1) As wildman has stated you have been given some bad advice, i got out in 1969 and just this year got 10% for hearing lose and two years ago got a 10% for the ringing in my ears, and now in the process of getting hearing aid made for both ears, and up dating my health care with the VA from 7c to 3 because of the compensation that i am getting. SO it dosenot matter how long you have been out to submit a claim. (출처: www.allmilitary.com: Disability Questions (Hearing Loss, Tinnitus, Ankle))

(1969년에 제대하였고, 올해 난청으로 10% 장애율을 받았으며, 2년 전에는 이명으로 10% 장애율을 받은 바 있다. 현재는 양쪽 귀 보청기를 지급받는 과정 중에 있다.)

2) Hi, I'm a vet and just got evaluated by a VA hospital audiology. They said that I had tinnitus in both ears and some nerve damage with hearing loss. I reported this beginning around 9-10 years ago, when I was in the service and fired weapons (and worked with loud equipment) regularly. Can anyone tell me if I have a shot of getting a service connection, and if so, how to go about it? I'm going to obtain a copy of the records and contact my local DAV. Also, the Dr. informed me I was eligible for free hearing aids and further evals, if it ever got to that point (even though it's not service connected right now). (출처: www.tinnitusnews.net: Questions And Answers On Hearing Tinnitus Services)

(현재 양쪽 귀에 난청이 있고, 난청이 약간 있다. 군 복무기간 동안 소음이 큰 무기에 노출되고 있다. 현재 상황에서, 보훈병원 의사가 조언하기를, 현 질병을 군 복무의 총기 사용 때문이라는 것을 확실히 증명할 수 있으면, 최소한 무료보청기는 국가에서 지급받을 수 있다고 조언했다.)

3) (2)번에 대한 행정직 답변: Well usually, you would need to sign up at the VA for a compensation and pension exam (C&P) and then set up another appointment with the audiologist, where they do testing a little more in depth. You might also have to answer more questions about the noise exposure you have experienced. That information is sent on where it is processed and service connected for hearing loss. Usually if you are service connected at all, even a small percentage, you would be eligible for free hearing aids. Make sure you do all that you can, because the government gives you top of the line hearing aids that would normally cost about $6-8,000. (출처: www.tinnitusnews.net: Questions And Answers On Hearing Tinnitus Services)

(이 상황에서 먼저, 보훈처에 '보상 및 연금 시험'을 신청하시고, 그리고 개별적으로 청각사의 진단을 받으십시오. 청각사로부터 귀하의 난청이 군 복무와 전적으로 혹은 어느 정도 관련이 있다고 진단받는다면, 대개 법률에 따라 무료 보청기 지급이 가능해집니다. 정부가 지급하는 보청기는 출시된 보청기 중 최고품질인 약 6,000~8,000달러 고가의 보청기가 지급됩니다.)

4) My husband was awarded 10% in 2005 for tinnitus. He recently took two hearing exams from two state licensed audiologists and one actually stated in a letter given to my husband "in my medical opinion …… Mr. Stamper's military service cannot be ruled out as a contributing factor to his high frequency hearing loss." Both audiologists told my husband that he had moderate to severe hearing loss. We are filing a new claim, but we desperately need your advice. Do we file as bilateral hearing loss, bilateral tinnitus or hearing loss in the left ear (which is the one that has the worse hearing loss)? (출처: www.theveteransvoice.com; Help with tinnitus claim)

(남편이 2005년에 이명으로 장애율 10% 받은 바 있습니다. 현재는 새 소송을 준비 중이고, 양측성 난청 혹은 양측성 이명+왼쪽 귀 난청의 경우를 준비하고 있습니다.)

5) (2)번에 대한 볍률조언 답변: The tinnitus claim is set as high as it will go. There is no category of bilateral and 10% is the award limit. He will want to proceed to file for bilateral hearing loss. It would be best if that audiologist would state "it is more likely than not……" rather than "cannot rule out." VA needs to see a positive correlation between service and the condition. File now by writing a simple letter making the claim and enclosing copies of the records you have. He'll probably be called in for a C & P hearing exam and then eventually you'll get the decision letter. If it isn't what you wanted to see, please let me know and we'll review how to appeal. (출처: www.theveteransvoice.com; Help with tinnitus claim)

(양측성 난청에 대한 보상규정은 따로 없습니다. 난청에 대해선 10% 장애율 보상이 최고치입니다.)

전반적인 기술 내용으로 보아, 미국의 경우 이명이 난청과 독립적으로 각각 10%까지 장애가 인정됨을 확인할 수 있다. 또한 미국도 호주와 비슷한 개념으로 난청 및 이명의 청각질환에 대해서는 연금제도 보다는 직접 상태 개선을 위한 제도가 있다. 호주는 치료에 대해 개인이 국가가 지원한 치료비를 통해 청각질환 치료를 하였던 데 반해서, 미국의 경우는 직접 고가의 보청기 등의 장치를 국가가 개인에게 지급하는 것으로 나타났다.

미국이나 호주와 같은 이러한 제도는 우리나라에서 아직 도입이 되지 않은 제도이다. 그런데 연금제도만 있는 우리나라의 경우는 이명과 같은 질환의 경우 다른 장애에 비교하여 장애가 미비하기 때문에 평생 연금지급이 타당하지 않아서 공무상 질병으로 인정하지 않는다는 점이다. 또한 이명은 객관적인 진단이 어려운 주관적인 판단이 개입되는 질병이므로, 국가 차원에서 보상 신청자가 이명의 허위 진술을 통해 연금을 받아내는 것을 꺼려하여, 이명이란 질병 자체를 독립적으로 인정해 주지 않고 있다. 이 두 가지 관점이 우리나라의 현 군 복무 관련 이명인정 기준에 있어서 정부가 대상자들의 군 복무 관련 이명 인정을 잘 하지 않는 실질적 이유이다. 따라서 앞서 말했듯 이명을 인정하되, 그 이명이 군 복무로부터 온 것인지 심층적으로 평가하는 방안이 필요하며, 혹은 위와 같은 방법으로 연금 외에 직접 치료보상 등의 방법을 병행하여, 질병 인정에 우려되는 요소가 있거나 미비한 질병의 경우 연금보다는 직접 치료지원 등의 방법을 도입하는 것이 하나의 대안이 될 수 있다.

다. 외국의 직업환경 관련 이명의 장애 보상 사례

외국의 군 복무 관련 이명의 공무상 질병 인정 및 보상 사례와 더불어, 본 연구에서는 외국의 직업환경 관련 업무상 질병 인정 및 보상 사례들을 바탕으로 한 문헌검색도 수행하였다.

일반적으로 우리나라를 비롯한 많은 나라의 경우, 군 복무 관련 질병 인정·보상과 직업환경 업무상 질병 인정·보상 이 두 영역은 각 질병들에 대하여 약간의 차이는 있으나 대체로 비슷한 기준과 비슷한 등급으로 이루어져 있다.

이명의 경우에는 이명의 질병 판단의 주관적 특수성 때문에, 군 복무 관련 질병 인정 및 보상이 활발하게 이루어지고 있는 외국의 경우조차도 이명질환에 있어서는 보상이 활발하게 이루어지지 않거나 명확한 인정·보상 기준이 마련되어 있지 않는 경우가 많다. 따라서 외국의 군 복무 관련 이명의 공무상 질병 기준을 검토하였음에도, 우리나라에 저용할 만한 명확한 기준이 될 만한 객관적 자료를 확보하는 데는 어느 정도 한계가 있다고 판단되어, 본 연구에서는 직업환경 관련 이명의 업무상 질병 인정·보상 외국 기준에 대한 검토를 병행하였다. 특히, 영국의 경우 이명에 대해서 업무상 질병 인정 기준 및 보상금액에 대해 체계적인 등급을 제시하고 활발하게 보상이 이루어지고 있고, 이명과 난청을 동반한 경우의 등급 기준도 정의되어 있어, 한국의 군 복무 관련 이명·난청 인정·보상을 위한 비교자료로 타당하다고 판단되어, 영국의 보상 기준 및 사례를 중심으로 검토하였다.

1) 영국의 업무상 이명의 장애 보상 사례

영국은 Occupational Personal Injury Claim(업무상 재해보상 청구)이 피고용인-고용주 사이에 활발하게 일어나고 있다. 이명에 대한 보상 청구도 주요 Occupational Personal Injury Claim들 중 하나이다. 군 복무 재해도 업무상 재해의 일환으로, 클레임의 대상 고용주가 기업이 아닌 국가라는 특수성을 갖고 있는 특정 직업병이라고 볼 수 있다.

영국의 경우, 이명의 업무상 질병에 대한 보상도 활발하게 진행되고 있다. 또한 이명의 심각 정도에 따라 단계적으로 차등을 두어 체계적으로 연금이 지급되고 있다.

아래는 2006년 영국의 Judicial Studies Board(JSB)에서 보고한 'Guidelines for the Assessment of General Damages in Personal injury Cases'으로 소음성 난청과 이명의 보상 지표를 안내한다. 대부분의 이명 보상 청구의 경우에 약 £5,000~19,000 범위에서 연금을 받으며, 매우 심각한 이명이나 난청의 경우에는 £19,000 넘게 연금을 받는다. 이명과 난청의 정도에 따라서는 크게, 1) 심각한 난청과 이명, 2) 일반적 난청과 이명, 3) 난청을 동반한 약한 이명, 4) 미비한 난청을 동반한 비연속성 혹은 미비한 이명의 네 가지로 분류된다.

> For noise induced deafness claims
> (소음성 청각장애 보상 청구)
>
> In those cases where there has been a total loss of hearing and speech, the awards can be significant. These tend to be for those people who have sustained damage at an early age and have been unable to develop speech. (청력과 언어능력이 모두 완전히 손상된 경우는 보상이 상당히 이루어지고 있다. 어린 나이에 청력이 손상이 되고 이로 인해 그 후 언어능력이 발달할 수 없었던 사람의 경우가 이에 해당할 수 있다.)
>
> For the bulk of cases involving noise, however there will be a degree of hearing loss and quite possibly tinnitus(ringing in the ears). Age is also relevant in hearing loss cases, as aging does affect the hearing as well. (그러나 소음과 관련된 장애 소송의 대부분의 경우는 난청의 정도와 이명의 동반된 경우 이명의 정도에 대한 문제이다. 나이는 또한 난청과 밀접한 관련이 있다.)
>
> For severe hearing loss and tinnitus, the range is from £19,000~29,000(심각한 난청과 이명의 경우, £19,000~29,000)
> For moderate, from £9,500~19,000
>   (일반적 난청과 이명의 경우, £9,500~19,000)
> For mild tinnitus with some hearing loss, £8,000~9,500
>   (난청을 동반한 약한 이명의 경우, £8,000~9,500)
> And for slight or occasional tinnitus with slight hearing loss £4,750~8,000(미비한 난청을 동반한 비연속성 혹은 미비한 이명의 경우, £4,750~8,000)
>
> All the above are estimates. Compensation depends on medical evidence and you can also bring claims for loss of earnings and other expenses where appropriate. You should always seek proper medical attention for any ear damage, howsoever caused and specialist legal advice if you wish to bring a claim for compensation.
> (위의 항목들은 평가에 대한 것이다. 이러한 연금보상은 의학적 근거를 바탕으로 하며, 실직 등으로 인한 금전적 손실과 기타 비용에 대한 것들은 소송할 수 있다. 연금에 대한 청구를 하기 위해서는, 야기된 청력손상에 대해 적절한 의학적 처치와 전문가의 법적 조언을 구해야 한다.)

* Guidelines for the Assessment of General Damages in Personal injury Cases, 8th Edition (2006) by the Judicial Studies Board.

2) 영국의 각 질병별 업무상 장애 보상 금액 비교

윗 장 '1) 영국의 업무상 이명의 장애 보상 사례'에서 보고한 바와 같이, 영국의 경우 이명의 장애 심각성에 따라 차등을 두어 보상하는 기준이 있다.

그러나 영국과 한국 두 나라의 경제적 상황과 사회보장에 대한 현실적 여건 등이 다르므로 영국의 보상금액을 그대로 한국에 적용하기에는 무리가 있다. 따라서 먼저 영국의 지표를 바탕으로 이명과 다른 질병늘(예, 눈 질환)과의 질병의 심각싱에 따른 보상금액 정도를 체계적으로 비교해본 후, 여러 질병을 바탕으로 영국과 한국의 전반적 보상 금액 차이를 고려하여, 한국 실정에 맞는 적절한 선의 이명 보상 등급 및 금액을 선정할 것을 제안한다.

비교를 위한 참고자료로 이명 외 머리, 눈, 코, 팔, 다리 등에 대한 영국의 업무상 재해 기준을 첨부하였다(the judical Studies Board, 2006; First 4 lawyers, 2001).

These figures are estimates of what is commonly awarded for similar injuries. Additional compensation may be paid for other related expenses and the loss of potential earnings. Please remember, each case is different, and accurate advice must be tailored to the individual case.
(이 표는 비슷한 유형의 직업병에 주로 보상되는 것들을 평가한다. 추가적인 연금이 기타 관련 비용과 실직 등으로 인한 금전적 손실 등에 대해 지급될 수도 있다. 그러나 각 소송마다 차이가 있고, 정확한 조언은 개인의 상황에 따라 바뀔 수 있다.)

1) Whiplash Injury(편타성 손상)
Minor Whiplash Injury-up to £4,250*
Moderate Whiplash Injury-up to £7,750*
Severe Neck Injury-up to £82,000*

2) Back Injury(등)
Minor sprains, soft tissue damage or prolapsed disc-up to £7,500*
Moderate back injury-up to £21,500*
Severe back injury-up to £93,000

3) Head Injury(머리)
Minor injuries with no brain damage-up to £7,000*
Minor brain damage with good recovery-up to £23,500*
Severe brain injury-up to £155,000*

4) Eye Injury(눈)
Minor injuries-pain and interference with vision-up to £4,000*
Impairment of vision or double vision-up to £10,500*
Loss of eye-up to £33,000*

5) Nose Injury(코)
Serious or multiple fractures with operations and some permanent damage to the airways can attract up to £14,750
Where there has been full recovery after surgery £2,500~£3,250
Displacement involving manipulation £1,600~£2,000
Simple undisplaced fracture with full recovery £1,100~1,600

6) Facial Injury(얼굴)

Multiple fractures of the facial bones can lead to damages up to £23,500

Fractures to the cheekbones can be anything between £1,900 and over £10,000 for the worst cases where there is some disfigurement or sensory impairment.

Scarring in males

Trivial scarring where there is minimal effect, £1,100~£2,000, ranging then from more significant scarring £2,500~£8,500 to very severe scarring especially in men under 30 where there is permanent disfigurement and psychological reaction, where the compensation can be anything up to £42,000

Scarring in females ranges from £1,000~2,000 for the most minor scarring up to around £62,000 for the most severe with psychological damage.

7) Arm Injury(팔)

Compensation can range from over £70,000 for amputations depending on where the amputation is, i.e. full arm or partial.

For those injuries which are very severe, almost as bad as an amputation, compensation could lie in the £60~80,000 bracket.

Where there have been serious fractures leading to a significant residual disability £25~38,000.

Significant injury but a substantial recovery is made or expected, anything up to £25,000.

Simple fracture of the forearm £4,250~£12,250.

Strains and sprains where recovery is expected £2,000 plus.

8) Hand Injury(손)

Fracture of one finger-up to £1,750*

Severe dislocation of thumb-up to £3,000*

Amputation of little finger-up to £5,850*

Serious injury to ring or middle fingers-up to £7,750*

Loss of index finger-up to £9,000*

Loss of thumb-up to £18,500*

9) Leg Injury(다리)

Simple fracture of tibia or fibula(with good recovery)-up to £5,000*

Severe leg injuries(femur)-up to £7,000*

Fractures where recovery is incomplete-up to £14,500*

10) Chest Injury(가슴)

The worst cases leading to removal of a lung or serious heart damage with significant scarring and pain can attract up to   £96,000.

Traumatic injury to the chest heart and or lungs causing permanent damage and possibly shortened life expectancy up to £64,250.

Relatively simple injuries such as a single penetrating wound but with no long term effects can attract up to £11,500.

Toxic fume inhalation leading to some damage but not seriously affecting lung function, up to £8,000.

Those injuries including simple fractures of the ribs, collapsed lungs, causing serious pain and disability over weeks or months but from which a full recovery is made, up to £3,450.

12장 이명의 공무상 질병 심사 고찰

김규상·김진숙·방정화·최윤형

1. 급성 음향외상 또는 소음으로 인한 돌발성 난청의 판단기준

사격으로 인한 급성 음향외상은 의무병역제를 채택하고 있는 체제에서는 매우 빈번히 발생할 가능성이 높은 질환이다. 군대에서 사격훈련 시 소총 소음은 사격자의 귀에서 측정 시 약 132~165dBSPL의 음향에너지를 가지고 있으므로 보호장비를 하지 않는 경우 매우 심각한 손상을 일으킬 수 있다(Pawlaczyk 등, 2004). 청각기관에 손상을 일으킬 가능성은 소음의 크기가 140dBSPL보다 커질 때 급격히 증가하므로(Mrena 등, 2009), 사격으로 인한 소음은 폭발음과 같은 강력한 음에 단기간 노출된 후 일어나는 음향외상으로 인한 돌발성 감각신경성 난청으로 나타날 가능성이 크다. 급성 음향외상의 음압은 고막, 이소골 등의 중이 구조물 손상이나 난원창, 정원창막 혹은 달팽이관 등의 내이 구조물에 기계적인 손상을 일으킬 수도 있다. 그러나 일반적으로 급성 음향외상 또는 소음으로 인한 돌발성 난청은 단일한 강력 소음에 노출된 후 급작스럽게 발생하는 농형 청력손실로 나타난다(Kawatawa와 Suga, 1967).

돌발성 난청은 3개 이상의 연속 주파수에서 30dB 이상의 감각신경성 청력손실이 3일 이내에 발생한 경우를 의미한다. 주로 일측성으로 약 30 내지 60세의 연령에서 성별과는 상관이 없이 발생하며 현기증이나 이명을 동반하는 것으로 알려져 있다. 발생률은 미국에서는 연간 4,000명 정도 발생하며(Hughes 등, 1996) 국내에서도 내원 환자의 0.067~1.82% 정도로 발생한다고 보고하고 있다(임권수 등, 1988; 임귀채, 1995). 약 65 내지 70% 정도가 자연적으로 청력이 기능선상으로 회복된다고 보고하고 있으며(Mattox와 Simmons, 1977; Byl, 1984), 돌발성 난청 발생 이후 첫 2주 내에 50% 정도의 회복이 될 경우에 예후가 좋은 것으로 생각한다. 드물게 재발생도 나타나고 발생 원인으로 바이러스 감염설, 혈관장애 설, 내이기관의 파열설, 자가면역설 등이 있으나 대부분 정확한 원인을 파악하기는 어려 운 것으로 알려져 있다(김석주와 이현, 2007). 적절한 치료법으로는 원인 파악이 어려우므 로 연구자마다 보고가 다르고 실질적인 치료법이 정확이 규명되지 못하고 있으며 플라세 보 효과도 문헌에 보고되고 있다. 스테로이드제를 경구로 투약하거나 고막에 주사제로 투 약하는 방법, 혈류개선제, 항바이러스제, 편두통 치료제, 비타민과 미네랄 등 다양한 치료 방법이 연구되고 있다. 아마도 원인규명에 따라 적절한 치료제의 적용이 필요한 것으로 보고하고 있다(Hain, 2011).

급성 음향외상이나 소음으로 인한 감각신경성으로 나타나는 돌발성 난청은 강력한 강 도의 소리로 인해 내이기관의 일부, 즉 기저막 파열, 개막 파열, 유모세포의 손상 등을 포 함하는 코르티기의 손상으로 생각되며 손상기관의 회복에 따라 청력이 회복되기도 한다. 그러나 폭발음에 노출된 경우에는 고막이나 이소골 연쇄에 손상을 일으켜 드물게 전음성 혹은 혼합성 난청을 초래할 수도 있다(김규상 등, 1998). 또한 평소 지속적으로 소음에 노 출되다가 갑자기 어느 순간 소음의 강도가 증가되거나 소음에 노출되는 체위가 변동하면 서 돌발성 난청이 발생할 수도 있다. 청력손실의 형태는 파열되는 부위에 따라 달라질 수 있으며 소음성 난청과 비슷한 고주파수성 난청이나 수평형 혹은 U자형 청력도를 보이기 도 한다. 급성 음향외상이나 소음으로 인한 돌발성 난청을 그 외 직업적 돌발성 난청이나 바이러스성 등의 돌발성 난청과 구별할 수 있어야 한다. 예를 들어 잠수부나 비행사 등에 서 나타날 수 있는 압력상해로 인한 돌발성 난청은 난원창이나 정원창막의 누공이 원인 인 것으로 보고되고 있고(Pullen, 1979), 바이러스성 질환, 복용하는 약물의 변화, 상기도 염증, 수술 등으로 인한 돌발성 난청과는 원인이 다르기 때문이다. 그러나 돌발성 난청의 원인 자체를 밝히기 힘든 상황에서 급성 음향외상이나 소음으로 인한 돌발성 난청을 구 별하기는 쉽지 않다. 따라서 급성 음향외상 또는 소음으로 추정되는 돌발성 난청을 판단 하는 기준으로는 병력, 개인력, 가족력 등을 포함한 다양한 배경정보를 수집히고 다양한 의학적 검사와 청각적 검사가 필요하다. 이러한 난청을 기타 돌발성 난청과 구별하기는 쉽지 않으나 간단히 구분하면 다음과 같다(<표 62>).

<표 62> 음향외상·소음으로 인한 돌발성 난청과 그 외 돌발성 난청의 구분

	음향외상이나 소음으로 추정되는 돌발성 난청	그 외 돌발성 난청
배경정보	특정한 음향외상 등의 사건(불꽃놀이, 사격음, 폭발음 등의 충격음의 노출) 이후 난청 발생	특정한 음향외상 외의 사건(두경부의 외상, 비행, 스쿠버다이빙, 물건 들어올리기) 이후 난청 발생 최근 신체의 질환이나, 정신적 충격, 난청의 가족력, 복용하던 약물의 양이나 종류의 변화와 관련이 있는 경우
순음청력검사	기도와 골도의 차이가 없는 감각신경성 난청 중이나 외이의 포함 여부에 따라 전음성 혹은 혼합성 난청 회복가능성 있음	기도와 골도의 차이가 없는 감각신경성 난청 중이나 외이의 포함 여부에 따라 전음성 혹은 혼합성 난청 회복가능성 있음, 회복 이후 변동성과 진행성 난청으로 변화
어음청력검사	어음청취역치와 평균순음역치의 10dB 이내의 일치성 있음 검사가 가능한 경우 정상 어음인지도 Roll-over 반응 없음	어음청취역치와 평균순음역치의 10dB 이내의 일치성 있음 검사가 가능한 경우 정상 어음인지도 혹은 매우 저조한 어음인지도 Roll-over 반응 없거나 있음
중이검사	고막운동성 계측검사: 주로 A type, 그러나 중이의 포함 여부에 따라 Ad나 B type 청력역치에 따라 등골근 반사역치 상승 혹은 부재 등골근 반사 decay 검사: 음성(정상)	고막운동성 계측검사: 주로 A type, 그러나 중이의 포함 여부에 따라 Ad나 B type 청력역치에 따라 등골근 반사역치 상승 혹은 부재 등골근 반사 decay검사: 음성(정상) 혹은 양성
Stenger검사	음성(위난청 아님)	음성(위난청 아님)
Tonedecay검사	음성(decay 없음)	음성(decay 없음) 혹은 양성
뇌간유발반응검사	기도 역치와 유사한 역치에서 V파 존재 I-V파 파간 잠복기 정상 혹은 지연	기도 역치와 유사한 역치에서 V파 존재 I-V파 파간 잠복기 정상 혹은 지연
중기/말기AEP검사	정상	정상 혹은 비정상
OAE검사	비정상	정상 혹은 비정상
ENG검사	말초부위 비정상 안진	말초 혹은 중추 부위 비정상 안진
VEMP검사	주로 정상 드물게 50%의 진폭감소	주로 정상 드물게 50%의 진폭감소

그 외 소변검사, 혈액검사, HIV 검사, 컴퓨터 단층촬영(computerized tomography, CT), 자기공명영상(magnetic resonance imaging, MRI)으로 두개부의 상태를 확인하고, 이를 통하여 확인할 수 있는 타 질병의 존재를 배제할 수 있다.

2. 연령: 전역 이후의 연령 증가(고령)에 따른 청력역치 상승

이정학 등(2003)의 정상 성인의 연령에 따른 청력역치의 변화의 연구에 따르면 소음성 난청의 청력손실을 직업성 청력손실 외 3가지를 추가하고 있다. 첫째는 노인성 난청(presbycusis), 즉 자연적으로 발생하는 난청, 둘째는 사회성 난청(socioacusis)(Glorig, 1958)으로 현대사회에서의 불가피한 소음으로 인한 난청이다. 예를 들어, 거리에서 발생하는 자동차 소음, TV 소음, 음악, 군대의 총소리 등에 의한 청력손실이 이에 해당한다. 마지막으로는 외이, 중이 및 내이의 이상으로 발생하는 난청을 들 수 있다. 앞에서 제시한 소음성 난청 외 발생하는 청력손실 중 병인적인 난청을 제외하고는 노화에 의한 난청과 사회성 난청의 분리는 사실적으로 불가능하다. 소음성 난청과 노인성 혹은 사회성 난청과의 구별은 개인의 소음 노출 여부를 확인한다면 가능할 것이다. 이러한 구별을 위해서는 정상적인 청력을 가진 사람들의 자연적인 청력의 저하를 추산하여 보정값으로 이용할 수 있다. 실제적으로 미국 산업안전보건청(Occupational Safety and Health Administration, OSHA)(1981)에서는 남녀별 20세 전후부터 60세 이후까지 연령보정 수치를 1세 간격으로 제시하고 있다. 이러한 기준을 바탕으로 소음성 난청을 보상하는 데 있어서 미국의 10개 주에서는 연령보정에 근거하고 있다. 연령보정에 관한 국내의 연구로는 이정학 등(2003)에서 전국 성인 남녀 20~59세의 각 연령마다 약 60명씩 총 2,492명의 청력을 2dB 단위로 측정하였다. 피검자들은 검사 전 소음 노출 여부를 판단하기 위한 문진표와 설문지를 작성하였다. 이를 통해 과거 혹은 현재에 직업적 소음 노출자, 이독성 약물 복용자, 돌발성 난청 유경험자, 이과 수술 경험자 등 이과적인 문제가 있었던 피검자들은 결과 분석에서 제외하였다. 좌측 귀와 우측 귀의 비교 시 전체적으로 비슷한 것으로 나타났으나 우측 귀의 청력역치가 낮았으며, 남성보다 여성의 역치가 전반적으로 청력역치 수준이 낮았다. 연령 증가에 따른 청력 역치의 변화 양상은 40대 초반까지는 전 주파수 대역이 모두 비슷한 수준으로 관찰되었으나, 40대 중반 이후부터는 6, 8kHz에서 청력역치 수준이 다른 주파수에 비해 높아지기 시작하였다.

　이 연구에서 저자들은 이 자료가 소음 특수건강진단 및 청력보존프로그램 운영 시 연령보정의 기본 자료로서 참고할 수 있다고 제안하였다. ISO-1999(1990)와 ANSI S3.44(1996)에서는 자연적인 난청의 저하 정도의 모델을 제시하면서 소음에 노출되었을 경우 연령이 증가할수록 나타날 수 있는 청력손실의 정도를 모델로 제시하고 있다. 연령 증가와 소음의 노출을 모두 고려한 모델은 집단 데이터의 분석 결과이며 소음으로 인한 난청은 소음의 음향적인 특성, 기간, 개인의 건강 등 여러 요인에 영향을 받기 때문에 개인차가 있을 수 있음을 유의하여야 한다.

　앞선 연구 결과 등에서 보듯이 연령의 증가에 따른 역치의 상승은 불가피하다. 군대 전역자의 경우 심사 시 전역 후 직업적으로 소음에 노출되었는가의 여부를 조사하여야 함과 더불어 전역 후 연령 증가에 따른 청력의 서하는 필수적으로 고려하여야 할 요소이다.

김규상과 정호근(2003)의 연구에 따르면 군 복무 시 소음에 노출되었던 병과에 근무하였던 근무자가 소음 작업장에서 근무하는 경우 군 복무 시 소음에 노출되지 않았던 근무자보다 난청의 정도가 심한 것으로 나타났다. 소음 부서 근로자와 비소음 부서 근로자 모두 군 충격소음 노출 근로자 군이 각 500~8,000Hz 각 주파수별 청력역치 및 평균 청력손실이 크며, 특히 2,000~8,000Hz에서 크게 역치 차이를 보였다. 4,000 및 8,000Hz에서는 사업체에서의 소음 노출여부와 관계없이 군에서의 충격소음 노출이 10dB 이상의 역치가 증가한 것으로 나타났다. 이 연구의 결과를 볼 때 두 가지 해석이 가능하다. 첫째, 군에서의 소음 노출로 인하여 청력역치의 변화량으로 인하여 후 검사에서 군 소음 노출이 되지 않은 근로자보다 역치가 높게 나온 경우이거나, 다른 가능성은 군 소음 노출로 인한 난청 진행의 가속화가 될 수 있다는 가능성이다. 이를 입증하기 위해서는 군 전역 후 청력 결과가 포함이 되어야 입증이 가능할 것이나 연구에는 포함되어 있지 않았다. 또한 Lee 등(2005)의 연구에서는 188명(376귀)의 피검자를 3년 동안 추적 연구한 결과에 따르면 6~8kHz의 역치변화량이 소음에 노출된 남자 피검자의 경우 노출되지 않은 남자 피검자보다 변화량이 더 많은 것으로 나타났다. 이는 소음의 노출 경험으로 인하여 상대적으로 노출 경험이 없는 경우보다 소음에 취약할 수 있는 가능성을 보여준 결과라 할 수 있겠다. 그러나 반대의 결과로 Cruichshanks 등(2003), Rosenhall(2003), 그리고 Gates 등(2003)의 연구에서는 소음의 노출과 진행성 난청과는 상관관계가 없다는 결과를 보고하였다. 그러나 앞의 세 연구에서는 모두 질의로 소음의 노출 여부를 판단하였으며 소음의 정도, 기간 등은 연구에서 통제를 하지 않았다는 점을 유의해야 할 것이다.

결과적으로 군 전역 후 심사 시 첫째, 연령 증가에 따른 청력 역치의 상승을 고려하여 연령 보정을 통하여 연령 증가에 따른 청력역치의 변화량과 소음으로 인한 청력역치의 변화량은 구분하여야 한다. 둘째, 군 복무 시 소음 노출의 여부가 진행성 난청의 가속화에 영향을 줄 수 있으므로 군 전역 후 직업적 소음의 노출 여부를 고려하여야 할 것이다.

3. 노인성 난청

일반적으로 난청은 노인들에게서 흔히 일어나는 질환이기 때문에, 앞서 언급했듯이, 군 복무 관련 장해로서 난청을 신청하였을 경우, 나이가 많이 든 신청자의 경우는 이 난청이 노인성 난청인지 소음성 난청인지 구별하는 데 어려움이 있다. 따라서 군 복무 관련 난청

진단에 앞서, 신청자의 난청이 소음성 난청인지 비소음성 난청인지 구분하여야 한다.

난청은 청각도를 통해 소음성 난청과 비소음성 난청(노인성 난청 및 기타 원인)으로 구별할 수 있다(Coles 등, 2001; Rabinowitz 등, 2006). 소음성 난청은 일반적으로 3, 4, 6kHz(높은 음역대)에서 난청이 시작된다. 그리고 0.5와 1kHz(낮은 음역대)와 8kHz(일반적으로 소음성 난청의 경우는 8kHz에서 역치가 일시적으로 올라갔다가 시간이 지나면 회복됨)의 역치가 3, 4, 6kHz보다 낮게 나타난다(Rabinowitz 등, 2006; Beckett 등, 2003). 이를 일컬어 noise notch라고 한다. 대조적으로 노인성 난청의 경우는 높은 음역대로 갈수록 점점 높은 역치를 나타내는 이른바 경사형의 청각도를 보인다(Coles 등, 2001; Beckett 등, 2003). 아래 그림은 노인성 난청과 소음성 난청의 청각도이다(<그림 50, 51>).

Noise notch는 난청에 있어서 소음의 영향을 받았다는 것을, 즉 소음성 난청이 일부 혹은 전부 있다는 것을 확인하는 지표이다(<그림 52>). Noise notch 계산은 3, 4kHz와 또는 6kHz에서의 역치가 1 또는 2kHz보다 10dB 이상 크며 동시에 3, 4kHz와 또는 6kHz에서의 역치가 6 또는 8kHz보다 10dB 이상 클 때 Noise notch가 있다고 판독하며(Coles 등, 2001; Rabinowitz 등, 2006), 소음성 난청이 있다고 진단한다.

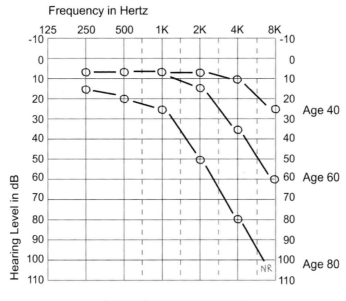

〈그림 50〉 노인성 난청의 청각도

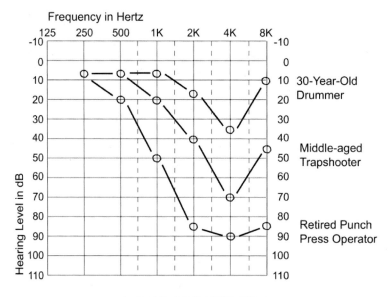

〈그림 51〉 소음성 난청의 청각도

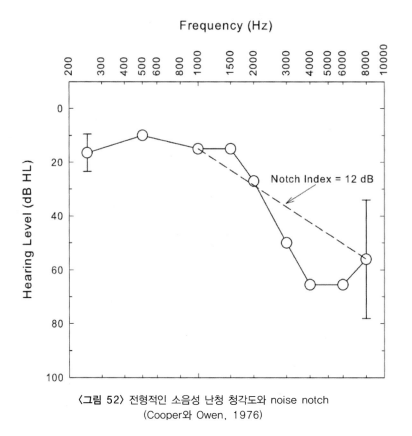

〈그림 52〉 전형적인 소음성 난청 청각도와 noise notch
(Cooper와 Owen, 1976)

<그림 53>의 위 그림은 남성의 연령에 따른 청력손실(ISO-1999, database A)이며, 아래 그림은 소음 노출 기간의 증가에 따른 소음성 난청으로, 이 두 그림(연령과 소음에 의한 청력영향)을 ISO-1999/ANSI S3.44 모델을 이용하여 합친 것이 <그림 54>이다. 이처럼 고연령에서의 청각도로 소음성 난청과 비소음성 난청(노인성 난청)을 구분하기는 불가능하

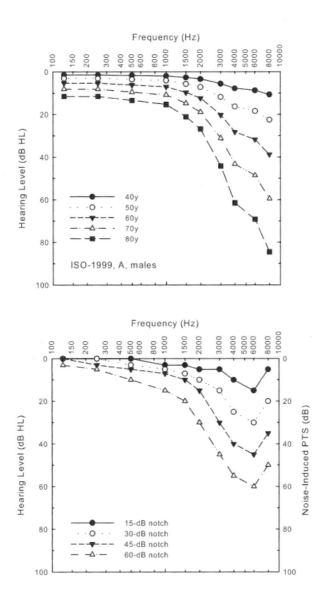

〈그림 53〉 연령과 소음에 의한 청력영향(Humes 등, 2006)

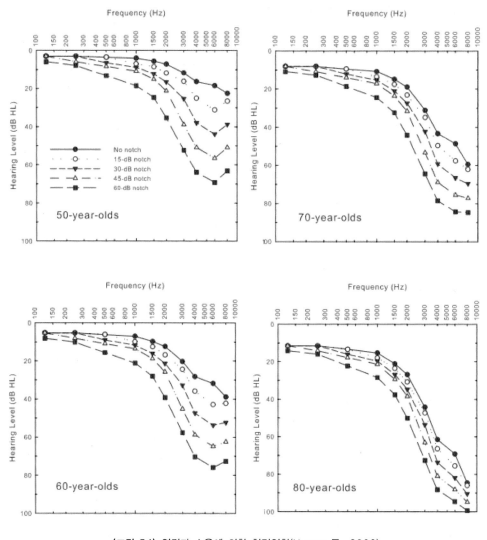

〈그림 54〉 연령과 소음에 의한 청력영향(Humes 등, 2006)

다. 소음에 노출되었다 하더라도 연령에 의한 역치변화에 소음에 의한 noise notch를 적용하였을 때, 70세 이상군의 청력도는 소음성 난청의 특성을 보여주지 못한다.

4. 군복무 난청 · 이명과 입대 전후의 비군복무 난청 · 이명의 구분

가. 난청

군인의 소음성 난청의 주요 특성으로 초기의 고음역(6~8kHz)의 청력손실, 좌우의 청력의 불일치(편측성의 청력손실), 이명을 동반하는 경우가 많다고 '군 소음 노출로 인한 이명'에 기술하였다.

군 복무 관련 난청은 왼쪽 귀의 청력이 오른쪽에 비해 손실의 정도가 크게 나타난다. 왼쪽 귀가 오른쪽 귀보다 청력역치가 높은 경우, 군 소음 관련 난청 가능성이 매우 높다고 할 수 있다. 양쪽이 비슷하거나, 오른쪽 귀가 역치 높은 경우에는 대상에서 배제할 수 있으나 반드시 그렇지는 않다.

일반적으로 군에서 오른손잡이의 경우 왼쪽 난청이 심하고 왼손잡이의 경우 오른쪽 난청이 심한 특성을 갖고 있다. 소총 사격의 경우, 사격에 적합한 자세를 취하려면 머리를 돌려야 하는데, 오른손잡이의 경우 좌측 귀가 소음원이 되는 총구에 90도 방향에 가깝게 되어 두부음영효과에 의해 K2 소총의 경우 우측 귀는 좌측 귀에 비해 약 40dB 정도 감소된 소음이 전달된다(문인석, 2006).

그러나 권총 사격의 경우 얼굴이 정면을 향한 자세로 사격을 실시하므로 양측 귀가 소음원으로부터 같은 위치에 놓이게 되고 총구소음에 직접 노출되는 방향은 아니며 또한 두부음영효과의 영향을 받지 않는다. 또한 소총사격 시에도 군내 실제 사격 훈련 시 사로와 사로 사이가 충분히 넓지 않아서 옆 사격자의 총기소음의 영향을 받기 때문에 편측성의 음향외상의 발현을 보이지 않을 수 있다(문인석 등, 2008).

또한 여러 연구에 있어서 일반적 소음성 난청의 경우도 양쪽 귀가 비슷하거나, 혹은 왼쪽 귀의 역치가 높게 나타나는 경우가 많다. 왼쪽 귀의 역치가 높게 나타나는 경우는 운전 관련 종사자의 직업성 난청이나 일반인의 경우 운전으로 인한 청력 악화이다. 운전시의 소음은 매우 커서, 운전을 많이 하는 대부분 성인 남자의 경우 왼쪽 귀가 오른쪽 귀보다 높은 역치를 보이는 것으로 나타난다. 음악 연주자의 경우에 있어서도 편측성의 청력손실(오른손잡이 바이올린 연주자의 왼쪽 청력역치가 보다 높게 나타남)을 보인다.

난청이 일측 방향 소음으로 인한 양이가 분균형한 특성을 나타내는 것과는 달리 이명의 경우는 대개 양측성 질환으로 나타난다. 특히, 이명의 경우는 빈복적 사격보다는 폭탄

소리와 같은 비일측 방향 폭발성 굉음이나 비소음 노출 관련 귀 질환인 경우도 많기 때문이다. 따라서 군 복무 관련 이명을 판단할 때에는 왼쪽 귀가 오른쪽 귀보다 건강하다고 해서 군 복무 관련 질환에서 배제해서는 안 된다.

군 소음 관련 난청은 6kHz와 특히 관련 있다. Noise notch 확인이 권장된다. 앞 장에서 언급한 군인을 대상으로 한 순음청력검사를 분석해 보면, 군대에서의 소음 노출로 인한 청력역치의 상승은 6kHz에서 특히 크며, 4, 3kHz 순으로 전형적인 고음역 손상의 형태, 즉 소음성 난청의 형태를 보인다(Kiukaanniemi 등, 1992).

그러나 우리나라의 경우 군 관련 난청의 특성인 고음역대의 난청이 있다고 군 복무 질환 신청을 한다 할지라도, 노인성 난청의 특성도 고음역대 난청이란 점에 있어서 고령자의 신청인의 경우는 그 원인 구별이 쉽지 않아서 배제 대상이 되는 경우가 많다. 따라서 본 연구는 같은 연령대의 일반인을 대상으로 한 6kHz 역치평균값과 대상자의 역치값을 비교해 보거나, 청각도를 통해 noise notch를 확인하는 방법을 제안한다.

앞 장에서 설명하였듯이, noise notch는 난청에 있어서 소음의 영향을 받았다는 것을, 즉 소음성 난청이 일부 혹은 전부 있다는 것을 확인하는 지표로, 비소음성 난청(노인성 난청 및 기타 원인)과 구별하는 지표이다. 소음성 난청의 경우는 저 음역대보다 고 음역대에서 높은 역치가 나타나나, 노인성 난청이 고음역대로 갈수록 지속적으로 역치가 높게 나타나는 것과는 달리 소음성 난청의 경우는 8kHz쪽에서 역치가 다시 낮아지는 특성을 갖는다. Noise notch 계산은 3, 4, and/or 6kHz에서의 역치가 1 or 2kHz보다 10dB 이상 크며 동시에, 3, 4, and/or 6kHz에서의 역치가 6 or 8kHz보다 10dB 이상 클 때 noise notch가 있다고 판독한다. noise notch가 있다고 판독될 경우 군 복무 관련 난청이라는 진단까지는 힘들지만, 검사자의 난청이 노인성 난청이 아닌 소음성 난청이라는 것을 판단할 수 있는 명확한 기준이 된다(Coles 등, 2001; Rabinowitz 등, 2006; Beckett, 2003).

나. 이명

이명의 경우는 (군 이외의) 특별한 외상 경험이 없는 한 대부분 군 관련 이명이라고 판단할 수 있다.

난청의 경우는 일정 크기 이상의 지속적인 소음 노출 혹은 매우 큰 단발성 소음 노출 모두 난청에 영향을 미칠 수 있기 때문에, 입대 전후 직업 등의 군 복무 관련 외의 요소들을 고려해야 할 필요가 있다. 즉, 난청에 직접적인 원인이 된 소음 인자를 구별해 내는 게 쉽지 않다.

하지만 이명의 경우는 지속적인 소음 노출보다는 소음 외상 경험 등에 기인하기 때문에 군 복무 관련 이명일 확률이 높다. 즉, 군 복무 관련 이명 신청자가 군 이외에 특별한 소음 외상 경험(예, 폭탄사건 등)이 없는 한 군 관련 이명이라고 봐도 무방하다. 물론 이명의 발생 시기, 발생 사건과의 관련성에 관한 구체적인 내용을 제시하고 확인할 필요는 있다.

이명의 경우는 지속적 소음보다는 대부분 단발성 소음 관련인 경우가 많다. 즉, 한 번의 강한 소음도 이명을 충분히 유발할 수 있다. 이명의 경우는 소음 노출에 따라 지속적으로 심해지기보다는 어느 사건을 계기로 갑자기 나타나는 경우가 많다. 한 예로 앞의 '군 복무 소음 노출로 인한 난청·이명'에서 진술한 바와 같이, 1995년 오클라호마 시티 폭탄 사건 때 83명의 생존자 중 67%가 폭탄 사건 후 며칠 안에 이명을 갖거나 기존의 이명이 심해졌다고 보고했으며(Van Campen 등, 1999), 호주의 한 연구에서는 충격음을 경험한 81명의 군인들 중 84%가 이명을 갖고 있다고 보고하였다(Temmel 등, 1999).

또한 앞서 말했듯, 군 관련 소음들은 지속적 소음이라기보다는 크기의 차이는 있지만 단발성의 폭발성 굉음이라는 군 소음의 특성으로 미루어 볼 때 이는 이명과 관련이 높은 소음이므로, 군 복무 이외의 특별한 폭발성 굉음의 외상 경험이 없는 한 군 복무 관련 이명일 가능성이 매우 높다. 육군의 경우 공군, 해군, 해병대보다 군 관련 이명률이 높다.

앞 장의 '군 복무 소음 노출로 인한 난청·이명'에서 진술 한 바와 같이, 몇몇 연구들이 육군의 경우 소음 노출 여부와 상관없이 전체적으로 이명률이 가장 높다고 보고하였다. 따라서 군 관련 이명 신청자 중 육군의 경우 공군, 해군, 해병대 신청자보다 그 가능성이 더 높음을 고려하여 공군, 해군, 해병대 등에 비해 우대하도록 권장한다.

특히, 군 복무 중 중화기 발포에 노출된 사람은 군 복무 이명을 우선적으로 고려할 수 있다. 앞 장의 '군 복무 소음 노출로 인한 난청·이명'에서 진술 한 바와 같이, 스웨덴의 20명의 보병부대 행정병을 대상으로 한 연구에서, 연구 대상 전체 군인의 17%가 이명을 경험했다고 했다. 또한 이들을 소음 노출 특성에 따라 나누었을 때, 중화기 발포(heavy weapon fire)에 노출된 군에서는 26%가 이명을 경험하였다고 보고한 반면, 소총 발포에 노출된 군에서는 5%만이 이명을 경험하였다고 보고하였고, 이 차이는 통계적으로 유의하였다(Christiansson 과 Wintzell, 1993).

즉, 난청 신청자와는 달리 군 복무 관련 이명 신청자의 경우는 중화기 발포와 같은 군 폭발성 굉음에 노출이 잦았던 곳에 있었던 사람의 경우(같은 육군이라 할지라도) 그 원인이 거의 군 복무에서 기인한 것이라 예상되며, 군 복무 이명자로 우대하도록 권장한다.

5. 입대 전후의 직업(작업)으로 인한 소음 노출

가. 입대 전후의 직업(작업)으로 인한 소음 노출

입대 전후의 직업(작업)으로 인한 소음 노출로 인한 영향은 입대 전후의 청력검사와 이명 발생 여부의 확인을 통해 배제할 수 있을 것이다. 그러나 현재 난청자와 이명자로 전역 후 수년~십수 년이 지나고 또한 과거 군 진료기록이 폐기되어 과거 군 복무 중의 난청·이명 발생을 직접적으로 증명하지 못한 경우, 소음성 난청의 특성을 보인다 하더라도 입대 전 청소년기의 소음 노출로 인한 영향과 전역 후의 직업(작업)으로 인한 소음 노출로 인한 난청 영향을 어떻게 판단할 것인가의 문제이다. 직업적으로 소음에 노출된 적이 없는 청소년에게서 소음성 난청이 발생할 수 있다는 연구 결과가 나오고 있는데, 청소년의 소음성 난청은 큰 소리를 내는 장난감과 개인용 음향기기, 디스코장에서 나오는 음악과 관련이 있으며 이외에 콘서트장, 밴드활동, 모터스포츠, 모터사이클 등의 레저활동과 관련이 있다.

그리고 전역 후 광업, 건설업, 제조업 등의 일반적인 소음 노출 업종에서 생산직으로 근무하는 경우나 또는 공공 근무 종사자(소방, 철도, 경찰 종사자), 음악가, 고소음에 노출되지는 않으나 청력에 영향을 미칠 수 있는 특수 직종(용접공과 도장공 등)에 종사하는 경우에 전형적인 소음성 난청 또는 감각신경성 난청으로서 군 소음에 의한 청력영향과 구분되지 않는다.

이와 같이 군 복무 중 소음에 의한 난청을 판단하는 데 군 복무 시의 소음 노출만이 아니라 과거 및 현 사업체에서의 소음 노출이 중요하게 영향을 미침을 추정할 수 있다. 실제 우리나라 소음성 난청 유소견자 기준을 적용하여 소음성 난청 여부에 영향을 미치는 요인을 살펴본 결과, 군에서 소음 노출과 더불어 사업장에서의 소음 노출이 소음성 난청의 발생에 영향을 미침을 알 수 있다.

나. 배제 직업군: 항공관련 직종 종사자

일반적인 소음보다, 사격, 포격 등의 화기를 다루는 군인들의 경우 소음의 특성상 청력에 큰 영향을 미치는 것을 사실이다. 그러나 군 소음 이외에도, 특정 직업군들은 군 소음과 비슷한 소음의 특성을 가짐으로써 청력에 큰 영향을 미치는 직업군들이 있다.

항공관련 직업은 여러 가지 직업군의 소음 측정 결과 가장 심한 소음을 갖고 있는 직업군이라고 보고된다. 또한 항공관련 근무자들의 청력손실 정도도 다른 직업군보다 높은 두드러진 청력손실 정도를 보이고 있고, 특히 군 관련 소음과 비슷한 고음역대의 두드러진 청력손실을 보인다. 앞 장에서 소개한 연구에 따르면, 실제로 항공관련 근무자(유지보수, 소방, 경찰, 지상요원 포함)를 대상으로 한 연구에 있어서, 고음역대의 청력 손실은 항공관련 근무자가 41.9%, 항공기 유지보수 요원(지속적인 항공기소음 노출) 65.2%, 소방대원 55.0%가 고음역대 청력 손실을 갖고 있다고 한다. 또한 다른 연구에 있어서, 군용기 관련 근무자, 승무원, 비행기 조종사 및 정비사, 해군 및 함상 근무자들에 있어서도 군 복무 관련 소음성 난청과 비슷한 소음성 난청이 있다고 보고하고 있다.

따라서 항공관련 직업을 입대 전후에 가졌던 사람의 경우, 그로 인한 영향으로 난청 및 이명이 생겼을 가능성이 크므로, 이들 직업의 경험이 있는 사람은 군 복무 관련 난청 대상자에서 제외할 수 있다. 물론 시기적으로 군 복무 전후 청력 상태를 비교하여 평가할 필요가 있다.

그러나 입대 전 직업으로 인한 이명이 있다가 군 복무 중 더 악화된 경우, 혹은 군에서 최초 이명이 생긴 후 전역 후 직업으로 인해 이명이 유지 및 악화된 경우는 입대 전후 직업성 소음의 영향뿐 아니라, 군대에서의 영향을 완전히 배제할 수는 없을 것이다.

다. 배제 고려 직업군: 트럭운전 직종 종사자

그 밖에 항공관련 근무 직업 군 외에, 다음으로 소음 노출이 큰 직업군은 트럭 운전자들이다. 트럭 운전자들의 경우 우리나라 도로 규정의 특성상 왼쪽 좌석에서 운전을 하므로, 왼쪽 귀의 역치가 오른쪽 귀의 역치보다 훨씬 높은 특성을 갖고 있다. 즉, 왼쪽만 난청을 갖거나, 왼쪽이 오른쪽보다 심한 난청을 갖는 특성이 있다. 그러나 군 소음 관련 난청의 경우도 사격과 관련이 높아서, 청력손실의 편측성만으로 군 소음의 영향으로 보기나 또는 트럭 운전자들의 난청 형태와 구별이 가능하지는 않다.

6. 이명: 난청이 없거나 난청의 상이등급 기준 이하의 경우

이명은 전반적인 삶의 질을 저하시키는 주요한 원인이 될 수 있는 요소임에도 불구하고 난청과 달리 객관적인 검사로 그 심각성을 측정할 수 없다. 류소진(2010)의 연구에 따르면 이명장애지수(THI, Tinnitus Handicap Inventory)는 이명과 관련한 요소와는 상관없다고 하였다. 즉, 객관적으로 측정할 수 있는 요소, 난청의 정도, 이명의 크기, 이명 발생 기간 등의 요소와 개인이 이명으로 인하여 갖는 불편함과는 상관이 없다는 결과이다. 그러므로 이명의 심각도 측정에 있어서 이명의 주관적인 견해를 묻는 설문지 혹은 질문지는 심사에 있어서 반드시 포함되어야 할 요소라고 할 수 있다. 그러나 이러한 주관적인 설문지의 경우 심사에 있어서 객관성을 갖기 어렵기 때문에 이명에 관한 지식, 즉 이명이 다른 질병의 근원이 아니라고 판단할 수 있는 이비인후과 의사와 직접 이명도 검사, 설문지 검사 등을 수행하여 실질적으로 대상자의 이명에 관하여 가장 밀접하게 파악할 수 있는 청능사(audiologist)의 진술이 반드시 뒷받침되어야 한다. 실질적으로 선진국에서는 심사기준을 제시하여 보상하고 있다.

호주의 보훈처 자료를 살펴보면 이명의 전반적인 정보를 위한 이명에 대한 구술심리가 이루어지고 삶의 질에 영향을 미치는 설문을 실시하고 있다. 이러한 설문 결과와 함께 이명의 발생 빈도에 따라 장애율(%)을 달리 적용하며 이명만으로 받을 수 있는 기준으로 최고의 장애율을 받는 경우는 휴식 방해, 집중력 저하, 극단의 불편함과 함께 수면 방해까지 일어날 때, 최고의 장애율보다는 한 단계 낮은 장애율은 이명 억제 장치(sound generator/tinnitus masker) 사용 여부에 따르고 있다. 캐나다의 보훈처에서도 호주와 비슷하게 이명에 관한 적극적 재활 치료 여부를 심사기준에 제시하고 있다. 총 5등급 중 하위 3등급까지는 이명의 발생 빈도 수와 일측 혹은 양측인가에 따른 기준이며, 4등급(장애율 5%)은 지속적 이명이 발생하며 억제장치(sound generator/tinnitus masker)나 다른 물리치료가 필요치는 않지만 라디오 같은 비처방적인 장치를 사용하고 있는 상태로, 가장 높은 5등급(장애율 10%)의 경우는 지속적 이명이 발생하며 이명을 위하여 적극적인 치료를 하고 있는 경우, 즉 억제장치 등을 사용하고 물리치료와 같은 의학적 처방을 받았을 때로 하고 있다. 이러한 경우 전문가의 지원문서를 제출하여야 한다. 미국의 보훈처에서는 이명 유무에 대한 구술 심리

검사와 현재의 이명 여부, 발병 일자와 군 복무기관 및 기타 개인적인 소음 노출 환경 등을 고려하여 청능사가 군 관련 질병이라고 판단하게 될 경우 10%의 장애율을 인정하고 있다. 이렇듯 선진국에서는 이명에 관한 객관적인 자료 이외에 주관적인 설문을 통하여 이명에 의한 고통에 대한 보상을 위한 자료로 이용하고 있다.

현재 우리나라에서의 난청·이명에 관한 장애보상 기준을 살펴보면 국가유공자 등에 대한 예우와 지원에 관한 법률에서 보면 이명의 독립적인 기준은 없고 난청과 함께 이명 발생에 관한 기준을 제시하고 있다. 이명의 경우 3회 이상의 이명도(tinnitogram) 결과가 신뢰성이 있어야 하며 하나 이상의 귀에서 50dB 이상의 청력손실이 있어야만 가장 낮은 등급인 7급으로 인정하도록 하고 있다. 보건복지부 장애등급판정기준(보건복지부 고시 2011-91)에 따르면 심한 이명이 있는 경우 한 급수 상위등급으로 판정하도록 하고 있다. 예를 들어, 청력장애 정도가 6급인 경우는 5급으로 인정한다. 심한 이명이 있으며, 양측의 청력손실이 각각 40~60dB 미만인 경우는 6급으로 판정한다. 6급은 보건복지부 장애등급의 청각장애 등급 기준 중 가장 하위등급이다. 이명은 2회 이상의 반복검사에서 음질과 크기가 서로 상응해야 한다. 심한 이명에 대한 정의에 대해서는 명확하게 제시되어 있지 않다. 산업재해보상보험법 시행규칙(제42조 관련)에서는 준용등급결정에서 난청이 있고 현저한 이명이 있는 경우에는 그 증상을 타각적 검사에 의하여 입증 가능한 경우 제12등급을 인정한다. 청력장해와 관련된 등급은 총 14등급이다. 이명이 있는 경우라 명시되어 있고 심각성에 관한 기술은 없다.

앞에서 살펴본 바와 같이 선진국의 경우 이명 단독으로 충분한 장애를 받을 수 있으나 우리나라에서는 난청이 없이는 이명만으로 삶의 질이 저하된다는 것을 인정받지 못하고 있다. 이명의 심각도를 객관적으로 증명할 수 없는 것도 이유가 될 수 있을 것이다. 이명을 최대한 객관적으로 증명하기 위해서는 일단 이명도 검사와 청력검사를 시행하여야 한다. 순음청력검사, 어음청력검사 등을 통하여 난청이 있는가에 관하여 측정뿐만 아니라 이명이 다른 질병에 의한 것이 아니라는 것을 증명하기 위하여 청성유발반응 검사 등의 검사가 시행되어야 한다. 이러한 검사를 통하여 아무런 이상이 발견되지 않으면 이명에 관한 주관적 설문검사를 시행하여 이명으로 인하여 삶의 질이 얼마나 저하되었는가에 대하여 측정하여야 한다. 물론 이때 설문지 혹은 문진으로 군 복무 기간의 병과에 관하여, 또한 평상시 소음에 얼마만큼 노출되었는가에 관한 정보를 얻어야 한다. 또한 덧붙여 호주나 캐나다에서 실시하고 있는 방법으로 이명으로 인한 치료 기록 혹은 상담 기록 등과 이명을 위한 재활을 받았다면 그에 따른 의사와 청능사 등의 전문가의 보고서 등을 첨부한다면 신뢰성 있게 평가할 수 있을 것으로 본다. 이러한 전문가의 보고서는 난청과 이명이 함께 있는 경우도 적용할 수 있을 것이다.

우리나라 장애등급에 관한 기준을 살펴보면 이명에 대한 정보, 즉 이명의 발생 빈도 등에 따른 차등이 되어 있지 않다. 이명이 있다는 것만을 가지고는 이명이 간헐적으로 발생하는 경우와 이명이 계속적으로 발생하는 경우 같은 이명으로 간주하고 있으나 이명의 심각도에 따라 등급을 차별해야 할 필요가 있다고 본다. 그러나 이러한 차등을 고려할 시이명도의 결과를 근거로 하기는 어렵다. 류소진(2010)의 연구에 따르면 이명의 크기, 소리의 종류 등은 이명장애 지수와 상관관계가 없다고 하였다. 그러므로 이명의 심각도를 객관적으로 나누려면 일단 이명의 발생 빈도와 앞서 제시한 이명을 위한 조치의 수준 등을 기반으로 이명의 심각도를 나누어 등급이 나뉘어야 하는 것이 필요하다. 앞에서 살펴본 캐나다와 호주에서는 이명에 관한 등급을 나누어 장애율을 차등하여 적용하고 있다.

정리하자면, 난청이 없거나 난청의 상이등급 기준이하일 경우나 이명 단독일 경우 첫째, 이명의 반복적 객관적 측정을 통하여 이명이 있음을 증명한다. 둘째, 여러 검사를 통하여 이명이 질병에 의한 것이 아님을 증명하며, 셋째, 설문지 혹은 문진 등을 통하여 이명의 정보와 그 심각성을 측정한다. 마지막으로 이명에 관한 치료조치, 즉 이명 억제 장치 혹은 상담 등의 적극적 노력의 결과를 참조한다. 이때 이를 증명할 전문가의 보고서를 제출하도록 하여 신뢰성을 획득하여야 할 것이다.

7. 외상에 의한 귀 질환

외상에 의한 귀 질환은 두경부의 물리적 충격 때문에 나타나는 귀의 손상이다. 1956년 Thorbum에 의해 최초로 생체에서 두경부 외상으로 인한 이소골 연쇄의 단절과 전음성 난청이 보고된 후 두경부의 외상이 귀 질환을 일으키는 것으로 알려졌다. 이러한 귀 질환은 외이, 중이 내이에 걸쳐 나타나므로 각 부위별로 외상에 의한 귀 질환의 특성이 다르다 (Black, 1998). 외상에 의한 귀 질환은 여러 가지 원인 중 물리적 충격(외상, 혹은 구타)에 의한 손상이 공무상 질병 인정기준에 해당할 것으로 생각되며 그 외 원인은 인정기준에서 배제되어야 하므로 모든 원인을 확인할 필요가 있다.

가. 이개의 외상

이개의 외상은 이개의 절개를 뜻하는 열상(laceration)과 귀 혈종(hematoma auris)으로 구분할 수 있다. 열상은 안면부위의 충격으로 외형적으로 민감한 이개부분의 손상이며 육안으로 구별할 수 있다. 귀 혈종은 레슬링이나 권투와 같은 스포츠를 즐기는 사람이나 선수에게 나타나는 증상으로 연골과 연골막 사이에 혈액이 모이는 현상이다. 귀 혈종은 연골 혈액 공급에 지장이 있으므로 연골에 무혈관성 괴사의 위험이 있고 혈종 부근에 섬유 조직이 과다 증식되어 두꺼워지면서 정상 귀의 형태가 변형되고 오그라드는 모습을 나타낸다. 이를 전형적으로 꽃양배추 모양의 'cauliflower ear'라고 부른다.

나. 외이도의 외상

일반적으로 열상과 찰과상으로 나타나며 원인으로는 관통상, 물리적 충격, 곤충이나 이물질의 침입과 제거 등이다. 손상은 일반적으로 심한 정도는 아니지만 응고된 혈액인 혈전이나 귀지 등으로 인해 고막의 상태를 점검하는 데 방해가 되기도 한다.

다. 고막의 외상

고막의 외상의 원인과 형태는 외이도의 외상과 유사하지만 그 외 구타, 폭발음, 뜨거운 물질이나 주사 바늘 등에 의해서도 발견될 수 있으며 진전이 되었을 경우 중이염증으로 이루가 발생할 수도 있다. 용접 불꽃이나 뜨거운 이물질 등에 의한 화상 등으로 고막 천공이 발생할 수도 있다(김규상, 1999). 고막천공은 그 특성에 따라 외상의 종류를 분석할 수 있다. 관통상은 뚫린 흔적에 혈액을 많이 발견할 수 있고, 구타나 폭발음에 의한 천공은 혈액이 없이 건조하며 V자 모양이나 갈래갈래 찢어진 모양이고, 만성중이염으로 인한 천공은 동그란 모양으로 이루가 발견되는 경우로 구분할 수 있다.

라. 이소골 연쇄의 외상

원인은 관통상, 물리적 충격이나 폭발음, 측두골 골질이며 고막천공이 곧 이소골 연쇄의 외상으로 연결되기도 한다. 측두골 골절은 중이강에 혈액을 관찰할 수 있으며, 뇌척수액과 유사한 투명한 이루를 관찰할 수도 있다. 고막이 치료된 후에도 이소골 연쇄의 변형으로 전음성 난청이 남을 수 있다. 중이강 위쪽으로 고정된 이소골, 침골의 탈구, 등골과 등골 주변 부위의 골절이 일반적인 이소골 연쇄 외상으로 나타나는 현상이다. 기도와 골도의 청력역치를 보이는 전음성 난청은 물론 고막운동성이 증가된 Ad 형태의 고막운동성 계측 결과가 나타난다.

마. 측두골 골절로 인한 귀 질환

측두골 골절은 종적인 골절과 횡적인 골절로 구분할 수 있다. 종적인 골절로 발생하는 귀 질환은 머리 옆에서 발생한 강한 물리적 충격에 의해 발생할 수 있다. 혈액이나 뇌척수액과 유사한 이루도 관찰할 수 있으며 충격을 받은 쪽에 전음성 청력손실도 나타난다. 혈액이나 뇌척수액을 부드럽게 흡입시킨 후 외이도를 관찰하면 외이도에 갈라진 틈이 보이나 고막은 정상형태로 나타날 수도 있다. 그러나 중이강과 외이도에 혈액을 관찰할 수 있으며 고막의 파열이 나타나기도 한다. 횡적인 골절은 종적인 골절보다 드물게 나타나며 머리 전후방의 강한 물리적 충격에 의해 발생하며 안면신경에 손상이 있을 수도 있다. 두경부의 충격으로 종적인 골절보다 더 심각한 경우가 많고 의식을 회복하거나 정신을 차린 후 현기증과 감각신경성 난청이 나타난다. 중추신경부위의 손상 정도에 따라 회복은 수 주에서 수 개월간 걸릴 수도 있으며 안면마비가 있을 경우는 의식을 회복한 후에 확인할 수 있다. CT나 MRI뿐 아니라 순음청력검사, 중이검사, 뇌간유발반응검사, 전기안진검사 등으로 청력과 평형기능에 대한 검사를 실시해야 한다.

바. 중이 압력상해

대기 압력이 증가하는 경우에 발생하는 이러한 상해의 예로는 다이빙, 비행, 유스타키오관의 폐쇄로 인한 중이의 환기장애 등을 들 수 있다. 고막이 파열되거나 내이의 손상도 있을 수 있다. 비행이나 다이빙 후에 귀가 먹먹하거나 물이 흐르는 느낌을 호소하며 청력손실이나 이통을 호소하기도 한다. 노란 빛을 띠는 맑은 장액이나 중이강에 고여 있는 물방울이 고막을 통해 보이기도 한다. 때로는 중이강의 출혈이나 고막의 파열이 나타나기도 한다.

사. 내이의 외상

내이의 외상은 물리적 충격, 압력상해, 두경부의 상해, 외림프 누공, 의과적 수술 등에 의해 발생할 수 있다. 먼저 물리적 충격 혹은 음향 외상에 의한 내이의 손상은 충격 받은 쪽 귀에 감각신경성 난청과 이명의 원인이 된다. 감각신경성 난청은 정도가 다양하지만 주로 고주파수성 난청으로 나타난다. 그러나 손상부위에 따라 수평형이나 U자형이 나타나기도 한다. 이는 돌발성 난청의 형태로 나타나며 회복되는 경우가 많으나 심한 경우 정상으로 회복되지 못하는 경우도 있다.

외부의 압력상해도 내이의 손상을 가져올 수도 있는데 정원창의 파열이나 내이 캡슐이 휘어지는 현상으로 나타난다. 휘어진 내이 캡슐은 압력이 정상으로 돌아오면 정상으로 회복된다. 그러나 심한 경우 영구적 손상으로 남기도 한다.

심한 두경부 상해에 의하여 일반적으로 나타나는 감각신경성 난청은 경도 고주파수성 난청으로부터 농까지 다양하게 나타날 수 있으며 두개골 골절을 포함하는 심한 경우에 흔히 나타난다. 그러나 두개골 골절 없이도 내이의 손상으로 이런 난청이나 농이 나타날 수 있다. 두경부 상해는 외림프 누공을 발생시키고 이는 현기증이나 농의 증상을 나타낼 수 있다.

외림프누공은 외림프액이 난원창이나 정원창으로 새어나오는 현상이다. 원인으로 압력상해, 물리적 충격, 음향외상, 두경부 상해 등뿐 아니라 과로나 스트레스로 인한 두개부 내의 압력상승이나 원인이 불분명한 경우도 있다. 결과는 변동성 청력손실과 현기증이다. 현기증은 약간 어지러운 정도에서 심한 회전성 현기증까지 다양하게 나타나며 중이강에서 액체가 보일 수도 있다.

8. 배제 귀 질환

난청·이명의 질병 인정과 장애보상의 심사기준에서 배제되어야 할 질환은 선천성 귀 질환, 중이염, 그리고 기타 감각신경성 난청으로 구분해 볼 수 있다. 이러한 귀 질환이 배제되려면 소음 노출 경력과 여가활동이나 MP3 사용 습관을 포함한 개인력, 가족력을 포함한 배경 정보와 입대 전의 난청·이명의 과거력 등에 대한 조사와 기간별 청력을 확인하여 청력보존프로그램을 활성화하고 심사 시 참고 사료로 사용하어야 한다.

가. 선천성 귀 질환

외이의 선천적 기형으로는 이개가 정상적인 형태를 갖추었으나, 그 크기가 비정상적으로 적은 소이증(小耳症, microtia), 이륜과 대이륜 사이가 넓어진 대이증(大耳症, macrotia), 이개가 부재하거나, 너무 적어 존재하지 않는 것처럼 보이는 무이증(無耳症, anotia) 등이 있다. 또한 선천적 외이도 질환으로는 외이도가 형성되지 않은 외이도 폐쇄증(atresia), 외이도가 비정상적으로 가늘어진 stenosis 등을 들 수 있다.

중이와 관련된 선천성 귀 질환은 편평상피에 케라틴이라는 분해되기 어려운 단백질 성분이 콜레스테롤이라는 지방질과 혼합되어 구성된 양성의 낭형 덩어리가 중이강 또는 측두골 함기화 부위에 존재할 때 나타나는 중이 진주종(cholesteotoma)이며 이는 간혹 후천성으로도 나타난다. 특이 증상으로 악취가 나는 이루가 대표적이며, 그 이루에는 회백색의 겨가루 같은 물질이나 크림처럼 보이는 물질이 섞여 있다. 때로는 통증을 동반하며, 내이자극으로 현기증이 발생하기도 한다. 또한 유전성 질환으로서 인종에 따라 차별적 발병률을 보여, 아시아인이나 흑인보다는 백인에게 더 흔히 나타나는 이경화증(otosclerosis)이 있다. 이경화증은 내이의 골미로 중 등골족판 주위의 난원창의 전방에서 시작된 골증식이 등골족판과 등골각, 심하면 정원창까지도 침범한다. 등골족판의 골증식은 등골의 고정을 초래하여 주로 진행성 전음성 난청 및 이명을 일으키나, 드물게 병변이 와우골벽을 침범하여 감각신경성 난청을 동반하기도 한다. 그 외 전음성 난청을 나타내는 이관기능 부전증(eustachian tube dysfunction), Down 증후군, 구순 및 구개열(cleft lip and/or palate), Treacher collins 증후군, 골형성 부전증(osteogenesis imperpecta), Apert 증후군, Crouzon 증후군 등을 들 수 있다. 내이와 관련된 선천성 증후군은 80여 가지로 모두 다 기술할 수 없으므로, 비교적 흔하고 중요한 몇 가지 증후군만 간략히 알아보면 Waardenburg 증후군, Usher 증후군, Pendred 증후군, Jervell과 Lang-Nielsen 증후군, Klippel-Feil과 Wildervanck 증후군, Refsum 증후군, Alport 증후군, 뇌성마비(cerebral palsy), Hand-hearing 증후군, Hurler 혹은 Hunter 증후군 등이 있다. 그 외 태생 전후의 cytomegalovirus(CMV), 풍진(rubella), 매독(syphilis), RH 상반성(incompatibility)으로 인한 난청 등이 있다.

나. 중이염

중이염은 중이에 발생하는 염증 현상을 지칭하는 질환명으로 중이에 가장 빈번하게 발생하는 질병이며, 세균 감염이 있을 수도 있고 없을 수도 있다. 그 유병기간에 따라 중이염은 처음 3주간은 급성 중이염, 만성은 3개월 이상 지속되는 염증, 3주에서 3개월은 아급성으로 분류된다. 또한 일반적으로 중이강 내에 액체의 저류한 상태를 칭하는 삼출성 중이염(otitis media with effusion), 농이 생성되어 점액혈성 분비물도 출현하는 화농성 중이염(supprative otitis media)으로도 구분한다. 어느 단계이던지 중이염은 이과적 치료가 필요하다.

중이염의 시작 단계는 이관이 붓고 폐쇄되어 중이강에 환기장애를 일으켜 중이강이 저음압상태가 되고, 이 저음압상태가 고막을 내측으로 함몰시킨다. 이러한 상태가 지속되어 중이점막에서 삼출액이 분비되면 삼출성 중이염이라 부르는데, 동의어로는 장액성 중이염(serous otitis media), 분비성 중이염(secretory otitis media), 비화농성 중이염(non-supprative otitis media) 등이 있다. 삼출성 중이염은 이통이나 발열 등의 급성 증상이 없으므로, 조기 진단이 어려울 수 있다. 화농성 중이염은 점막이 충혈되고 세포가 파괴되며, 농이 축적되어 발열, 이통, 이루 등의 증상을 보여 증상이나 고막 소견 등으로 진단이 비교적 쉬운 편이다. 화농성 중이염이 진행되면 농의 압력이 증가하여 점막과 고막에 괴사 및 파열을 초래하고, 더욱 진행되면 유양돌기(mastoid)에 농양이 침투되어 유양돌기염(mastoiditis)이 되고, 이 유양돌기염이 치료되지 않으면 두개내에 염증을 파급하는 경로가 되어 수막염(meningitis) 등 두개내 합병증을 일으키고 사망에 이르기도 한다. 화농성 중이염은 급성과 만성으로 분류되는데, 급성의 징후는 급속히 진척되며 유소아에서 호발하는 질환이다. 특이 증상으로 부종과 출혈을 동반한다. 중이 출혈의 직접적 원인은 압력상해(barotrauma)로 중이 내에 압력이 급격히 변화하여 혈관이 파열되면서 발생하기도 한다. 어떤 이유든지 중이 내에 출혈이 있는 현상을 hemotympanum이라 한다. 만성 화농성 중이염은 고막에 천공이 있을 수 있으며, 중이와 유양돌기에 만성적인 염증에 의하여 이루가 있다. 급성과는 달리 서서히 지속적으로 진행되고 급성 중이염에 속발하여 나타나는 경우가 많다. 만성 중이염의 수 승상은 이루와 난청으로 이동, 압통, 현훈 등이 없는 것이 보통이며 이와 같은 증상이 동반되는 경우 합병증을 의심할 수 있다.

다. 기타 감각신경성 난청

특히 소음성 난청이나 음향외상성 난청의 특성과 유사한 이독성 약물에 의한 난청 (ototoxicity)은 고주파수성 난청이다. 원인으로는 항암제, 아미노글리코사이드(aminoglycoside) 계 약물, 키니네, 아스피린, 이뇨제, 니코틴, 알코올 등도 다량을 지속적으로 사용할 경우 난청을 일으킨다.

또한 지속적인 소음 노출에 의해 발생하는 소음성 난청(noised induced hearing loss, NIHL) 은 특히 산업발달로 인해 소음이 도처에 산재하고 MP3 등 개인 음향기기의 사용 증가와 음악이나 사냥 등의 여가 활동으로 나타날 수 있다. 소음에 의한 청력장애는 크게 두 가지 로 구분할 수 있는데, 일시적 역치상승(temporary threshold shift, TTS)과 비가역적 손실을 발 생시키는 영구적 역치상승(permanent threshold shift, PTS)이다. 사체해부에 의한 연구는 주로 기저회전부분의 모세포와 그 지주구조들이 손상되고 spiral lamina 안의 신경이 퇴행하는 것 으로 밝혀졌다. 청력손실은 3,000과 6,000Hz 사이(특히, 4,000Hz)에서 가장 크고 8,000Hz 부 근에서는 다시 회복되는 V자형 특징을 보이며 전체 난청 출현 원인 중 제2위이다.

19세기에 프랑스의 한 내과의사가 처음 묘사하여, 그의 이름으로 불리게 된 메니에르 병(Meniere's disease)은 갑작스런 발작성 현기증, 이명, 구토, 편측성 난청 등이 특징이다. 증 세는 이폐색감으로 시작하여, 저주파수의 사자가 포효하는 듯한 이명, 언어인지도가 저하 하는 편측성 청력 손실, 심한 어지러움, 구토 등이 동반된다. 그러나 이러한 증상은 한시 적으로 나타났다가 없어지며 잔여 난청을 남길 수도 있다. 그 원인은 초과 생성이나 흡수 불량 등에 의해 비정상적으로 양이 많아진 내림프액이 전정기관과 청각기관의 모세포를 압박하여 생기는 것으로 알려져 있다.

노화와 관련된 청력손실을 의미하며, 전체 난청 출현 원인 중 제1위인 노인성 난청 (presbycusis)의 성격은 편측 또는 양측성 고주파수 손실이 두드러진 감각신경성 난청을 보 이나, 노화가 관련된 해부학적 위치와 정도에 따라 그 성격에 차이가 있다. 크게 네 가지 로 나뉘는데, 감각성, 신경성, 대사성, 기계성 등이다. 감각성 노인성 난청은 와우관 내의 모세포 손실과 기저회전 쪽의 청신경의 기능 감퇴가 원인이 되어, 고주파수의 청력손실과 언어인지도 저하가 특징적이다. 신경성 노인성 난청은 특히 언어 이해도가 떨어지는 현상 으로, 청력손실도에 비해 불균형적으로 저하된 언어인지도를 나타낸다. 이러한 현상을 'phonemic regression'이라는 용어로 구별하기도 한다. 대사성 노인성 난청은 혈관조의 노화가 두드러져, 저주파와 고주파간의 청력손실에 차이가 없는 수평적 청력도가 나타나고, 언어인지도는 거의 정상에 가깝다. 기계성 노인성 난청은 기저막이 경직되어 나타나는 현상으로, 고주파에서 시작하여 청력손실이 점점 악화된다. 그 외로 고막, 침추와 침등관절, 이소골과 등골근 등의 노화로 전음성 난청도 발생될 수 있다. 이러한 여러 가지 종류의 노인성 난청은 서로 연합되어 나타기도 한다. 일반적인 노인성 난청의 특징은 고주파수성 난청이므로 V자형 소음성 난청과는 달리 고주파수로 갈수록 청력이 더 악화되는 현상이 나타난다.

그 외 청신경 및 중추신경과 관련된 난청으로 우유를 탄 커피색(café-au-lait) 반점이 동반되는 von Recklinghausen's neurofibromatosis, 보행실조, 근육퇴행, 정신지체 등이 나타나는 Richards-rundle syndrom, 청신경종(acoustic neuroma)이 있다. 그러나 최근 사례에서 군에서의 소음 노출 경력이 청신경종의 발생과 직접적인 관련성에 대한 가능성을 완전히 배제하고 있지는 못하다(김규상, 2008). 그러나 청신경종의 원인은 매우 다양하고 그 주 증상이 난청, 이명, 평형장애와 안면감각장애 등인 점을 생각할 때 소음과 관련한 원인 접근은 좀 더 신중히 이루어져야 할 것으로 생각한다. 그러므로 입대 전의 난청·이명 과거력과 소음 노출 내역에 대한 정보와 입대 후 기간별 청력검사를 통한 청력보존프로그램의 활성화가 필요하다.

13장 군 복무 관련 이명의 공무상 질병 인정을 위한 제언

김규상

1. 공무상 질병으로서 난청과 이명

공무상 질병은 공무원연금법, 군인연금법, 국가 유공자 등 예우 및 지원에 관한 법률 등에서, 직무상 질병은 사립학교교직원 연금법, 선원법 등에서, 업무상 질병은 산업재해 보상보험법에서 다루고 있다. 이러한 질병의 범위에 관하여는 근로기준법 시행령 제44조 (업무상 질병의 범위 등)[9]의 규정을 준용하고 있으며, 구체적으로 각 법에서 질병의 인정 기준을 제시하고 있다.

공무상 질병은 공무원연금법 시행령 제29조(공무상요양비)에 1. 공무수행 중의 사고로 인하여 새로이 발생된 부상 또는 이로 인한 질병, 2. 공무수행 중에 라디움방사선·자외 선·엑스선 기타 유해방사선의 취급으로 인한 질병, 3. 공무수행 중의 화상 또는 동상, 4. 공무수행 장소의 심한 분진의 발생으로 인한 진폐증 및 이에 따른 폐결핵, 5. 공무수행 장 소의 강렬한 소음으로 인한 질병, 6. 공무수행 중의 유해가스 또는 유해독물로 인한 중독 과 이에 따른 합병증 및 후유증, 7. 제1호 내지 제6호에 해당하지 아니하는 질병으로서 건 강을 해할 우려가 있는 특수한 직무수행으로 발생된 질병, 8. 평소의 질병·발병요인 또 는 악화된 건강상태와 다음 각목의 1에 해당하는 직무수행과의 경합으로 인하여 현저하 게 악화된 질병 및 새로이 발생한 질병 또는 부상, 가. 질병의 발생 또는 악화의 가능성이

---

9) 별표 5에서 업무상질병과 요양의 범위를 36개(제1-36호)의 질병 목록을 제시하고, 더불어 중앙노동위원회의 동의를 받아 고용노동부장관 이 지정하는 질병, 그 밖에 업무로 기인한 것이 명확한 질병으로 업무상질병의 범위를 제시하고 있다.

큰 특수한 환경 아래서의 계속적인 직무의 수행, 나. 통상적인 담당직무가 아닌 특수한 직무의 수행, 다. 야간근무를 계속하였거나 기타 이에 준하는 직무상의 과로를 제시하고 있다. 타 법에서 공무상 질병이나 직무상 질병 또한 유사하나 산업재해보상보험법에서의 업무상 질병과 비교하면 질병의 범위와 구체성 측면에서 보완할 필요가 있다.

산업재해보상보험법에서의 업무상 질병은 제37조(업무상재해의 인정기준)에서 업무와 재해 사이에 상당인과관계가 있어야 하며, 가. 업무수행 과정에서 물리적 인자, 화학물질, 분진, 병원체, 신체에 부담을 주는 업무 등 근로자의 건강에 장해를 일으킬 수 있는 요인을 취급하거나 그에 노출되어 발생한 질병, 나. 업무상 부상이 원인이 되어 발생한 질병, 다. 그 밖에 업무와 관련하여 발생한 질병으로(제37조제1항제2호), 동법 시행령 제34조(업무상 질병의 인정기준)에서 ① 근로자가 「근로기준법 시행령」 제44조제1항 및 같은 법 시행령 별표 5의 업무상 질병의 범위에 속하는 질병에 걸린 경우 다음 각 호의 요건 모두에 해당하면 법 제37조제1항제2호가목에 따른 업무상 질병으로 본다. 1. 근로자가 업무수행 과정에서 유해·위험요인을 취급하거나 유해·위험요인에 노출된 경력이 있을 것, 2. 유해·위험요인을 취급하거나 유해·위험요인에 노출되는 업무시간, 그 업무에 종사한 기간 및 업무 환경 등에 비추어 볼 때 근로자의 질병을 유발할 수 있다고 인정될 것, 3. 근로자가 유해·위험요인에 노출되거나 유해·위험요인을 취급한 것이 원인이 되어 그 질병이 발생하였다고 의학적으로 인정될 것. ② 업무상 부상을 입은 근로자에게 발생한 질병이 다음 각 호의 요건 모두에 해당하면 법 제37조제1항제2호나목에 따른 업무상 질병으로 본다. 1. 업무상 부상과 질병 사이의 인과관계가 의학적으로 인정될 것, 2.기초질환 또는 기존 질병이 자연발생적으로 나타난 증상이 아닐 것. ③ 제1항 및 제2항에 따른 업무상 질병(진폐증은 제외한다)에 대한 구체적인 인정 기준은 별표 3[10]과 같다. ④ 공단은 근로자의 업무상 질병 또는 업무상 질병에 따른 사망의 인정 여부를 판정할 때에는 그 근로자의 성별, 연령, 건강 정도 및 체질 등을 고려하여야 한다.

업무상 질병의 보험급여는 요양급여, 휴업급여, 장해급여, 간병급여, 유족급여, 상병보상연금, 장의비, 직업재활급여로 구성되며, 4일 이상의 요양을 요하는 경우의 요양급여는 진찰 및 검사, 약제 또는 신료재료와 의지 그 뵈의 보조기의 지급, 처치·수술·그 밖의 치료, 재활치료, 입원, 간호 및 간병, 이송 등으로 구성된다.

---

10) 업무상 질병에 대한 구체적인 인정기준(23개 질환).

그러나 직업병으로서 소음성 난청은 관련법에서 그 기준이 상이하다. 산업안전보건법에서는 4kHz에서 50dB 이상의 청력손실이 있고 3분법상 청력손실 정도가 30dB 이상(소음성 난청 유소견자 D₁), 산업재해보상보험법에서는 6분법상 한 귀의 청력손실이 40dB 이상(최저 14급), 공무원연금법에서는 6분법상 한 귀의 청력손실이 80dB 이상, 다른 귀의 청력손실이 40dB 이상(최저 7급), 국가유공자 등 예우 및 지원에 관한 법률에서는 4분법(6분법, 2012.1.30 개정)상 한 귀의 청력손실이 80dB 이상, 다른 귀의 청력손실이 40dB 이상(최저 7급)으로 규정되어 있다. 물론 산업안전보건법에서의 소음성 난청의 기준은 요양·장애보상의 기준이 아닌 소음성 난청의 예방을 위한 판정기준으로서 기능을 하나 공무원연금법 등의 공무상·직무상 질병의 인정기준은 산업재해보상보험법의 기준이 아닌 장애인복지법[11]에 근거하고 있다.

반면에 이명은 산업안전보건법에서는 관련 근거가 없으며, 산업재해보상보험법에서는 난청이 있고 뚜렷한 이명이 항상 있는 경우는 그 증상이 타각적 검사로 증명되는 경우 제12급 인정, 국가유공자 등 예우 및 지원에 관한 법률에서는 이명검사에서 이명(3회)이 있고, 최소한 한쪽 귀의 청력장애가 50dB 이상의 난청을 동반하여야 제7급 인정, 장애인복지법에서는 심한 이명(2회 이상 반복검사)이 있으며, 양측의 청력손실이 각각 40~60dB 미만인 경우 제6급으로 판정, 심한 이명이 있으며, 청력장애 정도가 6급인 경우 제5급으로 하고 있다.

이처럼 난청·이명의 질병 인정기준을 보면, 몇 가지 문제를 가지고 있다. 첫째로, 타 질병과 달리 장애의 기준을 근거로 판단하고 있다. 소음성 난청으로서 40dB의 질병기준이나, 또는 난청을 동반한 이명은 요양을 요하는 기준이기보다는 장애기준으로 볼 수 있다. 둘째로, 공무상·직무상 질병 인정기준이 장애인복지법의 청각장애 판정기준에 근거하고 있다. 장애인복지법의 기준은 동 장애의 발생 원인을 다투지 않는다는 점에서 난청의 발생의 공무상·직무상 근거를 갖는 관련법과는 대상과 목적이 다름을 알 수 있다. 셋째로, 장해보상 관점에서만 접근을 하고 있고, 요양 관점에서 질환에 대한 치료와 재활 측면(난청관련 보청기, 이명재훈련 치료 등)이 고려되지 않고 있다. 넷째로, 직업성 난청의 복합적 관련요인이나 악화 요인에 대한 고려가 필요하고, 다섯째로, 난청·이명 질병으로 인한 합병증 또는 후유장애(이명으로 인한 불안·우울 등 정신과적 문제 등)에 대해 고려

---

11) 6분법상 한 귀의 청력손실이 80데시벨(dB) 이상, 다른 귀의 청력손실이 40dB 이상(최저 6급).

하지 않고 있으며, 여섯째로, 주관적인 증상의 측면을 고려하지 않은(객관적인 진단의 제한) 진단으로 이명도 검사 외에 이명장애지수, 구술심리검사, 삶의 질 평가 등이 활용되지 않고 있다.

2. 군 복무 난청·이명의 공무상 질병 적용을 위한 고려사항

군 복무 관련 난청·이명의 공무상 질병 인정과 장애 보상의 합리적 기준 마련과 공무상 질병 인정기준의 적용 시 합리적으로 심사할 수 있는 기반 마련을 위해 동시에 고려하여야 할 부분이 있다.

첫째로, 소음에 장기간 노출되었을 시 청력에 이상을 초래할 수 있는 수준인지 또는 급성 음향외상을 유발할 정도의 충격소음인지 등의 군 병과별 소음 노출 실태의 파악이 우선되어야 하며,

둘째로, 현역 군인과 전역 군인, 그리고 현역 군인에서도 의무 복무와 장기 복무 군인(직업 군인)의 난청·이명의 실태를 파악하고,

셋째로, 군인의 (충격)소음에 의한 난청과 이명의 영향은 대체로 명확하므로 이에 대한 제반 관리대책이 마련되어야 하며, 이를 위해 소음 노출의 저감과 청력보호를 위한 청력보존프로그램을 실시하여야 하며,

넷째로, 특히 난청·이명의 공무관련성 논란과 관련하여 군 입대 전과 매년, 그리고 전역 시점에서 난청·이명의 평가를 위한 시스템이 구축되어야 하며,

다섯째로, 난청의 공무상 질병의 심사기준 마련 전에 소음, 특히 군의 충격소음의 특성을 감안한 난청의 평균역치 평가방법과 난청 기준, 그리고 장애 보상 등급기준에 대한 검토가 선행되어야 하며,

여섯째로, 난청을 동반하거나 또는 난청을 동반하지 않은 이명에 대한 판단기준과 장애 평가에 전반적인 검토가 되어야 하며,

일곱째로, 군 복무 중 충격소음의 노출로 인한 비가역적인 청력손실은 전역 이후의 난청 발생에 기여한다는 점을 고려하여야 하며,

여덟째로, 기 난청자와 이명자로 전역 후 수년~십수 년이 지나고 또한 과거 군 진료기록이 폐기되어 과거에 군 복무 중의 난청·이명 발생을 직접적으로 증명하지 못한 경우와 과거 군 진료기록이 있다고 하더라노 현새의 난정·이명과의 관련성을 규명히지 못히

는 경우의 판단 문제와,

아홉째로, 특수한 상황에서 근무하는 군인 등 의무복무자들의 난청·이명의 공무 관련성 판단은 국가유공자 등 예우 및 지원에 관한 법률과 연계되기 때문에 근로자를 대상으로 한 업무상 질병의 산업재해보상보험법의 적용과는 다른 문제가 제기될 수 있다. 국가유공자는 국가유공자 요건을 인정받은 후 상이등급 구분 신체검사에서 7급 이상의 상이등급을 받을 경우 국가에서 매월 보상금은 물론 교육, 취업, 의료, 주택지원 등 각종 지원이 이루어지기 때문에(산업재해보상보험의 보상체계와는 다른) 난청·이명의 공무상 질병의 심사기준과 산업재해보상보험에서 소음성 난청의 업무상 질병 인정기준의 단순 비교만으로는 해결할 수 없는 여러 제반 사항을 고려하여야 한다.

이처럼 군 복무 관련 난청·이명의 공무상 질병 인정은 사전에 많은 제도 개선이 이루어지는 것을 전제로 한다.

군인의 난청·이명은 다빈도의 상병임에도 불구하고 현역 군인과 제대 군인(전역자), 그리고 현역 군인에서도 의무 복무와 장기 복무 군인(직업 군인)의 난청·이명의 실태와 관련한 공식적인 통계 자료로 구축되어 있지 못하다. 그리고 또한 전역자의 공상 관련으로 군 진료기록이 보관기관 10년이 지나 폐기되어 이에 대한 과거 난청·이명을 증빙하는 데 어려움을 겪고 있다.

청력보존프로그램은 소음과 관련하여 가장 먼저 시작되었으며, 더구나 군의 청력보존은 일반 제조업체의 소음 노출 근로자보다 선행되어 시작되었다. 이는 미국의 경우 소음성 난청 및 이명위원회를 구성하여 2차 세계대전 이래 군 복무 중 각각의 특정 시기별 청력측정의 규제준수에 의한 데이터 생성 및 생성 데이터 검토, 난청 관련 이용 가능한 데이터의 검토 및 평가, 군 복무 기간 중 잠재적으로 유해한 소음원 파악, 난청·이명을 유발할 수 있는 소음 노출 수준 파악, 소음 노출 영향이 추후 발병으로 이어질 수 있을지의 여부 파악, 소음성 난청의 위험요인 파악, 군인의 청력보호를 위해 청력보호 조처가 적절했던 과거 시기 확인 등의 군 복무와 관련한 소음성 난청 및 이명의 세부 연구를 수행하고 있다.

군 복무기간 동안 포병 등 특정 병과가 아니더라도 사격 시 단 1회의 노출이라도 사격 음압이 7.5m 거리에서 개인화기 M16의 경우 150dBSPL로 140dBSPL을 초과하는 노출로도 와우손상을 야기하여 청력역치가 상승될 수 있는 위험한 수준이다. 산업안전보건법에서도 연속음의 경우 115dB를 초과하여서는 안 되고, 충격음의 경우 140dB 이상을 초과하여서는 안 된다고 규정하고 있다. 그리고 120~130dB 이상에서는 들을 수 있는 강도를 벗어나서 통증을 야기하고 돌발성 난청을 초래할 수 있는 수준이기 때문에 음향 노출수준으로 최대치의 설정 범위이기도 한다.

따라서 모든 군인에 대해 소음 청력보존을 위해 입대 전, 매 1년, 전역 전에 적어도 500Hz에서부터 8,000Hz까지 기도·골도 순음청력검사와 난청 유형 판단을 위한 중이검사, 이명이 있을 경우 이명도 평가와 이명장애를 평가하기 위한 설문조사(Tinnitus Handicap Inventory, THI) 등을 실시하여야 한다. 물론 군 복무 중에 난청이나 이명이 돌발적(급성)으로 발생하면 그때도 검사를 실시한다. 이를 도식화하면 <그림 55>와 같다.

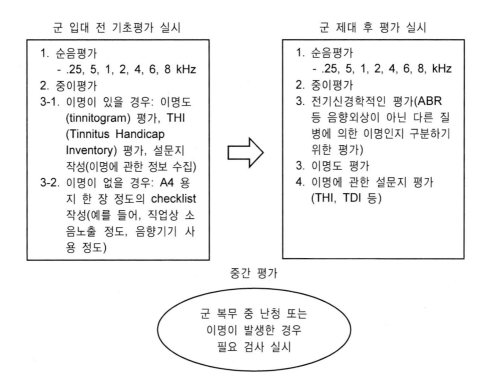

<그림 55> 군인의 난청·이명 평가

이명은 군 입대 전과 후의 결과와 군 복무 시 병과를 고려하여 이명이 군 복무 시 노출된 소음으로 인한 것인지 구분한다. 혹은 군 전역 후 즉시 발생하지 않고 후에 발생하는 이명의 경우 군 입대 전 혹은 전역 후 소음 노출 작업장에서 근무한 경력과 과도한 음향기기의 사용, 사고 등의 이력이 있는지 조사하도록 한다. 이명도 검사 등의 검사는 전문가

가 실시하도록 하여 신뢰성을 높인다.

우리나라는 이명의 경우 군 전역자를 대상으로 이명 유병률을 조사한 자료가 없다. 이명의 진단 방법 및 적용, 병역 관련 변수(병과, 복무연한 등), 각 개인의 과거력, 직력, 병력 및 일반 환경 소음 노출력 등을 고려하여 조사를 수행할 필요가 있다.

군인의 공무상 질병 중 현행 귀의 장애 중 청력장애(난청)는 500, 1,000, 2,000Hz의 4분법 평균역치로 판정하여 최소한 한쪽 귀의 청력장애가 기도전도 50dB 이상인 경우에 7급을 인정하고 있다. 이명은 난청을 동반하여야만 준용등급으로 인정한다. 산업재해보상보험법에서 소음 노출 근로자의 소음성 난청에서 500, 1,000, 2,000, 4,000Hz의 6분법 평균역치로 최소한 한 귀의 평균 청력손실치가 40dB 이상인 경우 제14급 신체장해로, 난청이 있고 뚜렷한 이명이 항상 있는 경우에 제12급의 준용등급을 결정하는 것과 차이를 보인다. 물론 군인의 공무상 질병으로서 난청은 급성 음향외상성 난청, 일반적인 소음성 난청 또는 전음성 난청으로서 재해성 난청 등 난청 유형이 다를 수 있다. (충격)소음으로 인한 음향외상성 난청과 소음성 난청은 일반 난청과 달리 고음역의 청력손실의 특성을 보인다. 더구나 군의 충격소음에 의한 영향은 일반적인 소음보다 고음역(4,000~8,000Hz)의 역치손실에 큰 영향을 미친다. 소음성 난청은 일반적인 3, 4분법과 회화역의 평균역치 산정에 의한 방법보다 난청에 의한 의사소통 장애가 크며, 순음 평균청력역치보다 어음청력역치가 큰 편이다. 따라서 청력을 평가하는 방법으로 평균청력역치 산정방법에 고음역(4,000Hz)을 포함하는 4분법·6분법의 평가방법이나 또는 어음청력평가를 하는 방법을 고려할 수 있다.

그리고 소음성 난청은 비가역적인 감각신경성 난청으로 장해의 기준은 의사소통장애로서 중등도 난청 기준인 40dBHL을 최소 장해기준으로 보는 것이 타당성이 있다. 이는 장애인복지법의 비직업적인 청각장애의 장애등급 기준(6급) 체계와는 다른 산업재해보상보험법의 업무상질병으로 직업적 청력장해 장해등급 기준(14급)을 참고할 수 있다. 즉, 좀 더 세분화해서 장애 정도에 따른 보상 접근이 필요하다. 이명은 국가보훈처(국가유공자 예우 관련법)나 고용노동부(산업재해보상보험법) 모두 난청이 있고 뚜렷한(현저한) 이명이 항상 있는 경우에는 그 증상이 타각적 검사로 증명되는(입증 가능한) 경우로 되어 있으나 이명은 객관적인 타각적 검사로 알 수 있기보다는 주관적인 자각증상인 이명에 대해 이명의 주파수와 크기를 검사(이명도검사, Tinnitogram)함으로써 객관적인 수치로 표현하는 정량적 검사이다. 오히려 이명은 발생과 불편정도의 심리적 혹은 사회적 요인과 관련한 심리평가가 중요하다. 이와 관련하여 대표적인 것으로 이명장애지수(Tinnitus Handicap

Inventory, THI)를 들 수 있다. 그리고 소음으로 인한 이명은 난청을 동반하는 경우가 일반적이지만, 난청을 동반하지 않는 경우도 많으며, 또한 이때의 난청을 최소청력장애기준인 50dB을 적용하는 것은 무리가 있다. 난청의 기준을 적용한다면 소음으로 인한 고음역(3,000~6,000Hz)의 역치손실로도 판단할 수 있거나 이명에 대한 구술심리검사와 삶의 질 검사를 통한 이명의 정도에 따른 이명 단독 발생에 대한 경우를 외국(미국, 캐나다, 호주 등)의 기준을 참고하여 적용할 수 있다.

군 전역자의 수많은 난청·이명자 피해 사례가 문제화되는 이유로서 복무 중에 관심이 없어서, 군의 근무 특수성으로 (분위기상) 감히 문제 제기할 수 있는 환경이 아니어서, 시간이 지나면 나을 것으로 보고, 치료가 불가능하여 포기하거나, 증빙자료(진료기록 등)가 없다고 해서 전역 후 수년~십수 년이 지난 상태에서 과거에 군 복무 중의 난청·이명 발생을 직접적으로 증명하지 못한 경우가 태반이다. 그러나 난청·이명의 실질적인 공무상 질병 심사 판단에서는 교육훈련 또는 직무 수행 과정에서 소음에 노출된 사실이 확인되고 난청 증상이나 난청 소견이 있는 경우와 이명은 난청이 있고 현저한 이명이 항상 있는 경우, 그 증상을 타각적 검사에 의한 경우로만 한정하고 있기 때문에 공무상 질병과 국가유공자 요건의 기준과 범위를 충족하지 못하고 있다. 그러나 군 소음에 의한 난청·이명의 발생 가능성을 매우 높다고 판단할 때 군 복무 중의 난청·이명 발생 여부의 입증책임을 군 전역자에게만 일방적으로 지우는 것은 문제의 소지가 있다. 즉, 국가의 군인의 의무기록 관리뿐 아니라 앞서 제기한 소음에 대한 제반 노출 실태와 소음으로 인한 군인의 청력변화 상태 등의 관리 책임이 있기 때문이다.

부록

장애등급판정기준(보건복지부 고시 2011-91)

1장 총론

1. 목 적

이 기준은 장애인복지법시행규칙 제2조 및 [별표 1]의 장애인의 장애등급표에 의한 장애등급 사정기준을 구체적으로 해석하고 표준진단방법을 제시하여 정확하게 장애등급을 판정하도록 하기 위한 것이다.

2. 적용범위

가. 이 기준은 장애인복지법 제32조의 규정에 의하여 특별자치도지사·시장·군수·구청장에게 장애인등록을 신청한 사람의 장애등급을 진단·판정하는 때에 적용한다.

나. 장애인복지법 제32조의 규정에 의하여 장애인으로 등록할 수 있는 사람은 아래 장애인의 분류에 해당되는 사람으로서 장애인복지법시행규칙 [별표 1]의 장애인의 장애등급표에서 정하는 기준에 부합하는 정도의 장애가 있는 사람이다.

〈장애인의 분류〉

대분류	중분류	소분류	세분류
신체적 장애	외부 신체기능의 장애	지체장애	절단장애, 관절장애, 지체기능장애, 변형 등의 장애
		뇌병변장애	뇌의 손상으로 인한 복합적인 장애
		시각장애	시력장애, 시야결손장애
		청각장애	청력장애, 평형기능장애
		언어장애	언어장애, 음성장애, 구어장애
		안면장애	안면부의 추상, 함몰, 비후 등 변형으로 인한 장애
	내부기관의 장애	신장장애	투석치료중이거나 신장을 이식 받은 경우
		심장장애	일상생활이 현저히 제한되는 심장기능 이상
		간장애	일상생활이 현저히 제한되는 만성·중증의 간기능 이상
		호흡기장애	일상생활이 현저히 제한되는 만성·중증의 호흡기 기능 이상
		장루·요루장애	일상생활이 현저히 제한되는 장루·요루
		간질장애	일상생활이 현저히 제한되는 만성·중증의 간질
정신적 장애	발달장애	지적장애	지능지수와 사회성숙지수가 70 이하인 경우
		자폐성장애	소아청소년 자폐 등 자폐성 장애
	정신장애	정신장애	정신분열병, 분열형정동장애, 양극성정동장애, 반복성우울장애

3. 판정기준의 적용원칙

가. 장애유형별 장애등급은 원칙적으로 제2장의 장애유형별 판정기준에 따라 판정한다.

나. 2종류 이상의 장애가 중복되는 경우의 장애등급은 4. 중복장애의 합산기준에 따라 판정한다.

다. 위 가항, 나항의 적용원칙 이외에 개인의 신체적·정신적 특성 등을 고려하여 판정할 필요가 있다고 인정되는 경우에는 장애인복지법시행규칙 제3조제4항에 따라 고시된 장애등급심사규정 제14조의 장애등급심사위원회에서 다음 사항을 고려하여 장애등급을 판정할 수 있다.

(1) 2종류 이상의 중복장애가 있는 경우로서 4. 중복장애의 합산기준에도 불구하고 주장애 또는 부장애가 부장애 또는 주장애의 신체적·정신적 기능 등을 더 심화시키는 결과를 초래하는 경우

(2) 장애정도에 변화를 일으키는 신체적·정신적 손상 등이 객관적으로 확인되고 그 손상이 장애정도의 심화와 상당한 인과관계가 있다고 인정되는 경우

4. 중복장애의 합산

가. 2종류 이상의 장애가 중복되어 있는 경우 주된 장애(장애등급이 가장 높은 장애)와 차상위 장애를 합산할 수 있다.

나. 2종류 이상의 서로 다른 장애가 같은 등급에 해당하는 때에는 1등급 위의 급으로 하며, 서로 등급이 다른 때에는 <표 2> 중복장애 합산 시 장애등급 상향조정표에 따른다.

(1) 중복 장애의 합산은 주된 장애의 소관 전문의가 하되, 합산이 명확한 경우 특별자치도지사·시장·군수·구청장이 직권으로 행할 수 있다.

(2) 중복장애의 합산에 따른 주된 장애등급의 상향조정은 두 가지 장애를 합한 장애율이 주된 장애의 차상위 등급의 장애율과 비교하여 반드시 상향조정할 필요가 있는 경우로 장애율은 아래 <표 1>과 같으므로 <표 2>의 기준을 참고하여 장애등급을 조정할 수 있다.

〈표 1〉 장애등급별 및 중복장애 합산 시 장애율

	1급 (85~)	2급 (75~84)	3급 (60~74)	4급 (45~59)	5급 (35~44)	6급 (25~34)
1급(85~)	97.75	96.25	94.0	91.75	90.25	88.75
2급(75~84)	96.25	93.75	90.0	86.25	83.75	81.25
3급(60~74)	94.0	90.0	84.0	78.0	74.0	70.0
4급(45~59)	91.75	86.25	78.0	69.75	64.25	58.75
5급(35~44)	90.25	83.75	74.0	64.25	57.75	51.25
6급(25~34)	88.75	81.25	70.0	58.75	51.25	43.75

〈표 2〉 중복장애 합산 시 장애등급 상향조정표

	1급	2급	3급	4급	5급	6급
1급	1급	1급	1급	1급	1급	1급
2급	1급	1급	1급	1급	2급	2급
3급	1급	1급	2급	2급	3급	3급
4급	1급	1급	2급	3급	3급	4급
5급	1급	2급	3급	3급	4급	4급
6급	1급	2급	3급	4급	4급	5급

다. 중복장애 합산의 예외

(1) 지체장애와 뇌병변장애는 합산할 수 없다.

※ 뇌병변장애(포괄적 평가)와 지체장애(개별적 평가)가 중복된 경우에는 뇌병변장애 판정기준에 따라 장애정도를 판정한다. 다만, 지체장애가 상위등급이고 뇌병변장애가 경미한 경우는 지체장애로 판정할 수 있다.

(2) 지적장애와 자폐성장애는 합산할 수 없다.

(3) 지적장애와 그로 인한 언어장애는 합산할 수 없다.

(4) 자폐성장애와 그로 인한 언어장애는 합산할 수 없다.

(5) 정신장애와 그로 인한 언어장애는 합산할 수 없다.

(6) 장애부위가 동일한 경우는 중복장애 합산 판정을 할 수 없다.

5. 장애진단서 작성 기준

〈장애유형별 장애진단기관 및 전문의 등〉

장애 유형	장애진단기관 및 전문의 등
지체 장애	1. 절단장애: X-선 촬영시설이 있는 의료기관의 의사 2. 기타 지체장애: X-선 촬영시설 등 검사장비가 있는 의료기관의 재활의학과 · 정형외과 · 신경외과 · 신경과 또는 내과(류머티스분과) 전문의
뇌병변 장애	- 의료기관의 재활의학과 · 신경외과 또는 신경과 전문의
시각 장애	- 시력 또는 시야결손정도의 측정이 가능한 의료기관의 안과 전문의
청각 장애	- 청력검사실과 청력검사기(오디오미터)가 있는 의료기관의 이비인후과 전문의
언어 장애	1. 의료기관의 재활의학과 전문의 또는 언어치료사가 배치되어 있는 의료기관의 이비인후과 · 정신과 또는 신경과 전문의 2. 음성장애는 언어치료사가 없는 의료기관의 이비인후과 전문의 포함 3. 의료기관의 치과(구강악안면외과) · 치과 전속지도 전문의(구강악안면외과)
지적 장애	- 의료기관의 정신과 또는 재활의학과 전문의
정신 장애	1. 장애진단 직전 1년 이상 지속적으로 진료한 정신과 전문의 (다만, 지속적으로 진료를 받았다 함은 3개월 이상 약물치료가 중단되지 않았음을 의미함) 2. 1호에 해당하는 전문의가 없는 경우 장애진단 직전 3개월 이상 지속적으로 진료한 의료기관의 정신과 전문의가 판정할 수 있으나, 장애진단 직전 1년 이상의 지속적인 정신과 진료기록을 진단서 또는 소견서 등으로 확인하고 장애진단을 하여야 한다.
자폐성 장애	- 의료기관의 정신과(소아정신과)전문의

신장 장애	1. 투석에 대한 장애판정은 장애인 등록 직전 3개월 이상 투석치료를 하고 있는 의료기관의 의사 2. 1호에 해당하는 의사가 없을 경우 장애진단 직전 1개월 이상 지속적으로 투석치료를 하고 있는 의료기 관의 의사가 진단할 수 있으나 3개월 이상의 투석기록을 확인하여야 한다. 3. 신장이식의 장애판정은 신장이식을 시술하였거나 이식환자를 진료하는 의료기관의 외과 또는 내과전문의
심장 장애	1. 장애진단 직전 1년 이상 진료한 의료기관의 내과(순환기분과)·소아청소년과 또는 흉부외과 전문의 2. 1호에 해당하는 전문의가 없는 경우 의료기관의 내과(순환기분과) 전문의가 판정할 수 있으나 장애진단 직전 1년 이상 내과(순환기분과)·소아청소년과 또는 흉부외과의 지속적인 진료기록 등을 확인하고 장애 진단을 하여야 한다.
호흡기 장애	- 장애진단 직전 2개월 이상 진료한 의료기관의 내과(호흡기분과, 알레르기분과)·흉부 외과·소아청소년 과·결핵과 또는 산업의학과 전문의
간장애	- 장애진단 직전 2개월 이상 진료한 의료기관의 내과(소화기분과)·외과 또는 소아청소년과 전문의
안면 장애	1. 의료기관의 성형외과·피부과 또는 외과(화상의 경우) 전문의 2. 의료기관의 치과(구강악안면외과)·치과 전속지도 전문의(구강악안면외과)
장루·요루 장애	- 의료기관의 외과·산부인과·비뇨기과 또는 내과 전문의
간질 장애	- 장애진단 직전 6개월 이상 진료한 의료기관의 신경과·신경외과·정신과 또는 소아청소년과(소아청소년 의 경우) 전문의

〈장애유형별 장애판정 시기〉

장애유형	장애판정 시기
지체·시각· 청각·언어· 지적·안면장애	장애의 원인 질환 등에 관하여 충분히 치료하여 장애가 고착되었을 때 등록하며, 그 기준시기는 원인 질 환 또는 부상 등의 발생 후 또는 수술 후 6개월 이상 지속적으로 치료한 후로 한다.
뇌병변장애	뇌성마비, 뇌졸중, 뇌손상 등과 기타 뇌병변(예, 파킨슨병 등)이 있는 경우는 발병 또는 외상 후 6개월 이상 지속적으로 치료한 후에 장애 진단을 하여야 하며 최초 판정일로부터 2년 후에 반드시 재판정을 하여야 한다.
정신장애	1년 이상의 성실하고, 지속적인 치료 후에 호전의 기미가 거의 없을 정도로 장애가 고착되었을 때에 한다.
자폐성장애	전반성발달장애(자폐증)가 확실해진 시점
신장장애	3개월 이상 지속적으로 혈액투석 또는 복막투석치료를 받고 있는 사람 또는 신장을 이식받은 사람
심장장애	1년 이상의 성실하고, 지속적인 치료 후에 호전의 기미가 거의 없을 정도로 장애가 고착되었거나 심장을 이식받은 사람
호흡기· 간장애	현재의 상태와 관련한 최초 진단 이후 1년 이상이 경과하고, 최근 2개월 이상의 지속적인 치료 후에 호 전의 기미가 거의 없을 정도로 장애가 고착되었거나 폐 또는 간을 이식받은 사람
장루· 요루장애	복원수술이 불가능한 장루(복회음절제술후 에스결장루, 전대장절제술후 시행한 말단형 회장루 등)·요루 (요관피부루, 회장도관 등)의 경우에는 장루(요루)조성술 이후 진단이 가능하며, 그 외 복원수술이 가능한 장루(요루)의 경우에는 장루(요루) 조성술 후 1년이 지난 시점
간질장애	1. 성인의 경우 현재의 상태와 관련하여 최초 진단 이후 3년이 경과하고 2년 이상의 지속적인 치료를 받 음에도 불구하고 호전의 기미가 거의 없을 정도로 장애가 고착된 시점 2. 소아청소년의 경우 간질 증상에 따라 최초 진단 이후 규정기간(1년 내지 2년) 이상의 지속적인 치료를 받음에도 불구하고 호전의 기미가 거의 없을 정도로 장애가 고착된 시점

(1) 장애를 진단하는 의료기관의 장애 유형별 소관 전문의는 장애인복지법령 및 장애등
급판정기준에 따라 장애판정시기 및 장애의 상태 등에 대하여 진료기록 및 객관적인 검
사 등을 통하여 확인하고 장애를 진단하여 장애진단서의 모든 항목을 성실히 기재하고
검사결과지 및 진료기록지 등 필요서류를 제공에 협조하여야 한다. 읍·면·동상에게 우

편으로 송부하되, 부득이 인편에 의한 경우 봉투의 봉함부분에 의료기관의 간인을 찍어 송부하여야 한다.

- 성명·주민등록번호 기재 후 투명 테이프로 처리하여야 한다.

(2) 의료기관의 폐업 등 부득이한 사유로 인하여 이전 진료기록을 확인할 수 없는 경우 신청인의 현재 상태가 전문적 판단에 의해 장애판정시기에 해당하는 이전의 치료력이 인정된다는 적합한 근거 및 구체적인 의견을 장애진단서에 명시하고 장애 진단을 할 수 있다.

(3) <보행상 장애 표준 기준표>에 해당하는 경우 당연히 보행상 장애를 인정하되, 그 외의 장애유형 및 등급에 대하여 보행상 장애가 있다고 진단하는 경우 그 사유를 구체적으로 명시하여야 한다.

<보행상 장애 표준 기준표>

구분	장애 유형		1급	2급	3급	4급	5급	6급
신체적 장애	지체 장애	상지 절단						
		하지 절단	○	○	○			
		상지 관절						
		하지 관절	○	○	○	○	○	
		상지 기능						
		하지 기능	○	○	○	○	○	
		척추 장애		○	○	○	○	
		변형 장애					○	
	뇌병변장애		○	○	○			
	시각장애		○	○	○	○	○	
	청각 장애	청력						
		평형			○	○	○	
	언어장애							
	신장장애			○				
	심장장애		○	○				
	호흡기장애		○	○				
	간장애		○	○				
	안면장애							
	장루·요루장애			○				
	간질장애							
정신적 장애	지적장애		○					
	자폐성장애		○	○				
	정신장애		○					

※(　　　)는 중복장애의 경우

2장 장애 유형별 판정기준

4. 청각장애 판정기준

가. 장애 판정의

청력검사실과 청력검사기(오디오미터)가 있는 의료기관의 이비인후과 전문의

나. 진료기록 등의 확인

장애진단을 하는 전문의는 원인 질환 등에 대하여 6개월 이상의 충분한 치료 후에도 장애가 고착되었음을 진단서, 소견서, 진료기록 등으로 확인하여야 한다(필요시 환자에게 타 병원 진료기록 등을 제출하게 한다).

다만, 장애 상태가 고착되었음이 전문적 진단에 의해 인정되는 경우 이전 진료기록 등을 확인하지 않을 수 있다. 이 경우 이에 대한 의견을 구체적으로 장애진단서에 명시하여야 한다.

다. 장애진단 및 재판정 시기

(1) 장애의 원인 질환 등에 관하여 충분히 치료하여 장애가 고착되었을 때에 진단하며, 그 기준 시기는 원인 질환 또는 부상 등의 발생 또는 수술 이후 6개월 이상 지속적으로 치료한 후로 한다.

(2) 전음성 또는 혼합성 난청의 경우에는 장애진단을 수술 또는 처치 등의 의료적 조치 후로 유보하여야 한다. 다만, 1년 이내에 국내 여건 또는 장애인의 건강상태 등으로 인하여 수술 등을 하지 못하는 경우는 예외로 하되, 필요한 시기를 지정하여 재판정을 받도록 하여야 한다. 전음성 난청 또는 혼합성 난청이 의심되는 경우 기도 및 골도순음청력검사를 시행하여, 기도-골도차가 6분법에 의해 20데시벨(dB) 이내일 경우 또는 수술 후 난청이 고정되었을 것으로 판단되는 경우에는 재판정을 제외할 수 있다.

(3) 향후 장애정도의 변화가 예상되는 경우에는 반드시 재판정을 받도록 하여야 한다. 이 경우 재판정의 시기는 최초의 신난일로부터 2년 이상 경과한 후로 한다. 2년 이내에 장애상태의 변화가 예상될 때에는 장애의 진단을 유보하여야 한다.

(4) 재판정이 필요한 경우 장애진단을 하는 전문의는 장애진단서에 그 시기와 필요성을 구체적으로 명시하여야 한다.

라. 청력장애

(1) 판정 개요

(가) 청력장애의 장애정도평가는 순음청력검사의 기도순음역치를 기준으로 한다. 2~7일의 반복검사주기를 가지고 3회 시행한 청력검사결과 중 가장 좋은 검사 결과를 기준으로 한다. 또한 장애등급을 판정하기 위해서는 유발반응청력검사를 이용한 역치를 확인하여 기도순음역치의 신뢰도를 확보하여야 한다.

- 평균순음역치는 청력측정기(오디오미터)로 측정하여 데시벨(dB)로 표시하고 장애등급을 판정하되, 주파수별로 500Hz, 1,000Hz, 2,000Hz, 4,000Hz에서 각각 청력검사를 실시한다.
- 평균치는 6분법에 의하여 계산한다(a+2b+2c+d/6).

(500Hz(a), 1,000Hz(b), 2,000Hz(c), 4,000Hz(d)) 6분법 계산에서 소수점 이하는 버린다. 만약 주어진 주파수에서 청력역치가 100데시벨(dB) 이상이거나 청력계의 범위를 벗어나면 100데시벨(dB)로 간주하고, 청력역치가 0데시벨(dB) 이하이면 0데시벨(dB)로 간주한다.

(나) 청력의 감소가 의심되지만 의사소통이 되지 아니하여 청력검사를 시행할 수 없는 경우(만 3세 이하의 소아 포함)에는 유발반응 청력검사를 시행하여 파형이 나타나지 아니하는 경우 3급에 준용할 수 있다.

(다) 이명이 언어의 구분능력을 감소시킬 수 있으므로 청력역치 검사와 이명도 검사를 같이 실시하여 아래와 같이 등급을 가중할 수 있다. 이명은 객관적인 측정이 어려우나, 2회 이상의 반복검사에서 이명의 음질과 크기가 서로 상응할 때 가능하다.

- 심한 이명이 있으며, 청력장애 정도가 6급인 경우 5급으로 한다.
- 심한 이명이 있으며, 양측의 청력손실이 각각 40~60데시벨(dB) 미만인 경우 6급으로 판정한다.

〈장애등급 기준〉

장애등급	장애정도
2급	- 두 귀의 청력 손실이 각각 90데시벨(dB) 이상인 사람
3급	- 두 귀의 청력손실이 각각 80데시벨(dB) 이상인 사람
4급1호	- 두 귀의 청력손실이 각각 70데시벨(dB) 이상인 사람
4급2호	- 두 귀에 들리는 보통 말소리의 최대의 명료도가 50퍼센트 이하인 사람
5급	- 두 귀의 청력손실이 각각 60데시벨(dB) 이상인 사람
6급	- 한 귀의 청력손실이 80데시벨(dB) 이상, 다른 귀의 청력 손실이 40데시벨(dB) 이상인 사람

소음성 난청 특수건강진단 방법 및 관리기준(2009년)

근로자건강진단 실무지침

1. 건강진단주기

1-1. 기본 주기 및 대상자

소음에 노출되는 작업부서 전체 근로자에 대한 특수건강진단 주기는 2년에 1회 이상으로 한다.

1-2. 집단적 주기단축 조건

다음의 어느 하나에 해당하는 경우 당해 공정에서 당해 유해인자에 노출되는 모든 근로자에 대하여 특수건강진단 기본주기를 다음 회에 한하여 1/2로 단축하여야 한다.

(1) 당해 건강진단 직전의 작업환경 측정결과 소음이 노출기준 이상인 경우

(2) 소음에 의한 직업병유소견자가 발견된 경우

(3) 건강진단 결과 소음에 대한 특수건강진단 실시주기를 단축하여야 한다는 의사의 판정을 받은 근로자

1-3. 배치전건강진단 후 첫 번째 특수건강진단

1년 이내에 근로자 개별적으로 실시하되, 배치전건강진단 실시 후 1년 이내에 사업장의 특수건강진단이 실시될 예정이면 그것으로 대신할 수 있다.

2. 건강진단항목

2-1. 1차 검사항목

(1) 직업력·노출력 조사

(2) 과거병력 조사: 주요표적장기와 관련된 질병력 조사

(3) 자각증상 조사: 문진표 작성내용 확인 포함

(4) 임상진찰: 귀, 혈압에 유의하여 진찰

이비인후: 순음청력검사(양측 기도), 정밀진찰(이경검사)

* 검사 영역

- 일반건강진단: 1,000Hz의 주파수에서 기도 청력검사를 실시

- 특수건강진단: 2,000, 3,000 및 4,000Hz의 주파수에서 기도 청력검사를 실시

- 배치전건강진단: 500, 1,000, 2,000, 3,000, 4,000 및 6,000Hz의 주파수에서 기도 청력검사를 실시

* 2차 검사 실시기준: 특수건강진단에서 2,000Hz에서 30dB, 3,000Hz에서 40dB, 4,000Hz에서 40dB 이상의 청력손실을 어느 하나라도 보이는 경우에 정밀청력검사(2차)를 실시

2-2. 2차 검사항목

- 이비인후: 순음 청력검사(양측 기도 및 골도), 중이검사(고막운동성검사)

* 순음 청력검사(양측 귀의 기도 및 골도: 500, 1,000, 2,000, 3,000 4,000, 6,000Hz 순음검사): 기도의 500, 1,000, 2,000Hz에 대한 평균 청력손실이 20dB 이상인 경우에는 청력역치가 20dB 이상인 해당 개별 주파수에 대하여 골도 청력검사를 함께 실시하여야 한다.

3. 산업의학적 평가

3-1. 건강관리구분

건강관리구분		건강관리구분 내용
A		건강관리상 사후관리가 필요 없는 자(건강자)
C	C₁	직업성 질병으로 진전될 우려가 있어 추적조사 등 관찰이 필요한 자(요 관찰자)
	C₂	일반질병으로 진전될 우려가 있어 추적관찰이 필요한 자(요 관찰자)
D₁		직업성 질병의 소견을 보여 사후관리가 필요한 자(직업병유소견자)
D₂		일반 질병의 소견을 보여 사후관리가 필요한 자(일반질병유소견자)
R		일반건강진단에서의 질환의심자(제2차 건강진단 대상자)

※ C₁ 판정기준

(1) 청력손실이 있고,

(2) 직업력상 소음 노출에 의한 것으로 추정되며

(3) D₁에 해당되지 않고 관찰이 필요한 경우

※ D₁ 판정기준

(1) 기도 순음 청력검사상 4,000Hz의 고음영역에서 50dB 이상의 청력손실이 인정되고, 삼분법(500(a), 1,000(b), 2,000(c))에 대한 청력손실정도로서 (a+b+c)/3 평균 30dB 이상의 청력손실이 있고

(2) 직업력상 소음 노출에 의한 것으로 추정되는 경우

3-2. 업무수행 적합 여부 평가:

업무수행 적합여부 평가기준
O 건강관리상 현재의 조건하에서 작업이 가능한 경우
O 일정한 조건(환경개선, 개인보호구착용, 건강진단의 주기를 앞당기는 경우 등)하에서 현재의 작업이 가능한 경우
O 건강장해가 우려되어 한시적으로 현재의 작업을 할 수 없는 경우   (건강상 또는 근로조건 상의 문제를 해결한 후 작업복귀 가능)
O 건강장해의 악화 혹은 영구적인 장해의 발생이 우려되어 현재의 작업을 해서는 안 되는 경우

※ '일정한 조건'이란 환경개선, 개인보호구착용, 건강진단의 주기를 앞당기는 경우 등을 말한다.
※ 산업의학 전문의가 소음에 대한 업무 적합 여부 평가 시 근로자의 연간 청력역치 변화, 연령에 따른 자연적인 청력손실(연령보정) 등을 참고하여 평가를 시행할 수 있다.
※ 업무수행 적합 여부 평가 시 고려해야 될 건강상태
 · 소음성 난청
 · 중이 및 내이 질환(치료 안 되는 만성 질환, 이경화증, 메니엘씨병 등)
 · 두부외상에 의한 내이 및 청각신경의 청력손실이 있을 때
 · 비직업적 원인의 청력감퇴
 · 심각한 이명
 · 이도와 외이에 염증으로 청력보호기구를 사용할 수 없을 때
 · 청력보호기구를 사용할 수 없을 정도의 외이도 변형
 · 심각한 노인성 난청
 · 심각한 소화기 궤양
 · 알코올중독

3-3. 사후관리내용:

번호	건강관리 조치내용[1]	참고사항
0	필요 없음	
1	건강 상담	상담내용기술
2	보호구착용 ( )	보호구의 점검 또는 교체 등 보호구관리를 포함
3	추적검사[2] . .경 다음 항목에 대해 추적검사 요 (검사항목:)	건강관리구분 C_1 또는 D_1 해당자에 대해서 의사의 판단하에 추적검사 실시
4	근무 중 치료	
5	근로시간 단축 ( )	또는 연장근무 제한
6	작업전환	
7	근로금지 및 제한	치료완결 후 의사지시로 복귀
8	직업병확진의뢰 안내[3](건강진단기관이 안내)	건강관리구분 D_1 해당자 중 직업병확진이 필요한 경우, 특수건강진단기관의사가 산재요양신청서를 대신 작성
9	기타 ( )	

※ 1): 건강관리 조치는 중복하여 선택할 수 있다.
　 2): 건강진단기관의 의사가 지시한 검사항목에 대하여 지시한 시기에 실시하여야 한다.
　 3): 근로자 건강진단을 통하여 발견된 직업병유소견자 중 직업병확진이 필요하다고 판단되는 경우에는 특수건강진단기관이 당해 근로자에 대한 산재요양신청서를 작성해 주어 당해 근로자가 근로복지공단 해당지사에 요양 신청토록 한다.
※ 배치 전 건강진단에서는 업무수행 적합 여부 평가만을 실시한다.

4. 수시건강진단을 위한 참고사항

근로자가 이명, 대화장해, 청력손실 등의 증상 및 증후를 보여, 사업주가 수시건강진단의 필요성에 대하여 자문을 요청한 경우 건강진단기관의 의사는 자문에 응하여야 하며, 수시건강진단의 필요성 여부에 대하여 사업주에게 자문결과서를 통보하여야 한다.

업무상재해 인정기준-산업재해보상보험법(2010년)

제37조(업무상의 재해의 인정 기준) ① 근로자가 다음 각 호의 어느 하나에 해당하는 사유로 부상·질병 또는 장해가 발생하거나 사망하면 업무상의 재해로 본다. 다만, 업무와 재해 사이에 상당인과관계(相當因果關係)가 없는 경우에는 그러하지 아니하다. <개정 2010.1.27>

1. 업무상 사고

가. 근로자가 근로계약에 따른 업무나 그에 따르는 행위를 하던 중 발생한 사고

나. 사업주가 제공한 시설물 등을 이용하던 중 그 시설물 등의 결함이나 관리소홀로 발생한 사고

다. 사업주가 제공한 교통수단이나 그에 준하는 교통수단을 이용하는 등 사업주의 지배관리하에서 출퇴근 중 발생한 사고

라. 사업주가 주관하거나 사업주의 지시에 따라 참여한 행사나 행사준비 중에 발생한 사고

마. 휴게시간 중 사업주의 지배관리하에 있다고 볼 수 있는 행위로 발생한 사고

바. 그 밖에 업무와 관련하여 발생한 사고

2. 업무상 질병

가. 업무수행 과정에서 물리적 인자(因子), 화학물질, 분진, 병원체, 신체에 부담을 주는 업무 등 근로자의 건강에 장해를 일으킬 수 있는 요인을 취급하거나 그에 노출되어 발생한 질병

나. 업무상 부상이 원인이 되어 발생한 질병

다. 그 밖에 업무와 관련하여 발생한 질병

② 근로자의 고의·자해행위나 범죄행위 또는 그것이 원인이 되어 발생한 부상·질병·장해 또는 사망은 업무상의 재해로 보지 아니한다. 다만, 그 부상·질병·장해 또는 사망이 정상적인 인식능력 등이 뚜렷하게 저하된 상태에서 한 행위로 발생한 경우로서 대통

령령으로 정하는 사유가 있으면 업무상의 재해로 본다.

③ 업무상의 재해의 구체적인 인정 기준은 대통령령으로 정한다.

업무상질병 인정기준—산업재해보상보험법 시행령(2010년)

제34조(업무상 질병의 인정기준) ① 근로자가 「근로기준법 시행령」 제44조제1항 및 같은 법 시행령 별표 5의 업무상 질병의 범위에 속하는 질병에 걸린 경우 다음 각 호의 요건 모두에 해당하면 법 제37조제1항제2호가목에 따른 업무상 질병으로 본다.

1. 근로자가 업무수행 과정에서 유해·위험요인을 취급하거나 유해·위험요인에 노출된 경력이 있을 것

2. 유해·위험요인을 취급하거나 유해·위험요인에 노출되는 업무시간, 그 업무에 종사한 기간 및 업무 환경 등에 비추어 볼 때 근로자의 질병을 유발할 수 있다고 인정될 것

3. 근로자가 유해·위험요인에 노출되거나 유해·위험요인을 취급한 것이 원인이 되어 그 질병이 발생하였다고 의학적으로 인정될 것

② 업무상 부상을 입은 근로자에게 발생한 질병이 다음 각 호의 요건 모두에 해당하면 법 제37조제1항제2호나목에 따른 업무상 질병으로 본다.

1. 업무상 부상과 질병 사이의 인과관계가 의학적으로 인정될 것

2. 기초질환 또는 기존 질병이 자연발생적으로 나타난 증상이 아닐 것

③ 제1항 및 제2항에 따른 업무상 질병(진폐증은 제외한다)에 대한 구체적인 인정 기준은 별표 3과 같다.

④ 공단은 근로자의 업무상 질병 또는 업무상 질병에 따른 사망의 인정 여부를 판정할 때에는 그 근로자의 성별, 연령, 건강 정도 및 체질 등을 고려하여야 한다.

소음성 난청의 업무상재해 인정기준(2010년)

산업재해보상보험법 시행령(제34조제3항 관련) 별표 3

가. 인정기준

(1) 연속음으로 85dB(A) 이상의 소음에 노출되는 작업장에서 3년 이상 종사하거나 종사한 경력이 있는 근로자로서 한 귀의 청력손실이 40dB 이상이 되는 감각신경성 난청의 증상 또는 소견이 있을 것

(2) (1)의 규정에 의한 근로자의 증상이 다음의 요건을 충족할 것

(가) 고막 또는 중이에 뚜렷한 병변이 없을 것

(나) 순음청력검사결과 기도청력역치와 골도청력역치 사이에 뚜렷한 차이가 없어야 하며, 청력장해가 저음역보다 고음역에서 클 것

(다) 내이염·약물중독·열성질환·메니에르씨증후군·매독·두부외상·돌발성난청·유전성 난청·가족성난청·노인성난청 또는 재해성 폭발음 등에 의한 난청이 아닐 것

나. 난청의 측정방법

(1) 24시간 이상 소음작업을 중단한 후, 공단이 정하여 고시한 검사항목에 대하여 공단이 정하여 고시한 인력·시설을 갖춘 의료기관에서 500(a)·1,000(b)·2,000(c) 및 4,000(d)Hz의 주파수음에 대한 청력역치를 측정하여 6분법(a+2b+2c+d/6)으로 판정한다. 이 경우 난청에 대한 검사항목 및 검사를 담당할 의료기관의 인력·시설 기준은 공단이 정한다.

(2) 순음청력검사는 의사의 판단에 따라 3~7일간의 간격으로 3회 이상(음향외상성 난청에 대하여는 요양종결 후 30일 간격으로 3회 이상) 실시하여 검사의 유의차(有意差)가 없는 경우 그중 최소가청력치를 청력장해로 인정하되, 검사결과가 다음의 모든 요건을 충

족하지 아니하는 경우에는 1월 후 재검사를 실시한다.

(가) 기도청력역치와 골도청력역치의 차이가 각 주파수마다 10dB 이내일 것

(나) 상승법·하강법·혼합법 각각의 청력역치의 차이가 각 주파수마다 10dB 이내일 것

(다) 각 주파수마다 하강법의 청력역치가 상승법의 청력역치에 비해 낮거나 같을 것

(라) 반복검사 간 청력역치의 최대치와 최소치의 차이가 각 주파수마다 10dB 이내일 것

(마) 순음청력도상 어음역(500, 1,000, 2,000Hz)에서의 주파수 간 역치변동이 20dB 이내이면 순음청력역치의 3분법 평균치와 어음청취역치의 차이가 10dB 이내일 것

귀의 장해등급 기준(2010년)

산업재해보상보험법 시행령(제53조제1항) 별표 6

제4급: 고막 전부의 결손이나 그 외의 원인으로 두 귀의 청력을 완전히 잃은 사람

제6급: 고막 대부분의 결손이나 그 외의 원인으로 두 귀의 청력이 모두 귀에 대고 말하지 아니하면 큰 말소리를 알아듣지 못하게 된 사람

제7급: 두 귀의 청력이 모두 40센티미터 이상의 거리에서는 보통의 말소리를 알아듣지 못하게 된 사람

제9급: ① 두 귀의 청력이 모두 1미터 이상의 거리에서는 큰 말소리를 알아듣지 못하게 된 사람

② 한쪽 귀의 청력이 귀에 대고 말하지 아니하면 큰 말소리를 알아듣지 못하고 다른 귀의 청력이 1미터 이상의 거리에서는 보통의 말소리를 알아듣지 못하게 된 사람

③ 한쪽 귀의 청력을 완전히 잃은 사람

제10급: ① 한 귀의 청력이 귀에 대고 말하지 않으면 큰 말소리를 알아듣지 못 하게 된 사람

② 두 귀의 청력이 모두 1미터 이상의 거리에서는 보통의 말소리를 알아듣지 못하게 된 사람

제11급: ① 한쪽 귀의 청력이 40센티미터 이상의 거리에서는 보통의 말소리를 알아듣지 못하게 된 사람

② 두 귀의 청력이 모두 1미터 이상의 거리에서는 작은 말소리를 알아듣지 못하게 된 사람

제14급: 한쪽 귀의 청력이 1미터 이상의 거리에서는 작은 말소리를 알아듣지 못하게 된 사람

귀의 장해등급 판정(2010년)

산업재해보상보험법 시행규칙(제48조 관련) 별표 5

가. 청력의 장해

(1) 청력의 측정

(가) 난청의 장해정도 평가는 영 별표 2 제4호나목에 규정된 측정방법에 따른 순음청력검사의 기도청력역치를 기준으로 6분법(a+2b+2c+d/6)에 의하여 판정하되, 가장 좋은 역치를 사용한다. 이 경우 소수점 이하를 버리고 각 주파수에서 청력역치가 100dB 이상이거나 0dB 이하이면 이를 100dB 또는 0dB로 간주한다.

(나) 급성으로 생기는 재해성 난청에 대하여는 급성 음향성 청기장해로 하여 직업성 난청과 구분한다.

(다) 음향성 난청(재해성 난청)에 대한 장해등급은 요양종결 후 30일의 간격으로 3회 이상 청력검사를 실시하여 유의차가 없는 경우 그 검사치를 기초로 한다.

(라) 직업성 난청의 치유시기는 당해 근로자가 직업성 난청이 유발될 수 있는 장소에서의 업무를 떠났을 때로 하며, 당해 장해에 대한 등급결정도 치유된 후에 하여야 한다.

(2) 장해등급 판정기준

영 별표 6의 규정에 의한 장해등급의 판정은 아래 기준에 따르되, 청력역치는 ISO(International Standard Organization) 기준으로 한다.

(가) 두 귀의 평균 청력손실치가 90dB 이상인 사람 또는 두 귀의 평균 청력손실치가 80dB 이상이고 최고 명료도가 30% 이하인 사람은 영 별표 6의 제4급제3호의 신체장해에 해당한다.

(나) 두 귀의 평균 청력손실치가 80dB 이상인 사람 또는 두 귀의 평균 청력손실치가

50dB 이상 80dB 미만이고 최고 명료도가 30% 이하인 사람은 영 별표 6의 제6급제3호의 신체장해에 해당한다.

(다) 한 귀의 평균 청력손실치가 90dB 이상이고 동시에 다른 한 귀의 평균 청력손실치가 70dB 이상인 사람은 영 별표 6의 제6급제4호의 신체장해에 해당한다.

(라) 두 귀의 평균 청력손실치가 70dB 이상인 사람 또는 두 귀의 평균 청력손실치가 50dB 이상이고 최고 명료도가 50% 이하인 사람은 영 별표 6의 제7급제2호의 신체장해에 해당한다.

(마) 한 귀의 평균 청력손실치가 90dB 이상이고 동시에 다른 한 귀의 평균 청력손실치가 60dB 이상인 사람은 영 별표 6의 제7급제3호의 신체장해에 해당한다.

(바) 두 귀의 평균 청력손실치가 60dB 이상인 사람 또는 두 귀의 평균 청력손실치가 50dB 이상이고 최고 명료도가 70% 이하인 사람은 영 별표 6의 제9급제7호의 신체장해에 해당한다.

(사) 한 귀의 평균 청력손실치가 80dB 이상이고 동시에 다른 한 귀의 평균 청력손실치가 50dB 이상인 사람은 영 별표 6의 제9급제8호의 신체장해에 해당한다.

(아) 한 귀의 평균 청력손실치가 90dB 이상인 사람은 영 별표 6의 제9급제9호의 신체장해에 해당한다.

(자) 한 귀의 평균 청력손실치가 80dB 이상 90dB 미만인 사람은 영 별표 6의 제10급제4호의 신체장해에 해당한다.

(차) 두 귀의 평균 청력손실치가 50dB 이상인 사람 또는 두 귀의 평균 청력손실치가 40dB 이상이고 최고 명료도가 70% 이하인 사람은 영 별표 6의 제10급제5호의 신체장해에 해당한다.

(카) 한 귀의 평균 청력손실치가 70dB 이상 80dB 미만인 사람 또는 한 귀의 평균 청력손실치가 50dB 이상이고 최고 명료도가 50% 이하인 사람은 영 별표 6의 제11급제4호의 신체장해에 해당한다.

(타) 두 귀의 평균 청력손실치가 40dB 이상인 사람은 영 별표 6의 제11급제11호의 신체장해에 해당한다.

(파) 한 귀의 평균 청력손실치가 40dB 이상 70dB 미만인 사람은 영 별표 6의 제14급제11호의 신체장해에 해당한다.

나. 귓바퀴의 장해

(1) 영 별표 6에서 "귓바퀴에 고도의 결손이 남은 사람"이란 귓바퀴의 3분의 2 이상을 잃은 사람을 말한다.

(2) 영 별표 6에서 "귓바퀴에 중등도의 결손이 남은 사람"이란 귓바퀴의 2분의 1 이상 3분의 2 미만을 잃은 사람을 말한다.

(3) 영 별표 6에서 "귓바퀴에 경도의 결손이 남은 사람"이란 귓바퀴의 3분의 1 이상 2분의 1 미만을 잃은 사람을 말한다.

다. 준용등급결정

(1) 고막의 외상성 천공(穿孔)과 그에 따른 이루(耳漏)는 수술적 처치 후 청력장해가 남으면 당해 장해의 정도에 따라 등급을 결정한다. 이 경우 청력장해가 장해등급에 해당되지 않지만 항상 이루가 있는 경우에는 제12급을 인정한다.

(2) 난청이 있고 뚜렷한 이명(耳鳴)이 항상 있는 경우에는 그 증상이 타각적 검사로 증명되는 경우에 제12급을 인정한다.

(3) 내이의 손상으로 인한 평형기능(平衡機能) 장해에 대하여는 신경계통의 기능장해에 준하여 등급을 결정한다.

(4) 내이의 기능장해로 인하여 평형기능장해와 청력장해가 남은 경우에는 조정의 방법을 이용하여 준용등급을 결정한다.

공무상 질병 또는 부상의 인정기준(2011년)

공무원연금법 시행령[대통령령 제22833호, 2011.4.4, 일부개정]

제29조(공무상 요양비) ① 법 제35조제3항에 따른 공무상 질병 또는 부상의 인정기준은 다음 각 호와 같다. <개정 1989.3.18, 2010.1.1>

1. 공무 수행 중의 사고로 인하여 새로이 발생된 부상 또는 이로 인한 질병

2. 공무 수행 중에 라디움방사선·자외선·엑스선 기타 유해방사선의 취급으로 인한 질병

3. 공무 수행 중의 화상 또는 동상

4. 공무 수행 장소의 심한 분진의 발생으로 인한 진폐증 및 이에 따른 폐결핵

5. 공무 수행 장소의 강렬한 소음으로 인한 질병

6. 공무 수행 중의 유해가스 또는 유해독물로 인한 중독과 이에 따른 합병증 및 후유증

7. 제1호 내지 제6호에 해당하지 아니하는 질병으로서 건강을 해할 우려가 있는 특수한 직무수행으로 발생된 질병

8. 평소의 질병·발병요인 또는 악화된 건강상태와 다음 각목의 1에 해당하는 직무 수행과의 경합으로 인하여 현저하게 악화된 질병 및 새로이 발생한 질병 또는 부상

가. 질병의 발생 또는 악화의 가능성이 큰 특수한 환경 아래서의 계속적인 직무의 수행

나. 통상적인 담당직무가 아닌 특수한 직무의 수행

다. 야간근무를 계속하였거나 기타 이에 준하는 직무상의 과로

② 제1항 각호의 규정에 의한 공무상 부상 또는 질병에 대한 세부기준은 행정안전부령으로 정한다. <신설 2000.12.30, 2008.2.29>

제29조의2(요양자문) 공단은 공무원이 법 제35조의 규정에 의한 요양을 하는 경우 공무상 요양비의 심사, 공무상 요양기간의 연장, 추가상병에 대한 공무상 요양 등 필요한 사항의 자문을 위하여 의료계의 전문가를 요양자문위원으로 위촉할 수 있다.

[본조신설 2000.12.30]

제32조(공무상 요양비의 지급절차) ① 요양기관이 법 제35조제1항의 규정에 의한 공무상 요양을 실시한 경우에는 진료비 청구서에 그 명세서를 첨부하여 공무상 요양비를 국민건강보험공단에 청구하여야 한다. <개정 2000.12.30, 2004.2.25>

② 국민건강보험공단은 제1항의 청구서에 의하여 당해 진료비를 지급한 때에는 공무상 요양비 청구서에 그 명세서를 첨부하여 공단에 제출하고 공단은 1월 이내에 이를 심사하여 공무상 요양비를 지급하여야 한다. <개정 1988.1.23, 2000.12.30>

③ 제33조의2의 규정에 의한 요양비를 지급받고자 하는 자는 공무상 요양비 청구서에 그 명세서를 첨부하여 공단에 청구하여야 한다. <신설 2004.2.25>

공무상의 질병·부상 또는 사망 등의 기준(2010년)

군인연금법 시행령[대통령령 제22493호, 2010.11.15, 타법개정]

　제4조(공무상 질병·부상 또는 사망 등의 기준) 법 및 이 영에서 공무상의 질병·부상 또는 사망이라 함은 다음 각 호와 같이 그 질병·부상 또는 사망의 원인이 공무 수행으로 인하여 발생한 경우를 말하며, 이의 세부기준은 국방부장관이 정한다.

　1. 공무 수행 중의 사고로 인하여 새로이 발생한 부상 또는 이로 인한 질병

　2. 공무 수행 중에 라디움방사선·자외선·엑스선 기타 유해방사선의 취급으로 인하여 발생한 질병

　3. 공무 수행 중의 화상 또는 동상

　4. 공무 수행 장소의 심한 분진의 발생으로 인한 진폐증 및 이에 따른 폐결핵

　5. 공무 수행 장소의 강렬한 소음으로 인한 질병

　6. 공무 수행 중의 유해가스 또는 유해독물로 인한 중독과 이에 따른 합병증 및 후유증

　7. 제1호 내지 제6호에 해당하지 아니하는 질병으로서 건강을 해할 우려가 있는 특수한 직무 수행으로 발생된 질병

　8. 평소의 질병·발병요인 또는 악화된 건강상태와 다음 각목의 1에 해당하는 직무수행과의 경합으로 인하여 현저하게 악화된 질병 및 새로이 발생한 질병 또는 부상

　가. 질병의 발생 또는 악화의 가능성이 큰 특수한 환경 아래서의 계속적인 직무의 수행

　나. 통상적인 담당직무가 아닌 특수한 직무의 수행

　다. 야간근무를 계속하였거나 기타 이에 준하는 직무상의 과로

국가유공자 공무 수행 관련 질병(2009년)

국가유공자 등 예우 및 지원에 관한 법률 시행규칙 [별표 1] <신설 2009.8.25>

제3조의3(교육훈련 또는 공무수행 관련 질병) ① 영 별표 1 제2호의 2-13에 해당하는 주요 질병은 다음 각 호와 같다.

1. 근골격계에 발생한 질병

2. 뇌혈관질환 및 심장질환

3. 세균·바이러스 등의 병원체로 인한 질병

4. 난청(難聽)

5. 악성 종양

6. 정신질환

② 제1항에 따른 주요 질병별 국가유공자 요건의 기준과 범위는 별표 1과 같다. [본조신설 2009.8.25]

4. 난청

교육훈련 또는 공무수행과 관련하여 다음 어느 하나에 해당하는 원인으로 난청이 발생하였거나 현저히 악화된 경우에는 공무상 질병으로 본다.

가. 교육훈련 또는 직무 수행 과정에서 소음에 노출된 사실이 확인되고 난청 증상이나 난청소견이 있는 경우

나. 그 밖에 교육훈련 또는 직무수행과 관련하여 난청이 발생하였거나 현저히 악화되었다고 의학적으로 판단·인정되는 경우

신체부위별 상이등급(귀의 장애)(2009년)

신체부위별 상이등급 결정 [별표 4](제8조의3 관련)<개정 2009.8.25>

2. 귀의 장애

가. 청력의 장애
1) 청력의 측정

가) 청력은 24시간 이상 소음작업을 중단한 후 500(a)·1,000(b) 및 2,000(c)Hz의 주파수음에 대한 청력역치를 측정하여 4분법(a+2b+c/4)으로 판정한다. 이 경우 순음청력계기는 IOS(International Organization for Standardization) 기준으로 보정된 계기를 사용하여야 한다.

나) 청력검사는 순음청력검사 2회와 뇌간유발반응청력검사를 함께 실시한 후 그중 최소 가청력치를 청력장애로 인정한다.

나. 장애등급 내용

영 별표 3의 신체상이 정도	상이등급 및 분류번호	장애 내용
두 귀의 청력을 모두 잃은 자	3급 17	· 한쪽 귀의 청력장애가 공기전도 90dB 이상 고전도 50dB 이상이고, 다른 쪽 귀의 청력장애가 공기전도 70dB 이상 골전도 40dB 이상인 자 · 귀의 청력장애가 공기전도 80dB 이상 골전도 40dB 이상인 자
두 귀의 청력에 고도의 기능장애가 있는 자	5급 94	· 한쪽 귀의 청력장애가 공기전도 90dB 이상 골전도 50dB 이상이고, 다른 쪽 귀의 청력장애가 공기전도 60dB 이상 골전도 30dB 이상의 하강이 있는 자 · 두 귀의 청력장애가 각각 공기전도 70dB 이상 골전도 40dB 이상의 하강이 있는 자
두 귀의 청력에 중등도 의 기능장애가 있는 자	6급 1항38	· 두 귀의 청력장애가 각각 공기전도 50dB 이상의 하강이 있는 자
두 귀의 청력에 경도의 기능장애가 있는 자	7급 301	· 두 귀의 청력장애가 각각 공기전도 40dB 이상의 하강이 있는 자
한 귀의 청력에 고도의 기능장애가 있는 자	7급 302	· 공기전도 80dB 이상, 골전도 40dB 이상의 하강이 있는 자
귀가 상실된 자	6급 2항87 7급 303	· 귀가 3분의 1 이상 상실된 자이거나 귀의 원형이 2분의 1 이상 변형된 자

다. 준용등급 결정

1) 고막의 외상성천공과 그에 따른 이루는 수술적 처치 후 청력장애가 남으면 그 장애의 정도에 따라 등급을 결정하여야 한다.

2) 이명은 3회 이상의 이명검사(tinnitogram)에서 모두 이명이 있고, 최소한 한쪽 귀의 청력장애가 공기전도 50데시벨(dB) 이상인 난청을 동반하여야 7급을 인정한다.

3) 내이의 손상으로 인한 평형기능장애에 대하여는 신경계통의 기능장애에 준하여 등급을 결정하되, 좌우를 동일한 상이부위로 본다.

참고문헌

1장 이명의 역학

1. Adams P, Marano M. Current estimates from the National Health Interview Survey, 1994, in Vital and Health Statistics. National Center for Health Statistics. Hyattsville, MD. 1995.

2. Axelsson A, Ringdahl A. Tinnitus-a study of its prevalence and characteristics. Br J Audiol 1989;23(1):53~62.

3. Benson V, Marano M. Current estimates from the National Health Interview Survey, 1995, in Vital and Health Statistics. National Center for Health Statistics. Hyattsville, MD. 1998.

4. Coles RRA. Epidemiology of tinnitus, in Ciba Foundation Symposium 85. Pitman Books Ltd. 1981. pp.16~34.

5. Coles RRA. Medicolegal issues. In: Tyler R, editor. Tinnitus Handbook. Cengage Learning. 2000. pp.399~417.

6. Davis A. Hearing in Adults. The prevalence and distribution of hearing impairment and reported hearing disability. In: MRC Institute of Hearing Research's National Study of Hearing. London: Whurr Publishers Ltd. 1995.

7. Erlandsson SI, Hallberg LR. Prediction of quality of life in patients with tinnitus. Br J Audiol 2000;34(1):11~20.

8. Hoffman HJ, Reed GW. Epidemiology of tinnitus. In: Snow JB, editor. Tinnitus: Theory and Management. Hamilton, Ontario: B.C. Decker, INC. 2004. pp.16~41.

9. Moller AR. Epidemiology of tinnitus in adults. In: Moller AR, Langguth B, DeRidder D, Kleinjung T, editors. Textbook of Tinnitus. New York: Springer. 2011. pp.29~37.

10. Nondahl DM, Cruickshanks KJ, Wiley TL, Klein R, Klein BE, Tweed TS. Prevalence and 5-year incidence of tinnitus among older adults: the epidemiology of hearing loss study. J Am Acad Audiol 2002;13(6);323~331.

11. Ries P. Prevalence and characteristics of persons with hearing trouble. United States, 1990~1991, in Vital and Health Statistics, National Center for Health Statistics. Hyattsville, MD. 1994.

12. Sindhusake D, Mitchell P, Newall P, Golding M, Rochtchina E, Rubin G. Prevalence and characteristics of tinnitus in older adults: the Blue Mountains Hearing Study. Int J Audiolog 2003;42(5):289~294.

13. Spoendlin H. Inner ear pathology and tinnitus. In: Feldmann H, editor. Proceedings of the Third International Tinnitus Seminar. Munster: Harsch Verlag Karsrehe. 1987. pp.42~51.

14. Stouffer JL, Tyler RS, Kileny PR, Dalzell LE. Tinnitus as a function of duration and etiology: counselling implication. Am J Otol 1991;12(3):188~194.

15. Tambs K, Hoffman HJ, Borchgrevink HM, Holmen J, Samuelsen SO. Hearing loss induced by noise, ear infections, and head injuries: results from the Nord-Trondelag Hearing Loss Study. Int J Audiol 2003;42(2):89~105.

1. Abello P, Vinas JB, Vega J. Topical ototoxicity: review over a 6-year period. Acta Otorrinolaringol Esp 1998;49(5):353~356.

2. Adams WS. The aetiology of swimmer's exostoses of the external auditory canals and of associated changes in hearing. J Laryngol Otol 1951;65(4):232~250.

3. Ahmad N, Seidman M. Tinnitus in the old adults: epidemiology, pathophysiology and treatment options. Drugs Aging 2004;21(5):297~305.

4. Altmann F, Glasgold A, Macduff JP. The incidence of otosclerosis as related to race and sex. Ann Otol Rhinol Laryngol 1967;76(2):377~392.

5. Arslan E, Orzan E, Santarelli R. Global problem of drug-induced hearing loss. Ann N Y Acad Sci 1999;884:1~14.

6. Batissoco AC, Abreu-Silva RS, Braga MC, Lezirovitz K, Della-rosa V, Alfredo T Jr, Otto PA, Mingroni-Netto RC. Prevalence of GJB2 (connexin-26) and GJB6 (connexin-30) mutations in a cohort of 300 Brazilian hearing-impaired individuals: implications for diagnosis and genetic counseling. Ear Hear 2009;30(1):1~7.

7. Bayazit YA, Yilmaz M. An overview of hereditary hearing loss. ORL J Otorhinolaryngol Relat Spec 2006;68(2):57~63.

8. Bingham B, Hawke M, Halik J. The safety and efficacy of Emla cream topical anesthesia for myringotomy and ventilation tube insertion. J Otolaryngol 1991;20(3):193~195.

9. Birkenhager R, Aschendorff A, Schipper J, Lasziq R. None-syndromic hereditary hearing impairment. Laryngorhinootologie 2007;86(4):299~309;quiz 310~313.

10. Bovo R, Ciorba A, Martini A. The diagnosis of autoimmune inner ear disease: evidence and clitical pitfalls. Eur Arch Otorhinolaryngol 2009;266(1):37~40.

11. Breau RL, Gardner EK, Dornhoffer JL. Cancer of the external auditory canals and temporal bone. Curr Oncol Resp 2002;4(1):76~80.

12. Broughton SS, MeyerhoffWE, Cohen SB. Immune-mediated inner ear disease: 10-year experience. Semin Arthritis Rheum 2004;34(2):544~548.

13. Cianfrone G, Pace M, Turchetta R et al. Guida ed aggiornamento sui farmaci ototossici, tinnitogeni e vertigogeni. Acta Otorhinolaryngol Itali 2005;25:28.

14. Chole RA, McKenna M. Pathophysiology of otosclerosis. Otol Neuritol 2001;22(2):249~257.

15. Cruickshanks KJ, Wiley TL, Tweed TS, Klein BE, Klein R, Mares-Perlman JA, Nondahl DM. Prevalenve of hearing loss in old adults in Beaver Dam, Wisconsin The Epidemiology of Hearing Loss Study. Am J Epidemiol 1998;148(9):879~886.

16. do Carmo LC, Médicis da Silveira JA, Marone SA, D'Ottaviano FG, Zagati LL, Dias von Söhsten Lins EM. Audiological study of an elderly Brazillian population. Braz J Otorrhinilaryngol 2008;74(3):342~349.

17. Enrico P, Goodey R. Complications to medical treatment. In: Møller AR (Ed). Textbook of Tinnitus. New York: Springer. 2011. pp.343~361.

18. Gristwood RE, Venables WN. Otosclerosis and chronic tinnitus. Ann Otol Rhinol Laryngol 2003;112(5):398~403.

19. Gulya AJ. The glomus tumor and its biology. Laryngoscope 1993;103(11 Pt 2 Suppl 60):7~15.

20. Farri A, Pecorari GC, Enrico A, Sartoris A. Hyperbaric oxygen therapy application in otorhinolaryngology and head and neck surgery: state of the art and review of literature. Acta Otorhinolaryngol Ital

2002;22(4):227~234.

21. Hinojosa R, Marion M. Otosclerosis and sensorineural hearing loss: a histopathologoc study. Am J Otolaryngol 1987:8(5):296~307.

22. Horbelt CV. A review of physical, behavioral, and oral characteristics associated with Treacher Collins syndrome, Goldenhar syndrome, and Angelman syndrome. Gen Dent 2008;56(5):416~419.

23. Hviid A, Rubin S, Muhlemann K. Mumps. Lancet 2008;371(9616):932~944.

24. Jastreboff PJ. Phantom auditory perception (tinnitus): mechanisms of generation and perception. Neurosci Res 1990;8(4):221~254.

25. Jastreboff PJ. Tinnitus retraining therapy. Prog Brain Res 2007;166:415~423.

26. Jastreboff PJ. Tinnitus retraining therapy. In: Moller AR, Langguth B, DeRidder D, Kleinjung T, editors. Textbook of Tinnitus. New York: Springer. 2011. pp.575~594.

27. Kaltenbach JA. The dorsal cochlear nucleus as a contributor to tinnitus: mechanism underlying the induction of hyperactivity. Prog Brain Res 2007;166:89~106.

28. Kaltenbach JA, Afman CE. Hyperactivity in the dorsal cochlear nucleus after intense sound exposure and its resemblance to tone-evoked activity: a physiological model for tinnitus. Hear Res 2000;140(1~2):165~172.

29. Kitamura K, Takahashi K, Tamagawa Y, Noguchi Y, Kuroishikawa Y, Ishikawa K, Hagiwara H. Deafness genes. J Med Dent Sci 2000;47(1):1~11.

30. Langguth B, Goodey R, Azevedo A, Bjorne A, Cacace A, Crocetti A, Del Bo L, De Ridder D, Diges I, Elbert T, Flor H, Herraiz C, Ganz Sanchez T, Eichhammer P, Figueiredo R, Hajak G, Kleinjung T, Landgrebe M, Londero A, Lainez MJ, Mazzoli M, Meikle MB, Melcher J, Rauschecker JP, Sand PG, Struve M, Van de Heyning P, Van Dijk P, Vergara R. Consensus for tinnitus patient assessment and treatment outcome measurement: Tinnitus Research Initiative meeting, Regensburg, July 2006. Prog Brain Res 2007;166:525~536.

31. Levin RA, Nam EC, Oron Y, Melcher JR. Evidence for a tinnitus subgroup responsive to somatosensory based treatment modalities. Prog Brain Res 2007;166:195~207.

32. Linthicum F Jr. Post-stapedectomy cochlear otosclerosis. Ear Nose Throat J 2009;88(4):872.

33. Mafee MF. Use of CT in the evaluation of cochlear osteosclerosis use of CT in the evaluation of cochlear osteosclerosis. Radiology 1985;156(3):703~708.

34. Markou K, Goudakos J. An overview of the etiology of otosclerosis. Eur Arch Otorhinolaryngol 2009;266(1):25~35.

35. Marshall NE, Ballman KV, Michalak JC, Schomberg PJ, Burton GV, Sandler HM, Cascino TL, Jaeckle KA, Buckner JC. Ototoxicity of cisplatin plus standard radiation therapy vs. accelerated radiation therapy in glioblastoma patients. J Neurooncol 2006;77(3):315~320.

36. Mazurek B, Stöver T, Haupt H, Gross J Szczepek A. Pathogenesis and treatment of presbyacusis current status and future perspectives. HNO 2008;56(4):429~432, 434~435.

37. McCabe BF. Autoimmune sendorineural hearing loss Ann Otol Rhinol Laryngol 1979;88(5 pt 1):585~589.

38. Moller AR. Neural Plasticity and Disorders of the Nervous System. Cambridge University Press. 2006.

39. Moller AR. The role of neural plasticity in tinnitus. Prog Brain Res 2007;166:37~46.

40. Moller AR. Neural plasticity: for good and bad. Prog Theoret Phys 2008;173:48~65.

41. Morest DK, Kim J, Potashner SJ, Bohne BA. Long-term degeneration in the cochlear nerve and cochlear nucleus of the adult chinchilla following acoustic overstimulation. Microsc Res Tech 1998;41(3):205~216.

42. Nondahl DM, Cruickshanks KJ, Wiley TL, Klein R, Klein BE, Tweesd TS. Prevalence and 5-year incidence

of tinnitus among older adults: the epidemiology of hearing loss study. J AM Acad Audiol 2002;13(6):323～331.

43. Ostrowski VB, Wiet RJ. Pathologic conditions of the external ear and auditory canal. Postgrad Med 1996;100(3):223～228.

44. Phua YS, Salkeld LJ, de Chalain TM. Middle ear disease in children with cleft palate: protocols for management. Int J Pediatr Otorhinolaryngol 2009;73(2):307～313.

45. Ramsden R, Rotteveel L, Proops D, Saeed S, van Olphen A, Mylanus E. Cochlear implantation in osteosclerotic deafness. Adv Otorhinolaryngol 2007;65:328～334.

46. Rosenhall U, Karlsson AK. Tinnitus in old age. Scand Audiol 1991;20(3):165～171.

47. Ruckenstein MJ. Autoimmune inner ear disease. Curr Opin Otolaryngol Head Neck Surg 2004;12(5):426～430.

48. Salvi RJ, Wang J, Ding D. Auditory plasticity and hyperactivity following cochlear damage. Hear Res 2000;147(1～2):261～274.

49. Sellari-Franceschini S, Ravecca F, De Vito A, Berrettini S. Progressive sensorineural hearing loss in cochlear otosclerosis. Acta Otorhinolaryngol Ital 1998;18(4 Suppl 59):59～65.

50. Shinkawa A, Sakai M, Ishida K. Cochlear otosclerosis 30years after stapedectomy confirmed by CT/MRI. Auris Nasus Larynx 1998;25(1):95～99.

51. Smith RJ Bale JF, Jr, White KR. Sensorineural hearing loss in children. Lancet 2005:365(9462);879～890.

52. Sobrinho PG, Oliveira CA, Venosa AR. Long-term follow-up of tinnitus in patients with otosclerosis after stapes surgery. Int Tinnitus J 2004;10(2):197～201.

53. Sun W, Zhang L, Lu J, Yang G, Laundrie E, Salvi R. Noise esposure-induced enhancement of auditory cortex response and changes in gene expression. Neuroscience 2008;156(2):374～380.

54. Sweeney CJ, Gilden DH. Ramsay Hunt syndrome. J Neurol Neurosurg Psychiatry 2001;71(2):149～154.

55. Takemori S, Tanaka Y, Suzuki JI. Thalidomide anomalies of the ear. Arch Otolaryngol 1976;102(7):425～427.

56. Timmermans K, Vander Poorten V, Desloovere C, Debruyne F. The middle ear of cleft palate patients in their early teens: a literature study and preliminary file study. B-ENT 2006;2(Suppl 4):95～101.

57. Tonndorf J. The analogy between tinnitus and pain: a suggestion for a physiological a physiological basis of chronic tinnitus. Hear Res 1987;28(2～3):271～275.

58. Vernon J, Press L, McLaughlin T. Magnetic resonance imaging and tinnitus. Otolaryngol Head Neck Surg 1996;115(6):587～588.

59. Wackym PA, Friedman I. Unusual tumors of the middle ear and mastoid. In: Jackler RK, Driscoll CLW, editors. Tumors of the Ear and Temporal Bone. Philadelphia: Lippincott Williams & Wilkins. 2000. pp.128～145.

60. Wall PD. The presence of ineffective synapses and circumstances which unmask them Philos. Trans R Soc(Lond.) 1977;278(961):361～372.

61. Yorgason JG, Fayad JN, Kalinec F. Understanding drug ototoxicity: molecular insights for prevention and clinical management. Expert Opin Drug Saf 2006;5(3):383～399.

3장 이명의 진단과 평가

1. 김지혜, 이소영, 김창훈, 임승락, 신준호, 정원호, 유범희, 홍성화. 한국어 번역판 Tinnitus Handicap Inventory의 신뢰도 및 타당도 연구. 한이인지 2002;45:328～334.

2. 심현섭, 김영태, 김신숙, 김향희, 배소영, 신문사, 이승환, 이정학, 한재순, 윤혜련, 김징미, 권미신.

의사소통장애의 이해. 서울. 학지사. 2010.

3. American Speech-Language-Hearing Association. Guidelines for audiometric symbols. ASHA 1990;32(Suppl):25~30.

4. Andersson G, McKenna L. Tinnitus masking and depression. Audiology 1998;37(3):174~182.

5. Baloh RW. Dizziness, Hearing Loss, and Tinnitus. Philadelphia: F.A. Davis Company. 1998.

6. Budd RJ, Pugh R. Tinnitus coping style and its relationship to tinnitus severity and emotional distress. J Psychosom Res 1996;41(4):327~335.

7. Chaiklin JB. International attenuation and cross-hearing in air conduction audiometry. J Aud Res 1967;7:413~424.

8. Coles RRA, Priede VM. Problems in crosshearing and masking. Institute of Sound and Vibration Research, Annual Report 26. South Hampton, England: 1968.

9. Crummer RW, Hassan GA. Diagnostic approach to tinnitus. Am Fam Physician 2004;69(1):120~126.

10. Dauman R, Tyler RS. Some considerations on the classification of tinnitus. In: Aran JM, Dauman R, editors. Proceedings of the Fourth International Tinnitus Seminar. Bordeaux, France. 1992. pp.225~229.

11. Donaldson I. Tinnitus: a theoretical view and a therapeutic study using amylobarbitone. J Laryngol Otol 1978;92(2):123~130.

12. Erlandsson, SI, Hallberg, LR, Axelsson, A. Psychological and audiological correlates of perceived tinnitus severity. Audiology 1992;31(3):168~179.

13. Fowler EP. Head noises: significance, measurement and importance in diagnosis and treatment. Arch Otolaryngol Head Neck Surg 1940;32:903~914.

14. Halford JB, Anderson SD. Anxiety and depression in tinnitus sufferers. J Psychosom Res 1991a;35(4~5):383~390.

15. Halford JB, Anderson SD. Tinnitus severity measured by a subjective scale, audiometry and clinical judgement. J Laryngol Otol 1991b;105(2):89~93.

16. Hall JW, Mueller HG. Audiologists' Desk Reference Volume I: Diagnostic Audiology Principles Procedures and Protocols. Cengage Learning. 1996.

17. Hallam RS. Manual of the Tinnitus Questionnaire. London: The Psychological Corporation/Harcourt Brace. 1996.

18. Hallam RS, Jakes SC, Hinchcliff R. Cognitive variables in tinnitus annoyance. Br J Clin Psychol 1988;27(Pt 3):213~222.

19. Henly JA, Meikel MB. Pulsed versus continuous tones for evaluating the loudness of tinnitus. J Am Acad Audiol 1999;10(5):261~272.

20. Kuk FK, Tyler RS, Russell D, Jordan H. The psychometric properties of a tinnitus handicap questionnaire. Ear Hear 1990;11(6):434~445.

21. Langguth B, Biesinger E, Del Bo L, De Ridder D, Goodey R, Herraiz C, Kleinjung T, Lainez MJA, Landgrebe M, Paolino M, Questier B, Sanchez TG, Searchfield GD. Algorithm for the diagnostic and therapeutic management of tinnitus. In: Moller AR, Langguth B, DeRidder D, Kleinjung T, editors. Textbook of Tinnitus. New York: Springer. 2011. pp.381~385.

22. Langguth B, Goodey R, Azevedo A, Bjorne A, Cacace A, Crocetti A, Del Bo L, De Ridder D, Diges I, Elbert T, Flor H, Herraiz C, Ganz Sanchez T, Eichhammer P, Figueiredo R, Hajak G, Kleinjung T, Landgrebe M, Londero A, Lainez MJ, Mazzoli M, Meikle MB, Melcher J, Rauschecker JP, Sand PG, Struve M, Van de Heyning P, Van Dijk P, Vergara R. Consensus for tinnitus patient assessment and treatment

outcome measurement: Tinnitus Research Initiative meeting, Regensburg, July 2006. Prog Brain Res 2007;166:525~536.

23. Langguth B, Searchfield GD, Biesinger E, Greimel KV. History and Questionnaires. In: Moller AR, Langguth B, DeRidder D, Kleinjung T, editors. Textbook of Tinnitus. New York: Springer. 2011. pp.387~404.

24. Liden G, Nilsson G, Anderson H. Narrow band masking with white noise. Acta Otolarngol 1959;50(2):116~124.

25. Martin FN. Clinical Aaudiometry and Masking. Indianapollis, IN: MacMillan Publishing Co. 1972.

26. Matsuhira T, Yamashita K. Factors contributing to tinnitus loudness. In: Reich GE, Vernon JA, editors. Proceedings of the Fifth International Tionnitus Seminar. Portland, Oregon: American Tinnitus Association. 1996a. pp.176~179.

27. Matsuhira T, Yamashita K. Grading of tinnitus loudness from matching test. In: Reich GE, Vernon JA, editors. Proceedings of the Fifth International Tionnitus Seminar. Portland, OR: American Tinnitus Association. 1996b. pp.176~179.

28. Newman CW, Jacobson GP, Spitzer JP. Development of the Tinnitus Handicap Inventory. Arch Otolaryngol Head Neck Surg 1996;122(2):143~148.

29. Ohaski K, Fujimura T, Sugiura T, Tamura K, Nakagiri S, Zheng HX, Hatano A, Kimura A. Reproducibility of pitch-matching test for tinnitus. Using a heptatonic scale. Scand Audiol 1990;19(2):123~126.

30. Penner MJ. Two-tone forward masking patterns and tinnitus. J Speech Hear Res 1980;23(4):779~786.

31. Penner MJ. Synthesizing tinnitus from sine waves. J Speech Hear Res 1993;36(6):1300~1305.

32. Sataloff RT, Sataloff JS. Occupational Hearing Loss, 2nd ed. New York: CRC Press. 1993.

33. Tyler RS. Psychoacoustical measurement. In: Tyler R, editor. Tinnitus Handbook. Cengage Learning. 2000. pp.149~179.

34. Tyler RS, Conrad-Armes D. Tinnitus pitch: a comparison of three measurement methods. Br J Audiol 1983;17(2):101~107.

35. Vernon J. Attempts to relieve tinnitus. J Am Auditory Society 1977;2:124~131.

36. Wilson PH, Henry JL. Psychological approaches in the management of tinnitus. Australian J Otolaryngol 1998;1:296~302.

37. Wilson PH, Henry JL, Bowen M, Haralambous G. Tinnitus reaction questionnaire: psychometric properties of a measure of distress associated with tinnitus. J Speech Hear Res 1991;34(1):197~201.

4장 이명 재활 훈련

1. American tinnitus association. available from: http://www.ata.org/for-patientshttp://www.ata.org/.2011.

2. Castagno LA. Castagno S. Tinnitus: a clinical study. Folha Med 1985;91(5~6):393~395.

3. Davis PB, Paki B, Hanley PJ. Neuromonics tinnitus treatement: the third clinical trial. Ear Hear 2007;28(2):242~259.

4. Eggermont JJ, Roberts LE. The neuroscience of tinnitus. Trend Neurosci 2004;27(11):676~682.

5. Erlandsson SI. Psychological profiles of tinnitus patients. In: Tyler R, editor. Tinnitus Handbook. Cengage Learning. 2000. pp.25~57.

6. Flor H, Hoffman D, Struve M, Diesch E. Auditory discrimination training for the treatment of tinnitus. Appl Psychophysiol Biofeedback 2004;29(2):113~120.

7. Haralambous G. Wilson PH. Platt-Hepworth S. Tonkin JP, Hensley VR, Kavanagh D. EMG biofeedback in

the treatment of tinnitus: an experimental evaluation. Behav Res Ther 1987;25(1):49~55.

8. Hatanaka A, Ariizumi Y, Kitamura K. Pros and cons of tinnitus retraining therapy. Acta Otolaryngol 2008;128(4):365~368.

9. Henry JA, Trune DR, Robb MJA, Jastreboff PJ. Tinnitus Retraining Therapy: Patient Counseling Guide. San Diego: Plural Publishing. 2007. pp.99~105.

10. Herriaz C, Dieges I, Cobo P, Plaza G, Aparicio JM. Auditory discrimination therapy (ADT) for tinnitus management: preliminary results. Acta Otolaryngol Suppl 2006;556:80~83.

11. Hiller W, Haerkötter C. Does sound stimulation have additive effects on cognitive-behavioral treatment of chronic tinnitus? Behav Res Ther 2005;43(5):595~612.

12. Ireland CE. Wilson, PH. Tonkin JP. Platt-Hepworth S. An evaluation of relaxation training in the treatment of tinnitus. Behav Res Ther 1985;23(4):423~430.

13. Ito J, Sakakihara J. Tinnitus suppression by electrical stimulation of the cochlear wall and by cochlear implantation. Laryngoscope 1994;104(6Pt1):752~754.

14. Jastreboff PJ. Tinnitus habituation therapy (THT) and tinnitus retraining therapy (TRT). In: Tyler R, editor. Tinnitus Handbook. Cengage Learning. 2000. pp.357~376.

15. Jastreboff PJ, Jastreboff MM. Tinnitus retraining therapy: a different view on tinnitus. ORL J Otorhinolaryngol Relat Spec 2006;68(1):23~29.

16. Jastreboff PJ. Tinnitus retraining therapy. Prog Brain Res 2007;166:415~423.

17. Jastreboff PJ. Tinnitus retraining therapy. In: Moller AR, Langguth B, DeRidder D, Kleinjung T, editors. Textbook of Tinnitus. New York: Springer. 2011. pp.575~594.

18. Kuk FK, Tyler RS, Russell D, Jordan H. The psychometric properties of a tinnitus handicap questionnaire. Ear Hear 1990;11(6):434~445.

19. Landis B, Landis E. Is biofeedback effective for chronic tinnitus? An intensive study with seven subjects. Am J Otolaryngol 1992;13(6):349~356.

20. Lee HK. Tinnitus Retraining therapy. Korean J Audiol 2002;6(2):71~75.

21. Lindberg P, Scott B, Melin L, Lyttkens L. Long-term effects of psychological treatment of tinnitus. Scand Audiol 1987;16(3):167~172.

22. Nodal RH, Graham JT. An investigation of the frequency of characteristics of tinnitus associated with Meniere's disease. Arch Otolaryngol 1965;82:28~31.

23. Rajan R, Irvine DR. Absence of plasticity of the frequency map in dorsal cochlear nucleus of adult cats after unilateral partial cochlear lesion. J Comp Neurol 1998;399(1):35~46.

24. Roberts LE. Neural synchrony and neural plasticity in tinnitus. In: Moller AR, Langguth B, DeRidder D, Kleinjung T, editors. Textbook of Tinnitus. New York: Springer. 2011. pp.103~112.

25. Roberts LE, Bosnyak DJ. Auditory training in tinnitus. In: Moller AR, Langguth B, DeRidder D, Kleinjung T, editors. Textbook of Tinnitus. New York: Springer. 2011. pp.563~573.

26. Rue SJ. Analysis of the factors affecting THI scores. Audiology thesis (translated by Bahng J.). Graduate school of Hallym University. 2010.

27. Schwartz MS, Olsen RP. A historical perspective on the field of biofeedbakc and applied psychophysiology. In: Schwartz MS, editor. Biofeedback: A Practitioner's Guide. New York: The Guilford Press. 1995. pp.3~18.

28. Searchfield GD, Baguley DM. The role of the audiologist in tinnitus practice. In: Moller AR, Langguth B, DeRidder D, Kleinjung T, editors. Textbook of Tinnitus. New York: Springer. 2011. pp.215~222.

29. Searchfield GD, Morrison-Low J, Wise K. Object identification and attention training for treating tinnitus. Prog Brain Res 2007;166:441~460.

30. Shea JJ, Emmett JR. The medical treatment of tinnitus. J Laryngol Otol Suppl 1981;4:130~138.

31. Souliere CR Jr, Kileny PR, Zwolan TA, Kemink JL. Tinnitus suppression following cochlear implantation. A multifactorial investigation. Arch Otolaryngol Head Neck Surg 1992;118(12):1291~1297.

32. Stangerup SE, Caye-Tomasen P, Tos M, Thomsen J. The natural history of vestibular schwannova. Otol Neurotol 2006;27(4):547~552.

33. Steven JS. Suppression of tinnitus with electrical stimulation. In: Vernon JA, editor. Tinnitus: Treatment and Relief. Boston: Allyn & Bacon. 1997. pp.77~78.

34. Svihovec D. Carmen R. Tinnitus treatment using biofeedback-relaxation techniques. In: Clark JG, Yanick P, editors. Tinnitus and Its Management: A Clinical Text for Audiologists. Springfield. IL: Charles C Thomas Pub Ltd. 1984. pp.119~135.

35. Táravo-Vieria D. Davis PB. Rehabilitation of tinnitus patients using the Neuromonics Tinnitus Treatment. In: Moller AR, Langguth B, DeRidder D, Kleinjung T, editors. Textbook of Tinnitus. New York: Springer. 2011. pp.605~612.

36. Trotter MI, Donaldson I. Hearing aids and tinnitus therapy: a 25-year experience. J Laryngol Otol 2008;22(10):1052~1056.

37. Van de Heyning P, Vermeire K, Diebl M, Nopp P, Anderson I, De Ridder D. Incapacitating unilateral tinnitus in single sided deafness treated by cochlear implantation. Ann Otol Rhinol Laryngol 2008;117(9):645~652.

38. Wilson PH, Henry J, Bowen M, Haralambous G. Tinnitus reaction questionnaire: psychometric properties of a measure of distress associated with tinnitus. J Speech Hear Res 1991;34(1):197~201.

39. Young DW. Biofeedback training in the treatment of tinnitus. In: Tyler R, editor. Tinnitus Handbook. Cengage Learning. 2000. pp.281~295.

5장 군 복무 관련 이명 실태

1. 국회의원 이진복 정책간담회. 군 이명 피해자 대책마련 간담회 자료집, 2011.

6장 군 복무 관련 이명장애와 우울증

1. 김규상. 일반 질병과 난청. 청능재활 2011;7(1):1~9.

2. 김규상, 정호근. 소음 노출 작업자의 이명의 특성과 이에 영향을 미치는 요인. 대한산업의학회지 2002;14(4):436~447.

3. 김규상, 정호근. 특수병과의 과거 군 소음 노출이 소음 노출 작업자의 청력에 미치는 영향. 예방의학회지 2003;36(2):137~146.

4. 김지혜, 이소영, 김창훈, 임승락, 신준호, 정원호, 유범희, 홍성화. 한국어 번역판 Tinnitus Handicap Inventory의 신뢰도 및 타당도 연구. 한이인지 2002;45:328~334.

5. 김헌, 조수헌, 임현술. 군 복무시 사격 및 포격훈련에 의한 소음폭로력이 청력에 미치는 영향. 예방의학회지 1991;24(1):86~92.

6. 류소진. 이명장애지수에 영향을 주는 요인에 대한 분석. 한림국제대학원대학교 청각학과 석사학위논문. 2010.

7. 류소진, 방정화. 이명장애지수에 영향을 주는 요인에 대한 분석. 청능재활 2011;7(2):164~178.

8. 박시내, 박동선, 박경호, 김지홍, 한민아, 여상원. 이명 환자에서 스트레스, 불안, 우울 정도의 측정 및 임상적 의의. 대한청각학회지 2007;11(1):22~28.

9. 박철원, 이형석, 안경성, 김주묵, 문동숙. 이명의 원인적 요인에 대한 임상적 고찰. 대한청각학회지 2007;1(1):97~102.

10. 성기월, 김미한. 고혈압을 가진 저소득층 여성노인의 자가간호 행위와 우울증상－초기노인과 후기노인의 비교. 대한간호학회지 2008;38(4):593~602.

11. 우종민, 김원, 한호성, 신동원. 기분 장애와 불안 장애 환자 군에서 기질의 차이. 우울·조울병학회지 2009;7(2):120~125.

12. 이소영, 임승락, 홍성화, 이동수, 김지혜. 우울을 호소하는 이명 환자들의 역기능적 신념. 한국심리학회지: 임상 2003;22(4):709~723.

13. 정명현, 김희남, 김영명, 김기령, 이원상. 충격소음이 내이 청각기관에 미치는 영향에 관한 실험적 연구. 대한이비인후과학회지 1985;28(3):227~256.

14. 정유림, 박재범, 민경복, 이찬, 길현권, 이원욱, 이경종. 항공기 소음노출이 청력손실과 불안 및 우울에 미치는 영향－군용비행장 주변에서. 대한직업환경의학회지 2012;24(1):40~51.

15. 조맹제, 김계희. 주요우울증 환자 예비평가 시 The Center for Epidemiologic Studies Depression Scal(CES-D)의 진단적 타당성 연구. 신경정신의학 1993;32(3):381~399.

16. Alberti PW. Tinnitus in occupational hearing loss: nosological aspects. J Otolaryngol 1987;16(1):34~35.

17. Arlinger S. Negative consequences of uncorrected hearing loss-a review. Int J Audiol 2003;42(Suppl 2);S17-S20.

18. Axelsson A, Hamernik RP. Acute acoustic trauma. Acta Otolaryngol 1987;104(3~4):225~233.

19. Chung DY, Gannon RP, Mason K. Factors affecting the prevalence of tinnitus. Audiology 1984;23(5):441~452.

20. Collee A, Legrand C, Govaerts B, Van Der Veken P, De Boodt F, Degrave E. Occupational exposure to noise and the prevalence of hearing loss in a Begian millitary population: A cross-sectional study. Noise Health 2011;13(50):64~70.

21. Dias A, Cordeiro R. Association between hearing loss level and degree of discomfort introduced by tinnitus in workers exposed to noise. Braz J Otorhinilaryngol 2008;74(6):876~883.

22. Dye C, Peak M. Influence of amplification on the psychological functioning of older adults with neurosensory hearing loss. J Acad Rehab Audiol 1983;16:210~220.

23. Halford JB, Anderson SD. Anxiety and depression in tinnitus sufferers. J Psychosom Res 1991;35(4~5):383~390.

24. Hallberg LR, Johnsson T, Axelsson A. Structure of perceived handicap in middle-aged males with noise-induced hearing loss, with and without tinnitus. Audiology 1993;32(2):137~152.

25. Hazell JWP. A cochlear model for tinnitus. In: Feld-man H, editor. Proceedings international Tinnitus Seminar. Muenster. Karlsruhe; Harsch Verlag. 1987. pp.121~128.

26. Hiller W, Goebel G. Factors influencing tinnitus loudness and annoyance. Arch Otolaryngol Head Neck Surg 2006;132(12):1323~1330.

27. Keim RJ. Impulse noise and neurosensory hearing loss. Relationship to small arms fire. Calif Med 1970;113(3):16~19.

28. Kuk FK, Tyler RS, Russell D, Jordan H. The psychometric properties of a tinnitus handicap questionnaire. Ear and Hear 1990;11(6):434~445.

29. McShane DP, Hyde ML, Alberti PW. Tinnitus prevalence in industrial hearing loss compensation claimants. Clin Otolaryngol Allied Sci 1988;13(5):323~330.

30. Newman CW, Jacobson GP, Spitzer JP. Development of the Tinnitus Handicap Inventory. Arch Otolaryngol Head Neck Surg 1996;122(2):143~148.

31. Newman CW, Sandridge SA, Jacobson GP. Psychometric adequacy of the Tinnitus Handicap Inventory (THI) for evaluation treatment outcome. J Am Acad Audiol 1998;9(2):153~160.

32. Odess JS. Acoustic trauma of sportsman hunter due to gunfiring. Laryngoscope 1972;82(11):1971~1989.

33. Pinto PC, Sanchez TG, Tomita S. The impact og gender, age and hearing loss on tinnitus severity. Braz J Otorhinilaryngol 2010;76(1):18~24.

34. Reed GF. An audiometric study of two hundred cases of subjective tinnitus. Arch Otolaryngol 1960;71:94~104.

35. Savolainen S, Lehtomaki KM. Impulse noise and acute acoustic trauma in Finnish conscripts. Number of shots fired and safe distances. Scand Audiol 1997;26(2):122~126.

36. Scott B, Lindberg P. Psychological profile and somatic complaints between help-seeking and non-help-seeking tinnitus subjects. Psychosomatics 2000;41(4):347~352.

37. Scott B, Lindberg P, Melin L, Lyttkens L. Predictors of tinnitus discomfort, adaptation and subjective loudness. Br J Audiol 1990;24(1):51~62.

38. Sulkowski W, Kowalska S, Lipowczan A, Prasher D, Raglan E. Tinnitus and impulse noise-induced hearing loss in drop-forge operators. Int J Occup Med Environ Health 1999;12(2):177~182.

39. Tambs K. Moderate effects of hearing loss on mental health and subjective well-being: results from the Nord-Trøndelag Hearing Loss Study. Psychosom Med 2004;66(5):776~782.

40. Temmel AF, Kierner AC, Steurer M, Riedl S, Innitzer J. Hearing loss and tinnitus in acute acoustic trauma. Wiener Klinische Wochenschrift 1999;111(21):891~893.

41. Tyler RS, Baker LJ. Difficulties esperienced by tinnitus sufferers. J Speech Hear Disord 1983;48(2):150~154.

42. Vesterager V. Tinnitus-investigation and management. BMJ 1997;314(7082):728~731.

43. Ylikoski J. Acute acoustic trauma in Finnish conscripts. Etiological factors and characteristics of hearing impairment. Scand Audiol 1989;18(3):161~165.

44. Ylikoski J, Juntunen J, Matikainen E, Ylikoski M, Ojala M. Subclinical vestibular pathology in patients with noise-induced hearing loss from intense impulse noise. Acta Otolaryngeal(Stcokh) 1988;105(5~6):558~563.

45. Ylikoski ME. Prolonged exposure to gunfire noise among professional soldiers. Scand J Work Environ Health 1994;20(2):87~92.

46. Ylikoski ME, Ylikoski JS. Hearing loss and handicap of professional soldiers exposed to gunfire noise. Scand J Work Environ Health 1994;20(2):93~100.

7장 난청·이명으로 인한 건강영향

1. 김성철, 박근상, 김관우. 소음이 과제수행에 미치는 영향에 관한 연구. J Ergo Soc Kor 2010;29(1):121~128.

2. 김영기, 차태준, 변주현, 고광욱, 이용환. 산업장 소음에 노출된 근로자들의 활동 중 혈압과 심박동 수. 대한산업의학회지 2000;12(1):99~110.

3. 김현주, 노상철, 권호장, 백기청, 이무용, 정재윤, 임명호, 구미진, 김창훈, 김혜영, 임정훈, 김동현. 평택시 군용비행장 주변지역 주민건강조사. 예방의학회지 2008;41(5):307~314.

4. 박시내, 박동선, 박경호, 김지홍, 한민아, 여성원. 이명 환자에서 스트레스, 불안, 우울 정도의 측정

및 임상적 의의. 대한청각학회지 2007;11(1):22~28.

5. 유경열, 박재범, 민경복, 이찬, 길현권, 정유림, 이경종. 항공기 소음이 아동들의 정신 건강에 미치는 영향. 대한산업의학회지 2010;22(4):298~306.

6. 이경종, 박재범, 장재연, 조선미, 이세휘, 김종구, 이순영, 곽정자, 정호근. 항공기 소음이 지역 주민들에게 미치는 건강영향. 대한산업의학회지 1999;11(4):534~545.

7. 이상윤, 김재용, 임형준, 윤기정, 최흥렬, 고상백, 강대희, 조수헌. 작업장 누적소음 노출과 혈압과의 관련성. 대한산업의학회지 2001;13(2):200~208.

8. 임명호, 박영현, 이우철, 백기청, 김현우, 김현주, 노상철, 김혜영, 권호장. 만성 항공기 소음 노출과 아동의 지속주의력과 연속수행능력 및 인지기능. 소아청소년정신의학 2007;18(2):145~153.

9. 정유림, 박재범, 민경복, 이찬, 길현권, 이원욱, 이경종. 항공기 소음노출이 청력손실과 불안 및 우울에 미치는 영향-군용비행장 주변에서. 대한직업환경의학회지 2012;24(1):40~51.

10. 정윤주, 윤명인, 이종담, 김선우, 이영진, 고의경, 전경명. 이명 환자의 심리 검사. 대한이비인후과학회지-두경부외과학 1997;40(3):366~373.

11. 최익수, 안병주, 저녕훈, 장진순, 성지영. 이명환자에 있어서 간이정신진단 검사를 이용한 심리분석. 대한이비인후과학회지-두경부외과학 2003;46(6):475~480.

12. Abey-Wickrama I, A'Brook MF, Gattoni FE, Herridge CF. Mental hospital admissions and aircraft noise. Lancet 1969;633(2);1275~1277.

13. Appollonio I, Carabellese C, Frattola L, Trabucchi M. Effects of sensory aids on the quality of life and mortality of elderly people: a multivariate analysis. Age Ageing 1996;25(2):89~96.

14. Alster J, Shemesh Z, Orman M, Attias J. Sleep disturbance associated with chronic tinnitus. Biological Psychiatry 1993;34:84~90.

15. Andrén L, Lindstedt G, Björkman M, Borg KO, Hansson L. Effect of noise on blood pressure and 'stress' hormones. Clin Sci (Lond) 1982;62(2):137~141.

16. Arlinger S. Negative consequences of uncorrected hearing loss-a review. Int J Audiol 2003;42(Suppl 2);S17~S20.

17. Barnett S. Curbside consultation－a hearing problem. Am Fam Physician 2002;66(5):911~915.

18. Berglund B, Lindvall T. Community noise. [Archives of the Center for Sensory Research Vol. 2(1)]. Stokholm, Sweden: Stockholm Univ. and Karolinska Inst. 1995.

19. Bess FH, Lichtenstein MJ, Logan SA, Burger MC, Nelson E. Hearing impairment as a determinant of function in the elderly. J Am Geriatr Soc 1989;37(2):123~128.

20. Cacciatore F. Napoli C, Abete P, Marciano E, Triassi M, Rengo F. Quality of life determinants and hearing function in an elderly population: Osservatorio Geriatrico Campano Study Group. Gerontology 1999;45(6):323~328.

21. Campbell VA, Crews JE, Moriarty DG, Zack MM, Blackman DK. Surveillance for sensory impairment, activity limitation, and health-related quality of life among older adults-United States, 1993~1997. MMWR CDC Surveil Summ 1999;48(8);131~156.

22. Carabellese C, Apollonio I, Rozzini R, Bianchetti A, Frisoni GB, Frattola L, Trabucchi M. Sensory impairment and quality of life in a community elderly population. J Am Geriatr Soc 1993;41(4):401~407.

23. Cooper AF, Kay DW, Curry AR, Carside AR, Roth M. Hearing loss in paranoid and affective psychoses of the elderly. Lancet 1974;304(7885):851~854.

24. Cronlein T, Langguth B, Geisler P, Hajak G. Tinnitus and insomnia. Prog Brain Res 2007;166:227~233.

25. David M, Trehub SE. Perspectives on deafened adults. Am Ann Deaf 1989;134(3):200~204.

26. Dalton DS, Cruickshanks KJ, Klein BE, Klein R, Wiley TL, Nondahl DM. The impact of hearing loss on quality of life in older adults. Gerontologist 2003;43(5):661~668.

27. Dye C, Peak M. Influence of amplification on the psychological functioning of older adults with neurosensory hearing loss. J Acad Rehab Audiol 1983;16:210~220.

28. Erlandsson SI, Rubinstein B, Axelsson A, Carlsson SG. Psychological dimensions in patient with disabling tinnitus and craniomandibular disorder. Br J Audiol 1991;25:15~24.

29. Eschenbrenner AJ. Effects of intermittent noise on the perfomance of a complex psychomotor task. Human Factors 1971;13:59~63.

30. Fields JM. Effects of personal and situational variables on noise annoyance in residential areas. J Acoust Soc Am 1993;93:2753~2763.

31. Getty L, Hetu R. Development of a rehabilitation program for people affected with occupational hearing loss. 2. Results from group intervention with 48 workers and their spouses. Audiology 1991;30(6):317~329.

32. Gregory S. Deaf young people: aspects of family and social life. In: Marschark M. Clark MD, editors. Psychological Perspectives on Deafness. Volume 2. Psychology Press. 1998.

33. Hallberg LR, Jansson G. Women with noise-induced hearing loss: an invisible group? Br J Audiol 1996;30(5):340~345.

34. Hanner P, Axelsson A. Acute acoustic trauma. Scand Audiol 1988;17:57~63.

35. Hardoy MC, Carta MG, Marci AR. Exposure to aircraft noise and risk of psychiatric disorders: the Elmas survey. Soc Psychiatry Psychiatr Epidemiol 2005;40(1):24~26.

36. Harrop-Griffiths J, Katon W, Dobie R, Sakai C, Russo J. Chronic tinnitus: Association with psychiatric diagnoses. J Psychosomatic Res 1987;5:613~621.

37. Hauland H, Gronninguter A. Uniting divided worlds: Identity, family and education in the life projects of deaf and hard of hearing people. Disability Studies Quarterly 2003;23(2):75~88.

38. Herbert S, Carrier J. Sleep complaints in elderly tinnitus patients: a controlled study. Ear Hear 2007;28(5):649~655.

39. Hetu R, Getty L. Development of a rehabilitation program for people affected with occupational hearing loss. 1. A new paradigm. Audiology 1991;30(6):305~316.

40. Hetu R, Reverin L, Getty L, Lalande NM, St-Cyr C. The reluctance to acknowledge hearing difficulties among hearing-impaired workers. Br J Audiol 1990;24(4):265~276.

41. Hiramatsu K, Yamamoto T, Taira K, Ito A, Nakasone T. A survey on health effects due to aircraft noise on residents living around Kadena airport in the Ryukyus. J Sound Vib 1997;205(4):451~460.

42. Hobson JA. Sleep (Scientific American Library). New York, NY: W.H. Freeman & Co. 1989.

43. Ising H, Gunther T. Interaction between noise-induced stress and magnesium losses: relevance for long-term health effects. In: Augustinovicz F, editor. Inter Noise 97, Help Quiet the World for a Higher Quality Life, Vol. 2. Poughkeepsie, NY: Noise Control Foundation. 1997. pp.1099~1104.

44. International Organization for Standardization (ISO). ISO 1999: Acoustics-Determination of Occupational Noise Exposure and Estimation of Noise-Induced Hearing Impairment. Geneva, Switzerland: ISO. 1990.

45. Jacobson GP, McCaslin DL. A search for evidence of a direct relationship between tinnitus and suicide. J Am Acad Audiol 2001;12(10):493~496.

46. Jakes SC, Hallam RS, Chanbers C, Hincheliffe R. A factor analytical study of tinnitus complaint behavior. Audiol 1985;24:195~206.

47. Jones DA, Victor CR, Vetter NJ. Hearing difficulty and its psychological implications for the elderly. J

Epidemiol Community Health 1984;38(1):75~78.

48. Knutson JF, Lansing CR. The relationship between communication problem and psychological difficulties in persons with profound acquired hearing loss. J Speech Hear Disord 1990;55(4):656~664.

49. Kochkin S. The Impact of Untreated Hearing Loss on Household Income. Alexandria, VA: Better Hearing Institute. 2010.

50. Koelega HS. Environmental Annoyance: Characterization, Measurement, and Control. Amsterdam, Netherlands: Elsevier Science Ltd. 1987.

51. Kuk FK, Tyler RS, Russol D, Jordan H. The psychometric properties of a tinnitus handicap questionnaire. Ear Hear 1990;11(6):434~445.

52. Lalande R, Furlan V, Angers DA, Lemieux G. Soil research was partially funded by a USDA national re-improvement following addition of chipped wood from twigs. Am J Altern Agric 1998;13:132~137.

53. Lazarus H. New methods for describing and assessing direct speech communication under disturbing conditions. Environment International 1990;16:373~392.

54. Lazarus H. Noise and communication: the present state. In: Carter NL, Job RFS, editors. Noise as a Public Health Problem (Noise Effects '98). Sydney, Australia: Noise Effects '98 PTY Ltd., 1998. Vol. 1, pp.157~162.

55. Lindenberger U, Baltes PB. Intellectual functioning in old and very old age: cross-sectional results from the Berlin Aging Study. Psychol Aging 1997;12(3):410~432.

56. Lewis JE, Stephen SDG, McKenna L. Tinnitus and suicide. Clin Otolaryngol 1994;19:50~54.

57. Lundberg U. Coping with stress: Neuroendocrine reactions and implications for health. Noise Health 1999;1(4):67~74.

58. Maggi S, Minicuci N, Martini A, Langlois J, Siviero P, Pavan M, Enzi G. Prevalence rates of hearing impairment and comorbid conditions in older people: the Veneto Study. J Am Geriatr Soc 1998;46(9):1069~1074.

59. McKenna L, Hallam RS, Hinchcliffe R. The prevalence of psychological disturbance in neurotology outpatients. Clin Otolarygol Allied Sci 1991;16(5):452~456.

60. Mulrow CD, Aguilar C, Endicott JE, Velez R, Tuley MR, Charlip WS, Hill JA. Association between hearing impairment and the quality of life of elderly individuals. J Am Geriatr Soc 1990;38(1):45~50.

61. Novel W. What is a psychosocial approach to hearing loss? Scand Audiol Suppl 1996;43:6~11.

62. O'Neill G. Hearing loss-a growing problem that affects quality of life. Profile 2. National Academy on an Aging Society, December 1999. www.agingsociety.org.

63. Oyer H, Oyer E. Social consequences of hearing loss for the elderly. Allied Health Behav Sci 1979;2(2):123~138.

64. Passchier-Vermeer W. Noise and Health. The Hague: Health Council of the Netherlands. 1993. [Publication No A93/02E, review prepared by TNO Institute of Preventive Health Care, Leiden].

65. Passchier-Vermerr W, Passchier WF. Noise exposure and public health. Environ Health Perspect 2000;108(1):123~131.

66. Poulton EC. Composite model for human perfomance in continuous noise. Psychological Review 1979;86(4):361~375.

67. Rudberg MA, Furner SE, Dunn JE, Cassel CK. The relationship of visual and hearing impairments to disability: an analysis using the longitudinal study of aging. J Gerontol 1993;48(6):M261~265.

68. Rutman D. The impact and experience of adventitious deafness. Am Ann Deaf 1989;134(5):305~311.

69. Smoorenburg GF. Effects of impulse noise on man. In: Carter NL, Job RFS, editors. Noise as a Public Health Problem (Noise Effects '98). Sydney, Australia: Noise Effects '98 PTY Ltd., 1998, Vol. 1, pp.1~10.

70. Spreng M. Possible health effects of noise induced cortisol increase. Noise Health 2000;2(7):59~64.

71. Stansfeld SA, Matheson MP. Noise pollution: non-auditory effects on health. Br Med Bull 2003;68:243~257.

72. Strawbridge WJ, Wallhagen MI, Shema SJ, Kaplan GA. Negative consequences of hearing impairment in old age: a longitudinal analysis. Gerontologist 2000;40(3):320~326.

73. Tambs K. Moderate effects of hearing loss on mental health and subjective well-being: results from the Nord-Trøndelag Hearing Loss Study. Psychosom Med 2004;66(5):776~782.

74. Tarnopolsky A, Watkins G, Hand DJ. Aircraft noise and mental health: I. Prevalence of individual symptoms. Psychol Med 1980;10(4):683~698.

75. Thomas A, Herbst KG. Social and psychological implications of acquired deafness for adults of employment age. Br J Audiol 1980;14(3):76~85.

76. Tyler RS, Baker LJ. Difficulties experienced by tinnitus sufferers. J Speech Hear Res 1983;48(2):150~154.

77. Vesterager V. Combined psychological and prosthetic management of tinnitus: A cross-sectional study of patients with severe tinnitus. Br J Audiol 1994;28(1):1~11.

78. Zaharna M, Guilleminault C. Sleep, noise & health: Review. Noise Health 2010;12(47):64~69.

8장 군 소음 노출로 인한 이명

1. 계원철, 이남수, 정원영, 곽락오. 아군 제트 조종사 급 제트 정비사의 오디오그램. 항공의학 1955;3(4):106~113.

2. 김규상, 정호근. 특수병과의 과거 군 소음 노출이 소음 노출 작업자의 청력에 미치는 영향. 예방의학회지 2003;36(2):137~146.

3. 김규상, 정호근. 소음 노출 작업자의 이명의 특성과 이에 영향을 미치는 요인. 대한산업의학회지 2002;14(4):436~447.

4. 김헌, 조수헌, 임현술. 군 복무시 사격 및 포격훈련에 의한 소음폭로력이 청력에 미치는 영향. 예방의학회지 1991;24(1):86~92.

5. 문인석. 장병들의 사격에 의한 소음성 난청. 대한이비인후과학회지 2006;49:887~891.

6. 문인석, 최현승, 김현수, 김진, 이원상. 소총 소음에 의한 음향외상의 임상양상. 대한이비인후과학회지 2008;51:699~704.

7. 박기현, 윤상원, 우훈영, 나승훈, 반영덕, 정진선. O군항공장교의 소음성 난청에 대한 임상청각학적 고찰. 대한이비인후과학회지 1984;27(1):20~27.

8. 오희철, 육순오, 박지관, 이학용. 해군 함상근무자의 청력 손실 및 형태에 관한 연구. 해양의학 1981;4:81~91.

9. 이선철. 육군에서의 소음. 현대의학 1965;2(6):589~591.

10. 이수진. 공군 조종사 및 지상 근로자의 청력손실과 위험요인. 항공우주의학 1999;9(2):176~184.

11. 정명현, 김희남, 김영명, 김기령, 이원상. 충격소음이 내이 청각기관에 미치는 영향에 관한 실험적 연구. 대한이비인후과학회지 1985;28(3):227~256.

12. Alberti PW. Tinnitus in occupational hearing loss: nosological aspects. J Otolaryngol 1987;16(1):34~35.

13. Army Medical Surveillance Activity (AMSA). Responses to Selected Questions on DD 2796 Post Deployment Health Assessments, Since 01-Jun-2003. Data provided to the Institute of Medicine Committee on Noise-Induced Hearing Loss and Tinnitus Associated with Military Service from World War II to the

Present., Washington, DC. 2004.

14. American National Standards Institute (ANSI). ANSI S3.44: Determination of Occupational Noise Exposure and Estimation of Noise-Induced Hearing Impairment. New York: Acoustical Society of America. 1996.

15. Attias J, Feshef I, Shemesh Z, Salomon G. Support for the central theory of tinnitus generation: A military epidemiological study. International Journal of Audiology 2002;41(5):301~307.

16. Axelsson A. Hamernik RP. Acute acoustic trauma Acta Otolaryngol 1987;104(3~4);225~233.

17. Axelsson A. Jerson T. Lindgren F. Noisy leisure time activities in teenage boys. Am Ind Hyg Assoc J 1981;42(3):229~233.

18. Bohnker BK, Page JC, Rovig G, Betts LS, Muller JG, Sack DM. U.S. Navy and Marine Corps Hearing Conservation Program, 1995~1999: mean hearing thresholds for enlisted personnel by gender and age groups. Mil Med 2002;167(2):132~135.

19. Chen TJ, Chiang HC, Chen SS. Effects of aircraft noise on hearing and auditory pathway function of airport employees. J Occup Med 1992;34(6):613~619.

20. Christiansson BA, Wintzell KA. An audiological survey of officers at an infantry regiment. Scandinavian Audiology 1993;22(3):147~152.

21. Chung DY, Gannon RP, Mason K. Factors affecting the prevalence of tinnitus. Audiology 1984;23(5):441~452.

22. Coles RR. Epidemiology of tinnitus: (1) Prevalence. J Laryngol Otol Suppl 1984;9:7~15.

23. Collee A, Legrand C, Govaerts B, Van Der Veken P, De Boodt F, Degrave E. Occupational exposure to noise and the prevalence of hearing loss in a Begian millitary population: A cross-sectional study. Noise Health 2011;13(50):64~70.

24. Cooper JC, Owen JH. Audiologic profile of noise-induced hearing loss. Arch Otolaryngol 1976;102(3):148~150.

25. Gold S, Attias J, Cahani M, Shahar A. Hearing loss as a result of basic military training. Harefuah 1989;116(7):377~379.

26. Henselman LW, Henderson D, Shadoan J, Subramaniam M, Saunders S, Ohlin D. Effects of noise exposure, race, and years of service on hearing in U.S. Army soldiers. Ear Hear 1995;16(4):382~391.

27. Humes LE. Joellenbeck LM. Durch JS. Noise and Military Service: Implications for Hearing loss and Tinnitus. Committee on Noise-Induced Hearing Loss and Tinnitus Associated Military Service from World War II to the Present. 2006.

28. International Organization for Standardization (ISO). ISO 1999: Acoustics-Determination of Occupational Noise Exposure and Estimation of Noise-Induced Hearing Impairment. Geneva, Switzerland: ISO. 1990.

29. Keim RJ. Impulse noise and neurosensory hearing loss. Relationship to small arms fire. Calif Med 1970;113(3):16~19.

30. Kiukaanniemi H, Lopponen H, Sorri M. Noise-induced low-and high-frequency hearing losses in Finnish conscripts. Mil Med 1992;157(9):480~482.

31. Klockhoff I, Lyttkens L, Svedberg A. Hearing damage in military service. A study on 38,294 conscripts. Scand Audiol 1986;15(4):217~222.

32. Kowalska S, Sulkowski W. Tinnitus in noise-induced hearing impairment. Med Pr 2001;52(5):305~313.

33. Labarere J, Lemardeley P, Vincey P, Desjeux G, Pascal B. Acute acoustic trauma in military personnel. Evaluation of 1 year epidemiologic surveillance. Presse Med 2000;29(24):1341~1344.

34. Man A, Naggan L. 1981. Characteristics of tinnitus in acoustic trauma. Audiology 1981;20(1):72~78.

35. McShane DP, Hyde ML, Alberti PW. Tinnitus prevalence in industrial hearing loss compensation claimants. Clin Otolaryngol 1988;13(5):323~330.

36. Melinek M, Naggan L, Altman M. Acute acoustic trauma—a clinical investigation and prognosis in 433 symptomatic soldiers. Israel Journal of Medical Sciences 1976;12(6):560~569.

37. Odess JS. Acoustic trauma of sportsman hunter due to gunfiring. Laryngoscope. 1972;82(11):1971~1989.

38. Owen MJ. A survey of hearing loss in Army aircrew. Occup Med 1996;46(1):53~58.

39. Paul DR, Chai SL, Thomas M. Hearing in military personnel. Ann Acad Med Singapore 1979;8(2):164~171.

40. Pekkarinen J, Iki M, Starck J, Pyykko I. Hearing loss risk from exposure to shooting impulses in workers exposed to occupational noise. Br J Audiol 1993;27(3):175~182.

41. Pelausa EO, Abel SM, Simard J, Dempsey I. Prevention of noise-induced hearing loss in the Canadian military. J Otolaryngol 1995;24(5):271~280.

42. Phillips YY, Zajtchuk JT. Blast injuries of the ear in military operations. Ann Otol Rhinol Laryngol Suppl 1989;140:3~4.

43. Robertson RM. Page JC. Williams CE. Maxwell DW. The prevalence of hearing loss among selected Navy enlisted personnel. NAMRL-1251. Pensacola, FL: Navel Aerospace Medical Research Laboratory. 1978.

44. Rubertone M (U.S. Army). RE: Cross Tabulation Help. E-mail to R. Erdtmann, Institute of Medicine. 2004.

45. Rubertone M (U.S. Army). RE: Clarification on Tables Provided. E-mail to R. Erdtmann. Institute of Medicine. 2005.

46. Salmivalli A. Military audilogical aspects in noise-induced hearing losses. Acta Otolaryngol Suppl 1979;360:96~97.

47. Savolaninen S. Lehtomaki KMT. Hearing protection in acute acoustic trauma in Finnish conscripts. Scand Audiol. 1996;25(1):53~58.

48. Savolainen S, Lehtomaki KM. Impulse noise and acute acoustic trauma in Finnish conscripts. Number of shots fired and safe distances. Scand Audiol 1997;26(2):122~126.

49. Sutherland HC. Gasaway DC. Current hearing threshold levels for noise-exposed U.S. Air Force personnel. One Year's reportings. Report SAM-TR-78-39. Brooks Air Force. TX: U.S. Air Force School of Aerospace Medicine. 1978.

50. Temmel AF, Kierner AC, Steurer M, Riedl S, Innitzer J. Hearing loss and tinnitus in acute acoustic trauma. Wiener Klinische Wochenschrift 1999;111(21):891~893.

51. U.S. Army Center for Health Promotion and Preventive Medicien, DOEHRS data Repository: Army Hearing Conservation Program Compliance Reports, 1998~2003. 2004.

52. Van Campen LE, Dennis JM, Hanlin RC, King SB, Velderman AM. One-year audiologic monitoring of individuals exposed to the 1995 Oklahoma City bombing. J Am Acad Audiol 1999;10(5):231~247.

53. Walden BE. Prosek RA. Worthington DW. The prevalence of hearing loss within selected U.S. Army Branches. Washington DC: Walter Reed Army Medical Center. 1975.

54. Ylikoski J. Acute acoustic trauma in Finnish conscripts. Etiological factors and characteristics of hearing impairment. Scand Audiol 1989;18(3):161~165.

55. Ylikoski J. Juntunen J, Matikainen E, Ylikoski M, Ojala M. Subclinical vestibular pathology in patients with noise-induced hearing loss from intense impulse noise. Acta Otolaryngeal(Stcokh) 1988;105(5~6):558~563.

56. Ylikoski ME. Prolonged exposure to gunfire noise among professional soldiers. Scand J Work Environ Health 1994;20(2):87~92.

57. Ylikoski ME, Ylikoski JS. Hearing loss and handicap of professional soldiers exposed to gunfire noise. Scand J Work Environ Health 1994;20(2):93~100.

9장 [보론] 청력보호구

1. Berger EH. Hearing protection devices. In: Berger EH, Royster LH, Royster JD, Driscoll DP, Layne M, editors. The Noise Manual, revised 5th ed. Fairfax, VA: American Industrial Hygiene Association. 2003. pp.379~454.
2. Paakkonen R, Lehtomaki K. Protection efficiency of hearing protectors against military noise from handheld weapons and vehicles. Noise Health 2005;7(26):11~20.

10장 소음으로 인한 이명의 국내외 연구

1. 김규상, 김지혜, 윤용훈. 군 복무로 인한 이명자의 이명 특성과 이명장애의 우울증과의 관련성. 대한이비인후과학회지 2012;55:757~763.
2. 김규상, 정호근. 소음 노출 작업자의 이명의 특성과 이에 영향을 미치는 요인. 대한산업의학회지 2002;14(4):436~447.
3. 김규상, 정호근. 특수병과의 과거 군 소음 노출이 소음 노출 작업자의 청력에 미치는 영향. 예방의학회지 2003;36(2):137~146.
4. 김남정, 박형욱, 심창선, 이충렬, 권영주, 이지호. 이명특성과 순음 및 어음 청력역치와의 관련성-일개병원 소음성 난청 보상들을 대상으로. 대한직업환경의학회지 2012;24(4):431~440.
5. 김도연, 김규상, 방정화. 군 전역자의 이명장애에 영향을 미치는 요인. 청능재활 2012;8:149~157.
6. 문인석. 장병들의 사격에 의한 소음성 난청. 대한이비인후과학회지 2006;49:887~891.
7. 문인석, 최현승, 김현수, 김진, 이원상. 소총 소음에 의한 음향외상의 임상양상. 대한이비인후과학회지 2008;51:699~704.
8. 박재범, 김성원. 소음성 난청 소견이 있는 공군 작업자들의 전정기능. 항공우주의학 2002;12(2):60~64.
9. 송주복, 김병권. 소음노출 근로자의 이명의 유병률과 특성. 산업보건 2002;6:16~28.
10. 이용원. 총기음향외상에 의한 이명의 발생과 지속에 영향을 주는 인자들. 대한이비인후과학회지 2009;52:113~117.
11. 전준, 전경명, 고의경, 이일우, 조규섭, 안정혁. 소음성 난청에서 이명의 주파수와 작업장 소음 주파수의 관계. 대한이비인후과학회지 2005;48:142~145.
12. 정종도, 김현주, 정재윤, 노상철, 권호장. 평택시 미군기지 주변 주민의 비행기 소음과 청각학적 평가결과의 관련성. 대한산업의학회지 2009;21(2):154~164.
13. Adams PF, Benson V. Current estimates from the National Health Interview Survey, 1990. Vital and Health Statistics. Series 10, No. 181. Hyattsville, MD: National Center for Health Statistics. 1991.
14. Adams PF, Marano MA. Current estimates from the National Health Interview Survey, 1994. Vital and Health Statistics. Series 10, No. 193. Hyattsville, MD: National Center for Health Statistics. 1995.
15. Adams PF, Hendershot GE, Marano MA. Current estimates from the National Health Interview Survey, 1996. Vital and Health Statistics. Series 10, No. 200. Hyattsville, MD: National Center for Health Statistics. 1999.
16. Attias J, Reshef I, Shemesh Z, Salomon G. Support for the central theory of tinnitus generation: A military epidemiological study. Int J Audiol 2002;41(5):301~307.
17. Axelsson A, Ringdahl A. Tinnitus-a study of its prevalence and characteristics. Br J Audiol 1989;23(1):53~62.
18. Bohnker BK, Page JC, Rovig G, Betts LS, Muller JG, Sack DM. U.S. Navy and Marine Corps hearing conservation program, 1995~1999: Mean hearing thresholds for enlisted personnel by gender and age

groups. Mil Med 2002;167(2):132~135.

19. Chandler DW, Fletcher JL. Hearing levels in U.S. Army engineers. J Audiol Res 1983;23(1):23~32.

20. Christiansson BA, Wintzell KA. An audiological survey of officers at an infantry regiment. Scand Audiol 1993;22(3):147~152.

21. Chung DY, Gannon RP, Mason K. Factors affecting the prevalence of tinnitus. Audiol 1984;23(5):441~452.

22. Coles RR. Epidemiology, aetiology, and classification. In: Reich GE, Vernon JA, editors. Proceedings of the Fifth International Tinnitus Seminar 1995. Portland, OR: American Tinnitus Association. 1996. pp.25~29.

23. Coles RR. Epidemiology of tinnitus: (1) Prevalence. J Laryngol Otol Suppl 1984;9:7~15.

24. Cruickshanks KJ, Klein R, Klein BEK, Wiley TL, Nondahl DM, Tweed TS. Cigarette smoking and hearing loss: the epidemiology of hearing loss study. JAMA 1998;279(21):1715~1719.

25. Cruickshanks KJ, Tweed TS, Wiley TL, Klein BEK, Klein R, Chappell R, Nondahl DM, Dalton DS. The 5-year incidence and progression of hearing loss: the epidemiology of hearing loss study. Arch Otolaryngol Head Neck Surg 2003;129(10):1041~1046.

26, Davis RR, Murphy WJ, Snawder JE, Striley CA, Henderson D, Khan A, Krieg EF. Susceptibility to the ototoxic properties of toluene is species specific. Hear Res 2002;166(1~2):24~32.

27. Fechter LD, Chen GD, Rao D, Larabee J. Predicting exposure conditions that facilitate the potentiation of noise-induced hearing loss by carbon monoxide. Toxicol Sci 2000;58(2):315~323.

28. Ferrite S, Santana V. Joint effects of smoking, noise exposure and age on hearing loss. Occup Med(London) 2005;55(1):48~53.

29. Gates GA, Schmid P, Kujawa SG, Nam B, D'Agostino R. Longitudinal threshold changes in older men with audiometric notches. Hear Res 2000;141(1~2):220~228.

30. Gabriels P, Monley P, Guzeleva D. Noise-exposed workers: Is tinnitus being ignored? In: Reich GE, Vernon JA, editors. Proceedings of the Fifth International Tinnitus Seminar 1995. Portland, OR: American Tinnitus Association. 1996. pp.373~380.

31. Glorig A, Roberts J. Hearing levels of adults by age and sex, United States, 1960~1962. 1965.

32. Griest SE, Bishop PM. Evaluation of tinnitus and occupational hearing loss based on 20-year longitudinal data. In: Reich GE, Vernon JA, editors. Proceedings of the Fifth International Tinnitus Seminar 1995. Portland, OR: American Tinnitus Association. 1996. pp.381~394.

33. Henselman LW, Henderson D, Shadoan J, Subramaniam M, Saunders S, Ohlin D. Effects of noise exposure, race, and years of service on hearing in U.S. Army soldiers. Ear Hear 1995;16(4):382~391.

34. Hoffman HJ, Reed GW. Epidemiology of tinnitus. In: Snow JB, editor. Tinnitus: Theory and Management. Hamilton, Ontario, Canada: B.C. Decker. 2004. pp.16~41.

35. Kamal AA, Mikael RA, Faris R. Follow-up of hearing thresholds among forge hammering workers. Am J Ind Med 1989;16(6):645~658.

36. Lee FS, Matthews LJ, Dubno JR, Mills JH. Longitudinal study of pure-tone thresholds in older persons. Ear Hear 2005;26(1):1~11.

37. Man A, Naggan L. Characteristics of tinnitus in acoustic trauma. Audiology 1981;20(1):72~78.

38. Melinek M, Naggan L, Altman M. Acute acoustic trauma-a clinical investigation and prognosis in 433 symptomatic soldiers. Israel J Med Sci 1976;12(6):560~569.

39. Mizoue T, Miyamoto T, Shimizu T. Combined effect of smoking and occupational exposure to noise on hearing loss in steel factory workers. Occup Environ Med 2003;60(1):56~59.

40. Morata TC, Dunn DE, Kretschmer LW, Lemasters GK, Keith RW. Effects of occupational exposure to

organic solvents and noise on hearing. Scand J Work Environ Health 1993;19(4):245~254.

41. Morata TC, Fiorini AC, Fischer FM, Colacioppo S, Wallingford KM, Krieg EF, Dunn DE, Gozzoli L, Padrao MA, Cesar CL. Toluene-induced hearing loss among rotogravure printing workers. Scand J Work Environ Health 1997;23(4):289~298.

42. Mrena R, Savolainen S, Kuokkanen JT, Ylikoski J. Characteristics of tinnitus induced by acute acoustic trauma: a long-term follow-up. Audiol Neurootol 2002;7(2):122~130.

43. Neuberger M, Korpert K, Raber A, Schwetz F, Bauer P. Hearing loss from industrial noise, head injury and ear disease. A multivariate analysis on audiometric examinations of 110,647 workers. Audiology 1992;31(1):45~57.

44. Nondahl DM, Cruickshanks KJ, Wiley TL, Klein R, Klein BE, Tweed TS. Prevalence and 5-year incidence of tinnitus among older adults: the epidemiology of hearing loss study. J Am Acad Audiol 2002;13(6):323~331.

45. Ohlin D. 15 Years Revisited: The Prevalence of Hearing Loss Among Selected U.S. 1992.

46. Palmer KT, Griffin MJ, Syddall HE, Coggon D. Cigarette smoking, occupational exposure to noise, and self reported hearing difficulties. Occup Environ Med 2004;61(4):340~344.

47. Palmer KT, Griffin MJ, Syddall HE, Davis A, Pannett B, Coggon D. Occupational exposure to noise and the attributable burden of hearing difficulties in Great Britain. Occup Environ Med 2002;59(9):634~639.

48. Parving A, Hein HO, Suadicani P, Ostri B, Gyntelberg F. Epidemiology of hearing disorders. Some factors affecting hearing. The Copenhagen Male Study. Scand Audiol 1993;22(2):101~107.

49. Peters LJ, Ford H. Extent of Hearing Loss Among Army Aviators at Fort Rucker, Alabama. USAARL Rept. No. 83-12. Fort Rucker, AL: U.S. Army Aeormedical Research Laboratory. 1983.

50. Phoon WH, Lee HS, Chia SE. Tinnitus in noise-exposed workers. Occup Med(London) 1993;43(1):35~38.

51. Pyykko I, Koskimies K, Starck J, Pekkarinen J, Inaba R. Evaluation of factors affecting sensory neural hearing loss. Acta Otolaryngol Suppl 1988;449:155~158.

52. RaodB, Fechter LD. Increased noise severity limits potentiation of noise induced hearing loss by carbon monoxide. Hear Res 2000;150(1~2):206~214.

53. Roberts J. Hearing status and ear examination: Findings among adults, United States, 1960~1962. Vital and Health Statistics. Series 11, No. 32. Washington, DC: Department of Health, Education, and Welfare. 1968.

54. Robertson RM, Page JC, Williams CE. The Prevalence of Hearing Loss Among Selected Navy Enlisted Personnel. NAMRL-1251. Pensacola, FL: Naval Aerospace Medical Research Laboratory, Naval Medical Research and Development Command. 1978.

55. Rosenhall U. The influence of ageing on noise-induced hearing loss. Noise Health 2003;5(20):47~53.

56. Rosenhall U, Karlsson AK. Tinnitus in old age. Scand Audiol 1991;20(3):165~171.

57. Salmivalli A. Acoustic trauma in regular army personnel. Clinical audiologic study. Acta Otolaryngol 1967; Suppl 222:1~85.

58. Schaper M, Demes P, Zupanic M, Blaszkewicz M, Seeber A. Occupational tolueneexposure and auditory function: results from a follow-up study. Ann Occup Hyg 2003;47(6):493~502.

59. Sindhusake D, Mitchell P, Newall P, Golding M, Rochtchina E, Rubin G. Prevalence and characteristics of tinnitus in older adults: The Blue Mountains Hearing Study. Int J Audiol 2003a;42(5):289~294.

60. Sindhusake D, Golding M, Newall P, Rubin G, Jakobsen K, Mitchell P. Risk factors for tinnitus in a population of older adults: The Blue Mountains Hearing Study. Ear Hear 2003b;24(6):501~507.

61. Sindhusake D, Golding M, Wigney D, Newall P, Jakobsen K, Mitchell P. Factors predicting severity of tinnitus: a population-based assessment. J Am Acad Audiol 2004;15(4):269~280.

62. Starck J, Toppila E, Pyykko I. Smoking as a risk factor in sensory neural hearing loss among workers exposed to occupational noise. Acta Otolaryngol 1999;119(3):302~305.

63. Sulkowski W, Kowalska S, Lipowczan A, Prasher D, Raglan E. Tinnitus and impulse noise-induced hearing loss in drop-forge operators. Int J Occup Med Environ Health 1999;12(2):177~182.

64. Sutherland HC, Gasaway DC. Hearing Levels of Noise-Exposed U.S. Air Force Personnel Compared to Those in the Total U.S. Population. Report SAM-TR-76-27. Brooks Air Force Base, TX: United States Air Force School of Aerospace Medicine. 1976.

65. Sutherland HC, Gasaway DC. Current Hearing Threshold Levels for Noise-Exposed U.S. Air Force Personnel. One Year's Reportings. Report SAM-TR-78-39. 1978.

66. Tambs K, Hoffman HJ, Borchgrevink HM, Holmen J, Samuelsen SO. 2003. Hearing lossinduced by noise, ear infections, and head injuries: results from the Nord-Trøndelag Hearing Loss Study. Int J Audiol 2003;42(2):89~105.

67. Temmel AF, Kierner AC, Steurer M, Riedl S, Innitzer J. Hearing loss and tinnitus in acute acoustic trauma. Wiener Klinische Wochenschrift 1999;111(21):891~893.

68. Thomas JW. The Application of Audiometric Data Base Analysis to Selected Air Force Bases. Master's thesis, University of North Carolina, Chapel Hill. 1995.

69. Virokannas H, Anttonen H. Dose-response relationship between smoking and impairmentof hearing acuity in workers exposed to noise. Scand Audiol 1995;24(4):211~216.

70. Walden BE, Worthington DW, McCurdy HW. The Extent of Hearing Loss in the Army: A Survey Report. Washington, DC: Walter Reed Army Medical Center. 1971.

71. Walden BE, Prosek RA, Worthington DW. The Prevalence of Hearing Loss within Selected U.S. Army Branches. Washington, DC: Walter Reed Army Medical Center. 1975.

72. Ylikoski ME, Ylikoski JS. Hearing loss and handicap of professional soldiers exposed to gunfire noise. Scand J Work Environ Health 1994;20(2):93~100.

73. Young JS, Upchurch MB, Kaufman MJ, Fechter LD. Carbon monoxide exposure potentiates high-frequency auditory threshold shifts induced by noise. Hear Res 1987;26(1):37~43.

11장 이명의 업무상 질병 인정기준, 장애 보상기준

1. Australian Veterans Affairs. Military Rehabilitation and Compensation Information Booklet, 2010.

2. Australian Veterans' Entitlements Act (VEA). DVA Factsheet DP43, Disability Pension and War Widow's/Widower's Pension Rates and Allowances, 1986.

3. Canada Veterans Affairs. Medical Questionnaire: Hearing Loss/Ear Conditions, Tinnitus, 2011.

4. UK Judicial Studies Board (JSB). Guidelines for the Assessment of General Damages in Personal injury Cases, 2006.

5. First 4 lawyers, Compensation Guide, http://www.first4lawyers.com/compensation-guide, 2001.

12장 이명의 공무상 질병 심사 고찰

1. 김규상. 군에서 충격소음 노출과 정신경송. 산업보건 2008;237:20~25.

2. 김규상. 소음과 청각 10. 취미 및 스포츠 활동에 따른 소음 노출과 청력영향. 산업보건 2010;267:10~20.

3. 김규상. 소음과 청각 19. 특수 종사자의 청력영향 I-공공 근무 종사자. 산업보건 2011;277:5~14.

4. 김규상. 소음과 청각 20. 특수 종사자의 청력영향 II-군인. 산업보건 2011;278:11~24.

5. 김규상. 소음과 청각 21. 특수 종사자의 청력영향 III-음악가. 산업보건 2011;279:12~26.

6. 김규상. 소음과 청각 22. 특수 종사자의 청력영향 IV-용접공과 도장공. 산업보건 2011;280:10~21.

7. 김규상, 김진숙, 박기현. 강력한 소음의 노출로 인해 발생한 것으로 추정되는 돌발성 난청 2례. 대한산업의학회지 1998;10(4):618~626.

8. 김규상, 정태기. 용접 불꽃에 의한 고막 천공 증례. 대한산업의학회지 1999;11(1):113~118.

9. 김규상, 정호근. 특수병과의 과거 군 소음 노출이 소음 노출 작업자의 청력에 미치는 영향. 예방의학회지 2003;36(2):137~146.

10. 김석주, 이현. 돌발성 난청을 동반한 이명 환자 1례에 대한 증례보고. 대전대학교 한의학연구소 논문집 2007;16(1):1~7.

11. 류소진. 이명장애지수에 영향을 주는 요인에 대한 분석. 한림국제대학원대학교 청각학과 석사학위논문. 2010.

12. 문인석. 장병들의 사격에 의한 소음성 난청. 대한이비인후과학회지 2006;49:887~891.

13. 문인석, 최현승, 김현수, 김진, 이원상. 소총 소음에 의한 음향외상의 임상양상. 대한이비인후과학회지 2008;51:699~704.

14. 이정학, 김진숙, 오상용, 김규상, 조수진. 정상 성인의 연령에 따른 청력역치의 변화. 대한청각학회지 2003;7(1):15~23.

15. 임권수, 정입진, 조용범, 허웅, 김정규, 장인원. 돌발성 난청의 임상적 고찰. 한이인지 1988;31:5~12.

16. 임귀채, 박경윤, 이건일, 김진용, 천경두. 돌발성 난청의 임상적 분석. 한이인지 1995;38(6):834~841.

17. Amrican National Standards Institute (ANSI). ANSI S3.44: Determination of Occupational Noise Exposure and Estimation of Noise-Induced Hearing Impairment. Acoustical Society of America. New York. 1996.

18. Beckett WS. Noise induced hearing loss-evidence based statement. J Occup Environ Med 2003;45(10):1029.

19. Black B. An Introduction to Ear Disease. Singular Publishing Group, Inc. SanDiego · London. 1998.

20. Byl FM Jr. Sudden hearing loss: eight year's experience and suggested prognostic factors. Laryngoscope 1984;94(5 Pt 1):647~661.

21. Coles RR, Lutman ME, Buffin JT. Guidelines on the diagnosis of noise-induced hearing loss for medicolegal purposes. Clin Otolaryngol Allied Sci 2000;25(4):264~273.

22. Christiansson BA, Wintzell KA. An audiological survey of officers at an infantry regiment. Scand Audiol 1993;22(3):147~152.

23. Coles RR, Lutman ME, Buffin JT. Guidelines on the diagnosis of noise-induced hearing loss for medicolegal purposes. Clin Otolaryngol Allied Sci 2000;25(4):264~273.

24. Cruickshanks KJ, Tweed TS, Wiley TL, Klein BE, Klein R, Chappell R, Nondahl DM, Dalton DS. The 5-year incidence and progression of hearing loss: the epidemiology of hearing loss study. Arch Otolaryngol Head Neck Surg 2003;129(10):1041~1046.

25. Gates GA, Schmid P, Kujawa SG, Nam B, D'Agostino R. Longitudinal threshold changes in older men with audiometric notches. Hear Res 2000;141(1~2):220~228.

26. Glorig A. Noise and Your Ear. New York, NY: Grune & Stratton. 1958.

27. Hain T. Sudden Hearing Loss 9 Aug 2011-URL: http://www.dizziness-and-balance.com/disorders/hearing/shl.htm

28. Hughes GB, Freedman MA, Haberkamp TJ, Guay ME. Sudden sensorineural hearing loss. Otolayngol Clin North Am 1996;29(3):393~405.

29. International Organization for Standardization (ISO). ISO 1999: Acoustics-Determination of Occupational Noise Exposure and Estimation of Noise-Induced Hearing Impairment. Geneva, Switzerland: ISO. 1990.

30. Kawata S, Suga F. Industrial sudden deafness. Ann Otol Rhinol Laryngol 1967;76(4):895~902.

31. Kiukaanniemi H, Lopponen H, Sorri M. Noise-induced low-and high-frequency hearing losses in Finnish conscripts. Mil Med 1992;157(9):480~482.

32. Lee FS, Matthews LJ, Dubno JR, Mills JH. 2005. Longitudinal study of pure-tone thresholds in older persons. Ear Hear 2005;26(1):1~11.

33. Mattox DE, Simmons FB. Natural history of sudden sensorineural hearing loss. Ann Otol Rhinol Laryngol 1977;86(4 Pt 1):463~480.

34. Mrena R, Savolainen S, Kiukaanniemi H, Ylikoski J, Mäkitie AA. The effect of tightened hearing protection regulations on military noise-induced tinnitus. Int J Audiol 2009;48(6):394~400.

35. Occupational Safety and Health Administration (OSHA). Occupational Noise Exposure: Hearing Conservation Amendment, 29 CFR 1910.95, Appendix F, Calculations and application of age corrections to audiograms. 1981.

36. Pawlaclaczyk-Luszczyńska M, Dudarewicz A, Bak M, Fiszer M, Kotylo P, Sliwińska-Kowalska M. Temporary changes in hearing after exposure to shooting noise. Int J occup Med Environ Health 2004;17(2):285~293.

37. Pullen FW 2nd, Rosenberg GJ, Cabeza CH. Sudden hearing loss in divers and fliers. Laryngoscope 1979;89(9 Pt 1):1373~1377.

38. Rabinowitz PM, Galusha D, Slade MD, Dixon-Ernst C, Sircar KD, Dobie RA. Audiogram notches in noise-exposed workers. Ear Hear 2006;27(6):742~750.

39. Rosenhall U. The influence of ageing on noise-induced hearing loss. Noise Health 2003;5(20):47~53.

40. Temmel AF, Kierner AC, Steurer M, Riedl S, Innitzer J. Hearing loss and tinnitus in acute acoustic trauma. Wien Klin Wochenschr 1999;111(21):891~893.

41. Van Campen LE, Dennis JM, Hanlin RC, King SB, Velderman AM. One-year audiologic monitoring of individuals exposed to the 1995 Oklahoma City bombing. J Am Acad Audiol 1999;10(5):231~247.

찾아보기

Meniere's disease 246
Minimum Masking Level, MML 70

(N)
Neuromonics Tinnitus Treatment, NTT 96
noise notch 229
Noise Reduction Rating, NRR 186

(O)
otoacoustic emission 51
ototoxicity 32, 246

(P)
phonemic regression 246

(R)
Residual inhibition, RI 70
Rollover 49

(S)
shadow hearing 56
signal-to-noise ratio 148
sound generator 238
Speech Discrimination Score, SDS 49
Speech Reception Score, SRS 49
Speech Reception Threshold, SRT 49

(T)
Tinnitus Handicap Inventory, THI 77, 80, 128
Tinnitus History Questionnaire, THQ 98
tinnitus masker 238
Tinnitus Reaction Questionnaire, TRQ 77, 98
Tinnitus Retraining Therapy, TRT 87
Tinnitus Sensation Level, TSL 69

(W)
Word Recognition Score, WRS 49
Word Recognition Test, WRT 49

김규상

서울의료원 직업환경의학과장/의학연구소 환경건강연구실장
보건학 박사/예방의학·직업환경의학 전문의
저서 『소음과 청각』

방정화

한림국제대학원대학교 청각학과 교수/청각언어연구소 연구원
청각학 박사/청능사

최윤형

서울대학교 의과대학 예방의학교실/환경의학연구소 연구교수
환경보건학 박사

김진숙

한림대학교 언어청각학부 교수
청각학 박사/청능사, 미 Audiologist

오성수

연세대학교 원주의과대학 예방의학교실 조교수/원주세브란스기독병원 직업환경의학과장
예방의학 박사/직업환경의학 전문의

소음과
이명

초 판 인 쇄 | 2014년 2월 3일
초 판 발 행 | 2014년 2월 3일

편 저 자 | 김규상
펴 낸 이 | 채종준
펴 낸 곳 | 한국학술정보㈜
주　　　소 | 경기도 파주시 회동길 230 (문발동 513-5)
전　　　화 | 031) 908-3181(대표)
팩　　　스 | 031) 908-3189
홈 페 이 지 | http://ebook.kstudy.com
E - m a i l | 출판사업부 publish@kstudy.com
등　　　록 | 제일산-115호(2000. 6. 19)

ISBN　　978-89-268-5460-0 93330